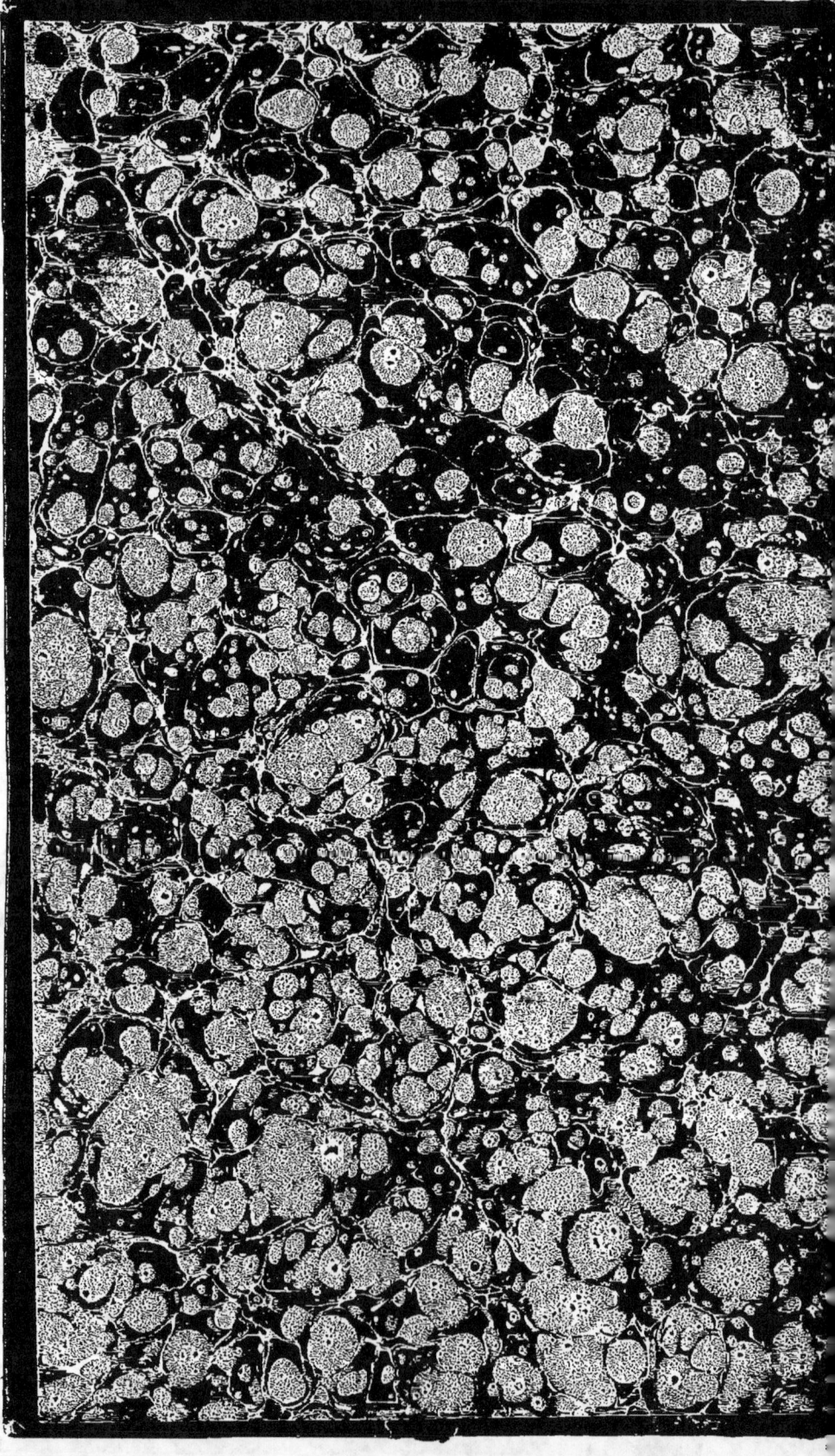

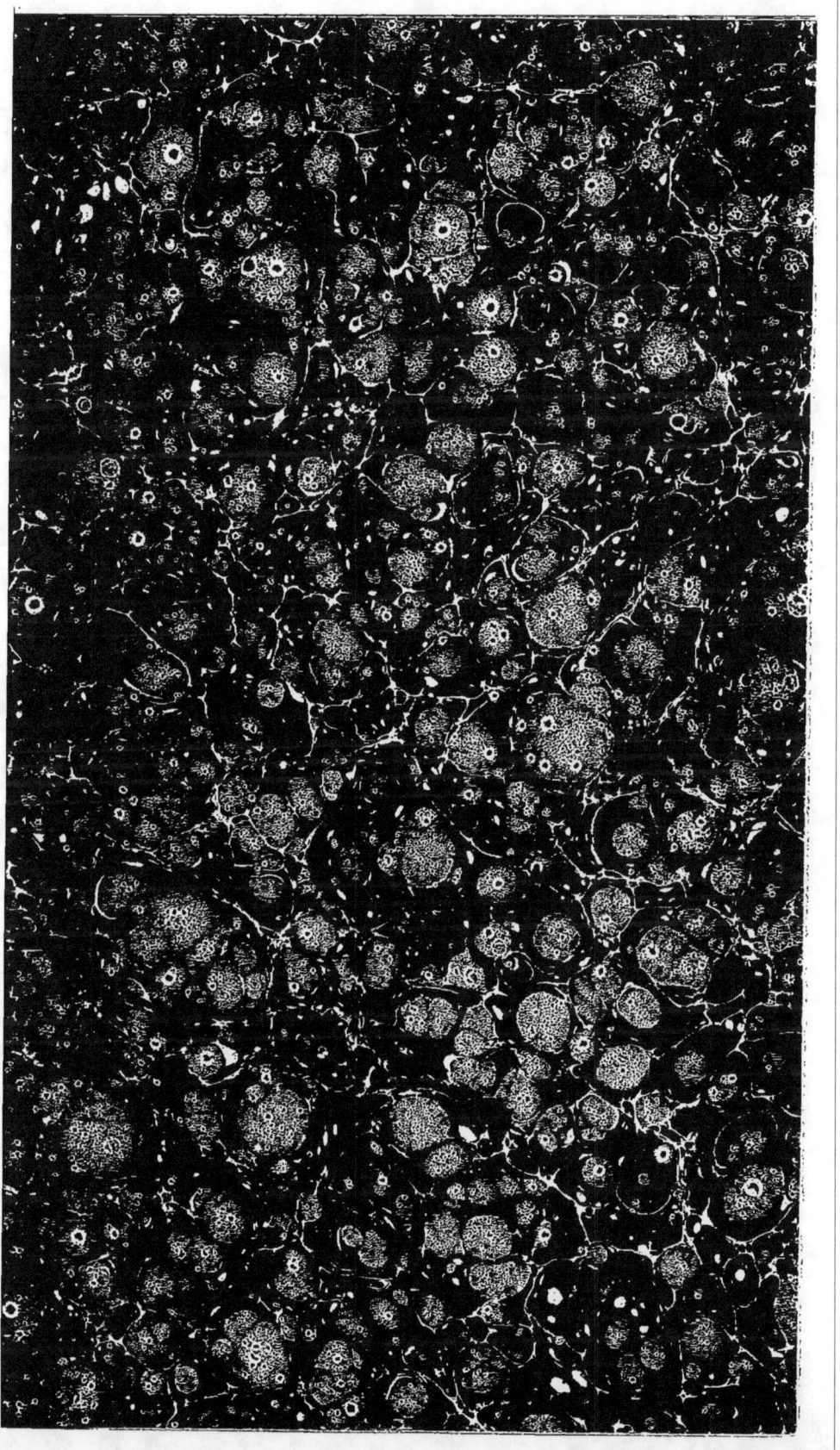

L'EUROPE

PENDANT

LE CONSULAT ET L'EMPIRE

DE NAPOLÉON.

PARIS. — IMPRIMERIE D'AMÉDÉE GRATIOT ET Cⁱᵉ,
11, rue de la Monnaie.

L'EUROPE

PENDANT LE CONSULAT ET L'EMPIRE

DE

NAPOLÉON

PAR

M. CAPEFIGUE.

Tome troisième.

PARIS
PITOIS-LEVRAULT ET Ce, RUE DE LA HARPE, 81.

A l'Étranger

DULAU et Cie, à Londres.
ROHRMANN et SCHWEIGERD, à Vienne.
AL. DUNCKER, à Berlin.
BOCCA, à Turin.
DUMOLARD et fils, à Milan.

ZEELT, à Amsterdam.
BELLIZARD et Cie, à Saint-Pétersbourg.
JUGEL, à Francfort-sur-le-Mein.
BROCKHAUS, à Leipzig.
ARTARIA et FONTAINE, à Mannheim.

1840.

LETTRE

SUR

LA DERNIÈRE PÉRIODE

DU CONSULAT.

La dernière période du Consulat est marquée de grands caractères qui dominent encore les idées gouvernementales du XIXe siècle. C'est l'époque du triomphe de l'unité administrative, un temps de désabusement et de ruine pour toutes les doctrines de l'Assemblée constituante; c'est la guerre hautement déclarée par l'intelligence ferme et sûre de Bonaparte à l'anarchie organisée dans la Constitution de 1791. Le premier Consul résume en lui tous les pouvoirs de la Convention et du Comité de salut public, la dictature la plus absolue; il a en mépris toutes ces formes d'administration élective et impuissante, ces groupes de fonctionnaires sans vie: il veut un gouvernement central et fort; il en fait la base de toutes les pensées sociales.

Le second caractère de l'époque politique du Consulat, c'est la chute complète du système anglais et représentatif. Le 18 brumaire, tout en brisant les conseils des Anciens et des Cinq-Cents, avait conservé quelques vestiges d'une constitution libre; il avait sauvé les apparences d'une discussion publique : au Tribunat, l'école de la Constituante, les esprits dissertateurs, tels que Benjamin-Constant, Daunou, Chénier, avaient essayé d'organiser une opposition, comme dans le parlement d'Angleterre ; elle se manifeste pendant une session, et résiste au développement des idées du Consulat; le Tribunat repousse des projets, il en amende d'autres. Le terrain tremble, le ressort du gouvernement s'affaiblit.

Bonaparte se débarrasse sur-le-champ de cette opposition; ces obstacles l'importunent, il les secoue au plus tôt; il brise les idées représentatives pour y substituer le régime d'un Sénat de vieillards, d'un Corps législatif muet et d'un conseil d'État qui éclaire, sans arrêter jamais l'action énergique du pouvoir. Bonaparte se complaît au conseil d'État, son institution la plus importante : ce sont des hommes forts qui échangent avec lui des idées; ils n'ont pas la faculté d'arrêter ses projets, ils les rédigent, les perfectionnent, rien ne retentit dans le public. Le Consul voit en eux une vaste famille d'intelligences à son service.

Si Bonaparte proscrit les institutions anglaises, qui créent une tribune, il atteint la presse avec non moins de vigueur; son instinct a compris que dans un pays sans classement d'hommes et de partis, sans aristocratie, sans corporations, la presse est un instrument de décadence et de mort pour toutes les idées d'unité et d'avenir. Son pouvoir n'est pas assez vieux pour être respecté, sa pensée est trop au dessus du vulgaire pour la soumettre à l'approbation de ces écrivains, gens d'esprit qui démolissent par le sarcasme. Sa peur de la presse est si grande qu'il la poursuit partout; il sent les plaies saignantes que lui font les journaux d'Angleterre; il lit, il commente les feuilles publiques de toute l'Europe, il sait qu'avec les mots on remue les peuples; il n'admet de journaux que ceux qui sont, dans ses mains, les instruments actifs de ses pensées; pour être comprise, son œuvre a besoin d'être partout entourée d'une silencieuse obéissance; il veut créer la religion de sa pensée, le culte de ses desseins pour le présent et la postérité.

Ainsi, unité administrative pour reconstituer la force du gouvernement, un conseil d'État qui rédige ses projets, point de tribune et de presse si elles ne s'unissent pour l'exalter, l'intelligence soumise comme les armées : voilà son plan réalisé dans la seconde période du Consulat. Maître des formes politiques, Bonaparte entreprend sans hésiter, la réorganisation de la société dans tout ce qu'elle peut avoir de puissance et de condition de durée; il trouve tout épars et morcelé sur le sol, il n'y a que ruines et débris. Nulle corporation, nulle défense mutuelle des intérêts, nulle garantie pour les actions privées; il n'existe qu'une égalité meurtrière, un morcellement inouï de la vie sociale. Le Consul attaque tout cela de front; il suffit de lire le *Bulletin des lois* des années

1802 et 1803, pour se convaincre de la vigilante activité qui reconstruit l'édifice abattu, et de la réaction incessante contre l'Assemblée constituante : la vieille société se réveille, le passé s'unit au présent; le Consul crée sous des noms nouveaux, les formules et les garanties des temps anciens; il n'hésite pas à essayer les corporations, les maîtrises, les juridictions, les jurandes : que sont les corps d'avoués, les avocats, les agents de change, les courtiers, les bourses de commerce et les prudhommes? Les cautionnements ne sont-ils pas les charges déguisées? Il place les métiers sous la direction des syndicats; les ouvriers forment également des corps à part soumis par les livrets à l'action de la police. Le désordre l'importune, il veut y mettre un terme par des institutions vigoureuses qui donnent des garanties à tous, et au pouvoir surtout.

Cependant, au milieu de ses œuvres, le principe démocratique reste debout; au centre de cet édifice brille le Code civil, l'unité de la loi dans la famille et la propriété; cette conception est grande, laborieuse; rattachée au gouvernement par la forme, elle se sépare de son ensemble par la pensée. Bonaparte s'y associe, mais son esprit d'organisation monarchique ne peut le dominer; il laisse la famille en dehors de la restauration politique; il n'ose encore lutter contre les principes d'égalité pure qui ont envahi le toit domestique; le Code civil c'est la démocratie dans toute sa hardiesse : la famille est éparse, le père conserve à peine une puissance sur sa lignée; la propriété reçoit une mobilité étrange, et la terre se transmet comme un meuble;

l'héritage n'est pas préservé. Plus de substitutions, le droit testamentaire est limité; le partage est inflexiblement égal; les frères, privés du droit d'aînesse qui perpétuait la puissance domestique, demeurent étrangers les uns aux autres; le mariage est quelque chose de froid et de conventionnel; le divorce sépare ce qui est uni; la loi est isolée de la religion. Il y a une odeur d'athéisme qui se répand; toute l'école encyclopédiste du XVIIIe siècle se résume dans le Code civil.

Je n'attaque pas cette œuvre; je dis seulement qu'elle consacre et perpétue la révolution; elle a constitué la démocratie dans la famille; elle l'a inculquée dans nos mœurs, dans nos habitudes, dans nos héritages. Les lois civiles sont bien plus puissantes que les lois politiques; celles-ci passent, les autres restent. En vain voudrait-on faire encore de la monarchie, de l'aristocratie; effort impuissant! le Code civil a constitué en France l'égalité des personnes et de la terre; il faut bien le comprendre; tout gouvernement qui méconnaîtra cet esprit, cet instinct, se brisera devant cette loi immuable de la famille et de la propriété. Il faut en prendre son parti.

Aussi, voyez avec quelle persévérance Napoléon, après Austerlitz, Iéna et Friedland, quand il envisage de haut sa pensée d'avenir monarchique pour sa race, voyez comme il attaque franchement le Code civil; il en modifie incessamment les dispositions par ses décrets. Dès qu'il veut constituer une monarchie, il crée les majorats qui tuent l'égalité de partage; il institue des fiefs, une noblesse; il organise des tutelles à part, un droit de famille spécial pour ses nouveaux gentilshommes; il rétablit l'aînesse, la perpétuité des propriétés immobilisées, les redevances, les hommages, les prérogatives, les titres, toutes les formes sociales, en un mot, que l'Assemblée constituante avait proscrites. Napoléon, empereur, fut le grand destructeur du Code qui porte encore son nom devant la postérité; il le laissa seulement pour la famille bourgeoise et roturière; il le répudia pour son vaste établissement de l'Empire.

Le Code civil et la conscription furent les deux idées les plus démocratiques jetées dans les masses par la Révolution française; toutes deux sont organisées sous le Consulat, et dans la période que je vais embrasser; la conscription fit de l'armée un peuple qui resta avec ses idées, sa discipline forte, mais toute républicaine; généraux, officiers, soldats, se ressentirent du grand principe de l'égalité. Bonaparte voulut vainement affaiblir la démocratie dans la conscription, comme il l'avait fait par ses décrets pour le Code civil. A la fin de son règne on comptait déjà les officiers de fortune; les écoles privilégiées envahissaient l'armée; les fils de naissance étaient en majorité sur les fils du peuple. Comme l'idée monarchique arrivait, on cherchait à dompter les principes posés par la Révolution française; Bonaparte échoua devant cette œuvre; l'armée est restée sous cette impérissable empreinte de la souveraineté des masses. Nul ne peut la lui enlever.

Dans cette seconde période du Consulat se développe aussi l'esprit de la diplomatie, tel que Bonaparte le comprit durant son règne par rapport au continent et à l'Angleterre. Le Consul accomplit alors les deux conditions d'un bon système politique vis-à-vis de l'étranger : 1° la paix générale, 2° l'accroissement du mouvement commercial. La diplomatie du Consulat repose sur de vieilles et fortes traditions historiques; le Consul a pris pour point de départ Louis XIV et le traité d'Utrecht; il a profondément etudié tout ce que la France avait obtenu de prépondérance à cette belle époque par les alliances de famille, par la gloire et l'énergie de ses armes, par l'habileté de ses hommes d'État. D'un seul coup de fortune, Bonaparte veut pousser la France dans la même situation avec un succès au moins aussi éclatant; il n'a pas de famille impériale encore, des filles à donner, des mariages à accomplir; l'Empire n'est pas fondé. Le Consul ne s'arrête point devant ces difficultés; ce que l'ancienne diplomatie avait obtenu par ces moyens, il veut l'obtenir par la seule prépondérance de ses armées et la splendeur de son génie.

L'Espagne, sous les Bourbons, était liée à la France par le pacte de famille; pourquoi lui, le Consul, ne soumettrait-il pas le cabinet de Madrid par la puissance de sa diplomatie et l'effroi de son nom? Naples était également uni à la maison de Bourbon par les liens d'une mutuelle origine, par des mariages et des traités; pourquoi Bonaparte ne lui imposerait-il pas la même prépondérance par les armes? En Piémont régnait la maison de Carignan, soumise autrefois à toute l'influence française; or la maison de Carignan est tombée;

la France n'a fait que reprendre sous un autre titre, par la conquête nationale, l'autorité protectrice de ses anciens rois. L'Italie est domptée en vertu des mêmes souvenirs et des antiques traditions des affaires étrangères. En Hollande, en Suisse, si Bonaparte régit et gouverne, c'est par un droit historique. Pour tout résumer, le système de la France se formule dans cette seule idée : « La République, sous le Consul, doit recouvrer, par la conquête, la même position que la monarchie de Louis XIV avait établie sur le continent au moyen de subsides, de sa diplomatie et de ses alliances par mariages. » On verra cette idée reparaître dans ses traités avec les princes d'Allemagne. La Confédération du Rhin fut empruntée au cardinal de Richelieu!

Ainsi se développe sa politique sur le continent, mais le Consul se trouve en présence d'une antique rivale; l'Angleterre a fait vingt ans la guerre à Louis XIV, précisément pour abattre la prépondérance que le grand roi exerçait en Europe : l'élévation de Guillaume III n'eut que cette pensée d'abaissement. Avec son instinct merveilleux, Bonaparte voit bien que l'Angleterre est la seule puissance redoutable, la seule ennemie qu'il doit chercher; il ne peut et ne doit s'inquiéter que d'elle seule; il essaie de la combattre partout par les armes, par les principes, et même par les forces maritimes. Bonaparte rêve un brillant éclat sur mer, il s'en préoccupe avec énergie. La paix d'Amiens ne fut qu'une trêve pour conquérir les forces suffisantes dans une lutte qui se préparait, lutte absorbante et décisive.

Les trois années qui précèdent l'Empire et la première de l'avénement sont remplies de constants efforts pour constituer une grande marine ; Bonaparte s'en occupe comme d'une pensée active ; il a dans sa mémoire encore les flottes de Louis XIV et les guerres glorieuses du bailli de Suffren et du comte d'Estaing sous Louis XVI. Il combine les plans, discute les mouvements des escadres, dicte des ordres pour les amiraux ; sa flottille de Boulogne fut peut-être une erreur ; mais elle constatait son noble désir de donner une marine à la France ; sa vaste intelligence embrasse tout ce qui tient à la restauration d'une prépondérance sur mer. Rêvant un immense système colonial, il se fait céder la Louisiane par l'Espagne, il agrandit les limites de la Guiane française ; il voudrait même faire rentrer le Canada sous sa domination. Dès que les préliminaires de la paix sont signés à Londres, Bonaparte prépare sur la plus vaste échelle, l'expédition de Saint-Domingue ; trente vaisseaux de haut bord cinglent dans les Antilles. La mission du colonel Sébastiani en Égypte et en Syrie constate qu'il n'a pas renoncé à une colonisation aux bords du Nil pour pénétrer jusque dans l'Inde. Ce que le Consul défend avec le plus d'ardeur, ce sont les principes de la liberté des mers et l'indépendance des pavillons.

En tout cela Bonaparte est préoccupé de l'Angleterre, il la poursuit partout ; il sait bien qu'il ne pourra commencer avec elle une lutte décisive qu'avec une marine ; et lorsque, le désespoir au cœur, il s'aperçoit que ses efforts sont impuissants et qu'il ne peut plus rivaliser, il se jette sur le continent. Ce qu'il y cherche encore, c'est l'Angleterre : l'Autriche et la Prusse ne sont qu'en seconde ligne; la Russie est trop éloignée pour la toucher de son sceptre; à travers une coalition il ne voit que la Grande-Bretagne; il ne la menace que parce qu'il la craint. Aussi voyez sa joie d'enfant lorsqu'il aperçoit que les troupes anglaises viennent s'essayer à le combattre en Hollande, en Espagne. Là, sur son terrain, il les attend dans une noble lice; le Consul et l'Empereur veulent venger l'outrage que son pavillon a subi sur les mers.

Et remarquez bien qu'il emploie non seulement les armes, mais encore tous les moyens qui peuvent abaisser son orgueilleuse rivale. Tout est gigantesque dans les conceptions du Consul; il ne calcule aucune difficulté; il veut commander aux besoins du peuple, au commerce, à l'argent. Son système continental, grande erreur parce qu'il était impossible à réaliser, n'est autre chose qu'une guerre violente contre l'industrie anglaise; il est tellement préoccupé de cette idée, que pour arriver à son résultat il opprime le monde; il rend les alliances avec lui impossibles, il veut que peuple et gouvernement se privent de leurs conditions d'existence; il ferme les ports à l'industrie, défend les échanges, la vie du commerce; il veut assouplir la nature même de chaque climat. Comme il a un corps de fer, une âme de fer, une main de fer, il croit que tous les gouvernements sont de cette trempe; il voudrait que le monde fût comme lui à cheval vingt heures par jour, sobre, sans sommeil, sans autre pensée que sa gloire et le jugement de la postérité.

Ce sentiment d'implacable rivalité avec l'Angleterre lui fait exagérer ses forces militaires et son principe de conquête; il le pousse aveuglément à de fausses idées d'économie politique, et au système prohibitif, loi invariable de son règne : les douanes deviennent une armée qu'il jette partout comme auxiliaire. La France, l'Italie, l'Espagne, la Hollande, tout est soumis aux plus effrayantes prohibitions commerciales; il voudrait les étendre à l'Allemagne, à la Russie, à toutes les nations, et même à la Suède qui n'est que côtes et ports, nation pauvre qui n'a que ses mines et ses forêts. Cette oppression universelle du commerce fut une des grandes causes de la ruine de Napoléon; il fut tué par les idées et par les besoins qu'avaient les peuples d'échanger leurs produits et de satisfaire les fantaisies du luxe. Le sucre et le café furent un peu la poudre à canon de l'Angleterre.

Une autre puissante empreinte de cette dernière époque du Consulat fut la reconstitution du principe religieux, l'établissement d'une église nationale par la signature du Concordat. Ce ne fut pas l'œuvre la moins difficile : que d'idées, que de préjugés, n'avait-on pas à vaincre! Quand Bonaparte voulut établir une administration publique régulière, il se hâta de démolir pièce à pièce les idées politiques de l'Assemblée constituante pour y substituer la pensée d'un gouvernement fort et central. Une autre tâche lui était imposée en face des préjugés encyclopédiques; son génie avait compris tout le ressort du catholicisme; il avait vu en Orient ce qu'on peut accomplir avec la foi dans un homme ou une idée. Le catholicisme prêtait aux magnifiques choses, aux vastes conceptions; les évêques, les prêtres pouvaient donner appui à un gouvernement en lui attirant les consciences, pouvoir moral d'une si grande force. Au sein d'un empire où il y avait un Charlemagne, il fallait un pontife pour le couronner; en cela, Bonaparte devait heurter de front les idées philosophiques du xviiie siècle. Dans la vie des sociétés on remarquera que la lutte la plus difficile est celle qui s'engage contre les idées. La philosophie encyclopédique avec son esprit moqueur, avait pour soutien des intelligences remarquables dans l'Institut; il fallait dompter l'esprit militaire habitué aux sarcasmes contre l'Église; les hommes d'armes n'avaient jamais courbé leur front devant les clercs.

Je ne sache pas en histoire de tâche plus difficile que la promulgation du Concordat. Les corps politiques étaient empreints de l'esprit anti-chrétien; le Sénat, le Corps législatif, souriaient de pitié à l'idée de l'Église; et, chose curieuse, ces deux assemblées, à l'annonce du Concordat, portèrent à la présidence Dupuy (l'auteur de *l'Origine des Cultes)* et l'abbé Grégoire (les chismatique). Le clergé comprit le service que rendait à la religion le premier Consul; il lui fut dorénavant acquis avec un zèle et un attachement remarquable; les évêques firent entendre leurs voix unanimement pour remercier celui qu'ils appelaient l'élu de Dieu, et le pape Pie VII vint le sacrer Empereur à la basilique de Notre-Dame. Dans les jours de persécutions, le souverain pontife conservait pour Bonaparte un tendre attachement, et, seul des princes, Pie VII fit entendre sa voix pour adoucir la captivité de Sainte-Hélène.

La couronne est acquise à Napoléon bien avant qu'il ait pris le titre d'Empereur; dans la marche des temps, les choses arrivent avant les noms. Au 18 brumaire, Bonaparte est déjà maître de la société; le pays en état d'anarchie vient à ses pieds pour qu'il le gouverne; après Marengo il en dispose en souverain. C'est une œuvre laborieuse que cette constitution du pouvoir; il faut en suivre les développements successifs; il n'y eut jamais peut-être dans l'histoire de spectacle plus remarquable que cette marche habile du Consulat à l'Empire.

Bonaparte est d'abord à la face du parti Jacobin; que va-t-il faire de ce parti formidable, de ces têtes d'énergie et de capacité? La majorité des Jacobins se rallie à lui, il la récompense et l'élève dans le conseil d'État, dans les préfectures, aux ministères; il l'accable de dignités et d'argent, car il en sait toute la force. Les plus implacables des Jacobins restent en dehors; ils conspirent et sont domptés: après l'attentat du 3 nivôse, on les tue, on les exile: les uns montent sur l'échafaud, les autres vont errer dans la déportation.

La première victoire obtenue, d'autres vont suivre avec une persévérance non moins active. Le Consul doit lutter contre les partisans des Bourbons; comme il le dit lui-même: « Après la maladie interne vient la maladie de peau. » Le parti royaliste a des principes qui vont à l'esprit du Consul; les monarchistes lui apportent des moyens de sécurité et d'avenir; avec eux un gouvernement est à l'aise pour marcher à l'ordre; que fait Bonaparte? Comme pour les Jacobins, il s'entoure de tout ce que les royalistes ont de loyauté et d'intelligence. Il ne repousse aucun des hommes qui veulent venir à lui; il tend la main sans prévention aux partisans des Bourbons qui lui font le sacrifice de leur dévouement et lui prêtent foi et hommage. Quant à la partie ardente, aventureuse de l'émigration, il l'enlace dans la Chouannerie, dans les complots; puis il agit avec elle comme avec les républicains intrépides, il la proscrit; et ne croyez pas qu'il fasse la moindre concession; il en demande à tous et n'en veut faire à personne.

Reste le parti militaire opposant, les amis de Moreau, de Pichegru, la vieille armée républicaine qui murmure devant le renversement des idées démocratiques. De là, cette conjuration de Georges, de Moreau, de Pichegru, habilement conduite; la police mêle tous ces noms propres à une conspiration de chouannerie; il veut faire croire à une odieuse coalition entre Moreau et les Chouans; il tue ainsi moralement le plus redoutable de ses émules, il le présente comme l'agent de l'Angleterre, il frappe les républicains et les royalistes d'un même coup, il affaisse les opinions pour élever sur leurs débris le trône impérial!

Que de peines, que de sueurs pour arriver à ce résultat! Rien n'arrête Bonaparte : il a son dessein et il y marche. Son cœur ne faiblit jamais devant ce qu'on appelle crime d'État, ou coup d'État; la vie des hommes n'est pour lui qu'un moyen; il est comme ces monarques assyriens, comme ces rois dont parle l'Écriture, qui, disposant des multitudes abaissées dans la poussière, transportaient les peuples en captivité, ou bien faisaient rouler devant eux les têtes d'esclaves par un caprice de leur puissance. J'aurai à m'expliquer dans cette période sur deux faits lugubres qui préparent l'avénement du premier Consul à l'Empire : 1° L'exécution du duc d'Enghien, 2° la mort de Pichegru. Ces deux épisodes lamentables ont besoin d'être éclaircis par les pièces, et je n'hésiterai pas devant la vérité, quand elle me paraîtra justifiée. Il y a presque toujours dans la vie des hommes supérieurs un mélange de volonté et de fatalité; ils sont tout à la fois instrument et pensée; ils marchent devant eux par un entraînement mystérieux qui les fait servir de bras à une destinée inconnue. Plaignons ces existences trop hautes, car elles contractent des besoins, des instincts de cruauté et de nécessité que la vie paisible et privée ne comprend pas.

Le passage du Consulat à l'Empire jetait Bonaparte vers des grandeurs inouïes et dans une atmosphère de puissance où la main put s'égarer; l'œuvre qu'il a entreprise est si merveilleuse, la mission qu'il se donne si vaste, qu'il peut bien avoir de ces appétits que la fable prêtait aux géants de l'antiquité. Une fois proclamé Empereur, il a besoin de secouer les taches de son manteau de pourpre. Consul, pour accomplir l'époque d'organisation il a sacrifié des victimes dans les partis exaltés, il a brisé violemment les obstacles; Empereur, voilà que s'ouvre pour lui l'époque des victoires. A ce moment, le bruit des grands bulletins, datés des immortels bivouacs, fait oublier la liberté perdue, et la génération des rois et des peuples fléchit devant l'homme de la destinée!

Paris, mars 1840.

L'EUROPE

PENDANT

LE CONSULAT ET L'EMPIRE

DE NAPOLÉON.

CHAPITRE I.

DIPLOMATIE DES GRANDS CABINETS

APRÈS LA PAIX DE LUNÉVILLE.

1° Angleterre. — Affaiblissement du système de Pitt. — Sa démission. — Ministère Addington. — Armements de la Grande-Bretagne. — Expédition d'Abercromby. — Nelson dans la Baltique. — 2° Russie. — L'empereur Paul et Bonaparte. — Plan d'une campagne dans l'Inde. — Le Czar et les neutres. — Histoire secrète de la conspiration du palais. — Mort de Paul Ier. — Traité de l'Angleterre avec le Danemarck et la Suède. — 3° L'Autriche après Lunéville. — L'Empereur et le corps germanique. — 4° La Prusse. — Menaces sur le Hanovre et les villes anséatiques. — Tendance générale à la paix.

Février à juin 1801.

Le traité de Lunéville portait un coup fatal au système politique de M. Pitt. L'union des puissances dans une ligue commune contre la République française, était l'œuvre du ministre anglais ; il y avait sacrifié ses veilles et la prodigieuse activité de son esprit. Le génie de Pitt avait produit des alliances merveilleuses et bizarres telles que les temps de l'histoire moderne n'en offraient pas d'exemples ; car, pendant la campagne de 1799, les Russes marchèrent de concert avec les Turcs, les Napolitains avec les Allemands ; la mer Noire fut ouverte au pavillon du Czar, et Constantinople vit flotter l'aigle de Catherine II dans le Bosphore, au pied du château des Sept-Tours. Les Russes et les Autrichiens s'étaient tendu la main sur les Alpes ; chose plus singulière ! 6,000 Turcs débarquèrent en Italie pour rendre au Pape les États que les Français, les antiques fils aînés de l'Église, lui avaient arrachés ; tant les idées s'étaient ainsi agitées depuis dix ans dans un étrange chaos !

Cette coalition de gouvernements et de peuples, cette ligue éphémère entre des éléments si disparates, allait s'évanouir par le traité de Lunéville ; l'Autriche s'engageait envers la France dans des stipulations solennelles ; Paul Ier s'éprenait d'un sentiment exalté pour le premier Consul, tandis que la ligue maritime du Nord plaçait sous la protection de la Russie les droits des pavillons et de la neutralité [1]. Tous ces grands coups de la fortune du Consul devaient profondément retentir sur la popularité parlementaire de M. Pitt ; ses entreprises vastes comme le monde n'étaient pas couronnées de suc-

---

[1] « Un agent anglais qui voyage sur le continent adresse à lord Grenville une dépêche détaillée sur les changements opérés par le traité de Lunéville : « En Italie, dit-il, le roi de Naples reste ce qu'il est, si, dans un terme donné, il désarme et ferme ses ports aux Anglais.

« Le pape redevient évêque de Rome et centre de la catholicité, avec un revenu d'un ou deux millions, sanctionné par la France, qui reconnaîtra son autorité et salariera un culte.

« Le roi de Sardaigne restera dans son île. L'infant duc de Parme a ce duché, celui de Plaisance, de Modène, de Toscane et de Lucques, dont la République disparaît.

cès, et rien n'affaiblit un homme polititique comme les revers; le continent échappait à l'Angleterre, désormais sans auxiliaires; nul cabinet ne se liait plus à son système, et les îles impériales, fières et superbes sous la triple couronne d'Irlande, d'Écosse et d'Angleterre, rentraient dans leur isolement; elles n'avaient plus que l'Océan pour allié.

Quel magnifique thème pour l'opposition dans le parlement, et quels arguments ne pouvait-elle pas tirer des faits accomplis! L'expérience ne prouvait-elle pas que le système de M. Pitt jetait la Grande-Bretagne dans des guerres indéfinies et dans des sacrifices dont on ne prévoyait pas les limites? Sous la triste action de ces idées, le cabinet résolut la dissolution des communes et de nouvelles élections; l'union de l'Irlande à l'Angleterre devait modifier la majorité; le parlement allait avoir son parti [1] irlandais. Pitt, avec sa sagacité habituelle, s'aperçut bien que l'esprit des nouvelles élections se portait irrésistiblement vers un système de paix avec la France; les membres irlandais n'étaient point favorables au ministère, et dès le commencement de la session, le cabinet vit s'élever une résistance sérieuse dans les chambres des lords et des communes. L'attaque fut vive, profonde, continue, et l'on ne ménagea plus les idées et la conduite de M. Pitt depuis l'origine de la Révolution française [2].

« La Ligurie a le Tortonais, l'Alexandrin, le Montferrat et une partie de l'Artésan. Le reste du Piémont à la France, excepté Novarre et Verceil à la Cisalpine. Le golfe de la Spezzia est uni avec la Toscane, et dépendra du duc de Parme.

« Le grand-duc de Toscane a un État correspondant en Allemagne.

« Le royaume de Pologne rétabli comme avant le second partage. L'archiduc Léopold, palatin de Hongrie, mari d'une grande-duchesse en sera le roi.

« Le duc de Modène a le Brisgaw.»

(Note d'un agent anglais adressée à lord Grenville, janvier 1801.)

[1] *Annual Regist.*, janvier 1801.

[2] A cette époque la haine entre la France et l'Angleterre devient plus vive; la guerre

Dans la chambre des lords, le comte Fitz-William demanda une enquête sur la conduite du ministre qui avait si déplorablement disposé des trésors et du sang anglais. Était-ce pour amener le retour des Bourbons que tant de sacrifices avaient été faits? Le noble comte le disait avec regret; tout espoir était perdu pour cette vieille dynastie, et pourtant n'était-ce pas dans ce dessein que M. Pitt avait prodigué les ressources de l'Angleterre? On avait voulu humilier les Français, et cette valeureuse nation avait dignement répondu à des provocations insensées. Le comte de Suffolk soutint son ami le lord Fitz-William : « Vous êtes, s'écria-t-il à la face de Pitt, vous êtes un ministre incapable et un mauvais conseiller du Roi. » En vain le comte Spencer et le duc d'Athol soutinrent que toute enquête sur la conduite des ministres, dans un moment de crise et d'épreuve, serait impolitique parce qu'elle affaiblirait l'énergie nationale qu'il fallait entière et forte dans une guerre vigoureuse; on leur répondit que l'Angleterre s'étendit même aux pêcheurs. En voici un exemple :

Downing-Street, 21 janvier 1801.

Mylords,

« Ayant reçu divers avis que le gouvernement français abusait de la faveur accordée aux pêcheurs de cette nation, d'après la lettre que j'adressai à vos seigneuries, le 30 mai dernier, par laquelle je vous informais que la volonté de Sa Majesté était que les ordres donnés aux croiseurs de capturer tous les pêcheurs, ainsi que leurs bateaux, fussent révoqués; ayant même lieu de croire que ces pêcheurs, ainsi que leurs bateaux, sont en réquisition, et envoyés à Brest pour y équiper et armer la flotte, et que ceux à qui l'on a permis de sortir des prisons de ce pays pour retourner dans leur patrie sous la condition expresse de ne pas servir, se trouvent ainsi compris dans cette réquisition, j'ai ordre de signifier à vos seigneuries que la volonté de Sa Majesté est que les ordres donnés en conséquence de ma lettre du 24 janvier 1798, soient de nouveau mis en exécution, en ce qui a rapport aux pêcheurs et à leurs bateaux, et que les commissaires chargés du service des transports et de la garde des prisonniers de guerre, aient à requérir dans le mode de communication usité, que tous ceux mis en liberté sur parole soient tenus de retourner dans ce pays, et de leur signifier, ainsi qu'au gouvernement français, que ceux d'entre eux qui négligeront d'obéir à ces ordres, seront traités selon toute la rigueur des lois de la guerre, dans le cas où ils seraient de nouveau faits prisonniers en servant les ennemis de Sa Majesté. » Je suis, etc.

Signé. Henry Dundas.

se sauverait mieux sans M. Pitt et avec un nouveau cabinet. Mais ce qui frappa vivement les ministres, ce fut l'opposition du comte Darnley, qui abandonna subitement leur parti pour passer sur le banc hostile; l'impression fut grande de toutes parts et l'enquête demandée. Alors le comte de Moira s'écria : « Mylords, comment les ministres ont-ils employé la force militaire dont le fardeau accablant pèse sur le pays? Quel résultat l'Angleterre a-t-elle donc acquis? Qu'on nous donne la liste effrayante des subsides fournis au continent. » Les lords néanmoins votèrent l'adresse, et le comte Grenville put se flatter d'une certaine majorité. Aux communes, la même opposition se produisit avec une ténacité remarquable; et bien que Pitt déployât les immenses facultés de sa parole pour démontrer les hautes destinées de l'Angleterre dans sa lutte vigoureuse contre la France, le ministre dut s'apercevoir qu'il n'était plus écouté avec la même faveur dans le parlement.

L'instinct profond des affaires avait inspiré déjà une

Le ministre des relations extérieures au citoyen Otto, à Londres.

Paris, le 27 pluv. an IX (16 fév. 1801).

Citoyen,

« Le premier Consul, qui a eu connaissance de votre lettre du 10 de ce mois et des pièces incluses, me charge de vous faire savoir que vous ayez à quitter Londres, et à repasser en France.

« En vous retirant vous adresserez une note dans laquelle vous vous exprimerez ainsi :

« Le soussigné ayant donné communication à son gouvernement, de la déclaration du ministère britannique, qui annonce que les pêcheurs seront poursuivis et capturés comme tous les autres bâtiments ennemis, déclaration en vertu de laquelle plusieurs barques et bateaux pêcheurs ont déjà été enlevés, le premier Consul a considéré que si d'une part cet acte du gouvernement britannique, contraire à tous les usages des nations civilisées, et au droit commun qui les régit, même en temps de guerre, donnait à la guerre actuelle un caractère d'acharnement et de fureur qui détruisait jusqu'aux rapports d'usage dans une guerre loyale, de l'autre il était impossible de ne pas reconnaître que cette conduite du gouvernement anglais ne tendait qu'à exaspérer davantage les deux nations, et à éloigner encore le terme de la paix; qu'en conséquence le soussigné ne pouvait plus rester dans un pays où non seulement on abjure toute disposition à la paix, mais où les lois et les usages de la guerre sont méconnus et violés.

« Le soussigné a donc reçu l'ordre de quitter l'Angleterre, où son séjour se trouve de tout point inutile; et il est chargé en

résolution politique à M. Pitt et à la majorité de ses collègues. Depuis la réunion du parlement irlandais, le premier ministre avait plusieurs fois entretenu le roi Georges III, alors plus calme, plus tranquille, dans ses rares moments de lucidité, d'une question essentielle à la vie politique du peuple : l'émancipation des catholiques d'Irlande [1]. Pitt n'avait jamais cru que la fusion des deux nationalités fût complète, si l'on n'obtenait avant toute chose l'affranchissement des catholiques, c'est-à-dire la fusion immédiate et absolue de toutes les communions sous la triple couronne. M. Pitt, persistant dans cette opinion, avait trouvé ce roi si faible de raison, si fatalement agité par la douleur, résolu néanmoins à ne céder en rien sur le serment du *test* imposé aux Irlandais, dans la crainte de blesser l'Église établie et la promesse solennelle de son avènement. Pitt prit ce prétexte pour déclarer à ses amis qu'il avait résolu de quitter les affaires; le ministre expliquait sa retraite par le refus du roi sur la question catholique, sorte de langage de convention pour déguiser la chute d'un système dont on ne pouvait plus éviter la ruine instantanée. Ce prétexte

même temps de déclarer que le gouvernement français ayant eu toujours pour premier désir de contribuer à la pacification générale, et pour maxime d'adoucir autant que possible les maux de la guerre, ne peut songer pour sa part à rendre de misérables pêcheurs victimes de la prolongation des hostilités ; qu'il s'abstiendra de toutes représailles, et qu'il a ordonné, au contraire, que les bâtiments français, armés en guerre ou en course, continuassent à laisser la pêche libre et sans atteinte. »
Signé. Ch. M. Talleyrand.

[1] « Le parlement impérial devait s'ouvrir dès le 24 janvier. Son ouverture ayant été retardée jusqu'au 2 février, plusieurs prétextes furent mis en avant pour rendre compte de ce retard. Ce ne fut qu'après qu'il eut été ouvert à la manière accoutumée, le 2 février, que l'on sut qu'il y avait eu scission dans le conseil du roi, sur une question de la plus haute importance. La majorité du conseil, composée des cinq ministres, se croyait obligée de proposer au parlement l'émancipation totale des catholiques d'Irlande, mesure qui avait été jugée nécessaire précédemment pour cimenter d'une manière plus solide l'union des deux royaumes. Deux des ministres, et quelques membres ecclésiastiques du conseil privé, étaient d'une opinion contraire, et cette opinion se trouvait corroborée par les scrupules qui s'étaient élevés dans la conscience du roi, sur un acte qui lui sem-

était parfaitement choisi, car Pitt se retirait pour une question populaire et nationale; l'émancipation des catholiques trouvait de l'écho dans les masses[1]. Au fond, le ministre avait pressenti l'opinion de l'Angleterre alors prononcée tout entière pour la paix; or, Pitt pouvait-il en aucun cas, commencer des négociations de paix avec le premier Consul? Sa dignité s'y refusait. Il jugea dès lors qu'une retraite était indispensable; le ministre qui avait conseillé la guerre violente, implacable, ne pouvait pas devenir l'expression et le symbole de la paix; sa main se serait desséchée en signant un protocole pacifique avec Bonaparte, qu'il avait dénoncé à l'Europe entière comme un sanguinaire usurpateur.

L'adresse se discutait encore lorsqu'on apprit officiellement que M. Pitt, lord Grenville, le lord chancelier, le comte Spencer, Dundas et Windham, étaient décidés à se retirer des affaires, et qu'ils avaient déposé leurs démissions entre les mains du roi. Cette résolution fut prise dans un moment lucide de Georges III, lorsque ses larmes ne coulaient plus pour sa pauvre fille Marie; les arrangements n'étaient pas encore terminés que la fièvre le saisit, et Pitt ne voulant pas suspendre les services publics, déclara : « qu'il retardait de quelque temps sa retraite, à cause de l'accident que Sa Majesté venait

---

blait opposé à son serment, prononcé au couronnement, de maintenir de tout son pouvoir la religion et l'Église protestante réformée et établie par la loi. Dans cette position, les ministres ont cru que l'honneur ne leur permettait pas de rester plus longtemps à la tête des conseils, et dès le 5 février ils avaient remis leur démission au roi. » (Dépêche de M. Otto à M. de Talleyrand, février 1801.)

[1] « Il eût été difficile de croire, lorsque l'union de l'Irlande et de l'Angleterre fut décrétée, après tant de débats et une opposition aussi acharnée, que le succès même de cette mesure dût, dès le premier moment où elle serait mise à exécution, priver l'état des services de ceux qui l'avaient conçue et amenée à une heureuse fin; et que M. Pitt, lord Grenville, lord Spencer, M. Dundas, M. Windham, le marquis de Cornwallis et lord Castlereagh auraient cessé d'administrer les royaumes qu'ils avaient unis. » (Note d'un agent prussien à M. de Haugwitz, février 1801.)

d'éprouver, » et il présenta lui-même le budget des subsides qui s'élevait à plus de neuf cents millions pour les royaumes unis d'Angleterre et d'Irlande ; les périls étaient grands ; tous devaient des sacrifices à la cause commune. Pitt demanda 155,000 matelots pour le service de l'année, et 160,000 hommes de troupes régulières pour la défense des trois royaumes. Cet exposé du budget, œuvre fortement travaillée, est empreint d'un caractère éminent, sorte de testament politique avec les grandes formes du parlement d'Angleterre [1].

La résolution du cabinet de M. Pitt fut bientôt connue du parlement, et comme le comte de Darnley persistait à demander une enquête sur la conduite des ministres dans les affaires publiques, le comte de Carlisle prit la parole pour lui répondre. Il conseilla de différer tout examen, puisque l'on savait que les principaux membres du cabinet étaient disposés à se retirer pour des raisons d'une nature intéressante et délicate. Une telle phrase appelait des explications, et lord Grenville la saisit pour jeter sur sa retraite et celle de ses amis un vernis de popularité ; il déclara : « Qu'il se

---

[1] « Un accident imprévu est venu paralyser momentanément la main qui devait régler tout ce déplacement ; il n'y avait encore que trois ministres dont l'*appointement* fût complet. Lord Hawkesbury avait pris la place de lord Grenville au département des affaires étrangères ; lord Spencer, parti pour la campagne, avait remis la direction de l'amirauté au comte de Saint-Vincent, et le secrétariat de la guerre était occupé par M. le colonel Yorke, à la place de M. Windham.

« C'était vers le 25 février que M. Pitt devait remettre les sceaux de son département ; sa démission avait été acceptée, et le roi lui avait écrit une lettre fort affectueuse sur cette séparation ; un nouvel orateur de la chambre des communes, sir John Mitford, avait été élu à la place de M. Addington ; et celui-ci ayant accepté sa nomination à une place du gouvernement, la chambre avait donné un writ pour faire procéder à une nouvelle élection par le bourg qu'il représentait au parlement.

« Sa Majesté étant tombée gravement malade dans l'intervalle, M. Pitt a dû se considérer comme principal ministre, aussi longtemps que sa résignation n'était pas légalement consommée. Il a continué jusqu'à présent à tenir en chef les rênes du gouvernement, avec les trois nouveaux ministres que nous avons indiqués, et avec l'ancien chancelier lord Elemborough ;

retirait, lui, M. Pitt et ses collègues, parce qu'ils se trouvaient en dissidence avec un éminent personnage sur la question des catholiques d'Irlande, dont le cabinet avait désiré l'émancipation ; » et, d'après le noble lord, cette résolution était invariable et définitive.

Dès les premiers moments de sa démission, M. Pitt avait présenté au roi les successeurs qu'il avait lui-même choisis. Georges III agréa, pour la forme, lord Hawkesbury au département des affaires étrangères et le comte de Saint-Vincent pour l'amirauté. A ce moment, sa folie mélancolique le saisit encore et il ne put achever l'œuvre d'un ministère; sa main fléchit en apposant le grand sceau d'état sur le writ de nomination. Pitt annonça ce nouveau contre-temps aux communes, et l'on saisit un nouvel éclair de raison dans cette âme de Georges III, abîmée de douleur, pour lui faire approuver les choix des nouveaux conseillers de la couronne qui devaient compléter le cabinet. Pitt désigna pour son successeur M. Addington, l'orateur des communes, esprit modéré et tout entier aux doctrines de la vieille Angleterre[1], ce n'était point une intelligence hardie, vigoureuse; sa

---

M. le duc de Portland et M. Dundas. » (*The Courrier.*)

« Le 12 février, les six compagnies qui s'étaient formées pour fournir au gouvernement les sommes dont il aurait besoin, se rendirent chez M. Pitt, où elles furent informées que le service public requérait un emprunt de 28 millions sterling. Le lundi 16, cet emprunt fut adjugé à deux des compagnies dont les offres furent plus avantageuses que celles de leurs compétiteurs, et M. Pitt jouit d'un nouveau triomphe, et d'une nouvelle preuve de la confiance de la bourse en lui, en consommant ainsi un emprunt d'une somme aussi prodigieuse, à 5 et 1/4 pour 0/0 d'intérêt, la neuvième année de la guerre, et lorsque sa retraite du ministère était publiquement annoncée.» (*Ibid.*)

[1] « Les changements dans le ministère, qui se projetaient, et dont la plus grande partie était même déjà arrêtée lorsque le roi tomba malade, se sont effectués et complétés depuis son rétablissement. Samedi, 14 mars, à trois heures après midi, M. Pitt, après avoir présidé pour la dernière fois au bureau des lords du trésor, se rendit au palais de la reine, et remit entre les mains du roi les sceaux de son département. Ils furent confiés quelques instants après à son successeur, le très honorable M. Henry Addington.

« Outre cette nomination et celle de lord Hawkesbury, du comte de Saint-Vincent

timidité extrême le rendait incapable de toute mesure un peu forte, un peu élevée. M. Addington, sans fermeté de caractère, était-il à la hauteur des circonstances et des périls où se trouvait la Grande-Bretagne? Pitt savait bien ce qu'il faisait en le désignant pour son successeur; le nouveau ministère paraissait à tous une transition pour arriver à la paix, ou au moins à une suspension d'armes avec le premier Consul Bonaparte. M. Addington compléta le ministère en choisissant lord Hobart pour la guerre, lord Elden pour le grand sceau; le duc de Portland prit la présidence nominale du conseil, sorte de fonction sans titre dans la constitution d'Angleterre.

Pitt s'effaçait un moment des affaires publiques, mais son esprit survécut dans la nouvelle administration, planant comme un génie secret sur les décisions du cabinet Addington. Dans une séance des plus vives du parlement, M. Pitt crut nécessaire de prendre la parole pour expliquer sa démission : « On m'a accusé, dit-il, de ne vouloir donner à la chambre aucun des motifs de ma retraite; je ne lui refuse pas une explication à cet égard, mais j'observe qu'il est nouveau, qu'il est étrange de prétendre qu'un ministre ne peut, en obéissant aux cris de sa conscience, quitter sa place sans être tenu d'exposer à cette chambre et au public toutes les circonstances qui l'ont déterminé à cette démarche. Je n'avais jamais entendu dire qu'on pût faire un crime à un homme de l'obligation dans laquelle il a

---

et de M. le colonel Yorke, la gazette de la cour annonce aujourd'hui, 17 mars, la nomination de lord Hobart à la place de secrétaire d'état, qu'occupait M. Dundas; celle du comte de Hardwicke, lord lieutenant d'Irlande, à la place du marquis de Cornwallis; celle de lord Lewisham, membre du conseil privé, et celle de MM. Smith, Pybus et Bond, et de lord Thynne, lords de la trésorerie. » (Dépêche de M. Otto, mars 1801.)

cru se trouver d'abandonner un poste éminent et difficile, qui avait été l'objet de sa plus ardente ambition et que le premier vœu de son cœur le portait à remplir, tant que le vaisseau de l'État serait battu par la tempête. Quant aux causes qui ont motivé ma retraite, mes collègues ni moi ne dissimulerons à cette chambre que nous avions cru de notre devoir de proposer au nom du gouvernement, une mesure que nous regardions comme étant aussi importante que nécessaire pour cimenter l'union des deux royaumes. Nous étions si pénétrés de la nécessité de cette mesure, qu'ayant trouvé ensuite des circonstances qui nous mettaient dans l'impossibilité de la proposer au nom du Gouvernement, nous crûmes alors qu'il était de notre honneur et de notre devoir de ne plus prendre part à l'administration publique. Je désire qu'on sache que cette mesure était de telle nature, que si j'étais resté au ministère j'en aurais proposé l'adoption. Ma conduite, à l'avenir, se réglera, du reste, sur l'examen réfléchi et impartial des circonstances qui naîtront. Je ne serai jamais gouverné que par les motifs qui me paraîtront les plus propres à assurer la tranquillité, la force et le bonheur de mon pays [1]. »

Ainsi parlait M. Pitt, au moment où la coalition des neutres plaçait l'Angleterre dans des circonstances difficiles ; il fallait des efforts extraordinaires, et le parlement, si éminemment dévoué aux intérêts nationaux, devait voter sur-le-champ les subsides pour le développement d'une vaste force navale, capable de faire respecter le pavillon. Malte était au pouvoir de la Grande-Bretagne ; de riches colonies se réunissaient à son empire ; il fallait agir, frapper fort, si l'on ne

[1] Discours de M. Pitt à la chambre des communes, le 7 février, au sujet de sa retraite (*Annual Regist*, 1801).

voulait s'exposer à toutes les conséquences d'une ligue qui envahissait l'Europe continentale sous la double influence du premier Consul et de Paul Ier. L'Angleterre avait spécialement à veiller sur deux points : 1° l'Égypte, parce qu'elle considérait la colonie française sous le drapeau tricolore comme un établissement militaire destiné à favoriser les desseins d'une expédition dans l'Inde, tant redoutée à Londres; 2° la Baltique, parce que c'était là que venait de se conclure, sous l'influence du Czar, le traité de la neutralité armée qui menaçait si étrangement le droit maritime de l'Angleterre.

M. Addington, quoiqu'enclin au système de paix, dut redoubler d'efforts pour délivrer la nation britannique de ses terreurs et de ses dangers. Avant la chute du cabinet de M. Pitt, une expédition avait été résolue contre l'Égypte; M. Dundas en conçut le plan sur des proportions très vastes : il s'agissait de faire marcher contre la colonie française d'Alexandrie et du Caire trois corps d'armées différents : le premier sous les ordres du général Abercromby partirait de Gibraltar, de Malte et de la Sicile pour se porter sur le Delta et se déployer dans le cœur de l'Égypte; il était composé d'excellentes troupes anglaises ou auxiliaires, parfaitement disciplinées, avec une artillerie formidable, servie par des soldats de marine, habitués aux périls; la seconde armée, composée de 10,000 Turcs ou Albanais, marchait pour soutenir les troupes anglaises, et s'avançait de Constantinople par la Syrie sur l'Égypte. Enfin, comme dernier appui, un corps de Cipayes, arraché aux merveilleuses cités de l'Inde, s'embarquait à Bombay et à Madras pour Suez; traversant l'Arabie et le désert au milieu des populations musulmanes, il devait accomplir ainsi une marche presque fabuleuse; les Indous des grandes pagodes d'or transportés en Égypte pourraient se baigner dans le Nil. La colonie française, prise par trois côtés sous les feux croisés d'une triple expédition, serait enlacée par des forces considérables, sans espoir de secours et d'appui du côté de la France; nul navire au pavillon tricolore ne pouvait braver la surveillance anglaise. Cette expédition anglo-turque, parfaitement combinée, s'était faite contre l'opinion personnelle de Georges III qui déclara : « Que le sang anglais était nécessaire à l'Angleterre. » Dundas insistant invoqua sa responsabilité personnelle contre l'initiative royale [1]; le prince s'abstint; mais Dundas n'en tint aucun compte. M. Addington n'eut plus dès lors qu'une ligne à suivre, celle de prêter appui et secours par des escadres combinées, aux opérations militaires du général Abercromby, qui venait de débarquer en Égypte après un premier succès militaire.

La seconde expédition projetée avait une importance vitale pour la grandeur et la force de l'Angleterre : il s'agissait de jeter immédiatement une grande flotte dans la Baltique, en traversant le Sund pour mettre un terme à la ligue du Nord, conclue pour la protection des neutres, sous l'aigle de l'empereur Paul. Ici le droit et l'orgueil national de la Grande-Bretagne étaient également compromis [2]; il fallait agir vigoureusement, car si

---

[1] Voici quels furent les termes de désapprobation de Georges III à cette mesure : « *It is with the utmost reluctance, that I consent to a measure, which sends the flower of my army upon a dangerous expedition against a distant province*, G. R. » Depuis, Georges III a rendu plus de justice à lord Melville, le principal auteur de l'expédition.

[2] « La flotte anglaise se composant de dix-sept vaisseaux de ligne et de trente autres petits bâtiments de guerre aux ordres des amiraux sir Hyde Parker et lord Nelson, a éprouvé depuis son départ des contrariétés déplorables.

« Trois vaisseaux de soixante-quatorze canons qui n'étaient pas tout à fait prêts le jour qu'elle appareilla d'Yarmouth, et qui

la ligue maritime s'accomplissait, que devenait la prépondérance de ses flottes sur l'Océan et la Baltique? C'était une coalition navale contre l'Angleterre, comme Pitt en avait formé plus d'une contre la France. Bonaparte retournait l'idée anglaise des coalitions; or, le meilleur moyen de dissoudre cette ligue, n'était-il pas d'aller vite et droit aux puissances les plus faibles et de les soumettre à une séparation immédiate pour briser les derniers chaînons de la ligue?

Des ordres cachetés furent donnés à l'amiral Parker, et Nelson eut sous lui le commandement en second d'une flotte immense, pavoisée aux couleurs britanniques, qui cingla vers Copenhague; elle portait 53,000 matelots, deux mille cinq cents canons, et Nelson allait arborer au grand mât son pavillon de signal, si noblement salué par la marine anglaise. L'amiral revenait de son expédition de la Méditerranée; la cité de Londres lui avait offert une épée garnie de pierreries, en mémoire du combat d'Aboukir; il avait hâte de grandir sa renommée par des exploits qui pussent faire oublier sa vie dissipée; trois passions luttaient en son cœur : le jeu effréné qui lui fit jeter, par une nuit, aux bou-

---

devaient en faire partie, savoir : l'*Invincible*, amiral *Totty*, la *Défiance*, amiral *Graves*, et l'*Éléphant*, partirent les 14 et 15 des rades d'Yarmouth, pour la joindre dans le Sund. Le vaisseau l'*Invincible* a touché par la faute du pilote, le jour même de son départ, sur un bas-fond à quatre mille de Winterton, où il resta malgré tous les efforts qu'on fit pour le dégager en coupant les mâts. Le 15 au matin on parvint à le relever et à le remettre à flot; mais il avait été tellement endommagé qu'aussitôt qu'il rencontra la profondeur, il coula et périt. L'amiral Totty et 199 personnes de l'équipage furent sauvés par un cutter et par les bateaux. Le capitaine Rennie et 400 officiers et matelots ont été engloutis dans les flots.

« Les coups de vent de l'équinoxe se sont fait sentir avec la plus grande violence depuis le 15 jusqu'au 23 mars, et ont dû faire souffrir prodigieusement la flotte. La chaloupe canonnière le *Pelter* et le brûlot l'*Alecto* furent obligés de la quitter le 15 et de venir relâcher, l'un à Whitby, l'autre à Leith, pour réparer leurs dommages.

« Enfin on vient d'apprendre que, le 20, elle avait paru dans le Catégat, auprès de l'île d'Anholt. La frégate *la Blanche*, capitaine Hammond, se présenta devant Else-

gies, son épée garnie de brillants sur un tapis vert; puis l'amour puissant, ivre comme celui d'un jeune homme, pour lady Hamilton, cette fée qui le conduisait en enfant, lui, le fier marin; enfin la gloire, expression de l'honneur britannique dans cette âme de feu. Parker et Nelson se présentèrent devant Copenhague; partout des batteries terribles, de vieux vaisseaux retenus par des chaînes de fer, formaient des citadelles flottantes autour de Copenhague, défendue par son courageux et digne prince royal. Le feu de bord commença formidable; il fit trembler la terre comme si le sol s'entr'ouvrait.

Quand les batteries terribles se firent entendre, un parlementaire apporta les ordres du cabinet britannique : « Le roi de Danemarck devait renoncer sur-le-champ aux principes réclamés par la ligue maritime, et reconnaître la supériorité du pavillon anglais. » A cette sommation, M. de Bernstorff répondit au nom du prince régent : « Que l'on défendrait le passage du Sund et les clefs de la Baltique, confié au courage de la nation danoise, jusqu'à l'extrémité, et qu'on espérait en Dieu et en la bravoure de la marine. » Nelson, l'intrépide amiral, prend le com-

---

neur, avec un pavillon parlementaire et des dépêches pour le ministre anglais à Copenhague, M. Drummond, et pour l'envoyé extraordinaire de la Grande-Bretagne, M. Vansittart, nommé un des secrétaires de la trésorerie, à la place de M. Long, dans le changement qui s'est opéré dernièrement dans l'administration, et maintenant ministre extraordinaire pour régler les différends avec le Danemarck.

« Le 21, M. Drummond a eu une entrevue avec M. le comte de Bernstorff et lui a remis une note par laquelle le gouvernement danois est requis de se retirer de la confédération du Nord, d'accorder à la flotte anglaise le passage au travers du Sund, avec défense aux bâtiments danois de naviguer sans convoi. La note portait encore que la réponse fût faite en six heures, et que, si l'on n'accédait pas aux demandes de l'Angleterre, M. Drummond avait ordre de demander des passe-ports, qui lui ont été accordés en conséquence, ainsi qu'à M. Vansittart. » (Dépêche de M. Otto, mars 1801.)

Voici les pièces de toute cette négociation :

N° I.

A bord du *London*, au Catégat, 27 mars.
« D'après la conduite hostile de la cour de Danemarck, en renvoyant le chargé d'af-

mandement et la responsabilité de ses manœuvres; car il veut en finir; il répète en face des lignes de Copenhague son brillant combat d'Aboukir; et coupant les lignes de vieux vaisseaux et de batteries flottantes, il les place entre deux feux. Ainsi fièrement posé, Nelson menace de tout détruire et de tout brûler si le Danemarck ne renonce sur l'heure à ses conventions solennelles sur le droit des neutres qui blessaient le peuple britannique. A ces conditions une suspension d'armes fut conclue; la résistance avait été vaillante comme l'attaque avait été terrible; on vit le pavillon anglais cingler fièrement dans la Baltique et un coup immense fut porté à la ligue du Nord si menaçante pour l'Angleterre. Le cabinet Addington suivit la politique de Pitt; il y allait de la fortune de sa nation; elle eût tout sacrifié pour obtenir ce résultat, et Nelson eut la gloire de traverser le Sund avec le pavillon anglais au grand mât. Le rapport du brave amiral existe encore écrit de sa main; il est digne d'être conservé dans l'histoire, car cette dépêche est signée Nelson.

« Hier matin, j'ai fait le signal à l'escadre d'appareiller et d'engager le combat avec l'escadre des Danois, consistant en six vaisseaux de ligne, onze batteries flottantes,

---

faires de Sa Majesté Britannique, le commandant en chef de la flotte de Sa Majesté désire ardemment connaître quelle est la détermination de la cour de Danemarck, et si l'officier commandant au château de Cronberg a reçu ordre de tirer sur la flotte anglaise quand elle passera le Sund, devant considérer le premier coup de canon comme une déclaration de guerre de la part du Danemarck. »

Signé, Hyde Parker.

N° II. — Réponse.

Cronberg, 28 mars.

« En réponse à la lettre dont m'a honoré l'amiral, j'ai à l'informer qu'aucun ordre n'a été donné de tirer sur la flotte anglaise; un exprès est parti pour Copenhague, et dans le cas où l'ordre serait envoyé, j'enverrai immédiatement un officier à bord pour en informer l'amiral. »

Signé, Stricker, gouverneur.

N° III.

Château de Cronberg, 28 mars.

« En réponse à la lettre de Votre Excellence, que je n'ai reçue que le jour suivant, à huit heures et demie, j'ai l'honneur de vous informer que Sa Majesté le roi de Danemarck n'a pas renvoyé le chargé d'affaires, mais que sur sa propre demande il a obtenu un passeport.

montant depuis vingt-six canons de 24, jusqu'à dix-huit canons de 18, et une bombarde, outre des goëlettes canonnières. Cette ligne était soutenue par les îles de la Couronne, sur lesquelles étaient montées quatre-vingt-huit pièces de canon, et par quatre vaisseaux embossés à l'ouverture du port, enfin par quelques batteries sur l'île d'Amack. La galiote à bombes et les chaloupes canonnières se sont échappées, les autres dix-sept bâtiments, formant toute la ligne danoise au sud des îles de la Couronne, sont coulés à fond, brûlés ou pris, après un combat de quatre heures. La difficulté de la navigation fit que la *Bellona* et le *Russel* échouèrent malheureusement; mais quoique ces deux vaisseaux ne fussent pas parvenus alors à la position qui leur était assignée, cependant ils se sont trouvés placés de manière à rendre encore de grands services. L'*Agamemnon* ne put pas doubler le bas-fond du milieu et fut obligé de mouiller; mais on n'a pas le plus léger reproche à en faire au capitaine Francourt, c'est un événement auquel tous les vaisseaux sont exposés. Ces accidents empêchèrent le développement entier de notre ligne; si ces trois vaisseaux avaient pu s'y réunir, je suis

« Comme soldat, je ne puis me mêler de politique, mais je ne puis permettre à une flotte dont les intentions sont encore inconnues, d'approcher des canons du château que j'ai l'honneur de commander.

« Dans le cas où Votre Excellence trouverait convenable de faire quelques propositions à Sa Majesté le roi de Danemarck, je désire en être informé avant que la flotte n'approche plus près du château. Une réponse catégorique est désirée. »

Signé. Stricker.

N° IV. — Réponse.

A bord du *London*, 29 mars, une heure après midi.

Monsieur,

« En réponse à la note de Votre Excellence reçue à cet instant, le soussigné n'a autre chose à répliquer, sinon qu'estimant les intentions de la cour de Danemarck hostiles envers Sa Majesté Britannique, il considère la réponse comme une déclaration de guerre; c'est pourquoi, en conformité à ses instructions, il ne peut pas plus longtemps s'abstenir de commencer des hostilités, quelque répugnant que cela soit à ses sentiments, cependant il sera prêt à écouter toute proposition de la cour de Danemarck tendante à rétablir l'ancienne amitié qui a, pendant un si grand nombre d'années, subsisté entre les deux cours. »

Signé. Hyde Parker.

A Son Excellence le gouverneur du château de Cronberg.

certain qu'ils auraient fait taire le feu des îles de la Couronne, et des deux vaisseaux qui gardaient l'ouverture du port, et qu'ils auraient épargné à la *Défiance* et au *Monarque* la perte considérable qu'ils ont éprouvée. L'intrépide capitaine Riou, auquel j'avais donné le commandement des frégates la *Blanche*, l'*Alcmène*, le *Dart*, l'*Arrow*, le *Zéphyr* et l'*Otter*, pour faciliter l'attaque des vaisseaux à l'entrée du port, a été exposé à un feu terrible dont il a été la victime, ainsi que beaucoup d'autres braves officiers et matelots à bord des frégates et des corvettes. L'action commença à dix heures cinq minutes. L'avant-garde était conduite par le capitaine Georges Murray de l'*Edgar;* il a donné un noble exemple d'intrépidité, dignement imité par tous les capitaines, officiers et matelots de l'escadre. Je supplie qu'il me soit permis d'exprimer combien je suis redevable à tous les capitaines, officiers et matelots, pour leur zèle et leur bravoure distinguée dans cette occasion. L'honorable colonel Stewart m'a fait la faveur d'être à bord de l'*Éléphant*, et lui, et tous les officiers et soldats sous ses ordres, ont partagé avec plaisir les travaux et les dangers de ce jour. La perte, dans une telle bataille, doit naturellement avoir été considérable. Parmi le grand nombre de braves officiers et hommes des équipages qui ont été tués, j'ai le chagrin de placer le nom du capitaine Mosse du *Monarque*, qui laisse une femme et six enfants pour pleurer sa mort. Au reste, chacun a fait son devoir, comme de dignes enfants de l'Angleterre. » NELSON.

A ce moment, si glorieux pour la marine anglaise, une catastrophe d'une nature plus sinistre venait abîmer et détruire la ligue des neutres, en frappant au cœur celui qui avait pris en main sa haute direction : l'empereur Paul tombait victime d'une conspiration de palais. Pour expliquer cet événement, il faut remonter jusqu'aux rapports intimes qui s'étaient subitement établis entre le premier Consul et le Czar de toutes les Russies. D'immenses projets en étaient résultés, car dans la pensée de Napoléon, tout se formulait en des proportions gigantesques. Déjà l'on a pu suivre les premiers symptômes de l'amitié vive, ardente, née au cœur impressionnable de Paul Ier pour Bonaparte; les merveilles fantastiques d'un héros de trente-deux ans avaient séduit l'âme du Czar, et Bonaparte, avec son habileté instinctive, profita de toutes ces émotions enthousiastes pour grandir son alliance avec le Czar [1]. Paul Ier avait des griefs multipliés contre l'Angleterre, il les exhalait vivement; le cabinet britannique lui refusait Malte et sa grande-maîtrise, objet de son ambition chevaleresque et de sa prévoyance maritime; protecteur du pavillon neutre, le Czar avait vu toutes ses prétentions blessées par la Grande-Bretagne, et le renvoi de lord Witworth témoigna toute la colère de cette âme ulcérée qui passait sans transition de l'amour à la haine.

Le Consul sut flatter habilement la sensibilité exaltée de Paul Ier. Rien ne fut négligé, pas même ces

---

[1] Paul Ier venait de désigner une grande ambassade pour Paris : voici comment un agent anglais s'exprime sur son personnel :

« On ne parle à Paris depuis quelque temps que de la fameuse ambassade qui est en route de Saint-Pétersbourg. On lui prépare pour son logement le bel hôtel de Praslin, situé en face du Pont-Royal et des Tuileries. Paul Ier a ouvert tous les trésors de sa magnificence pour que son envoyé pût le représenter dignement à la cour de France, et déjà les danseuses en tirent un augure favorable pour la renaissance du bon vieux temps, où plus d'un seigneur hyperboréen croyait devoir se ruiner à Paris pour l'honneur de la Russie. Voici quelques notices sur le comte de Kalitscheff :

« M. le comte de Kalitscheff, à qui l'empereur de Russie confie l'ambassade à Paris, appartient à une famille très distinguée en Russie, et qui tient aux maisons les plus illustres de ce pays. Ce n'est que depuis l'avénement de Paul Ier au trône, et même environ depuis deux ans, que le titre de comte lui a été conféré; mais la noblesse et l'ancienneté de son origine n'avaient aucun besoin de cette distinction, et avant de l'avoir obtenue, il n'en jouissait pas moins de toute la considération attachée à l'avantage d'une grande naissance. Il est maintenant âgé environ de

moyens obscurs de police qui, plus d'une fois, agissent sur l'esprit et la marche des affaires : des artistes et des femmes employèrent leurs plus gracieux talents auprès de Paul Ier pour distraire sa vie; des favoris dévoués entouraient sa personne pour lui parler sans cesse de Bonaparte et de sa gloire. En dehors de ces causes obscures, ce qui rapprocha le plus Paul Ier du Consul, ce fut leur imagination rêveuse de grandes choses; ces deux esprits devaient se comprendre dans leurs projets, parce qu'ils se touchaient par la noble partie de leur caractère; Bonaparte ne voyait jamais rien en petit; le moindre fait politique, il le grandissait jusqu'à sa hauteur, et de là les projets gigantesques qui germèrent si souvent dans cette tête; elle aimait à se promener en dehors des régions du possible, dans ce monde où se pressaient les temps héroïques, et les immenses physionomies de l'histoire.

La ligue du Nord, résultat positif de cette alliance intime, exaltait la Russie; le cabinet des Tuileries dut favoriser cette coalition maritime contre l'Angleterre, la commune ennemie. En même temps d'autres projets

---

quarante-cinq ans. Il a voyagé en Europe extrêmement jeune. Après avoir visité toute l'Italie, il vint à Paris à l'époque où le prince Galitzin y était ambassadeur, et y séjourna une ou deux années comme cavalier d'ambassade. De retour à Saint-Pétersbourg, il entra à la cour, où il fut attaché en qualité de gentilhomme de la chambre; c'était vers 1780, et dès ce temps-là il se destinait à suivre la carrière diplomatique. En 1784, il y eut dans la diplomatie russe un mouvement qui laissa vacante la place de plénipotentiaire à La Haye, et M. le comte de Kalitscheff fut nommé pour la remplir; il y fut le témoin de la révolution de 1787, qui se développa tout entière sous ses yeux. De là, il fut envoyé à Berlin pour remplir les mêmes fonctions de ministre plénipotentiaire auprès du roi de Prusse et y resta jusqu'à la mort de l'impératrice. On craignit d'abord que cette époque ne mît un terme à sa carrière politique, parce qu'un frère qu'il avait à la cour en avait été éloigné, et que lui-même avait été rappelé par le nouvel empereur. Mais ce rappel n'était point une disgrâce, et l'empereur ne cessa de le traiter avec bonté et distinction. Effectivement, lorsque le comte Rasumowski cessa d'être ambassadeur à Vienne, Paul Ier nomma le comte de Kalitscheff pour le remplacer, et après son départ de cette

plus grandioses étaient nés des confidences intimes des deux cabinets, échange de pensées entre le premier Consul et l'empereur Paul. Une ambition fixe domina la vie de Bonaparte : détruire les établissements anglais dans l'Inde, vaste empire si admirablement organisé, où la civilisation brille sous les feux du soleil de l'Indoustan. Cette passion l'exaltait quand il traça de sa main l'expédition d'Égypte. Il ne perdit pas un instant de vue l'isthme de Suez; les pieds baignés par la mer Rouge, il écrivit à Tippoo-Saëb pour lui annoncer le prochain secours de ses bons amis les Français. L'Égypte n'était qu'une station, qu'un point intermédiaire entre la France et l'Indoustan; en se mirant aux flots du Nil, Bonaparte voyait le Gange; l'expédition anglaise, partie du Bengale, traçait une route militaire, et cette persévérante expédition l'avait même confirmé dans l'opinion primitivement conçue : « qu'une armée qui partirait d'Alexandrie pourrait facilement parvenir de la mer Rouge jusque dans l'Inde ; » et voilà pourquoi il tint si essentiellement à la possession de l'Égypte; c'était plus qu'un rêve d'imagina-

cour, il eut ordre de rester dans l'intérieur de l'Allemagne, pour ne pas s'éloigner des grandes affaires. C'est à son retour en Russie que Paul 1er lui donna la marque de confiance de le nommer vice-chancelier à la place du comte Panin, et ce prince ne pouvait lui donner un témoignage plus flatteur de son estime que de le choisir pour une opération aussi importante que le renouvellement des anciennes liaisons entre la France et la Russie.

« Son caractère est doux, prévenant, poli et décèle dans toutes les occasions un grand usage du monde et une éducation très soignée. Il a beaucoup de noblesse dans sa représentation extérieure. Point de hauteur, la simplicité même, et en général l'esprit de sagesse, de modestie et de conciliation forment son caractère. Voilà la réputation qu'il a laissée à La Haye, à Berlin et à Vienne.

« M. de Novicow est un des plus anciens membres actuels de la diplomatie russe. Il doit avoir soixante ans. Il a été employé comme secrétaire de légation ou chargé d'affaires dans plusieurs cours. Il a été attaché à M. le comte de Kalitscheff, depuis la mission de celui-ci à La Haye; il l'a accompagné à Berlin, il ne l'a point quitté à Vienne. Cet un homme qui doit avoir une grande habitude des affaires. Il est aussi très doux et très modeste. » (Note d'un agent anglais, janvier 1801.)

tion ou un sentiment antique qui le portait vers Alexandrie en ruines; ce n'était point en enthousiaste vulgaire qu'il saluait les pyramides où reposent les cendres des Ptolémées; Bonaparte marchait les yeux fixés sur cet empire de l'Indoustan, sorte de palais de fées, d'or, d'émeraude et de cristal, rêvé dans les *Mille et une Nuits* de sa jeune et brillante imagination [1].

Le plan proposé par Bonaparte à l'empereur Paul reposait encore sur la conquête et la possession de l'Inde anglaise; son génie avait sauté à pas de géant de Paris aux bords de l'Indus. L'Alexandre de l'antiquité n'était-il pas parti de la Macédoine avec ses phalanges, et traversant l'Asie-Mineure, la Perse, n'avait-il pas refoulé les troupes des rois de l'Inde comme les flots de la mer agités par le vent? les chevaux engraissés aux pâturages de la Thessalie avaient secoué leurs crinières humectées dans le Gange; pourquoi lui, le Consul, avec toutes les ressources nouvelles que l'art militaire avait prodiguées aux armées, ne pourrait-il pas conduire ses vieux régiments par une route amie et toute tracée à travers l'empire russe? Bonaparte n'avait-il pas à côté de lui un esprit aussi exalté que le sien, un empereur qui se complaisait aux miraculeuses conceptions?

Le plan tracé par Bonaparte, et qui existe encore de sa main, n'était pas, d'ailleurs, une simple utopie, rêvée dans

---

[1] « J'ai, par le dernier courrier, eu l'honneur d'adresser à Votre Excellence la rapide esquisse d'un plan de guerre contre les Indes. Voici maintenant ce que, depuis lors, j'ai recueilli sur un projet dont on fait mystère et qui n'a pu être élaboré que dans un cerveau malade. Le but en est le même que celui qui fit entreprendre l'expédition d'Égypte. Mais là on avait une solide base d'opérations et des moyens plus faciles pour transporter une armée dans les établissements anglais; puis c'était une armée toute française; ici c'est une armée combinée, ce qui enfanterait des divisions. D'ailleurs les princes asiatiques consentiront-ils à laisser traverser leurs États par des étrangers de religion et de mœurs pour lesquelles ils ont une haine violente et héréditaire? L'on n'y a seulement songé! Comment encore transporter avec l'armée l'immense et indispensable bagage nécessaire à l'équipement, à l'ar-

les nuits de la Malmaison; il demandait le concours actif de la Russie et l'appui moral de l'Autriche : il s'agissait du passage d'une armée qui devait s'élancer des rives du Rhin, et dans un trajet de quatre mois, le drapeau tricolore se trouverait aux frontières du Bengale, sous les murs de Madras. La route était déterminée avec une exactitude mathématique; en consultant les cartes les plus minutieuses, on avait tout marqué, les stations, les campements, les moyens de communication et de subsistance. L'empereur Paul mettait à la disposition de la France 25,000 hommes de troupes réglées, soldats forts et choisis, qui, précédés de 10,000 Cosaques, devaient se réunir à Astracan, au bord de la mer Caspienne, près des vastes embouchures du Volga ; puis traversant cette mer, les Russes devaient se porter en masse à Astrabad, ville maritime de la Perse. En même temps, 35,000 hommes de troupes d'élite, choisies par le premier Consul, et lui-même placé à leur tête, comme l'Alexandre de Macédoine, partaient des bords du Rhin pour traverser rapidement la Souabe jusqu'aux rives du Danube. Là, des bateaux étaient préparés; ces 35,000 soldats d'élite descendaient jusqu'à la mer Noire, où d'autres navires russes, aux vastes flancs, les transportaient à travers la mer d'Azof jusqu'à Tangarof ; ils y passaient le Don ; et suivant la rive droite du Volga, comme les Russes,

mement, aux munitions, aux vivres, aux marchandises de Paris qu'on veut offrir en présents à ces souverains dont il faudrait traverser le territoire? Car, en ce romantique projet on veut même que l'expédition soit accompagnée d'artistes, de savants et d'ingénieurs chargés d'examiner, de décrire et de lever les plans de tous les lieux où l'on passerait, ce qui, certes, effaroucherait l'esprit inquiet des gouvernements orientaux. Enfin, si le Grand-Seigneur mettait obstacle à l'exécution de ce projet, serait-il prompt et facile à la Russie de l'y faire consentir? L'Angleterre, unie alors aux Turcs, les secondant, ne pourrait-elle pas enlever l'armée française dans la mer Noire? Rien, en vérité, de plus extravagant ! Voilà cependant ce que la haine a inspiré au génie, et le principal objet de la mission de Duroc. » (Lettre d'un agent prussien au ministre Hardenberg.)

« Grâce à l'activité de la diplomatie an-

les Français s'avançaient jusqu'à Astracan ; après la mer Caspienne, ils allaient rejoindre les soldats de Paul Ier à Astrabad. Ici se faisait la jonction des deux armées, portées à un effectif de 70,000 hommes de toutes armes, au milieu d'une nuée de Tartares. Tous se mettaient en marche, étape par étape, à travers les stations de Cosaques, campés sous la tente ; les ingénieurs lèveraient les plans, les artistes dessineraient les lieux, les savants recueilleraient les traditions. Partout de riches présents devaient être distribués aux chefs des tribus, aux kans des Tartares ; on achèterait pour de l'or les immenses troupeaux des steppes de la Tartarie nomade ; on entraînerait à sa suite des myriades de Cosaques pour seconder l'expédition ; on visiterait ainsi les fabuleuses cités d'Hérat, de Ferah, de Candebar, et bientôt, comme les phalanges d'Alexandre, on atteindrait la rive droite de l'Indus.

L'imagination toute orientale de Bonaparte saluait ses braves demi-brigades, s'élançant des Alpes, comme l'aigle des montagnes, jusqu'au sommet du Thibet : tout était calculé, le temps et la distance ; des bords du Rhin à l'embouchure du Danube, on comptait vingt jours ; du Danube à Tangarof, seize ; puis jusqu'à Astracan, vingt-neuf, et d'Astracan aux bords

---

glaise, nous venons d'apprendre l'existence d'un accord secret entre l'empereur de Russie et Bonaparte. Le but de ces deux grands personnages est la conquête de nos riches établissements de l'Inde. Cette nouvelle qui a promptement percé dans le commerce y jette un trouble difficile à peindre. Comment pourrait-il n'en pas être ainsi ? En effet, depuis la chute de l'empire du Mysore (4 mai 1799), préparée par lord Cornwallis et victorieusement opérée par le comte de Mornington (Arthur Wellesley, depuis lord Wellington), la vieille Angleterre est sans rivaux dans les Indes, surtout depuis la prise de Ceylan, et ses ennemis n'y ont plus un seul allié. D'où il résulte que si, avant cet heureux événement, la prospérité de ces belles contrées croissait tous les jours, elle doit prendre aujourd'hui un nouvel et rapide essor, aux fruits duquel il sera pénible d'avoir à renoncer. » (Lettre adressée de Londres au ministre Hardenberg.)

de l'Indus, cinquante-cinq; ce qui forme un total de cent vingt jours des frontières de France aux pays fabuleux de l'Inde; de mai en septembre, on pouvait donc franchir la distance immense qui séparait Paris de Bombay et de Madras. Tout paraissait possible à qui avait fait de si grandes choses.

Cette fabuleuse expédition était prise au sérieux par Bonaparte, elle allait à son esprit, rien n'effrayait son génie, et Paul souriait à un projet gigantesque, dont le résultat ne pouvait en définitive que grandir la puissance de la Russie, et préparer les voies à de nouvelles destinées; cette marche traçait aux Russes une route militaire pour aller dans l'Inde? La campagne de Suwarow sur les Alpes avait été une tentative du cabinet de Saint-Pétersbourg, pour établir son influence sur l'Occident et le Midi de l'Europe; l'expédition rêvée par Bonaparte dans l'Asie, pouvait ouvrir à la Russie un large chemin vers l'Indoustan; Paul Ier en avait besoin pour consolider sa puissance sur les populations nomades des bords de la mer Caspienne. Le premier Consul caressait l'empereur en l'entretenant de ses projets; les plans étaient dressés; on devait se mettre en marche au mois de mai; un corps d'élite plus considérable était promis par la Russie; tout était prêt, même les proclamations qu'on devait adresser aux peuplades de l'Inde, pour les appeler à l'indépendance contre l'Angleterre [1]. Les régiments n'attendaient que leur

---

[1] Voici le texte même de cette proclamation adressée aux populations musulmanes : on se croirait au temps des fables.

« Une armée des deux nations les plus puissantes de l'univers doit passer sur vos terres pour se rendre aux Indes. Le seul but de cette expédition est de chasser de l'Indoustan les Anglais qui ont asservi ces belles contrées, jadis si célèbres, si puissantes, si riches en productions et en industrie.

« L'état horrible d'oppression, de malheur et de servitude sous lequel elles gémissent aujourd'hui, a inspiré le plus vif intérêt à la France et à la Russie. Ces deux gouvernements ont résolu d'unir leur

ordre de départ, lorsqu'une dépêche télégraphique apprit à Bonaparte, fatalement ému (lui si menacé par la conspiration), la catastrophe qui venait d'en finir avec la vie et la souveraineté de Paul Ier, le Czar de toutes les Russies.

Lorsque l'on suit avec quelque pensée d'études, l'histoire du vaste empire russe, on doit reconnaître que sa force et sa puissance de civilisation résultent de son système administratif, sorte de dictature sous la main de l'empereur, qui a la mission d'éclairer et de grandir le peuple. Nul ne peut apprécier cette nationalité slave en dehors de toutes les autres. Il y a un sentiment de fierté et d'indépendance qui tient à la nature primitive de cette race dont le berceau est Nowgorod, la ville antique. La noblesse a des intérêts, des priviléges, des droits : elle les défend avec énergie, tandis que la couronne, depuis Pierre-le-Grand, heurte ces habitudes et ces droits au profit des idées neuves et d'un pouvoir centralisé; c'est à peu près la lutte des rois et des grands vassaux au moyen âge. Le Czar, placé à la tête de l'administration et du gouvernement, se donne la mission de conduire le peuple russe dans des voies avancées, au moyen des grands coups du pouvoir absolu; la noblesse libre et frémissante, sous un joug même éclairé, s'agite souvent pour briser l'édifice que Pierre-le-Grand éleva avec tant de persévérance et de génie.

---

forces, pour affranchir les Indes du joug tyrannique et barbare des Anglais. Les princes et les peuples de tous les États que doit traverser l'armée combinée, n'ont rien à craindre d'eux ; ils sont, au contraire, invités à coopérer de tous leurs moyens au succès de cette utile et glorieuse entreprise. Cette expédition est aussi juste dans sa cause qu'était injuste celle d'Alexandre, qui voulait conquérir le monde entier. L'armée combinée ne lèvera point de contributions ; elle achètera de gré à gré, et paiera tous les objets nécessaires à sa subsistance. La discipline la plus sévère la maintiendra dans le devoir. Le culte, les lois, les usages, les mœurs, les femmes seront respectés, etc. »

Cette situation bien comprise explique la lutte entre Paul Ier et quelques-uns des chefs de la noblesse, les plus indépendants et les plus fiers. J'ai tracé déjà le caractère de Paul. Enthousiaste, bizarre souvent dans ses idées comme tout esprit exceptionnel, il avait fort à faire de tenir sous sa main l'armée, le clergé et les nobles. Le Czar avait des favoris, des hommes dévoués à son service; qui pourrait lui en faire un reproche? Koutaizoff, qu'on poursuivait de sarcasmes comme un valet, n'était peut-être qu'un serviteur fidèle qui jetait son corps à travers la porte de la chambre à coucher pour que l'on n'atteignît pas le cœur du Czar! Dans les existences cruellement menacées, il y a toujours de ces dévouements qui se paient à peine par de riches faveurs, et Paul avait l'instinct que le complot viendrait des grands et des gardes du palais. Quand les rois ont des craintes, on les entoure par un faux zèle; des rapports de police viennent incessamment les exaspérer; comme ils se croient environnés d'ennemis, ils refoulent les affections, dessèchent les cœurs et font un désert d'égoïsme autour d'eux; Paul Ier avait le pressentiment de ce qui le menaçait, et les soupçons de son caractère tenaient à cette conviction profonde et cruelle qu'on en voulait à sa vie [1].

Une cause générale favorisait les mécontentements et

---

[1] Voici maintenant la version qui fut adressée de Saint-Pétersbourg au département des affaires étrangères sur la conspiration contre Paul Ier; elle n'est pas contemporaine, mais elle est écrite de la main du général Savary. Quand ce général fut envoyé en 1807 à Saint-Pétersbourg, Napoléon lui avait ordonné de s'enquérir de tous les renseignements sur la mort de Paul et l'avénement d'Alexandre. Le général Savary rédigea le mémoire suivant :

« L'empereur Paul était monté fort tard sur le trône; il avait eu à supporter les hauteurs de tous les favoris de sa mère, et de plus il avait été souvent en butte aux intrigues des courtisans, qui, pour faire valoir leur zèle, lui avaient plus d'une fois supposé des projets de rébellion et de vengeance pour le meurtre de son père Pierre II.

« Lorsqu'il fut empereur, il ne se défia pas des ressentiments du grand-duc Paul, et

la fermentation des esprits; depuis la rupture avec les Anglais la Russie souffrait dans son commerce anéanti, et la noblesse surtout qui possède les forêts, les mines de fer, le chanvre et les vastes possessions territoriales, ne trouvait plus aucun moyen d'échange, un embargo avait été jeté par le caprice de Paul sur le pavillon britannique; la noblesse n'est riche que par ces échanges, la bourgeoisie vit de l'industrie étrangère. Des murmures s'élevaient de toutes parts contre l'alliance fatale du Czar et de Bonaparte; ces immenses territoires ne pouvaient pas exister sans débouchés maritimes. La plainte est douloureuse pour certaines âmes comme le fer brûlant sur la plaie; le Czar devint de plus en plus soupçonneux, fantasque, il montrait cette irritation nerveuse qui arrive lorsqu'un danger menace votre tête et que l'imagination souffre.

Tout complot se personnifie; les mécontentements se font homme; depuis longtemps une conspiration se préparait dans l'ombre contre Paul Ier; Pierre-le-Grand, comme lui, avait tous les jours des ennemis à combattre et des complots à déjouer. L'origine n'en était point au sein de sa famille, car rien n'était plus noble, plus chaste,

s'occupa un peu trop à faire justice de ceux dont il avait eu à se plaindre. Il se fit par là beaucoup d'ennemis; la plupart étaient puissants de richesses et d'honneurs. Les soupçons et la terreur régnèrent bientôt autour de lui; au lieu de ramener les esprits par la douceur, il les exaspéra par de la sévérité.

« Ses sujets le condamnèrent sous les prétextes les plus frivoles, et les passions qui ne calculent pas, l'accusèrent de tout ce qu'il y avait de plus déraisonnable, et à la fois de plus criminel. Les plus ardents à le précipiter du trône furent bientôt d'accord; mais de grandes difficultés traversaient l'exécution de ce dessein : c'est à Moscou qu'il se trama, parce que, dans cette ville éloignée de la cour, on peut s'envelopper de tout le mystère qu'exige une pareille entreprise.

« Elle ne pouvait réussir sans la participation du gouverneur militaire de Saint-Pétersbourg, qui est tout à la fois le chef des citoyens, le général de la garnison et le gardien de l'empereur. Il exerce une surveillance qui lui eût infailliblement fait découvrir les petites menées, par lesquelles il était nécessaire de commencer cette entreprise. Les conjurés prirent donc la résolution d'associer le gouverneur militaire à leurs projets. Ce gouverneur était le comte Palhen, l'empereur Paul avait une extrême confiance en lui, et ne l'avait fait gouverneur de cette capitale que parce

plus soumis, que la femme de Paul, Catherine Fédoroffna, et les fils du Czar, Alexandre l'aîné, Constantin, adolescent à peine, et Nicolas, noble enfant encore, à l'âme ardente et candide ; toute cette famille souffrait avec résignation les bizarreries, les soupçons du père et du seigneur commun ; triste spectacle alors, car Paul avait peu de rapports avec ses fils ; il vivait enfermé dans les appartements de son palais de Michaëloff, que nul ne pouvait aborder qu'en passant à travers des gardes armés, des portes qui roulaient sur des gonds en fer.

Là, il ne voyait fréquemment que Koutaizoff, son valet de chambre, la princesse Gagarin, pour laquelle il professait un culte chevaleresque, et le comte Phonder-Palhen, gouverneur de Saint-Pétersbourg. Depuis la rupture avec l'Angleterre, je le répète, la Russie souffrait ; le commerce était anéanti ; la noblesse, les grands murmuraient haut, et il se forma des conciliabules chez la comtesse de Gérebsoff, la sœur de ce Zoubow si souvent exilé et rappelé par les ordres de l'empereur. Là venaient Mouravieff, cœur où bouil-

qu'il le regardait comme le plus attaché à sa personne et le plus incorruptible. Ce comte Palhen était un homme profondément habile, et, à ce qu'il paraît, d'une duplicité de caractère semblable à celle des personnages principaux que l'on voit figurer dans les révolutions d'Orient. Un conjuré, dont je dois taire le nom, se chargea de sonder Palhen sans lui rien dire du projet arrêté, mais de connaître directement de lui-même sa manière de penser sur l'empereur, et sur tout ce qui était le sujet du mécontentement général. Palhen s'ouvrit, et la confiance s'établit entre lui et le conjuré, qui ne manqua pas de lui répéter souvent que l'extrême confiance dont il jouissait en ce moment, ne tarderait pas à être suivie d'un exil en Sibérie, aussitôt qu'un envieux, dont les hommes en place ne manquent jamais, serait parvenu à entretenir l'empereur un instant ; que cela ne dépendait que d'une maîtresse, et qu'enfin, avec un homme du caractère de l'empereur, rien n'était stable. Palhen sentit toute la force de ce raisonnement, et vit bien qu'il était le précurseur de quelque chose ; lorsqu'on lui eut déroulé le projet, il s'engagea dans l'entreprise, et en connut tous les conjurés, dont il devint dès lors le chef, parce que la réussite dépendait de lui. Il demanda quelques jours pour y réfléchir, il comprit bien que, si le coup manquait, il devenait lui seul plus coupable que les autres, dont les dé-

lonnait le sang russe; le vindicatif Zoubow; les Ouvaroff, Argamakoff, Scaretine, Ivacheff, et Poltaraski, plus ou moins menacés du terrible exil en Sibérie.

Tout se faisait dans l'ombre lorsque les conjurés parvinrent à se rattacher deux hommes d'un caractère plus éminent, dont j'ai parlé déjà : le comte Phon-der-Palhen, gouverneur de Saint-Pétersbourg, et Bennigsen, qui commandait le palais de Michaëloff. Le comte Phon-der-Palhen, d'origine courlandaise, jouissait de toute la confiance du Czar; mais qui peut se dévouer à un pouvoir quand on tremble incessamment devant ses caprices? Bennigsen avait une existence plus dramatique, plus agitée que le comte Palhen; Allemand d'origine, issu d'un père qui commandait les gardes du duc de Brunswick, Bennigsen avait dissipé sa fortune au jeu, en splendides festins, et dans un amour immodéré pour les femmes; sa vie antérieure était romanesque, il avait enlevé d'un vieux château de Brunswick, sa troisième femme, la noble et belle demoiselle de Schwichelt; colonel de la cavalerie

positions l'auraient accablé, et que, s'il réussissait, il devait craindre le ressentiment du grand-duc qui allait monter sur le trône, ainsi que celui de la veuve, qui ne mettrait pas de bornes à ses vengeances; qu'enfin, si le projet venait à s'éventer avant son exécution, il avait à mettre les apparences de son infidélité à l'abri des reproches que l'empereur Paul lui aurait adressés; il songea à parer à tous ces incidents.

« Son emploi lui donnait beaucoup d'accès dans l'intérieur de l'empereur, et il n'était pas sans savoir que Paul faisait éprouver à son fils plusieurs désagréments semblables à ceux dont il avait lui-même eu tant à se plaindre étant grand-duc. Palhen, au lieu de calmer l'empereur, l'excita et lui parla, en termes ambigus, de ce qu'il voyait et entendait dire, laissant entrevoir à l'empereur qu'il fallait bien que les plus audacieux comptassent sur l'impunité qu'on leur avait sans doute promise pour oser parler de la sorte.

« De pareilles réflexions ne manquèrent pas d'atteindre leur but, elles mettaient dans l'esprit de l'empereur une méfiance sombre qui le porta jusqu'à suspecter ses propres enfants, et à les entourer de surveillants; c'était ce que Palhen voulait. Le grand-duc, poursuivi par les soupçons de son père, fut réduit à se rapprocher de Palhen qui, d'un mot, pouvait attirer sur lui un accès de fureur du Czar Paul, ac-

légère, Bennigsen s'était partout distingué par un courage aventureux ; un jour, violemment saisi de la fièvre en face de l'ennemi, il quitte son lit, monte à cheval, traverse à la nage un fleuve, charge à la tête de ses hussards et revient le soir plein de santé et d'énergie. Depuis l'avénement de Paul, Bennigsen était demeuré dans une sorte de disgrâce ; son caractère irritable ne pouvait supporter une injure ; il ne se consola même pas, quand Paul, par un retour de confiance, lui remit la garde du palais. Le plan des conjurés, dicté par la crainte que Paul inspirait à leur sûreté, n'était pas de donner la mort au Czar, un tel attentat leur paraissait inutile ; leurs âmes, quoique fortement trempées, n'allaient pas à ces projets de vengeance ; ils voulaient seulement obtenir une abdication de la couronne en faveur du Czaréwitch Alexandre. Hélas! quand un attentat se trame la nuit, l'épée au poing, qui peut répondre que le sang ne sera pas répandu ? qui peut dire que la résistance n'entraînera pas l'assassinat ?

Pour arriver au résultat d'une abdication, qui devait placer la couronne au front du Czaréwitch Alexandre,

cès dont les suites étaient imprévoyables.

« Le gouverneur militaire, ainsi placé entre le père et le fils, jouait à coup sûr ; il gagna la confiance du grand-duc en l'entretenant du malheur auquel lui, Palhen, serait exposé s'il venait à recevoir l'ordre de le faire arrêter ; qu'il n'osait pas répondre que cela n'arrivât pas d'un instant à l'autre ; qu'il ne pouvait deviner quel était celui qui montait la tête de l'empereur contre ses enfants, mais qu'il était exaspéré au dernier point. Il était difficile qu'une pareille duplicité n'en imposât pas à une âme neuve comme celle du grand-duc, qui commençait à trembler sur le sort qui lui était réservé.

« Lorsque Palhen l'eut amené au point d'anxiété où il voulait le voir, avant de lui rien communiquer, il se décida à l'entretenir, en commençant par lui faire un tableau effrayant de l'état dans lequel les profusions de son père avaient mis les finances de l'empire, ainsi que l'état d'humiliation sous lequel on vivait, avec la perspective de se voir chaque jour arraché à sa famille, mutilé, et jeté en exil pour le reste de sa vie ; ajoutant que la fureur avec laquelle on procédait à ces sortes d'exécutions, menaçait tout le monde, depuis le plus grand jusqu'au plus petit ; qu'enfin lui-même y était exposé ; qu'il venait lui donner une preuve de son dévouement à sa personne en le prévenant de prendre ses précautions, parce qu'il se-

il fallait s'assurer de son consentement, et l'habileté de la race slave, la finesse grecque, se déployèrent dans le plan des conjurés; leur moyen fut de séparer le père des enfants, de supposer dans la tête du Czaréwitch et de sa mère des projets d'ambition, et dans l'âme de l'empereur des desseins de vengeance ou d'exil contre sa famille. « On conspire contre moi, dit un jour Paul au comte Palhen, avec un regard sévère et scrutateur. — Je le sais, sire, répondit Palhen, sans la moindre trace d'émotion ou d'embarras, je suis heureusement sur la voie, mais... — Parle tout à l'heure, je te l'ordonne, fussent mes propres fils ou l'impératrice! » Palhen expliqua alors au Czar, comment, dans une aveugle imprudence, on a osé lui faire des ouvertures qu'il suit d'un œil attentif : « Hélas ! continua Palhen, elles compromettent ce qu'il y a de plus élevé dans l'Empire. — Palhen ! Palhen ! s'écria Paul. » Et ici, dit-on, l'habile Courlandais répondit avec une feinte douleur : « L'impératrice et le Czaréwitch Alexandre sont dans le complot. » Une triste lumière éclate aux yeux de Paul Ier; Palhen l'adjure de lui abandonner l'examen de cet

rait peut-être une des premières victimes. Un pareil discours était bien fait pour achever de troubler une âme déjà alarmée.

« Le grand-duc demandait le remède à opposer à cet orage, qu'il voulait détourner; Palhen répliquait de manière à augmenter les inquiétudes que ses artifices avaient jetées dans l'esprit du prince, et s'engagea, pour dernière preuve de fidélité, à lui donner avis des ordres qu'il pourrait recevoir contre lui, en lui faisant observer que, s'il prenait un parti sans l'en prévenir (comme de s'enfuir), il l'exposait à tous les ressentiments de l'empereur, qui ne lui pardonnerait pas cette infidélité; qu'en conséquence il le sommait, avant tout, de lui donner sa parole d'honneur de se confor-

mer à ce qu'il lui proposerait dès qu'il aurait reçu l'ordre en question, si toutefois il arrivait. Le grand-duc donna sa parole (assure-t-on), et crut ainsi avoir un protecteur dans le gouverneur militaire, tandis qu'au contraire le gouverneur rendait ce prince l'instrument de sa perfidie.

« Les choses en étaient à ce point lorsque Palhen fait parvenir, avec adresse, à l'empereur, par une voie détournée, quelques avis sur les dangers dont il est menacé ; ce moyen lui réussit encore. L'empereur l'envoya chercher, et, lui ayant communiqué l'avis qu'il venait de recevoir, lui témoigna son étonnement de ce qu'il n'avait pas su cela, et ne lui en avait pas parlé. Palhen répondit qu'il n'ignorait rien du

affreux mystère; rien ne peut lui échapper si le Czar daigne lui confier son ordre suprême pour agir contre les grands coupables au moment décisif. Paul se laissa facilement persuader de la nécessité d'armer un si fidèle serviteur. Des récits disent qu'il alla même jusqu'à dresser et signer l'ordre d'arrêter l'impératrice et le Czaréwitch Alexandre; mais quoique cet ordre ne fût pas immédiatement exécuté, Paul le laissa planer comme un glaive suspendu sur la tête de sa famille; il rappela l'exemple de Pierre le Grand sacrifiant son fils à ses projets de grandeur et à l'affermissement de la Russie.

Accouru auprès de l'impératrice et du Czaréwitch, Palhen leur avait révélé le mystère de leur destinée, et les dispositions ombrageuses de l'empereur contre leur personne : « L'ukase était prêt, disait-il; on allait envoyer Marie Fédéroffna au couvent, et son fils dans une forteresse en Sibérie, asile de mort pour tous les princes proscrits; quel remède à tant de maux? L'abdication forcée d'un monarque en démence! » — « Voyez ces actes! répétait-on à Alexandre. — Quel motif a mon père pour sévir si cruellement contre nous, répondait

projet, et qu'il prenait des mesures pour le prévenir; il en récita quelques détails à l'empereur, qui parut tranquille en voyant que son gouverneur militaire s'était occupé de la sûreté de sa personne. Il fut tout à fait rassuré lorsque Palhen lui eut dit qu'il attendait la liste des conjurés, qu'on devait lui donner le même jour; mais qu'il n'avait encore osé faire arrêter personne, parce qu'il lui était revenu, et qu'il était forcé de l'avouer à Sa Majesté, que ses enfants n'étaient pas étrangers à cette entreprise; qu'il ne pouvait pas l'assurer, mais qu'enfin, si les soupçons se vérifiaient et étaient fondés, il lui demandait quelle conduite il devait tenir dans cette circonstance, tant pour empêcher le grand-duc d'être averti que pour lui ôter les moyens d'échapper.

« L'empereur, enchanté de tant de zèle, lui ordonna, dans ce cas-là, de ne point balancer à l'arrêter. Palhen répondit que, bien que son dévouement fût sans bornes, comme il pourrait se faire que ce ne fût pas lui-même qui exécutât cet ordre, et qu'il pourrait arriver un malheur si le grand-duc résistait, il voulait avoir un mandat signé de l'empereur, pour que le grand-duc n'eût rien à répliquer, et qu'il obéît.

« L'empereur Paul trouva la mesure sage, et signa de suite le mandat, que Palhen emporta; il alla avec cette pièce chez le grand-duc, et, la lui montrant, lui dit que, quoi qu'il eût pu faire, l'arrêt fatal était

le Czaréwitch, les larmes aux yeux. — Aucun que ses tristes soupçons, répliquait Palhen ; un seul remède est dans nos mains ; il faut obliger l'empereur à l'abdication ; il faut réaliser les prévoyances de Catherine II et prendre vous-même la couronne. » L'âme noble et candide d'Alexandre hésitait à la face d'un attentat, même avec le serment qu'on respecterait les jours de son père.

L'habile Palhen continuait à servir la sévérité ombrageuse de l'empereur Paul, et gagnait sa confiance ; suivant pied à pied la conjuration, il révélait au Czar ce qui pouvait fasciner son esprit et entretenir son irritation contre sa race. Que voulait Palhen ? Ménager sa propre sûreté dans un choc qu'il voyait prochain. Au fond, il penchait pour les conjurés, sans leur laisser de gages ; il conspirait contre Paul, sans lui donner de soupçons ; il empêchait les deux côtés d'éclater jusqu'à ce qu'il fût en mesure, et maître de la vie ou de la mort des uns et des autres, selon les événements ; il disait au père : « Voilà le coupable ; » au fils, il répétait : « Craignez les éclats de la colère paternelle ; quel moyen pour vous de salut, si vous ne saisissez l'empire ! »

prononcé ; qu'il n'y avait plus à feindre, qu'il fallait prendre un parti. Il avait un intérêt immense à ce que le grand-duc ne vît personne à qui il aurait pu s'ouvrir, et qui lui aurait donné le sage conseil d'aller trouver son père.

« Lorsque Palhen le vit bien abattu, il alla promptement rassembler les principaux chefs des conjurés, avec lesquels il convint de tout, du jour, de l'heure et des officiers de leur connaissance, qu'il ferait en sorte de faire tomber de garde cette nuit-là au château ; enfin, il leur donna le mot d'ordre ; et, après qu'il eut arrêté toutes les dispositions, il revint trouver le grand-duc, et lui dit qu'il n'y avait plus à balancer ; que toute la ville et la garnison se prononceraient pour lui s'il voulait se décider pour le salut de tout le monde et pour le sien ; qu'il n'était point question d'une scène sanglante, mais que l'on était décidé à ôter le pouvoir à son père pour l'en revêtir, s'il était décidé à faire grâce aux auteurs de cette révolution, et à ne pas les poursuivre ; qu'autrement lui, Palhen, ne répondait de rien, parce qu'une fois qu'il aurait exécuté l'ordre de son père d'arrêter, si, comme il n'en faisait aucun doute, l'empereur Paul était victime d'une conjuration, il n'y avait rien de moins sûr

Ainsi se passèrent trois mois ; Paul triste et fatalement préoccupé ; les conjurés ardents et décidés à tout, parce qu'ils avaient tout à craindre : le caprice d'un matin, le soupçon d'un instant pouvaient les livrer à la mort ou les jeter en Sibérie ; il fallait agir, parce qu'on était sans lendemain ; quand on est à ce point compromis, on doit marcher vite et fièrement ; il ne fallait plus que l'adhésion d'Alexandre, c'était un gage d'impunité. Le Czaréwitch la refusant encore : « Lisez et voyez, » lui dit Zoubow ; c'était l'ukase d'exil contre lui et contre sa mère, qu'une main perfide avait soustrait un moment du cabinet impérial ; le Czaréwitch doute d'abord, lit l'ordre en termes formels, pâlit et cède à ce danger imminent qui menace sa mère et lui-même. Alexandre, à bout de sa résistance, leur permit de sauver sa tête en l'abritant sous la couronne. « Puisque l'abdication est nécessaire au bien de la patrie, obtenez-la, mais, au nom du ciel, s'écria le Czaréwitch, épargnez la vie de mon père ! » A ce moment peu de conjurés voulaient la mort de Paul ; les plus implacables pouvaient la prévoir, aucun ne la désirait.

Nul ne pouvait hésiter dans le complot ; il était presque

qu'on appelât le grand-duc à lui succéder.

« Un argument aussi perfidement imaginé était trop fort pour un cœur neuf comme celui auquel on s'adressait, après avoir pris les précautions de lui fermer toutes les portes de salut. Dans cette situation, le grand-duc s'appuya encore sur celui qui le perdait, et promit tout ce qu'on voulut, pourvu qu'on ne fît point de mal à son père. Cet assentiment une fois obtenu, Palhen eut encore un autre soin ; ce fut de prévoir le cas où le coup manquerait, ou bien celui où il serait éventé. Il va d'abord retrouver les conjurés, et fixe l'exécution à la nuit même ; ils se réunissent dans la maison de l'un d'eux partent la nuit vêtus de leurs uniformes et armés de leurs épées, au nombre de treize ou quatorze en tout. Palhen avait fait mettre de garde des officiers qui lui étaient dévoués ; avec le mot d'ordre, les conjurés passent partout dans les vestibules et les appartements du palais ; c'était au château Saint-Michel.

« Ils arrivent, de pièce en pièce, jusqu'à celle qui précède la chambre à coucher de l'empereur ; il y avait pour toute garde un Cosaque qui était couché sur un mate-

public? La nuit du 23 au 24 mars, vingt maisons à Saint-Pétersbourg sont dans une terrible attente ; la conjuration s'apprête. Des avis en vinrent à Paul par Koutaizoff, son favori, par Lindner et Araschieff, deux anciens compagnons de ses disgrâces à Gatschina ; avis si souvent donnés à faux, qu'on n'y croit plus aux jours où ils sont vrais ; infirmité inhérente aux gouvernements trop soupçonneux. D'ailleurs, ne s'appuyait-il pas sur Palhen, qui connaissait tout, et celui-ci n'avait-il pas promis d'arrêter même le Czaréwitch en personne?

Il était neuf heures du soir ; dans l'hôtel de Zoubow sont assemblés tous les nobles Russes, initiés au complot : Mourawieff, Ouwaroff, Scarctine et d'autres encore ; là se trouvent aussi plusieurs complices, jugés propres à ce coup de main. Le général Bennigsen se fait remarquer parmi eux par sa figure sombre et convulsive. Au milieu d'abondantes libations de vin de Champagne, quand les têtes furent suffisamment exaltées, on traita les choses sans mystère : « Délivrer aujourd'hui la Russie de son tyran ; ne plus se séparer et marcher tous ensemble au palais! » Bennigsen fit le surpris à une pareille communication ;

las. Il se lève en sursaut, et jette un cri en prononçant le mot *trahison* ! Il tombe aussitôt percé de coups. Les conjurés se jettent à la porte de la chambre à coucher, une lumière à la main ; sept d'entre eux restent à la première porte de l'appartement, les sept autres entrent dans la chambre, et vont droit au lit ; ils n'y trouvent personne, et se croient déjà perdus, persuadés que l'empereur n'avait pas passé la nuit chez lui. Le courage en abandonne quelques-uns qui voulaient fuir, mais les autres les retinrent, lorsque l'un d'eux, Bennigsen, observe que le lit de l'empereur est encore chaud. L'empereur Paul, au cri du Cosaque, s'était jeté à bas de son lit, et, soit qu'il eût perdu la tête, ou qu'il fût mal éveillé, au lieu de se couler par la porte qui, de la tête de son lit, ouvrait sur un petit passage qui menait chez l'impératrice, et alors il était sauvé, il se blottit derrière un paravent à glace, sans avoir eu le temps de mettre aucun vêtement. Les conjurés délibéraient sur ce qu'ils allaient faire, lorsque Bennigsen, plus froid dans le crime, se met à chercher par toute la chambre, et découvre l'empereur ; il appelle ses complices, en lançant des épithètes ironiques à la malheureuse victime, et, le prenant par le bras, il l'amène au milieu de la chambre ; là commencent des injures et des reproches que tous lui adressent, après quoi ils lui proposent d'abdiquer : il s'y refuse. Le moment était décisif.

on dit qu'il parla en ces termes : « Je déteste et je méprise Paul Ier, il est possible que l'intérêt russe soit de le renverser, mais commandant la garde du palais, je ne puis prendre part à l'action. — Bennigsen, dirent alors plusieurs voix, tu n'es plus maître de refuser; il faut opter entre la mort et la complicité absolue. — Vous le voulez, répondit Bennigsen, avec un jurement énergique, eh bien! nous verrons qui reculera le premier; l'épée est tirée, lâche qui la remet au fourreau! »

Tout s'ébranle encore dans de fréquentes libations et les convives se portent à Mikaeloff palais du Czar; les détours leur sont connus; il n'est pas un escalier dérobé dont ils ne sachent l'issue; les conjurés s'avancent à la face d'une sentinelle cosaque : « Il faut que nous voyions l'empereur, disent-ils; le feu est à Saint-Pétersbourg, la flamme pétille au loin, il nous faut l'empereur. » Le cosaque résiste; un coup d'épée en finit avec lui; les voilà se coulant par les détours les plus secrets, sorte de labyrinthe que l'empereur avait ménagé pour sa sûreté personnelle; ils arrivent à un escalier caché dans l'épaisseur du mur de la chambre à coucher de Paul Ier; ils y montent sourdement, un à un, l'épée

« Les conjurés qui étaient restés à la première porte, venaient presser les autres d'en finir, disant qu'ils entendaient du bruit; enfin, l'un d'entre eux, qui s'en vantait encore à table, lorsqu'il commandait l'armée en 1807, dit aux autres : « Messieurs, le vin est versé, il faut le boire. » En même temps il assène un coup sur la tête du monarque infortuné; dès lors les monstres le prennent à la gorge, le mutilent par tout le corps, et terminent par l'étrangler avec sa propre écharpe; ils lui avaient donné un coup à la partie supérieure de l'œil, qui avait fait une plaie.

« Ce meurtre commis, ils le remirent dans son lit et le couvrirent. Ils emportèrent le cadavre du Cosaque, et s'en allèrent, chacun chez soi, comme s'ils n'avaient rien fait. Ils rencontrèrent Palhen qui s'avançait, avec un bataillon des gardes, pour venir au secours de l'empereur si le coup avait manqué; mais voyant qu'il avait réussi, ce fut au secours des conjurés qu'il venait; il avait enfin pour troisième but de mettre le grand-duc à l'abri d'une entreprise de leur part.

« Le jour avait à peine éclairé le lendemain de cette sanglante catastrophe, que toute la ville en était informée; on fit répandre le bruit que l'empereur était mort d'une attaque d'apoplexie, et l'on disposa tout ce qui était d'usage dans cette circonstance,

en main, sans guide qu'une lanterne sourde. Dans ce noir et étroit passage, et comme si la crise dissipait les fumées du vin, une sorte d'hésitation se manifeste dans la file. Bennigsen le dernier, se mit en travers, et s'écria encore : « Lâche qui se détourne ! il faut marcher; maintenant que vous m'avez entraîné dans cette affaire, il faut la finir; tenez ceci pour dit : Je recevrai sur la pointe de mon épée quiconque osera reculer, et son dernier jour sera venu ! »

Les conjurés, au nombre de huit, se précipitent dans la chambre de l'empereur; Paul saute de son lit à l'apparition de ces hommes en armes. « Que me voulez-vous ? — Sire, voyez, et jugez, lui dit Scarétine; les exigences de l'État, le vœu public, demandent qu'il vous plaise de céder le trône à votre fils, le Czaréwitch Alexandre; après quoi, sire, vous vivrez tranquille dans l'un de vos palais. » Le prince, tout en s'habillant, entra longuement en explications sur sa conduite, sur ses droits; on discutait encore lorsque parut Bennigsen après les autres. « Ah ! s'écria Paul, te voilà, toi, le chef de mes gardes. Tiens, vois, Bennigsen, vois comme

---

tant pour lui succéder, ce qui était dans l'ordre naturel, que pour lui rendre les derniers devoirs.

« On plaça le corps sur un lit de parade, selon la coutume; et, pour que le sang qui, dans la strangulation, s'était porté avec abondance à la plaie qu'il avait au-dessus de l'œil, ne fît point faire de réflexions aux spectateurs, qui commençaient à méditer sur cet événement extraordinaire, on eut soin de lui mettre du blanc sur le visage, de manière à réparer l'altération qui était la suite des mauvais traitements qu'on lui avait fait éprouver. Personne ne fut dupe : les gens qui l'avaient lavé, habillé, pour le mettre sur le lit de parade, et ceux qui l'avaient trouvé le matin, en entrant dans sa chambre, donnèrent tous les détails que l'on voulut apprendre. De plus, le sang du Cosaque avait rougi le parquet, et l'on est toujours bien mieux informé de ce qui se passe au fond du palais des rois, lorsque cela blesse la morale publique, que l'on ne sait ce qui concerne l'intérieur d'un particulier. » (Dépêche de Savary, adressée aux affaires étrangères, en 1807.)

Une autre version envoyée de Berlin à Londres, est aussi curieuse :

« Le comte Zoubow, favori de l'impératrice Catherine, qui était d'abord tombé dans la disgrâce de son souverain, avait été rappelé depuis quelques mois à Saint-Pétersbourg, par le même caprice et la même légèreté qui lui avaient fait quitter le royau-

on ose parler à ton empereur. » Bennigsen lui répondit :
« Sire, nous ne sommes pas venus pour pérorer, ni pour entendre des discours ; il faut abdiquer au profit du Czaréwitch Alexandre ! » Le ton sec et la figure pâle et sombre de Bennigsen, ne laissait pas de doute sur l'énergie de sa résolution. L'empereur put juger alors l'étendue du complot ; semblant alors hésiter et délibérer en lui-même, il s'assit à son bureau, prit la plume pour écrire son abdication et parut se résigner.

Bientôt ses joues se colorent, son front s'anime, il rejette la plume et le papier qu'on lui présente comme un digne souverain ; debout, à leur face, il leur reproche fièrement leur affreuse conduite. « Est-ce ainsi que vous traitez votre empereur ! » Il saisit son épée et se précipite sur les conjurés. « Ah ! vous résistez ? s'écrie Bennigsen ; » et Paul court sur lui ; sa force est grande, il se débat comme un taureau vigoureux. On se jette sur le Czar, on le presse, on le saisit ; il se débat, parvient à s'échapper de leurs mains, et s'élance vers une petite porte communiquant par un escalier au poste de sa fidèle garde cosaque : « A moi ; s'écrie Paul ! »

me. Il avait obtenu la confiance de son maître, et on lui avait rendu le commandement des gardes qu'on lui avait ôté précédemment d'une manière déshonorante. On savait qu'il était question d'envoyer en exil plusieurs personnes du plus haut rang et les approches du danger rendaient nécessaire d'accélérer l'exécution du projet de déposer l'empereur.

« Le 23 mars, époque à laquelle il n'était plus possible de différer davantage, après avoir placé aux portes un certain nombre de gardes sur lesquels il pouvait compter implicitement, le comte Zoubow entra dans l'appartement de l'empereur à minuit, et représenta au monarque l'état où ses fureurs et sa mauvaise politique avaient précipité l'empire. Il lui dit que le mécontentement du peuple et de l'armée était si violent et si général, qu'il ne pouvait pas répondre de la sûreté de Sa Majesté, ni de celle d'un seul membre de la famille impériale, si Sa Majesté refusait d'abdiquer en faveur de son fils. Il ajouta qu'il n'y avait pas d'autre moyen de conserver le trône dans sa famille, que de signer son abdication ; qu'à ce prix, il s'assurait la tranquillité dans une condition privée.

« A ce moment, dit-on, le prince, emporté par la rage et ne pouvant plus cacher ni contenir son ressentiment, prit le comte Zoubow au collet : il s'en suivit une lutte personnelle, dans laquelle Zoubow le renversa par terre ; les gardes qui avaient

Mais le bouton de la serrure, le bouton trop poli, glisse sous son doigt, et la porte ne s'ouvrant pas, il court se cacher sous des drapeaux français, dressés dans un angle, près d'un paravent.

Ici se passa une scène fatale et que l'histoire frémit de recueillir; les conjurés ne voyant plus le Czar se crurent un moment perdus; quand Bennigsen, l'âme forte et froide, aperçut ses bottes que les drapeaux ne couvraient pas. « Le voilà ! dit-il, en le montrant du doigt aux autres, le voilà ! » Le temps presse, et les conjurés tirent l'empereur avec violence au milieu de la chambre, en lui répétant avec une résolution qui sent qu'elle ne peut plus reculer : « Signe ou la mort ! » Ici s'engagea entre le Czar, d'une force colossale, et les conjurés, la tête pleine de vin, une lutte qui dura longtemps, soit qu'on ne voulût point employer le fer, afin de laisser à sa mort l'apparence d'un accident naturel, soit que par déférence aux sentiments d'Alexandre, noble vie qu'ils allaient abreuver de douleur, ils fussent disposés à épargner les jours de son père; plusieurs des conjurés furent froissés sous le poing du Czar; l'un d'eux, vivement saisi, s'arme d'un carré en plomb, servant à assujettir des papiers, et assène sur la nuque du prince un coup à plat qui lui jette la face sur la table; puis on le prend à bras-le-corps, on le jette sur le lit; on cherche à l'étouffer sous des

---

été placés à la porte, entendant le bruit accoururent dans l'appartement, frappèrent leur malheureux maître à coups de crosses de fusils, et finirent par l'étrangler avec son écharpe. Cette catastrophe fut annoncée sur-le-champ à l'Impératrice. On lui dit qu'on n'avait pas eu d'autre projet que d'obliger l'empereur à signer l'acte d'abdication, et que sa mort ne pouvait être attribuée qu'à sa propre violence. A deux heures du matin, l'impératrice prêta serment de fidélité à son fils l'empereur actuel Alexandre Ier.

« Les auteurs de ce meurtre prétendent (et ce n'est point sans raison, à ce que l'on assure) qu'ils y ont été réduits par les dangers réels auxquels la famille impériale et la succession à la couronne étaient

oreillers de velours rouge à glands d'or. « Voici pour en finir, » dit l'un des plus fiers d'entre les nobles, et il se fouille pour chercher un cordon en soie, tenant par chaque bout à une poignée d'ivoire, comme les sultans en envoyaient aux pachas infidèles; le Russe implacable le portait incessamment sur lui, en indiquant son usage; cette nuit il l'avait oublié dans la chaleur du festin, au milieu des toasts du dessert. Hélas! ce fut l'écharpe même de Paul qu'on lui serra autour du cou; le Czar expira d'un seul effort de poignet; d'autres disent que le docteur anglais, Rogerson, acheva l'assassinat, et mit fin aux râles du mourant.

Le rôle du gouverneur Palhen, dans cette fatale nuit, fut tout passif; laissant la lutte s'engager entre le Czar et ses meurtriers, il en attendit l'issue avec des moyens disposés pour l'une ou l'autre chance. Palhen manda chez lui, ce soir-là, tout ce qui à Saint-Pétersbourg était capable, ou en position de donner un ordre ou de prendre quelque résolution; il les retint consignés dans l'attente d'une importante communication. Si la fortune sauvait Paul, il les eût fait tous marcher à son secours, sans pitié pour des conspirateurs malheureux; les conjurés triomphants, il n'y eut qu'à reconnaître le successeur, et à prêter tous ensemble leur foi et hommage au nouvel empereur. Bennigsen fut ici le caractère d'énergie et d'action; il vit bien que le complot une fois connu du Czar, on devait

---

exposés; dangers d'autant plus imminents et irrésistibles, que la piété connue de la famille royale, et le dévouement de tous ses membres au feu monarque, rendaient impossible de concerter avec elle un remède qu'ils ne pouvaient trouver dans aucune mesure plus douce que son abdication. S'il faut les en croire, le crime qui suivit le refus de Sa Majesté, n'avait point été prémédité et il ne doit être attribué qu'aux dispositions des soldats dont on essayait alors de le convaincre, et qu'on lui assurait ne pouvoir plus retenir.

« Comme la présence du comte Zoubow pouvait exciter des sensations et des souvenirs désagréables, il vient d'arriver à Berlin. » (Dépêche de M. Haugwitz, adressée à Londres, mars 1801.)

aller jusqu'au bout, par cette fatalité inflexible qui pousse aux dernières limites du crime. Quant au Czaréwitch Alexandre, à sa noble mère, Marie Fédéroffna, et à son plus jeune frère, Constantin, les conjurés les avaient effrayés en leur représentant Paul Ier déterminé aux mesures les plus extrêmes contre sa race; l'empereur les menaçait de l'exil, peine terrible dans les vastes steppes de la Russie; l'exemple de Pierre le Grand n'était-il pas un précédent horrible? car Pierre avait immolé son fils!

Tandis que les conjurés s'élançaient dans l'escalier tortueux pour arriver jusqu'à l'appartement de Paul, Alexandre inquiet, haletant, demeurait debout dans un des bas appartements du palais de Mikaeloff; sa figure s'animait de temps à autre, et il semblait voir devant lui les yeux flamboyants de son père; pouvait-il croire qu'on le ferait régner sur le corps du Czar? Tout jeune encore, il ne connaissait pas l'horrible besoin de vengeance qui bouillonnait avec tant d'énergie dans le cœur de ces fils des vieux boyards. S'il avait mieux étudié le fier caractère de Paul, il aurait vu que le Czar préférerait la mort à une abdication déshonorante, et qu'il lutterait corps à corps avant de rendre son épée; s'il avait mieux apprécié la fureur des conjurés, leur sauvage énergie, il aurait certes compris qu'il devait en résulter une lutte à mort! Hélas! une âme candide et abîmée par la terreur ne pénètre que difficilement dans ces passions du cœur humain. Quand donc Alexandre vit entrer Bennigsen, Mouravieff et les autres conjurés, il leur demanda avec une anxiété vive et profonde ce qu'ils avaient fait de son père: un morne silence fut la seule réponse de ces hommes encore échauffés du combat; dès lors le malheureux prince put comprendre que Paul avait vécu. Des relations disent qu'Alexandre s'évanouit et que des convulsions fatales le saisirent. Quand il revint à la réflexion, mille pensées brisèrent son front; allait-il sévir contre les meurtriers? Ceux-ci étaient les chefs de la puissante noblesse qui commandait aux armées, et gouvernait le palais! refuserait-il la couronne des Czars, dont les feux pâles et sinistres brilleraient comme les flambeaux du parricide? Ce refus allait plonger la Russie dans les périls et les maux de la guerre civile! Déjà quelques-uns des jeunes nobles rêvaient la vieille république slave dans Novogorod et Moscou, les villes saintes; Alexandre n'hésita plus à se laisser saluer du titre d'Empereur de toutes les Russies[1]. Il le fit avec une triste répugnance. Souverain de vingt-trois ans, il était sous le joug de cette fière noblesse, de ces vassaux du moyen âge; il subit un pouvoir qu'il s'efforça de se faire pardonner par la grandeur de ses œuvres.

La nouvelle du sinistre événement qui venait d'éclater à Saint-Pétersbourg, se répandit subitement à Berlin, à Stockolm, à Copenhague, parmi tous ces cabinets si attentifs à la politique russe : il ne fallait plus compter sur cette confédération maritime qui avait pris Paul Ier pour chef suprême. La ligue du Nord tombait en poussière, parce que l'âme de cette confédération disparaissait

---

[1] « Le crime qui dans la nuit du 23 au 24 mars a frappé un prince âgé seulement de quarante-six ans, et d'une constitution, d'une tempérance qui semblaient lui présager de longs jours, vous a promptement été annoncé par les courriers. Quant à moi qui, à la vérité, soupçonnais quelque chose, mais ne savais rien avec précision, je soupais, le 23, chez le prince Beloselski, et ne fus pas peu étonné d'entendre le chambellan Zagraski dire, en tirant sa montre : « *Le grand n'est pas dans ce moment fort à son aise.* » J'allais le questionner, mais le silence général et lugubre qui succéda à ce singulier propos me retint. On se sépara spontanément; je rentrai chez moi, et n'appris qu'au jour les crimes de la nuit. Quel subit et prestigieux changement dans cette superbe cité! Toutes les figures s'épanouissent; la plus vive exaltation accueille le jeune souverain; personne n'est puni : Palhen seul est éloigné, mais uniquement pour avoir insulté à la douleur, à la personne de l'impératrice mère. Quant à Bennigsen, il rentre au service; Ouvaroff, si bête, mais si franc, et qui croit n'avoir rien fait que de bien, demeure l'aide-de-camp de son nouveau souve-

de ce monde ; le pavillon victorieux de Nelson flottait devant Copenhague ; sa bravoure indomptable avait brisé tous les obstacles ; les batteries, les vieux vaisseaux, les bancs de sable, rien ne l'avait arrêté dans cette nouvelle manifestation des forces et de la puissance de la Grande-Bretagne, qui put alors imposer au gouvernement danois la signature d'une convention où étaient reconnus les principes du droit maritime : le *mare clausum* de Selden. Ces principes se résumaient en cet axiome : « Le pavillon couvre la marchandise ; le droit de visite appartient aux navires de guerre anglais, pour tout ce qui touche la contrebande ; or, toute flotte, tout convoi peut être visité par les navires de guerre, afin de s'assurer si l'on ne porte pas de contrebande à l'ennemi. » La proclamation de tels principes était la ruine complète de la ligue maritime, telle que Bonaparte l'avait proposée à Paul Ier avant la fatale catastrophe du palais de Mikaeloff[1].

Cette convention, signée à Copenhague, devint commune à la Suède ; la flotte de Nelson passait le Sund et entrait triomphante dans la Baltique, se dirigeant vers Stockolm, lorsque des négociations sérieuses s'entamè-

---

rain ; Mouravieff, ancien cavalier du grand-duc Constantin, devient le secrétaire intime d'Alexandre, et l'on envoie à Berlin l'un des Zoubow ; car le Czar, affligé, abattu et craintif encore, ne croit pas pouvoir éloigner de lui ceux dont le crime lui fait horreur, d'autant que nombre de jeunes gens rêvent déjà une révolution qu'ils croiraient facilement douce et prospère, entre autres le jeune comte Strogonoff, élève d'un jacobin français nommé *Romme* et admirateur de *Mirabeau*. » (Lettre de Saint-Pétersbourg adressée au ministre Hardenberg.)

[1] Voici le texte de la convention telle qu'elle fut imposée par l'amiral Nelson :

« Art. 1er. — A dater de la signature de cet armistice, toutes les hostilités cesseront entre la flotte aux ordres de l'amiral sir Hyde Parker et la ville de Copenhague et tous les vaisseaux et bâtiments armés appartenant à S. M. D , qui se trouveront dans la rade ou port de cette ville, ainsi qu'entre les différentes îles et provinces du Danemarck, le Jutland compris.

« Art. 2. — Les vaisseaux et bâtiments armés de S. M. D. resteront dans leur situation actuelle, soit par rapport à la manière dont ils sont armés, soit par rapport à leur position militaire ; et le traité connu sous le nom de traité de la neutralité armée, restera pour ce qui concerne la coopération active du Danemarck, suspendu aussi longtemps que le présent armistice demeurera en force.

rent entre le gouvernement suédois et le ministère anglais. La discussion ne se prolongea pas longtemps; il fallut que la Suède accédât aux mêmes conditions que le roi de Danemarck : le droit de visite devint commun pour l'une comme pour l'autre puissance, et il fut convenu que le gouvernement de Stockolm se détacherait de la ligue navale pour adopter les principes du droit maritime anglais. Par des stipulations secrètes, les deux cabinets de Stockolm et de Londres s'engagèrent à un mutuel concours dans la guerre actuelle, pour amener une paix raisonnable et définitive. Ainsi, il ne restait plus de trace de cette convention fameuse qui devait réunir sous la protection de Paul Ier et du Consul Bonaparte, toutes les puissances qui portaient le pavillon neutre, projet gigantesque s'effaçant tout d'un coup sous les efforts vigoureux de l'Angleterre; le cabinet Addington fut obligé d'accomplir le système politique de M. Pitt, en exécutant ses desseins de répression sur le continent de l'Europe.

La ligue maritime qui menaça profondément la

« D'un autre côté, les vaisseaux et bâtiments armés sous le commandement de l'amiral sir Hyde Parker, ne troubleront en aucune manière la ville de Copenhague, ni les vaisseaux et bâtiments armés de S. M. D. sur les côtes des différentes îles et provinces du Danemarck, y compris le Jutland; et pour prévenir tout ce qui pourrait créer des troubles ou des soupçons, l'amiral sir Hyde Parker ne permettra sous aucun prétexte à aucun des vaisseaux et bâtiments à ses ordres, d'approcher à portée de canon des vaisseaux armés et fortifications de S. M. D. dans la rade de Copenhague. Cette limitation ne s'entendra pas cependant aux bâtiments qui devront nécessairement passer et repasser par le chenal du Roi.

« Art. 3. — Cet armistice garantira la ville de Copenhague, ainsi que les côtes du Danemarck, du Jutland et des îles, contre les attaques de toute autre flotte de guerre qui pourrait être en route maintenant, ou pourrait être envoyée dans ces mers par S. M. B. pendant la durée de cet armistice.

« Art. 4. — La flotte de l'amiral sir Hyde Parker pourra se procurer de la ville de Copenhague et le long des côtes, des îles et provinces du Danemarck, le Jutland compris, tout ce dont elle pourra avoir besoin pour la santé et pour le traitement de ses équipages.

« Art. 5. — L'amiral sir Hyde Parker enverra à terre tous les sujets de S. M. D., qui sont maintenant à bord de la flotte sous ses ordres; et le gouvernement danois s'engage à en tenir compte, ainsi que des blessés auxquels il a été permis de venir à

Grande-Bretagne reposait sans doute sur des éléments divers et incohérents ; mais si les flottes russes, suédoises, danoises, unies aux escadres de Hollande, de France et d'Espagne s'étaient déployées sous un même pavillon, ces armements, embrassant l'Océan et la Baltique, eussent été bien formidables à l'Angleterre. On peut apprécier dès lors le service que rendit Nelson à son pays devant Copenhague ; là s'accomplirent les destinées de cette fameuse ligue du Nord, deux fois rajeunie, et qui dégénéra ensuite jusqu'au système continental. Il y a deux périodes dans la guerre de Bonaparte contre l'Angleterre : la première, toute offensive, tend à combattre la Grande-Bretagne, en réunissant tous les pouvoirs maritimes contre elle ; la seconde, toute défensive, se résume dans le système prohibitif qui ferme les ports et le commerce à l'Angleterre ; la première fut détruite par Nelson ; la seconde tomba devant la grande idée du libre commerce, idée non moins puissante que les armes.

Le droit diplomatique de l'Autriche venait d'être défi-

terre, après la bataille du 2, dans le cas malheureux où les hostilités seraient renouvelées avec la Grande-Bretagne.

« Art. 6. — Le cabotage du Danemarck, le long des différentes côtes comprises dans l'étendue de cet armistice, ne sera en aucune manière, troublé par aucun vaisseau armé ou bâtiment anglais, et sir Hyde Parker donnera les instructions nécessaires à cet effet.

« Art. 7. — Le présent armistice demeurera en force pendant l'espace de quatorze semaines, à compter du jour de sa signature par les parties contractantes. Après l'expiration de ce terme, chacune desdites parties sera en liberté de le déclarer terminé, et de recommencer les hostilités, en s'avertissant quatorze jours d'avance.

« Les conditions de cet armistice seront dans tous les cas interprétées de la manière la plus libérale, afin d'écarter tout sujet de dispute future, et de faciliter les moyens de rétablir l'amitié et la bonne intelligence entre les deux royaumes.

« En foi de quoi, nous, les commissaires soussignés, avons, en vertu de nos pleins pouvoirs, signé et scellé de nos armes le présent armistice.

« Fait à bord du vaisseau de S. M. B. le *London*, dans la rade de Copenhague, le 9 avril 1801. »

Signé, E. F. Wattersdorf,
  Nelson, duc de Bronte,
  H. Lindholm.
  W. Stewart.
Ratifié par moi, *signé*, Hyde Parker,

nitivement réglé par le traité de Lunéville; les limites des États étaient fixées, la forme des gouvernements établie, les indemnités stipulées; des rapports réguliers se formaient ainsi entre elle et la France. A Lunéville, l'Autriche avait traité en deux qualités; d'abord pour elle-même, en son nom personnel, et toute liberté lui était réservée; l'empereur, chef de sa maison, pouvait céder des territoires, en partager d'autres, circonscrire ou étendre ses États héréditaires; sous ce point de vue, sa souveraineté n'avait point de bornes. Mais d'après les clauses de ce même traité, l'empereur, stipulant encore au nom des princes de l'empire, se faisait fort d'assurer à la France toute la rive gauche du Rhin[1], sur laquelle plus d'un prince d'Allemagne avait des droits incontestés.

L'Autriche avait donc cédé des territoires qui n'étaient pas en sa possession; elle avait traité pour des suzerainetés en dehors d'elle, pour des sécularisations qui ne dépendaient pas de sa chancellerie; système toujours suivi à Vienne depuis le traité de Campo-Formio. L'empereur n'avait-il pas un peu sacrifié le corps germanique au seul intérêt des États héréditaires? A Lunéville, on était allé plus loin; le négociateur avait promis, par des stipulations secrètes, des indemnités en Bavière, en raison des sacrifices que la maison d'Autriche s'imposait en Italie. Le cabinet de Vienne cherchait

---

[1] « En stipulant, disait l'empereur d'Autriche, en mon nom propre, pour l'empire germanique, je n'ai pu me dissimuler que cette détermination était contraire à ses constitutions; que j'usurpais un pouvoir qui ne m'appartenait pas. J'ai fait, dans ma profonde affliction, tout ce que le devoir m'imposait pour m'en défendre. Mais, le gouvernement français m'opposait les négociations de paix de Baden et de Rastadt, où déjà le chef de l'empire s'était trouvé dans une semblable nécessité. Il me pressait, menaçait de rompre les négociations et de reprendre les armes.

« Si, d'un côté, mon respect pour les constitutions de l'empire me retenait, de l'autre, je n'étais pas moins effrayé de la triste situation où se trouvait une partie de l'Allemagne, du danger imminent auquel ma résistance pouvait exposer l'empire,

tous les moyens de s'arrondir après ses défaites et ses malheurs militaires, en faisant porter les sacrifices plutôt sur ses alliés que sur lui-même ; et c'est ce que le corps germanique avait profondément senti.

En conséquence, la diète des princes de l'empire s'étant réunie à Ratisbonne, l'empereur, dans un message plein de dignité et de triste résignation, l'avait invitée à délibérer sur les sacrifices pénibles qu'imposaient les résultats d'une guerre malheureuse avec la France ; nul moyen de résistance n'était en ses mains ; la paix était un besoin de tous les esprits, il fallait se décider à des cessions territoriales, à un remaniement des souverainetés, pour éviter que la lice des combats ne s'ouvrît une fois encore. La diète délibéra, et tout faisait présumer que dans une ratification définitive du traité de Lunéville, elle se résignerait à des sacrifices. De cette situation nouvelle il résulta une conséquence infaillible, c'est que l'Autriche vit diminuer son influence morale sur les princes de l'empire ; elle ne fut plus jugée et honorée comme une puissance protectrice ; la couronne allemande se détachait successivement du front de l'empereur. La maison d'Autriche se concentrait trop en elle-même, pour qu'on pût désormais perpétuer les droits antiques qu'elle tenait du manteau de pourpre et du sceptre de Charlemagne. Le droit germanique tendait à une nouvelle consti-

---

J'entendais les soupirs du peuple, les vœux de la nation qui demandait ardemment la paix ; et je me persuadais que, placés dans la même situation que moi, les princes de l'empire prendraient la même résolution. Les exemples de Rastadt et de Baden étaient présents à mes yeux, et plus encore les besoins de l'Allemagne et la supériorité des armes françaises. J'ai cédé aux instance d'un vainqueur exigeant et inflexible, et, dans cette pénible extrémité, je me suis du moins persuadé que le témoignage d'une conscience pure, et les sentiments de confiance des membres de l'empire germanique m'offriraient les seules consolations qui pussent adoucir la rigueur des circonstances.» (Rescrit de l'empereur aux princes et seigneurs de la diète.)

tution; les vieux principes tombaient en poussière; la diète n'avait ni assez de force, ni assez d'indépendance pour les maintenir, et on s'explique comment, à la paix de Presbourg, François II dut substituer à son titre d'empereur d'Allemagne, celui plus exact et plus vrai d'empereur d'Autriche. En politique, les révolutions morales préparent de longue main les révolutions positives; un pouvoir est mort depuis longtemps avant qu'il ne tombe; on s'abdique avant d'abdiquer [1].

La Prusse s'était trouvée dans une position délicate depuis le rapprochement intime du premier Consul et de Paul Ier; son système, pendant toute l'époque de la Révolution française, aux premiers temps même du Consulat, fut une neutralité impartiale et absolue, se maintenant dans un système égal entre la France et l'Angleterre. On se rappelle que, lors de la coalition de 1799, elle avait fortement résisté aux instances du prince Repnin, qui la pressait de se prononcer pour les coalisés. Depuis le changement brusque qui s'était opéré dans l'esprit du Czar, la Prusse s'était trouvée en face d'exigences nouvelles; cet empereur qui la poussait, il y

---

[1] Délibération de la diète (mars 1801).

« Le collége des princes délibérant sur la paix avec la République française, conclue à Lunéville, et signée le 9 du mois passé, par le plénipotentiaire de S. M. I., et sur l'ouverture qui en a été faite aux électeurs et princes, dans la lettre très gracieuse de Sa Majesté, comme aussi sur le décret de commission impériale du 21 du mois passé, par lequel l'empire est invité à ratifier la paix enfin conclue; et considérant tout ce qui s'est passé à l'égard de la pacification, comme aussi la situation malheureuse de l'empire germanique, et le sort si dur dans lequel gémit une grande partie de l'Allemagne, a reconnu généralement la nécessité impérieuse d'accélérer autant que possible l'ouvrage de la paix, et d'amener par là le terme des souffrances de tant de fidèles États et sujets de l'empire; et il a en conséquence résolu : 1° dans la pleine conviction que si l'urgence des circonstances l'avait permis, le droit des électeurs, princes et États, de coopérer aux négociations de paix, décidé si clairement par les lois fondamentales de l'empire, aurait sûrement eu lieu cette fois, d'après le respect que S. M. I. a si souvent témoigné pour la constitution germanique, et d'après l'assurance qu'elle en a donnée encore récemment; dans cette conviction, la diète est résolue d'adresser à Sa Majesté de très humbles remerciements pour l'achèvement de la pacification, déjà pré-

avait deux ans, contre la France, l'engageait alors à se prononcer fortement pour elle et à prendre ainsi parti contre l'Angleterre. Sur les instances de Paul, la Prusse accéda, par une stipulation formelle, aux principes de la ligue maritime; les dépêches pressantes de Saint-Pétersbourg et de Paris l'invitaient à s'emparer du Hanovre, des villes de Hambourg et de Lubeck, offertes à la vieille Prusse [1], comme indemnité des sacrifices de la guerre, riche lot qui aurait donné une si grande importance au cabinet de Berlin.

Le premier Consul avait envoyé une seconde fois Duroc pour activer l'invasion du Hanovre et la prise de possession des villes indépendantes sur l'Elbe et la Baltique. Certes, la Prusse était parfaitement disposée à conquérir un territoire qui l'arrondissait si parfaitement; le Hanovre était une enclave nécessaire à cette longue traînée de terre qui passait à travers l'Allemagne; et si l'on ajoute la possession de Hambourg et de Lubeck, on donnait à la Prusse des débouchés sur la Baltique et sur la mer du Nord, les plus belles conquêtes qu'elle pût jamais assurer à sa monarchie. Mais une telle dé-

---

parée par la députation de l'empire à Rastadt, et pour la sollicitude paternelle qu'elle a montrée de nouveau dans cette occasion; 2° de donner de la part de tout l'empire, la ratification absolue, pure et simple, des articles de paix conclus et signés par S. M. I. au nom de l'empire, avec la République française; 3° de soumettre le tout dans le *conclusum* à prendre, à la ratification très gracieuse du chef suprême de l'empire, avec la prière pressante que Sa Majesté daigne très gracieusement faire parvenir le plus tôt possible au gouvernement français cette accession pure et simple aux bases actuellement posées de la paix générale de l'empire; enfin, que les pays malheureux sur lesquels pèse le lourd fardeau de la guerre en soient délivrés le plus tôt possible, et jouissent enfin des bienfaits de la paix après laquelle ils soupirent. »

[1] « Les lettres de Brunswick du 22 mars, également reçues aujourd'hui, portent que l'on a reçu à Berlin la réponse du cabinet britannique à la note de M. de Haugwitz, et que des ordres ont été envoyés au duc de Brunswick de faire marcher plusieurs régiments dans l'électorat de Hanovre, et particulièrement d'occuper les ports qui se trouvent aux embouchures de l'Elbe, du Véser et de l'Ems. La ville de Hambourg se flatte que les troupes prussiennes n'entreront point dans Hambourg ni dans Bremen, qu'elles se contenteront d'occuper les environs de ces

monstration de la part du cabinet de Berlin, entraînait de graves dangers : sous le point de vue moral, c'était la violation de la neutralité du Hanovre, solennellement proclamée et reconnue depuis les premières guerres de la Révolution ; la Prusse aurait ainsi osé un manquement inouï à la foi publique.

Matériellement il s'agissait d'une guerre forte et soutenue contre la Grande-Bretagne ; le Hanovre était la possession chérie des princes qui portaient la couronne d'Angleterre, l'origine de leur maison, le blason de leur noblesse ; si un soldat prussien entrait sur ce territoire, tout était dit pour l'état de paix avec la Grande-Bretagne ; les villes maritimes, Stettin, Dantzick, Kœnisberg, allaient subir les plus tristes ravages ; l'Angleterre mettrait embargo sur les navires, enverrait en course ses hardis matelots ; quel avenir plein d'orages, que d'entamer une guerre de commerce, contre la véritable souveraine des mers ? L'apparition de Nelson à Copenhague avait jeté la terreur dans toutes les cités de la Baltique.

Cependant, toujours pressée par l'action simultanée

deux villes, et que leur commerce ne sera point interrompu.

« Le gouvernement français vient de faire au sénat d'Hambourg une demande qui a surpris tout le monde, excepté ceux qui ne veulent pas croire à sa rapacité, à la pénurie de sa trésorerie, et à la difficulté qu'il aura de solder ses troupes à la paix. Sous prétexte qu'il lui était dû des soldes de compte considérables par la maison de Chapeaurouge et Comp^e, et pour plus de célérité dans l'arrangement de ces comptes, il a fait demander par le ministre Talleyrand, une contribution de 4 millions de marcs banco payable en trois jours, et il avait déjà tiré à valoir une lettre de change d'un million, qui avait été présentée pour l'acceptation.

Le gouvernement français a déclaré toute la ville responsable de cette demande. Le sénat s'est assemblé aussitôt pour la prendre en considération, et l'on disait qu'il avait résolu de faire porter ce paiement sur certaines maisons opulentes qui avaient des propriétés et des fonds appartenant aux émigrés et aux héritiers de quelques Français qui ont été guillotinés pendant la Révolution.

« Quelques personnes croient voir dans cette demande que, par les arrangements déjà faits pour le partage de l'Allemagne, la ville de Hambourg doit être un des lots du roi de Prusse, et que les Français témoignent en conséquence la plus grande alacrité à pressurer l'orange avant d'en

des deux cabinets de Paris et de Saint-Pétersbourg, la Prusse résolut d'envahir le Hanovre¹, sans prétexte plausible pour justifier une telle violation de la neutralité. La Prusse partit des principes sur le droit maritime des neutres, étrangement méconnus par la Grande-Bretagne; elle voulut, par des notes successives, expliquer l'état de guerre qu'elle déclarait au Hanovre. Dans un long manifeste, très embarrassé de pensées et d'expressions, M. de Haugwitz énumérait péniblement les prétendus griefs de la Prusse contre la Grande-Bretagne; M. de Haugwitz, expression du système français, copiait, pour ainsi dire, les dépêches de Duroc en ordonnant l'envahissement du Hanovre. Lorsque 50,000 Prussiens s'emparaient des principales cités de l'électorat, M. de Hardenberg rassurait le gouvernement britannique sur la véritable portée de ces actes; il ne s'agissait pas d'une occupation définitive, mais d'une détention provisoire, d'une prise de possession accidentelle; la Prusse serait toujours très disposée, dans

remettre l'écorce à qui elle doit revenir.

« La ville de Francfort, menacée de perdre son indépendance, a envoyé à Paris le banquier Behmann, pour implorer ou acheter les bontés du gouvernement français. Ainsi, quand la République envoie un commissaire militaire, on lui renvoie un commissaire banquier. Tout est en règle: le vainqueur présente du fer, on lui envoie de l'or. C'est une nouvelle propriété magnétique que les chimistes de la République ont découverte dans le fer. » (Dépêche d'un agent anglais à Berlin.)

¹ Note remise par M. le comte de Haugwitz à mylord Carysfort, 12 février.

« Le soussigné ministre d'état et du cabinet, a rendu compte au roi des deux notes que mylord Carysfort, envoyé extraordinaire de S. M. Britannique, lui a fait l'honneur de lui remettre le 27 janvier et le 1ᵉʳ février.

« Chargé par S. M. de faire une réponse détaillée à ces deux notes, il témoignera d'abord à mylord Carysfort, que le roi n'a pu, sans beaucoup de chagrin et de regret, apprendre les mesures violentes et précipitées auxquelles s'est livrée la cour de Londres, contre les puissances maritimes du Nord. L'erreur seule a pu suggérer ces mesures, et les raisons alléguées dans la note du 27 janvier le démontrent suffisamment. Il est dit que: « La convention maritime a pour but de heurter les traités qui ont été jadis conclus avec l'Angleterre, de lui prescrire des lois sur des principes dont la neutralité ne serait que le prétexte; de les lui prescrire par la force et dans la vue d'élever contre elle une ligue hostile. »

« Rien n'est plus éloigné de la négociation dont il s'agit, que les causes qu'on lui sup-

un traité définitif, à rendre le Hanovre à l'Angleterre, son alliée naturelle, seule et véritable propriétaire de cet électorat ; le cabinet de Berlin ne cédait qu'à des circonstances impératives en signant le pacte maritime avec Paul Ier et le premier Consul ; il voulait éviter la guerre, et M. de Hardenberg ne le dissimulait pas dans sa correspondance privée avec les hommes d'état de l'Angleterre. Aussi quand la mort du Czar fut officiellement connue à Berlin, tout fut suspendu ; les négociations reprirent avec la Grande-Bretagne dans les termes d'une mutuelle confiance ; on secoua l'alliance trop intime de la France et de la Russie, afin de préparer les bases de la paix générale et le cabinet de Berlin rentra dans sa neutralité [1].

La paix était alors le vœu et le cri de l'Allemagne comme du reste de l'Europe fatiguée de combats ; tant de champs de bataille venaient d'être ensanglantés par ces grandes querelles des rois et des peuples ! L'esprit de la Germanie était pacifique ; il y avait par-

pose. La justice et la modération l'ont dictée, et la communication des pièces à celles des puissantes belligérantes qui ont eu l'équité et la patience d'y arrêter un moment leur attention, va le démontrer sans délai.

« Lorsque, dans les premiers jours de janvier, le ministre de S. M. B. fit au soussigné la demande si les cours du Nord avaient effectivement conclu la confédération dont le bruit se répandait, et si la Prusse y avait accédé, le roi, qui respecte les égards mutuels que les souverains se doivent entre eux et la liberté qui appartient à tout État indépendant de consulter ses propres intérêts sans en rendre compte à personne, crut devoir alors suspendre les communications qui intéressaient ses alliés aussi bien que lui, et il se contenta de répondre que, puisque Sa Majesté avait vu, sans en témoigner d'inquiétude, les liens que l'Angleterre avait précédemment formés à son insu, elle se croyait en droit d'exiger la même confiance à son tour ; et que, si le roi de la Grande-Bretagne se croyait appelé à soutenir les droits et les intérêts de ses États, Sa Majesté n'était pas moins obligée envers tout son peuple, de prendre tous les moyens propres à assurer ses intérêts et ses droits »

[1] Les accroissements successifs de la Prusse par son système politique étaient immenses depuis un siècle. En 1701, le grand électeur, devenu roi par sa volonté, possédait des États dont la superficie était estimée 2,042 milles carrés d'Allemagne, de quinze au degré. Ces États se composaient de la marche de Brandebourg, du duché d'arrière-Poméranie, du duché de Magdebourg, d'Alberstadt et de Hohenstein, de la principauté de Minden, du comté de Havensberg, du comté de la Marche, du

tout un indicible entraînement pour le premier Consul; on se précipitait aux pieds de cette intelligence qui menait le monde, de cet homme prodigieux qui fermait les plaies de la Révolution ; on ne peut dire l'irrésistible tendance de toutes les âmes vers ce génie protecteur étendant ses ailes sur les premières années du xixe siècle. D'époque en époque il surgit une de ces puissances morales à qui rien ne résiste ; elle entraîne tout sous son prestige ; elle brille au ciel comme l'étoile du vieil Orient qui annonça la naissance d'une foi nouvelle, et d'une régénération sociale. L'enthousiasme pour Bonaparte s'étendait de la France à l'Allemagne ; on ne parlait que de lui, de Saint-Pétersbourg à Lisbonne et à Madrid ; on se faisait gloire de se rapprocher de cet homme qui dominait la génération de toute la hauteur de son génie !

---

duché de Clèves et d'une partie du Mansfield. La population de ces divers pays s'élevait à 3,778,000 âmes. Depuis elle a acquis, savoir : en 1702, le comté de Lingen et la principauté de Meurs ; en 1707, Neubourg et Valengin ; en 1724, le duché de Gueldres ; en 1729, Stettin et la Poméranie ; en 1742, la Silésie et Glatz ; en 1743, l'Oost-Frise ; en 1772, a Prusse occidentale et le district de Nestz : en 1791, Bareuth et Anspach ; en 1793, la Prusse méridionale ; en 1796, la nouvelle Prusse orientale. La superficie de ces nouvelles acquisitions est de 3,688 milles carrés, et leur population de 4,070,000 âmes.

Le roi Frédéric Ier, laissa en mourant, en 1713, 30,000 hommes sur pied ; Frédéric-Guillaume Ier, en 1740, 72,000 hommes ; Frédéric-le-Grand, en 1786, 200,000 hommes ; et Frédéric-Guillaume II, en 1792, 250,000 hommes.

(Note de cabinet.)

CHAPITRE II.

PUISSANCES MÉRIDIONALES

DANS LEURS RAPPORTS AVEC LE CONSULAT.

Espagne. — Le Prince de la Paix. — Urquijo. — Ambassade de Lucien à Madrid. — Traité spécial. — Cession du royaume d'Étrurie. — La Louisiane. — Guerre contre le Portugal. — Traité de paix de Badajoz. — Négociations spéciales entre la France et le Portugal — Naples. — — Restauration de la royauté. — Occupation militaire. — Traité de cession. — L'île d'Elbe. — L'île Sainte-Hélène. — Formation du royaume d'Étrurie. — Organisation des républiques italiennes. — Le Piémont et la Sardaigne — La Suisse.

Février à juin 1801.

Tandis que les grandes puissances du continent se levaient contre la France dans la dernière coalition, l'Espagne avait maintenu son alliance la plus intime, contractée sous le Directoire. Le système du ministre Urquijo, ce don Marianno poursuivi d'abord par l'inquisition, puis, conduit à la fortune par le comte d'Aranda, homme habile et national mais trop favorable à l'Angleterre, n'avait duré qu'un moment [1], et le prince

---

[1] Le chevalier de Urquijo (Marianno-Louis), naquit dans la Vieille-Castille en 1768, et reçut une éducation soignée. Après avoir passé quelques années en Angleterre, il revint dans sa patrie, où il se fit connaître par une traduction de la *Mort de César*, tragédie de Voltaire, précédée d'un discours préliminaire sur l'origine et la situation présente du théâtre espagnol, et sa réformation indispensable. Cette traduction attira les regards du saint office : Urquijo aurait été emprisonné si le comte d'Aranda, premier secrétaire d'état, ayant remarqué son nom sur la liste des jeunes gentilhommes que le comte de Florida-Blanca, son prédécesseur, destinait à la di-

de la Paix, Godoï, couvert de toutes les dignités de Castille, gouvernait toujours d'une manière absolue les résolutions politiques du cabinet de Madrid. Charles IV s'absorbait dans la solitude du *Buen-Retiro*, ou dans les chasses sanglantes aux parcs qui bordent le Tage. Quelques heures de musique, des solos que le roi exécutait parfaitement sur le violon, faisaient la seule distraction du petit-fils de Louis XIV et du successeur de Charles-Quint. Le prince de la Paix, principal ministre, *Privado*, comme le disent les coutumes du palais en Espagne, gouvernait les affaires du royaume sans obstacle et sans contrôle; la reine Maria-Luiza obéissait aux moindres volontés de don Manuel Godoï, duc de la Alcudia, altesse d'Espagne, et le temps marchait ainsi partagé entre l'Escurial, le Buen-Retiro, et ce beau palais d'Aranjuez où le fleuve coule sous les arbres, sorte d'oasis dans le désert, pour vous tous qui avez parcouru la route de *la Castilla Nueva*, en venant de Tolède à Madrid.

Ce fut au milieu de cette cour que Lucien arriva comme ambassadeur extraordinaire. Charles IV, Bourbon d'Espagne, avait parfaitement accueilli les envoyés de la Convention et du Directoire; il dut se montrer plus empressé encore pour le propre frère du Consul dont le nom jetait un si vif éclat, ce Bonaparte dont Maria-

---

plomatie, n'eût persuadé à Charles IV de le nommer officier de la première secrétairerie d'état. Urquijo était parvenu sous le ministère de Manuel Godoï, alors duc de la Alcudia, à la place de premier commis de la première secrétairerie d'état et des dépêches, lorsque le portefeuille lui en fut confié provisoirement, au mois d'août 1798, après la démission de Saavedra, qui conserva celui des finances; mais bientôt les infirmités de ce ministre l'ayant obligé de demander sa retraite, Urquijo le remplaça définitivement au ministère des affaires étrangères, par la protection de la reine. Élève du comte d'Aranda, d'un caractère ferme, actif et d'une physionomie imposante, Urquijo mit tous ses soins à réformer les abus, à encourager l'industrie et les arts. Il réalisa le premier en Europe l'abolition de l'esclavage, ouvrit l'Amérique méridionale aux savantes explorations de Humboldt, et seconda l'amiral Mazareddo, son ami, pour relever la marine.

Luiza parlait avec tant d'enthousiasme. Lucien arrivait avec toutes les formes des gentilshommes de la vieille monarchie; jeune homme aux belles manières, il copiait les ambassadeurs de la vieille cour, les Grammont, les Fronsac, et son voyage de Bayonne à Aranjuez, il l'avait accompli sur de beaux chevaux andalous que la cour d'Espagne lui avait fait préparer.

Lucien arrivait à Madrid, dans cette ville de processions et de fêtes, au milieu de ces enivrements du soleil de Castille, si puissant sur l'imagination et le cœur; Charles IV et son ministre, le prince de la Paix, la reine Maria-Luiza, le comblèrent de prévenances; la cour si monotone se para pour lui; il vit des courses de taureaux à la *Plaza Mayor*, il assista à ces pompes des grandes fonctions du taureau, au milieu de ces festons et de ces draperies de soie verte et jaune, de ces illuminations à cierges d'église, qui font de Madrid, dans les soirées de fête, comme une chapelle ardente [1]. Il fut de toutes les parties royales, de toutes ces chasses où tombaient en si grand nombre le chevreuil agile, le faisan doré, la perdrix du Tage, qui se perd dans les bosquets de genêts et de lauriers-roses. Le roi ne lui parla que du premier Consul et des admirations qu'il inspirait; le jeune frère de Bonaparte ne put discuter les affaires publiques que quelques jours après son arrivée à Madrid;

---

[1] « On parle beaucoup de la présentation de Lucien Bonaparte : tout ce que la rigueur de l'étiquette pouvait permettre de lui offrir en égards, et même en attentions affectueuses, lui a été prodigué par le roi et la reine. Il a pu remarquer partout que, si son gouvernement a voulu, en le choisissant, donner un grand éclat à ses opérations politiques en Espagne, le nôtre ne se montre pas moins jaloux de lui en rendre le séjour agréable. Il n'y a qu'une voix sur la grâce et la convenance de sa manière de s'exprimer. Il n'a pas fait de discours à LL. MM. Comme on s'y attendait, il n'a dit que quelques phrases, mais on aime à les répéter ainsi que les réponses qu'il a obtenues. Le roi lui a dit : « Le premier Consul peut compter sur ma loyauté, comme je compte sur la sienne, et chaque jour vous prouvera davantage avec quel plaisir je vous vois ici.

« Sur son voyage à franc-étrier, le roi

ce fut au prince de la Paix qu'il s'ouvrit spécialement, parce que Manuel Godoï, le seul qui s'occupât de la monarchie, de son administration et de ses alliances, avait le gouvernement politique des royaumes d'Espagne et d'Amérique. Lucien déclara d'abord que la volonté de son frère était de consolider plus fortement que jamais l'alliance intime de la monarchie espagnole et de la France; le pacte de famille serait reconstitué sur d'autres éléments; le premier Consul, en témoignage de sa bonne et loyale amitié, créait pour le duc de Parme le royaume d'Étrurie, et, en souvenir de Charles-Quint, le pavillon espagnol flotterait sur les plaines de la Toscane.

Bonaparte ne s'arrêtait pas dans les expressions de sa confiance, il voulait assurer une récompense aux bons services de Manuel Godoï; il insinua qu'on pouvait donner à Charles IV, sous le titre d'empereur, la souveraineté réunie de toute la Péninsule avec ses deux capitales : Madrid et Lisbonne. Le Portugal était une dépendance naturelle de l'Espagne; une mauvaise politique l'en avait séparé : n'était-il pas contraire à tous les principes, à l'organisation naturelle du sol, que l'Angleterre fût maîtresse à Lisbonne, tandis que le roi d'Espagne n'avait aucune influence sur ce cabinet? Pourquoi le prince de la Paix ne chercherait-il pas à se créer une grande souveraineté indépendante dans les Algarves? L'armée espagnole pouvait marcher sur la frontière,

---

a remarqué que l'histoire ne citait qu'un seul ambassadeur français, le chevalier de Grammont, qui eût voyagé avec cette rapidité en Espagne. L'ambassadeur a remercié à ce sujet Sa Majesté de la réception ordonnée par lui sur la route. Il a ajouté que : « S'il avait évité tous ces honneurs, c'était pour obtenir plus tôt le plus grand de tous, celui de sa présentation. »

« On cite aussi cette réponse de la reine : « Je vous vois avec plaisir. Nous savons que le premier Consul a de l'amitié pour nous, et nous le lui rendons bien : il peut compter sur notre bienveillance; puisqu'il nous a donné tant de preuves de la sienne. » (Extrait d'une dépêche de l'envoyé prussien, en date de Madrid, 28 décembre.)

s'emparer de Porto et de Lisbonne. Si un secours paraissait nécessaire, le premier Consul fournirait une armée de 25 à 30,000 hommes, s'avançant des Pyrénées sur le Portugal, pour seconder l'expédition espagnole. En échange, le premier Consul ne demandait que la restitution de la Louisiane, cédée à l'Espagne sous Louis XV par la faiblesse du ministère. La Louisiane pouvait préparer la conquête du Canada, cette colonie si française; l'Espagne avait assez de riches possessions en Amérique; il lui était même utile d'avoir sur la vaste ligne du Mexique, le vieil empire du Soleil, un auxiliaire aussi formidable que la France, pour la défendre contre les Américains et les Anglais; les intérêts seraient ainsi communs dans les deux mondes. Le premier Consul demandait au cabinet de Madrid un concours actif et loyal contre l'Angleterre, l'ennemi des deux souverainetés; il fallait déployer toutes les ressources de l'Espagne dans des armements maritimes, renouveler les vastes expéditions de la Manche, comme à l'époque de Philippe V contre les Anglais et la maison d'Autriche [1].

Le langage de Lucien flattait singulièrement l'ambition du prince de la Paix et de Charles IV lui-même. Il n'y a rien qui caresse plus un roi faible que de lui parler

---

[1] Traité secret signé à Madrid, le 21 mars 1801, par le prince de la Paix et le citoyen Lucien Bonaparte.

Le premier Consul de la République française et S. M. C. désirant fixer d'une manière stable, les états que le fils de l'infant de Parme doit recevoir en équivalent du duché de Parme, sont convenus des articles suivants, et ont nommé pour plénipotentiaires, savoir : le premier Consul, le citoyen Lucien Bonaparte, ambassadeur actuel de la République française, et S. M. C., le prince de la Paix, lesquels ont arrêté les articles suivants :

Art. 1er. Le duc régnant de Parme renonce à perpétuité, pour lui et ses héritiers, au duché de Parme avec toutes ses dépendances, en faveur de la République française, et S. M. C. garantit cette renonciation. Le grand-duché de Toscane, auquel le grand-duc renonce également, et dont la cession est garantie par l'empereur d'Allemagne, sera donné au fils du duc de Parme, en indemnisation pour les pays cé-

d'accroître sa puissance, sans danger et sans dérangement; l'idée d'une principauté indépendante était devenue la préoccupation absolue de Manuel Godoï, car il y voyait un moyen d'échapper aux fatales conséquences d'une disgrâce. Charles IV, souvent malade, pouvait aller rejoindre, sous les voûtes froides de *San-Lorenzo*, le tombeau des rois de Castille, et son successeur Ferdinand avait conçu une haine profonde contre le *Privado* de sa mère, qui le tenait dans une sorte de captivité. Si donc Manuel Godoï pouvait avoir une souveraineté sous la protection de la France, il sauvait sa fortune du naufrage politique. Rien d'étonnant que Godoï écoutât avec un certain enthousiasme castillan les propositions militaires de Lucien ; il éprouvait un sentiment de fierté

dés par l'infant son père, et en conséquence d'un traité qui a été conclu antérieurement entre S. M. C. et la République française.

2. Le prince de Parme se rendra à Florence, où il sera reconnu souverain de toutes les possessions qui appartiennent au grand-duché, en recevant des autorités constituées du pays les clefs des forts, et le serment de fidélité qu'on doit lui prêter en qualité de souverain. Le premier Consul contribuera de son autorité à ce que ces actes s'exécutent paisiblement.

3. Le prince de Parme sera reconnu roi de Toscane, avec tous les honneurs qui appartiennent à son rang. Le premier Consul le reconnaîtra et le fera traiter comme tel par les autres puissances ; les démarches nécessaires à cet effet devront avoir lieu avant la prise de possession.

4. La partie de l'île d'Elbe qui appartient à la Toscane et dépend de cet État, restera au pouvoir de la République française, et le premier Consul donnera en indemnité au roi de Toscane le pays de Piombino, qui appartient au roi de Naples.

5. Comme ce traité tire son origine de celui qui a été conclu par le premier Consul avec S. M. C., et par lequel le roi cède à la France la possession de la Louisiane, les parties contractantes conviennent de mettre à exécution les articles de ce traité antérieur, et d'user de leurs droits respectifs jusqu'à l'aplanissement des différends dont il est fait mention.

6. Comme la nouvelle maison qui s'établit en Toscane est de la famille d'Espagne, ces États seront à perpétuité une propriété de l'Espagne, et il sera appelé au trône un infant de la famille, si le roi actuel ou ses infants n'avaient point de postérité : dans ce cas, les fils de la famille régnante en Espagne succéderont à ses États.

7. Le premier Consul et S. M. C. conviennent de procurer au duc régnant de Parme, en considération de sa renonciation en faveur de son fils, des indemnités proportionelles, soit en possessions, soit en revenus.

8. Le présent traité sera ratifié et échangé dans trois semaines.

Signé. Lucien Bonaparte.
Le prince de la Paix.

à commander les armées espagnoles dans une campagne contre le Portugal ; les poëtes et les romanciers, toujours si pompeux dans leurs relations de batailles, n'allaient-ils pas le comparer au Cid, le héros du moyen âge, en célébrant ses prouesses chevaleresques? Le favori voulait se donner de l'éclat ; il espérait y parvenir à la tête des troupes espagnoles.

Dès que les promesses furent échangées et le traité d'alliance signé, la cour de Madrid se hâta de publier un manifeste pour dire les motifs de sa prise d'armes contre le Portugal. Les termes en étaient ambigus, obscurs; on voyait bien qu'il n'y avait en réalité aucun prétexte plausible pour expliquer cette guerre de famille, car plus d'un lien unissait les couronnes de Portugal et d'Espagne. Comme il fallait néanmoins des motifs de guerre [1], le manifeste, en célébrant la bonne amitié de la France et de l'Espagne, déclamait contre la condescendance qu'avait eue le cabinet de Lisbonne, d'ouvrir ses ports aux Anglais, les ennemis de la paix maritime, lesquels exerçaient toute la puissance militaire et com-

---

[1] *Déclaration de guerre de S. M. le roi d'Espagne à S. M. T. F. la reine de Portugal.*

Donné à Aranjuez, le 27 février 1801.

« Lorsque j'ai heureusement conclu la paix avec la République française, mon premier soin fut de procurer le même avantage aux autres puissances, particulièrement à celles dont les princes me sont attachés par les liens du sang. La République a bien voulu recevoir mes bons offices pour les uns et ma médiation pour les autres. Depuis cette époque j'ai fait plusieurs tentatives pour procurer au Portugal une paix avantageuse, qui y aurait ramené la sécurité. Dans ce but que j'envisageais uniquement pour le bonheur du Portugal, mon intention était de le séparer de l'Angleterre, à laquelle il procurait de grands avantages par sa situation maritime, et de la contraindre par ce moyen, s'il était possible, à une paix désirée de toute l'Europe et qu'elle seule s'obstine à troubler ; mes conseils réitérés semblèrent vaincre la répugnance que le cabinet portugais, influencé par celui de Londres, montra toujours pour entrer en négociation avec la République. Son plénipotentiaire signa à Paris, en 1797, un traité plus avantageux pour elle que la situation respective des deux puissances n'aurait pu le faire espérer.

« Cependant l'Angleterre, voyant qu'on arrachait de ses mains l'instrument si utile à ses vues ambitieuses, redoubla d'efforts, et trompant la crédulité de ce cabinet par des idées chimériques d'agrandissement, lui fit prendre l'étrange résolution de se

merciale dans les cités portugaises. C'était pour les expulser qu'on prenait les armes; depuis un siècle, le Portugal insultait la frontière d'Espagne; les querelles de bergers qui menaient leurs troupeaux sur les frontières des deux royaumes avaient amené des invasions à main armée; il fallait y mettre un terme.

Le manifeste que publiait en réponse la cour de Lisbonne, était plus modéré; il y respirait un sentiment de justice et d'équité : si, dans un style un peu emphatique, le prince régent invoquait le souvenir des Romains pour rappeler l'énergie des Lusitaniens, c'était là un reste de cette manière fanfaronne qui se rencontre sur le Tage, comme aux provinces de Castille. Le régent appelant tous les Portugais aux armes, pour repousser l'injuste agression de l'Espagne, annonçait des victoires pour la cause nationale [1].

Le prince de la Paix, fier et glorieux de mener les bandes espagnoles au combat, s'était mis immédiate-

---

refuser à la ratification, frustrant ainsi toutes mes espérances, se manquant à lui-même, et à ce qu'il devait à ma puissante intervention.

« Depuis ce temps la conduite de ce gouvernement a pris un caractère plus audacieux, et non content d'offrir à l'Angleterre, mon ennemie, tous les moyens qui ont été en son pouvoir pour me nuire, ainsi qu'à la République française mon alliée, elle a porté l'extravagance jusqu'à nuire ouvertement à mes sujets.

« Ainsi l'Europe l'a vu avec scandale offrir dans ses ports un asile assuré aux escadres ennemies et des croisières avantageuses d'où ses corsaires exerçaient utilement leurs hostilités contre mes vaisseaux et ceux de mon alliée la République française. On a vu les navires portugais mêlés avec ceux des ennemis, formant partie de leurs escadres, faciliter leurs approvisionnements et leurs transports, et prendre part à tous les actes d'hostilité que les Anglais commettaient contre moi; on a vu leurs équipages de guerre et les officiers de leur marine insulter les Français jusque dans le port de Carthagène; le Portugal les y a autorisés par le refus de donner une satisfaction convenable, et en commettant au Férol de semblables excès contre mes sujets. Les ports du Portugal sont le marché public des prises espagnoles et françaises faites sur leurs côtes mêmes à la vue de leurs forts, par les corsaires ennemis, tandis que leur amirauté condamne les prises que mes sujets font en pleine mer. »

[1] Déclaration du gouvernement portugais.

« Clergé, noblesse et peuple!

« Vous savez tous que le prince qui vous

ment en campagne ; avec quelques vieux régiments il marcha vers l'Estramadure. En même temps, une armée d'observation, formée à Bayonne, sous les ordres du général Leclerc, pénétrait en Espagne, comme auxiliaire, afin de seconder le prince de la Paix dans son expédition lusitanienne. Le premier Consul s'essayait à l'invasion de la Péninsule ; le général Leclerc étudiait le pays ; il voulait habituer les peuples à voir ses troupes et ses drapeaux. L'armée espagnole fit la conquête de quelques villes sur le territoire portugais ; il y eut plus de démonstrations que de combats ; le Portugal n'était pas une nation militairement organisée ; la mollesse du climat avait énervé les populations des provinces au-delà des monts ; elles opposèrent peu de résistance. Le prince de la Paix, déployant une certaine activité dans sa bruyante invasion en Portugal, fit le siége d'Olivenza, et quelques jours de tranchée suffirent pour livrer la place ; aucun obstacle ne se pré-

gouverne, et dont nous sommes redevables à la providence, cherche sans cesse à procurer par tous les moyens de justice et de loyauté, à ses vassaux, qu'il chérit comme ses propres enfants, le calme et la tranquillité nécessaires à leur bonheur, au milieu de toutes les agitations dont l'Europe a été la proie. Une vigilance active, une justice aussi ferme qu'imposante ont assuré aux Portugais le repos qu'ils goûtent depuis 1790. Cet État, demeuré libre lorsque tant de contrées étaient subjuguées, offrit à l'Europe l'exemple d'une fidélité scrupuleuse dans l'accomplissement de toutes ses promesses envers les nations étrangères : il a donné à l'Espagne un exemple plus récent de sa bonne foi dans l'observation des traités : une armée portugaise marcha, en 1793, pour la secourir, et l'appui qu'elle eçut de notre auguste souveraine fut plu- tôt déterminé par les besoins de cette puissance que par les autres circonstances. Quiconque a fait ce qu'il a dû, n'a rien à craindre, et ne fonde que sur une justice rigoureuse ses droits à la reconnaissance : cependant, quoique l'Espagne dût être, dans tous les cas, la première puissance qui se montrât sensible aux sentiments et à la conduite généreuse du Portugal, c'est elle, qui en terminant sa guerre contre la France, non-seulement laissa compromise la nation qui l'avait secourue, mais lui déclara la guerre pour être restée fidèle à ses traités; elle prétend que ceux qui furent jurés en présence de Dieu et des hommes soient rompus tout à coup et que l'auguste prince et la nation deviennent parjures : cela suffirait pour exciter votre patriotisme ; mais d'autres puissants motifs doivent encore vous animer. On veut vous dégrader, vous

sentait pour arrêter la marche des Espagnols, et ce fut alors que, pour conjurer l'orage, le cabinet de Lisbonne se hâta de conclure un traité qui fut signé à Badajoz : les Portugais cédaient quelques conquêtes à l'Espagne pour lui tenir lieu d'indemnité de guerre, Olivenza spécialement, qui était la place de guerre des frontières [1].

Cette convention inopinément arrêtée ne remplissait pas les vues du premier Consul; et lorsque Lucien écrivit à son frère le résultat de la campagne du prince de la Paix, il fut fortement réprimandé, pour ne pas s'être opposé à une conclusion si peu favorable aux intérêts et aux plans politiques de la France? Le premier Consul déclara : « Qu'un tel traité ne pouvait obliger la République, laquelle n'avait pas été partie contractante, et qu'en conséquence, le général Leclerc continuerait les hostilités contre le Portugal. » L'armée d'observation fut augmentée; des régiments durent se porter sur

avilir en vous réduisant à ne plus être que les simples courtiers de votre commerce : l'Espagne exige que nos ports soient gardés par ses troupes, pour une garantie de notre fidélité. Une nation qui sut résister aux Romains, conquérir l'Asie, enseigner une route sur les mers; secouer, lorsqu'elle était encore affaiblie, le joug héréditaire d'un sceptre étranger, recouvrer et maintenir son indépendance, cette nation, dis-je, doit maintenant rappeler les fastes honorables de son histoire.... Portugais! nous conservons encore le courage et les sentiments d'honneur que nous ont transmis nos ancêtres!

« La justice est de notre côté : ainsi le vrai Dieu, favorable à notre cause, punira par nos bras les injures de nos ennemis; il comblera de gloire notre glorieux et légitime souverain; notre dévouement, l'é- quité de notre cause, le souvenir de nos exploits nous garantissent la victoire : après cela, comment douter de l'empressement des troupes, milices, corps francs, etc., à se rassembler sous leurs chefs, et que leur attachement au prince qui nous gouverne, animé par l'honneur national, le zèle et l'ardeur qu'inspire une défense légitime, n'oppose à nos ennemis un rempart invincible? »

28 avril 1801.

[1] Traité conclu entre l'Espagne et le Portugal.

Article 1er. Il y aura paix, amitié et bonne intelligence entre S. M. C. le roi d'Espagne, et S. A. R. le prince régent de Portugal et des Algarves, par mer ainsi que par terre, dans toute l'étendue de leurs royaumes et de leurs possessions; et toutes prises, qui auraient été faites sur mer, après la ratifi-

Bayonne; tout faisait présumer un mouvement militaire sérieux pour arriver à la pensée du premier Consul, qui était d'arracher le Portugal à l'influence anglaise ; rien ne serait définitif tant qu'on ne fermerait pas les ports de Lisbonne et de Porto aux Anglais. Les notes de Bonaparte sont pleines de fermeté et de colère; il pose le véritable état de la question : l'Espagne, c'est la France; le Portugal, l'Angleterre; toutes ces idées sont corrélatives; ces intérêts inséparables ; le traité de Badajoz ne pouvait convenir au cabinet de Paris; il n'en tiendrait aucun compte.

L'Espagne et le Portugal furent également inquiets de la tournure que prenait une négociation qui soulevait des griefs si actifs dans l'âme du Consul; aucun de ces cabinets n'avait la force et la volonté de blesser la France et d'irriter Bonaparte. On s'adressa de part et d'autre à Lucien, pour qu'il intervînt comme médiateur : le Portugal offrait de fermer immédiatement ses ports aux Anglais, et d'interdire toute communication au commerce et à l'industrie de la Grande-Bretagne. Le cabinet de Lisbonne déclarait entrer sans arrière pensée dans la ligue des neutres, et par conséquent il

cation du présent traité, seront fidèlement restituées avec tout ce qui leur appartiendra, ou la valeur respective en sera payée.

Art. 2. S. A. R. fermera tous les ports de sa domination aux vaisseaux anglais en général.

Art. 3. S. M. C. rendra à S. A. R. les forteresses et les places de Garumena, Arronchez, Portalegre, Castel Davide, Barmaar, Campo-Mayor et Onguela, avec tous les territoires qui ont été conquis jusqu'ici, ou qui pourraient l'être dorénavant par ses armes, avec toute leur artillerie, leurs armes à feu, et autres magasins militaires, dans la même condition où ils étaient à l'é-

poque de leur reddition ; et S. M. C. conservera à titre de conquête la forteresse d'Olivenza avec son territoire et les habitants depuis les bords de la Guadiana, et les incorporera pour toujours avec ses propres États et sujets, la susdite rivière formant la limite respective entre les deux royaumes.

Art. 4. S. A. R. le prince régent du Portugal et des Algarves ne permettra point de former sur les frontières aucun dépôt de contrebande et de marchandises prohibées, qui pût être préjudiciable aux intérêts de de l'Espagne.

Art. 5. S. A. R. bonifiera et réparera de

mettait à la disposition de la France ses vaisseaux et sa marine; par un article secret, il ajoutait un subside de vingt millions, payables à Paris, et tout entiers à la disposition du premier Consul, sans qu'il en fût fait compte à la trésorerie.

Avec ce subside, on ne comprenait pas ces gratifications intimes, presque toujours stipulées à la suite des négociations. Lucien reçut personnellement plus de cinq millions, réalisés en diamants pour que l'indemnité fût plus portative et plus secrète; on fit des dons à tout le monde, et M. de Talleyrand en eut sa part comme madame Bonaparte elle-même qui seconda la négociation par ses paroles auprès du premier Consul. Depuis le Directoire, le Portugal avait toujours ainsi traité; on le considérait comme une sorte de vassalité dorée, la royauté de Golconde pour la diplomatie française, le pays des diamants, des rubis, des perles et des émeraudes, les *Mille et une Nuits* des négociateurs. Le premier Consul s'apaisa; il avait besoin de tant de ressources pour organiser son pouvoir; aux uns il devait jeter des grades, aux autres des honneurs, et à tous, de l'argent; quand il avait à faire la fortune d'un

suite tous les torts et dommages que les sujets de S. M. C. peuvent avoir éprouvés pendant la présente guerre, de la part des vaisseaux de la Grande Bretagne, ou des sujets de la couronne de Portugal, et pour lesquels ils pourront légitimement réclamer des indemnités. De même S. M. C. s'engage à faire une satisfaction convenable pour toutes prises qui pourraient avoir été faites par les Espagnols, en violation ou à la portée du canon du territoire portugais.

Art. 6. Dans l'espace de trois mois à compter de la ratification du présent traité, S. A R. fera payer au trésor de S. M. C. le montant des dépenses qui n'auraient pas été acquittées lorsque la guerre avec la France a cessé, et qui ont été le résultat de ladite guerre, suivant l'état que l'ambassadeur de S. M. C. en a déjà fourni, ou bien suivant l'état qu'il pourra en fournir de nouveau, sauf les erreurs qui s'y seraient glissées.

Art. 7. Après la signature du présent traité, toutes les hostilités cesseront des deux côtés dans l'espace de vingt-quatre heures.

Art. 8. Des deux côtés, tous les prisonniers qui pourront avoir été pris sur mer ou sur terre, seront mis en liberté et rendus dans l'espace de quinze jours après la

homme il lui confiait une ambassade à Madrid, à Lisbonne, dans ces pays enfin, qui n'avaient pas souffert de l'invasion française, et où un envoyé était assuré de faire fortune, parce qu'on s'adressait à lui les mains pleines des richesses du Brésil et des mines du Mexique[1].

Tandis que le Portugal et l'Espagne rentraient en grâce auprès du premier Consul, une émotion populaire, née dans la Calabre, âpre pays de montagnes, avait rétabli Ferdinand et la fière reine Caroline sur le trône; il s'était fait à Naples des exécutions sanglantes, parce que le mouvement qui plaça la couronne sur la tête des Bourbons était purement démocratique. On n'a pas assez étudié le véritable caractère des révolutions qui, à cette époque, s'opérèrent dans le midi de l'Europe; ce n'était pas le bas-peuple, les prolétaires, la démocratie en un mot, qui renversait les trônes en proclamant les républiques, c'étaient les classes nobles et bourgeoises, les professions scientifiques et industrielles; la multitude, sous l'action catholique et religieuse, habituée à la molle paresse des

---

ratification du présent traité; en même temps les dettes qu'ils pourront avoir contractées pendant le temps de leur prison, seront acquittées. Les malades et blessés resteront dans les hôpitaux respectifs où ils se trouvent, pour y être soignés, et ils seront pareillement rendus quand ils pourront se mettre en marche.

Art. 9. S. M. C. s'engage à garantir à S. A. R. le prince régent du Portugal et des Algarves, l'intégrité de tous ses États et possessions, sans la plus légère exception ni réserve.

Art. 10. Les deux hautes parties contractantes s'engagent à renouveler le traité d'alliance défensive, qui existait entre les deux monarchies, mais avec les clauses et altérations que pourraient exiger les rapports établis entre l'Espagne et la France; et les secours que les deux puissances devront se fournir mutuellement en cas de nécessité, seront stipulés par le même traité.

Art. 11. Le présent traité sera ratifié dans l'espace de dix jours après sa signature, ou plus tôt, si faire se peut.

Signé. Le prince de la Paix.
Louis Pinto de Souza.
Fait à Badajoz, le 6 juin 1801.

[1] Je donnerai plus tard le texte du traité définitif qui n'est que du mois de septembre.

lazzaroni, ou à la vie active des montagnes, ne comprenait pas ces sortes de révolutions qui n'améliorent pas ses destinées, et se font tout entières au profit des vanités bourgeoises.

Presque partout dans l'Italie, le mouvement qui renversa les républiques éphémères fut entraîné par la démocratie; les paysans, les lazzaroni, réédifièrent les couronnes brisées; à Naples, comme dans le Piémont, les montagnards ou les dernières populations des villes furent les instruments les plus efficaces pour combattre le système français. La reine Caroline et le ministre Acton ne furent que la pensée de cette entreprise. S'ils devinrent cruels, c'est que la démocratie qu'ils représentaient est toujours implacable. Ainsi les choses se passèrent à Naples; le mouvement qui rétablit Ferdinand et Caroline se fit complétement par la multitude; elle s'agita comme une mer soulevée, et nul pouvoir humain n'eut la force de la comprimer; la restauration fut sanglante comme tout ce qui vient des masses. L'enthousiasme fut général parmi les lazzaroni; la démocratie, femme aux membres puissants, mit la couronne à son front, et ses bras ensanglantés montrèrent plus d'une tête sur l'échafaud; il y eut des exils, des exécutions meurtrières; époque de réaction contre la classe noble et bourgeoise, qui avait heurté les habitudes du peuple.

Cependant cette restauration de Ferdinand IV et de Caroline ne pouvait être qu'éphémère si la France se prononçait contre elle; quelques corps d'armée fortement dirigés par des généraux d'une si brillante valeur pouvaient soumettre Naples en une marche militaire et renverser le trône de Ferdinand. La rapide campagne de Macdonald dans la Pouille était au souvenir de tous.

Le jour où le premier Consul l'aurait commandé, 10,000 hommes devaient suffire pour accomplir l'œuvre; et après la paix de Lunéville[1], des forces, considérables, choisies dans l'armée d'Italie et d'Allemagne, furent dirigées vers Naples, sous le général Murat, afin de maintenir le peuple dans le respect et l'obéissance. Nul ne pouvait braver l'immense puissance de la République française. La reine Caroline, toujours si active, parcourut le monde comme les princesses de la vieille chevalerie, pour implorer secours et appui; unie par les liens du sang à la famille impériale d'Autriche, la reine dut trouver à Vienne un vif et puissant intérêt; on fit des vers sur son infortune; fille de l'illustre Marie-Thérèse, elle montra une pieuse vénération pour sa mère, si grande dans les annales de l'Empire. On pleura, dans les cercles, sur les persécutions qu'elle avait éprouvées; on exalta son mâle courage; mais l'Autriche était tellement abaissée après Lunéville, qu'elle put à peine songer à ses alliés.

La seule et forte protection pour préserver la couronne de Naples, fut celle de Paul Ier. Ici, Bonaparte avait tout à ménager; il cherchait à s'attirer l'alliance

---

[1] J. Murat, général en chef, aux troupes envoyées dans les Etats napolitains.
Au quartier général de Florence, le 11 germinal an IX (1er avril 1801.)
Soldats,
« Vous vous avanciez pour combattre les Napolitains; ils ont posé les armes devant vous; votre présence a suffi pour obtenir ce que votre valeur allait commander. Un roi trop longtemps abusé sur ses propres intérêts, a conclu la paix avec la République française, et chassé de ses ports l'ennemi de la France, l'ennemi de l'Europe, l'insatiable et perfide Anglais.
« Vous allez entrer paisiblement sur le territoire que vous vouliez envahir; vous allez occuper des cités napolitaines; la concorde, la confiance, l'amitié vous en ouvrent les portes, vous les maintiendrez à l'abri de l'influence et des efforts du cabinet de Saint-James; vous y montrerez dans votre conduite, la modération, la noblesse, la générosité qui conviennent au caractère national.
« Honorez un gouvernement devenu l'ami du gouvernement français; respectez la religion, les mœurs, les préjugés mêmes, s'il le faut, du peuple parmi lequel vous allez vivre; songez toujours qu'il est digne de vous d'être l'exemple du monde,

intime de la Russie; le premier Consul agissait politiquement avec le Czar; il cédait à toutes ses demandes, à ses plus intimes désirs, caressant même ses fantaisies; et quand, touché des pleurs de la reine Caroline, Paul demanda le rétablissement de la famille de Ferdinand à Naples, Bonaparte y consentit et ne fit aucune difficulté de traiter à des conditions raisonnables; le mouvement de Murat, si prompt et si décidé, fut arrêté par ordre du premier Consul; il ne put voir ni Portici ni le Vésuve sur lequel, plus tard, il devait régner. Un traité fut signé à Florence; Ferdinand, reconnu de nouveau par la République française, cédait en compensation l'île d'Elbe, la principauté de Piombino et les présides de Toscane : on renouvelait la même stipulation que pour le traité conclu avec le Portugal, en déclarant que les ports des Deux-Siciles seraient fermés aux Anglais. C'était le système commercial et politique du Consulat; Bonaparte, en privant les États maritimes du moyen unique qui les faisait vivre, plaçait l'Europe sous la nécessité de la contrebande[1].

A Naples alors commença ce gouvernement démocratique, sous le ministre Acton, qui fit tomber tant de

---

mais que vous n'êtes pas chargés d'en être les réformateurs.

« Soldats, c'est vous qui, depuis dix ans, soutenez, les armes à la main, la gloire du nom français; il vous appartient encore de la soutenir, de l'augmenter s'il est possible, après la victoire : l'Europe apprit assez à vous redouter, qu'elle apprenne maintenant à vous chérir; faites que bientôt on dise : Ils sont grands par leurs vertus sociales, autant que par leurs vertus guerrières. Le gouvernement vous regarde, il distinguera les corps qui, durant la paix, auront su conquérir chez l'étranger le plus de respect et d'amour, comme il a distingué pendant la guerre ceux qui se sont montrés les plus terribles dans les combats.

« Vous devez trouver à votre tour, chez les Napolitains, tous les sentiments et tous les bons offices de l'amitié. Effaçons tous les anciens souvenirs... Mais malheur à la nation entière, si la perfidie faisait couler une seule goutte de sang français. »

Signé. J. Murat.

[1] Armistice entre le roi de Naples et la République française.

Pénétrés des sentiments de générosité et de modération qui animent le gouvernement français, et des témoignages de bienveillance que S. M. l'empereur de toutes

têtes nobles trop dévouées à la Révolution française ; les lazzaroni et les paysans des Abruzzes furent maîtres du pouvoir et punirent ceux qui avaient livré leur patrie à la France : souvent les restaurations des monarchies ne sont que des mouvements populaires au nom d'un roi. Ferdinand ne quitta point Palerme, laissant le soin de ses vengeances aux masses agitées. On décapita par centaines ; il y eut des tribunaux révolutionnaires et des massacres ordonnés par le peuple ; Acton en fut l'organe et le ministre salué par les montagnards qui se répandirent dans la rue de Tolède, toujours si animée comme au temps de Mazaniello. Rien ne se fait en Italie comme dans les pays du Nord ; la plupart des révolutions y sont des vêpres siciliennes.

Dans le traité avec la cour de Naples, le premier Consul avait insisté spécialement sur la cession de l'île d'Elbe ; les notes du cabinet en font une condition impérative ; l'île d'Elbe par une cruelle fatalité semble plaire au premier Consul ; située vis-à-vis de la Toscane, elle lui rappelle des souvenirs de famille : « Il nous faut l'île d'Elbe, » écrit-il à son ministre à Florence. Rapprochement singulier ! A ce moment Bonaparte souhaite comme station maritime et militaire l'île

---

les Russies a constamment manifestés envers la cour de Naples ; voulant enfin mettre un terme aux maux de la guerre entre la France et S. M. Sicilienne, et contribuer de concert à la paix générale ; le général Murat, commandant en chef l'armée d'observation, et M. le comte de Damas, commandant en chef celle de S. M. le roi des Deux-Siciles, sont convenus d'un armistice aux conditions suivantes.

Art. 1er. L'armistice aura lieu entre les armées de S. M. Sicilienne et celles de la République française par terre et par mer. Toutes les prises faites dix jours après la signature des présentes seront rendues réciproquement.

2. L'armée napolitaine évacuera les États de l'Église, et se mettra en marche deux jours après la signature de l'armistice. Six jours après, au plus tard, l'évacuation devra être effectuée.

3. L'armée française conservera ses positions, occupant Terni et suivant la Nera jusqu'à son embouchure dans le Tibre, sans outrepasser ces limites.

4. Tous les ports de Naples et de Sicile seront fermés à tous les vaisseaux de guerre ou de commerce anglais ou turcs

d'Elbe dans la Méditerranée, et l'île Sainte-Hélène dans l'Océan; jeu cruel de la fortune, triste moquerie de la destinée, sourire du malheur qui vous apparaît dans les plus grandes joies de la vie, comme l'on voit dans les tableaux de Holbein, au milieu des danses les plus gracieuses, sous les feux scintillants de lumière, la mort qui se dessine au fond du tableau, souriant d'une manière étrange! Et ce qu'il y a de plus remarquable encore c'est que dans les descriptions que le premier Consul fit faire de Sainte-Hélène, dans celles mêmes qui furent publiées par les journaux, sous la censure, cette île qui lui paraissait à lui, l'Empereur captif, un séjour de désolation, un tombeau vivant, prenait un aspect des plus poétiques alors qu'il en désirait la possession.

Dans un rapport, publié par un capitaine de la marine de France, on trouve la plus suave description de l'île où l'Empereur, avancé déjà dans la vie, devait finir sa carrière. « C'est de Sainte-Hélène, dit le rapport, où nous avons relâché, que je vous écris, ou plutôt du paradis terrestre. Figurez-vous, entre l'Afrique et l'Amérique, au milieu de l'Océan, à six cents lieues au

---

jusqu'à la paix définitive entre la France et ces deux puissances. Les vaisseaux qui se trouveraient dans lesdits ports après la signature de l'armistice, devront en sortir dans les vingt-quatre heures qui suivront la notification qui en sera faite. Les bâtiments de guerre et de commerce de la République française et de ses alliés jouiront dans les ports des Deux-Siciles de tous les priviléges accordés aux nations les plus favorisées.

5. Toute communication entre Porto-Ferrajo et Longone cessera pendant que les Anglais occuperont le port.

6. Tous les ports de la République française seront ouverts durant l'armistice à tous les bâtiments napolitains.

7. Il ne sera donné aux bâtiments turcs ou anglais qui pourront se trouver dans les ports de Naples et de Sicile, aucunes munitions de guerre ni de bouche, si ce n'est ce qui pourra être nécessaire à leur subsistance pour se rendre à leur destination ou dans les ports les plus voisins.

8. Le citoyen Dolomieu, le général Dumas et le général Monsécours, ainsi que tous les Français faits prisonniers à leur retour d'Égypte, devront être rendus au moment même. Immédiatement après on rendra les prisonniers napolitains.

moins de toutes côtes, un jardin de six lieues de tour, formé dans le creux d'un rocher, inaccessible d'aucun côté si ce n'est par un seul endroit. Sur ce rocher, le temps a amassé une couche d'un pied et demi d'une terre végétale très fertile, et là croissent les orangers, les figuiers, les grenadiers au milieu du froment, à côté de l'arbre à café, parmi les légumes et les fruits d'Amérique et la plupart de ceux du nord de l'Europe. Auprès d'un arbre chargé de fleurs, on aperçoit un arbre de même espèce portant déjà des fruits verts, tandis que, sur un autre, on en peut cueillir de mûrs, et au milieu de tout cela des montagnes qu'on aperçoit de vingt cinq lieues en mer, s'élevant couvertes et couronnées d'arbres d'une éternelle verdure. De loin on s'imagine voir l'île de Calypso; arrivé, on se croit transporté dans le séjour du bonheur; l'air y est pur, le ciel serein, et tout semble calme autour de vous; la santé brille sur les visages de tous les habitants, soit que le pays les ait vus naître, ou qu'ils y aient même apporté un tempérament épuisé par un trop long séjour dans les Indes orientales. » Ainsi parlait alors un capitaine de la marine de France. Quinze ans après le climat n'avait point changé; le sol n'avait point un aspect différent; quand

---

9. Tout tribunal de rigueur étant aboli dans le royaume des Deux-Siciles, S. M. Sicilienne s'engage à faire droit aux recommandations du gouvernement français, dans les négociations qui auront lieu pour la paix définitive, en ce qui pourra concerner les intérêts des personnes détenues ou émigrées pour cause d'opinions.

10. L'armistice sera de trente jours, en s'avertissant réciproquement dix jours avant la reprise des hostilités.

11. Le gouvernement français nommera un plénipotentiaire pour traiter de la paix. La cour de Naples a déjà expédié au quartier-général de l'armée d'observation le chevalier Micheroux, avec des pleins-pouvoirs à cet effet.

12. Il sera nommé par les généraux commandant en chef, des officiers d'états-majors respectifs, chargés de veiller à l'exécution des articles ci-dessus.

Fait et conclu par nous, généraux en chef de l'armée d'observation et de l'armée napolitaine, au quartier-général de Foligno le 29 pluviôse an IX (12 février 1801).

Signé. Pour le général Damas, le chevalier Micheroux.

Joachim Murat, général en chef.

l'Empereur, le cœur brisé par l'infortune, fut jeté sur cette terre lointaine, les roses avaient toujours leur parfum, les liliacés du tropique pendaient sur les torrents, et leurs grappes d'or suspendues aux lianes, n'avaient pas cessé de servir de nids aux colibris, à l'oiseau moqueur ou au perroquet babillard[1]. Hélas! que ne change la captivité? Lorsque les bras ne sont plus libres, lorsque la pensée se comprime dans le crâne brisé, lorsque la fierté déchue voit sa destinée finie, tout se flétrit devant les yeux; dans une prison le soleil n'a plus son éclat, l'eau de la source est empoisonnée; sous la corolle de la fleur aux couleurs suaves, le basilic se cache et vous darde ses regards méchants. Le supplice de l'empereur ne vint pas du climat qui brûle, du vent de mer qui soufflait aux vitres dans les châssis, mais de cette contrainte d'une âme fatalement comprimée qui avait rêvé l'empire du monde et s'éteignait sur un rocher.

Si la France se faisait céder l'île d'Elbe, elle constituait la Toscane en royaume d'Étrurie; création singulière que celle de ce royaume stipulé dans un traité avec l'Espagne au profit d'un infant; Bonaparte n'y croyait pas plus que l'Europe; c'était un jeu, une ruse

---

[1] Le rapport du capitaine continue en style de pastorale la description de Sainte-Hélène :

« Le mélange continuel des deux races adoucit chaque jour cette teinte que nous apportent les nègres de la côte d'Afrique. Les enfants qui naissent de ces alliances sont remarquables, non seulement par l'élégance de leur taille et la régularité de leurs traits, mais encore par cette fraîcheur de carnation que je n'avais vue nulle part aux enfants des noirs, et qui perce à travers la couleur encore forcée de leur teint. Les jeunes mulâtresses seraient véritablement de charmantes créatures, si on ne les voyait à côté des filles des colons.

« En quelle circonstance de sa vie ne se trouverait-on pas heureux d'arriver dans un tel pays! Mais songez-vous à tout ce qu'on doit éprouver, après une traversée d'au moins deux mille lieues, en sortant du bruit, de la confusion et de la malpropreté d'un vaisseau? Aussi ne manque-t-on jamais d'y relâcher, soit en allant d'Angleterre ou des Indes d'Amérique aux Indes Orientales, soit lorsqu'on en revient. Les vaisseaux s'y fournissent de légumes frais, ainsi que de bétail, qu'ils enlèvent quelquefois en si grande quantité, que les habitants de l'île, savoir : 3 ou 400 familles qui y sont établies à demeure, et de 400 hommes de garnison anglaise, se trouvent réduits pendant des mois entiers à la viande

vis-à-vis du roi Charles IV pour l'engager plus immédiatement dans ses desseins. La Toscane, magnifiquement cultivée sous le ciel d'Italie, avait vécu paisible pendant l'administration des grands-ducs de la maison d'Autriche; sa population heureuse n'avait aucune tendance vers les révoltes et les agitations populaires; elle ne répugnait point à une royauté; cette forme convenait au pays des monuments et des artistes si noblement protégés. Mais la Toscane, placée au milieu de toutes les républiques italiennes : la Transalpine, la Cisalpine, la Ligurienne même, ferait contraste avec toutes les autres formes sociales, comme un pays isolé sans relations avec ses voisins. La Toscane, environnée de républiques, serait toujours à la veille d'être engloutie par la violence; il fallait se résigner à subir tous les complots, toutes les agitations de sa noblesse, très avancée dans les idées d'émancipation et de liberté; la couronne de l'infant serait emportée par la tempête.

L'organisation du royaume d'Étrurie, je le répète, n'était point un acte sincère de la part de Bonaparte; il n'avait aucune probabilité de durée, et lorsqu'il l'avait conféré à l'infant don Louis de Parme, il s'y était

---

salée. Mais cela se répare promptement, vu l'excellence des pâturages : les bœufs par exemple y peuvent être tués à trois ans: on ne les tue qu'à cinq en Angleterre. Quelquefois aussi, dans les grandes sécheresses, on a été obligé de les tuer faute de fourrage; mais les sécheresses sont ici très rares. On n'a pas non plus à Sainte-Hélène ces longues saisons de pluies qui rendent nos colonies si malsaines ; la sérénité du ciel n'y est interrompue de temps en temps que par de douces ondées. Au dixième degré de latitude, Sainte-Hélène ne connaît ni reptiles, ni insectes venimeux. Le seul fléau qu'aient à redouter les habitants, c'est une nuée de sauterelles qui dévorent leurs moissons; alors il faut faire venir des provisions d'Angleterre, et le trajet est bien long. Mais qu'on ne croie pas qu'ils soient jamais exposés à une disette que leur position rendrait effroyable. Outre les légumes et les fruits qui ne leur manquent jamais, la nature qui semble avoir tout fait pour cette île heureuse, a rassemblé tout autour les meilleurs poissons en abondance. On en compte jusqu'à soixante-dix espèces dans les mers qui l'environnent. » (Rapport sur la situation de Saint-Hélène.)

décidé par deux motifs : 1° donner à l'Espagne un gage, afin qu'elle accédât à son système; 2° abaisser les Bourbons en les aumônant d'une couronne de second ordre, affront habile jeté à Louis XVIII. Il y avait orgueil dans le chef de la République française quand il créait ainsi un monarque; le Consul élevait un trône et ne voulait point s'y asseoir. Ainsi les Romains faisaient des rois et les envoyaient régner en Asie, dans l'Afrique, sur quelques provinces éloignées, et le tribut qu'ils payaient à Rome était un hommage de plus à sa gloire et à la force de sa république. Bonaparte, rappelant ses souvenirs d'antiquité, faisait appel à ses grandes idées historiques[1].

Si la Toscane était organisée en monarchie, quelques concessions étaient également faites au nouveau pape élu sous le nom de Pie VII; le premier Consul consentit à lui rendre Rome, mais sans les légations, et comme il sentait la nécessité de se concilier le clergé pour gouverner l'Italie, il rétablit la papauté dans la ville sainte, projet vaste qui se rattachait aux idées de concordat, mesure arrêtée déjà dans sa tête puissante. Par les articles secrets du traité de Lunéville, l'indépendance de la ville de Rome était reconnue sous le gouvernement spirituel et temporel du pape; l'Autriche n'avait mis aucun intérêt à restituer les légations, parce qu'elle les

---

[1] J'ai trouvé à Florence un autographe de ce jeune roi, la voici :

Louis Ier par la grâce de Dieu, Infant d'Espagne, roi d'Etrurie.

« En conséquence du traité solennel, conclu et signé à Lunéville le 8 février dernier ; et des conventions qui en ont été la suite ; nous, appelés au trône auguste de Toscane chargeons le marquis de Gallinella, comte César Ventura, grand-croix de l'ordre royal de Charles III ; gentilhomme de la chambre en exercice, et conseiller du conseil privé de S. A. R. l'infant de Parme, de prendre en notre nom royal et en qualité de notre plénipotentiaire, possession du royaume de Toscane; de recevoir à cet effet les hommages et serments d'inauguration dans la forme accoutumée, et avec la solennité jusqu'ici usitée dans de pareilles occasions.

considérait toujours comme une annexe probable de ses propres domaines en Italie; tôt ou tard elles viendraient se confondre avec les possessions des empereurs. La cour de Vienne voyait sans aucune inquiétude les établissements éphémères qui, sous le titre de républiques, embrassaient une grande partie des provinces d'Italie, après la conquête des Français; comme l'Autriche savait que ces établissements n'avaient rien de stable, et qu'ils tomberaient à la première guerre heureuse, elle pensait que dans l'avenir tous ces territoires lui échoiraient en héritage, et, dans ce but, elle s'opposait souvent au rétablissement des souverainetés légitimes en Italie, parce que ces restaurations portaient un principe de stabilité.

Quelle pouvait être la valeur réelle ou historique de ces gouvernements de la Cisalpine et de la Transalpine? Quel avenir serait réservé à ces démocraties improvisées par des constitutions sans racines dans le sol, dans le peuple et dans la religion, et qui ne vivaient que par la France, dont les ordres étaient exécutés à Milan, à Gênes? On changeait les formes des magistratures sur les premières invitations des envoyés français; Paris adoptait-il un type de gouvernement, le Directoire ou le Consulat? tout aussitôt la même pensée se reproduisait à Milan, à Gênes, à Turin; les revenus de ces républiques venaient s'engloutir dans les caisses pu-

---

« Nous ordonnons de reconnaître ledit marquis César Ventura en qualité de notre plénipotentiaire, comme ci-dessus jusqu'à notre arrivée.

« Nous confirmons, jusqu'à nouvel à ce contraire, toutes les lois, décrets et coutumes aujourd'hui en vigueur; comme aussi le gouvernement actuel provisoire, les individus qui le composent, ainsi que le gouverneur, commissaires provinciaux, juges et tribunaux de justice, et tous les autres employés aujourd'hui dans les départements civils, militaires et de finances. Nous chargeons ledit gouvernement provisoire de donner à qui il appartiendra les ordres et communications nécessaires, pour que notre présente disposition ait son effet. »

Donné à Parme, ce jourd'hui, 26 juillet 1800. *Signé.* Louis.

bliques de France, ou dans la spéculation de ses agents. A la cour du Consulat, les diamants de la Cisalpine ou de la Transalpine se tressaient en torsade sur la tête des jeunes femmes; les armées des républiques d'Italie se formaient en légions pour suivre le drapeau tricolore; leur indépendance était un vain mot, et la diplomatie de l'Europe les considérait comme des annexes de la France, sans existence à part dans le mouvement politique ou militaire.

Le gouvernement du Consul s'était montré plus sincère en réunissant franchement le Piémont à son territoire, par un système de division militaire; un arrêté, sans déclarer précisément que le Piémont faisait partie de la France, l'avait organisé sous un gouverneur spécial; Bonaparte ne tenait plus compte de ses promesses vis-à-vis de la Russie [1]. Dans toutes ses négociations avec l'empereur Paul, le premier Consul était convenu de deux bases principales : 1° le rétablissement de la royauté à Naples; 2° l'indépendance du Piémont sous la maison de Savoie. Bonaparte avait tenu exactement sa parole pour Naples; les Bourbons y étaient rétablis sous Ferdinand et Caroline; allait-il s'affranchir de ses engagements à l'égard du Piémont? Si Paul avait vécu, monarque impérieux, il aurait fait une condition expresse de la restauration des Carignan, comme il l'avait imposée dans sa primitive alliance. Mais, depuis sa mort, le Consul n'avait pas autant de ménagements à garder envers la Russie; les dispositions d'Alexandre à l'égard du premier Consul n'étaient plus les mêmes; un autre système politique commençait. Le Piémont était une annexe considérable, un beau pays sur les fron-

---

[1] Ceci fut l'objet de longues négociations entre M. de Kalitschef et le premier Consul, j'en parlerai plus tard.

tières de France; sa population était brave, industrieuse; terre de culture et de montagnes, le Piémont se distinguait des autres portions de l'Italie, lieux de délices et de mollesse. En prenant la résolution d'établir une division militaire au-delà des Alpes, Bonaparte ne décidait pas définitivement la question territoriale; ce n'était pour ainsi dire qu'un provisoire d'administration, sur lequel on prononcerait dans la paix générale; le Piémont n'était ni république indépendante, ni France, il formait un gouvernement à part, une pierre d'attente pour un traité.

Au reste, tel était le caractère des rapports du premier Consul avec ses alliés, qu'il ne laissait à aucun gouvernement son indépendance; pour lui, les alliés n'étaient que des tributaires, des peuples qui devaient le sacrifice de toutes les conditions d'un état libre; ainsi agissait-on à l'égard de l'Espagne et du Portugal, pays écrasés déjà sous les contributions de guerre, les levées d'hommes et de chevaux. Il n'y avait là nulle opposition à faire, nulle remontrance à formuler; toute la politique de ces cabinets secondaires était d'obéir. Bonaparte avait ainsi traité la Hollande; ses envoyés commandaient la politique à suivre, et les principes d'après lesquels on devait agir; le Consul gouvernait à La Haye et à Amsterdam aussi fièrement qu'à Paris; ici il imposait la suppression d'un journal injurieux à sa personne, comme condition de bons rapports et de bonne alliance; là il levait des impôts, ou demandait des emprunts avec toutes les formes de commandement; la Hollande formant une puissance maritime redoutable, Bonaparte y tenait plus qu'à toute autre, parce qu'elle pouvait fournir des vaisseaux contre le système dominateur de l'Angleterre. La police du Consul allait à ce point, que, lorsqu'il y avait sur le territoire neutre et allié, des hommes qui déplaisaient à sa police ombrageuse, il faisait proclamer leur expulsion par un système d'influence blessant pour l'Europe. Il n'y avait pas moyen de traiter d'une manière sûre et régulière avec un pouvoir qui ne laissait aucune liberté aux États intermédiaires [1].

Ce système d'oppression à l'égard des faibles, Bonaparte l'avait suivi spécialement vis-à-vis de la Suisse, confédération qui s'agitait depuis huit années dans des troubles incessants; l'influence française se faisait sentir sur les cantons; le grand Conseil n'avait pas encore secoué la conquête de la Suisse par Brune; Berne se ressentait de cette invasion subite, et du pillage de son trésor qui avait servi à la campagne d'Égypte; la Révolution française avait divisé les cantons entre eux, excité les prolétaires contre la classe bourgeoise, les paysans contre les patriciens, les jeunes familles contre les anciennes. Il y avait tant d'éléments de discorde parmi les cantons suisses, tant de principes hostiles! la ville contre la campagne, le riche contre le pauvre, le démocrate contre l'aristocrate, les cantons protestants à côté des cantons catholiques, et puis trois langues différentes, l'allemand, le français et l'italien! C'est dans ce heurtement de toutes choses, que le Directoire et le Consulat après lui, essayaient de dominer la Suisse, sous le semblant d'une médiation.

On ne peut dire toutes les intrigues, toutes les menées secrètes qui préparèrent la puissance absolue de la France sur les cantons helvétiques. L'Autriche s'en inquiétait vivement, car Bonaparte ne dominait pas la Suisse pour en faire seulement les limites d'un système

---

[1] Dépêche du ministre prussien sur la situation de la Hollande.

définitif, mais encore comme un poste militaire d'où l'on pouvait pénétrer jusque dans l'Italie et le Tyrol. Maître de la Suisse et du Piémont, la clef du passage des Alpes, Bonaparte put à son gré envahir l'Allemagne méridionale et toute la Péninsule italique. Il n'y eut plus de sécurité pour l'Autriche, dès que la Suisse cessa d'être indépendante; et voilà ce qui explique comment le cabinet de Vienne prit les armes et reparut incessamment dans la lice des batailles. Toute paix n'était désormais qu'une trêve pour le centre de l'Europe; Bonaparte, du haut des Alpes, disposait de son champ d'invasion et son aigle pouvait s'élancer sur Munich, Vienne ou Rome, selon le caprice de ses ailes!

CHAPITRE III.

SITUATION DES IDÉES RELIGIEUSES,

LE CONCORDAT.

Les trois églises de France. — 1° Les évêques constitutionnels. — Leur concile. — 2° Les orthodoxes assermentés. — 3° Les réfractaires. — Vaste projet de Bonaparte pour la reconstitution religieuse de la France. — Ses premiers rapports avec les papes. — Esprit de sa campagne de Marengo. — Ses correspondances avec Pie VII. — Mission du ministre Canclaux. — Voyage du cardinal Gonzalvi à Paris. — Instructions du prélat. — Les conférences avec Bonaparte. — Nomination des plénipotentiaires. — Influence de l'abbé Bernier. — Question des démissions. — Église exilée. — Bref aux évêques démissionnaires. — Réponse des évêques en Angleterre. — Concordat. — Les évêchés. — Les cures. — Les biens du clergé. — Promesse d'une dotation fixe. — Les légats. — Le cardinal Caprara. — Rétablissement du culte. — Force de volonté du premier Consul. — Opposition du conseil d'état et de l'armée. — Dernier cri du xviii° siècle.

Avril à septembre 1801.

L'acte le plus ferme, le plus haut, le plus puissant du premier Consul, fut le rétablissement du culte en France, par la signature d'un concordat. L'histoire de cette négociation est si vaste, elle se rattache à des considérations d'une nature si élevée, qu'on ne saurait trop s'enquérir des causes premières qui portèrent irrésistiblement Bonaparte vers cette pensée de reconstitution sociale : relever les autels sous la croix brillante, faire sortir

IDÉES RELIGIEUSES DE BONAPARTE (1801).

le catholicisme de l'état d'abjection résignée sous lequel il gémissait, telle fut la portée du concordat. Comment se fit-il que le Consul, bravant tous les obstacles, réalisa cet acte de volonté et de force avec une si grande persévérance? D'où lui vint la mission subite et la ferveur soudaine pour obtenir un résultat qui, au premier coup d'œil, paraissait étranger à la pensée gouvernementale du Consulat? Comment put-il braver en face l'esprit du xviiie siècle? Ceci tient à des causes d'une nature exceptionnelle que l'histoire doit recueillir avec une attention scrupuleuse.

Bonaparte, reconstituant l'église de France, suivit une double impulsion; il écouta d'abord la voix intime de son éducation première; il obéit à sa nature enthousiaste, à son imagination méridionale. Né au sein d'une famille pieuse, il avait vu son enfance entourée des témoignages catholiques; son oncle était archidiacre d'Ajaccio; il avait souvenir de cette bénédiction d'un vieillard donnée au pied du lit de mort. L'abbé Fesch, quoiqu'il eût secoué un instant la robe de prêtre, n'en conservait pas moins les habitudes croyantes, et un besoin de revenir à sa vie de séminaire et d'église. Lui-même avait été élevé dans les idées religieuses; les Minimes avaient soigné sa première éducation. Un évêque, M. de Marbœuf, prit soin de son adolescence, prépara sa première fortune, et lui en ouvrit les voies avec sa croix pastorale. Ces impressions laissèrent une empreinte indicible en son âme mélancolique; Bonaparte avait toujours éprouvé une sympathie mystérieuse pour le catholicisme; le son des cloches, le chant des morts, les *Te Deum* de la Victoire, la Fête-Dieu [1], toute

---

[1] « Tenez, dit le premier Consul, j'étais ici dimanche dernier, me promenant dans

pleine de parfums et de fleurs, de roses et de genêts odorants sur les montagnes de la Corse, les pompes touchantes de l'église chrétienne versaient mille pensées douces et fécondes sur son âme, comme la tiède rosée sur les rochers de Corte et d'Ajaccio.

Puis, dans sa destinée de fondateur d'un grand empire, Bonaparte contemplait les physionomies historiques de Constantin et de Charlemagne, les protecteurs de l'Église ; esprit de création et d'avenir, il voyait plus loin que les philosophes de son conseil ; il savait qu'on ne remue les peuples qu'avec les croyances. En Orient, il avait étudié les prodiges opérés par les masses qui ont de la foi ! Son imagination rêveuse se complaisait à suivre la marche et les progrès du pouvoir et de la civilisation humaine aidés par la force de la religion. Il y avait en lui la pensée politique d'une organisation pontificale qui mettrait sous sa main toute la hiérarchie et la force de l'Église ; n'était-ce pas une puissance que le catholicisme ? le Consul l'avait senti ; or, la jeter en dehors de l'Etat, c'était laisser à cette force un caractère d'indépendance et d'hostilité qui ne pouvait convenir à l'unité rêvée par Bonaparte. Le concordat plaçait cette hiérarchie, jusqu'alors insubordonnée, sous la main du pouvoir ; toute l'Église allait se rattacher au restaurateur de la religion ; un concordat faisait rentrer toutes ces forces éparses, sous

---

cette solitude, dans ce silence de la nature. Le son de la cloche de Ruel vint tout-à-coup frapper mon oreille. Je fus ému ; tant est forte la puissance des premières habitudes et de l'éducation ! Je me disais alors : Que vos idéologues répondent à cela ! il faut une religion au peuple. Il faut que cette religion soit dans la main du gouvernement. Cinquante évêques émigrés et soldés par l'Angleterre conduisent aujourd'hui le clergé français. Il faut détruire leur influence ; l'autorité du pape est nécessaire pour cela. Il les destitue, ou les fait donner leur démission. On déclare que la religion catholique étant celle de la majorité des Français, on doit en organiser l'exercice.» (Souvenirs d'un conseiller d'état.)

une commune impulsion; l'État, dominant les évêques, pouvait donner une direction uniforme à l'établissement ecclésiastique, et une police à l'église nationale.

Le concordat dont le Consul va s'occuper, ne constitua pas le catholicisme en France; il existait avant cet acte une église tolérée, ou soumise à la persécution cruelle, selon le caprice ou la volonté de ceux qui gouvernaient l'État. Au milieu des orages que l'Assemblée constituante avait soulevés au sein des croyances par l'obligation des serments, trois sortes de clergés avaient surgi, qui tous néanmoins, professaient publiquement le catholicisme. Le premier formait ce qu'on appelait l'église constitutionnelle, dont l'abbé Grégoire, évêque de Blois, était le plus ferme appui, et le protecteur assuré; cette petite église n'avait rien de commun avec les orthodoxes et se bornait à se manifester seule dans sa réunion dominicale, avec ses évêques élus en dehors de la communion du pape; les assemblées primaires nommaient les curés, les évêques de cette église constitutionnelle; quelques-uns de ces prêtres gardaient le célibat, d'autres se mariaient publiquement.

Aussi l'Église constitutionnelle avait-elle peu de crédit sur les masses; sa doctrine hérétique la plaçait tout à fait en dehors de Rome; le pape n'était pour ces évêques que l'unité avec laquelle il fallait se mettre en communion; et, sur son refus, l'église agissait d'elle-même. A ce moment même, un concile d'évêques constitutionnels s'était réuni sous la présidence de Lecoz, évêque métropolitain de Rennes et sous l'influence de l'abbé Grégoire, promu, depuis 1795, à l'évêché de Blois; ce concile, prenant le titre de national, s'était rassemblé à la métropole de Notre-Dame, et là, il avait délibéré pendant plusieurs séances, sur les constitutions indépendantes qu'il fallait donner au catholicisme [1]. Le nombre des évêques présents fut de 40; presque tous inconnus et sans considération religieuse parmi les fidèles; on doit ajouter pour être juste, qu'un esprit de paix et de conciliation, domina les délibérations de ce concile, et le ministre de l'intérieur, M. Chaptal [2], crut de son devoir d'en féliciter les évêques présents à ce synode. Fouché, favorable au schisme des constitutionnels, voyait avec une secrète douleur le retour de l'église orthodoxe; il avait appartenu au clergé régulier, aux Oratoriens, et Rome le traitait en relaps. Les prêtres assermentés avaient si peu de crédit sur la masse catholique, que le premier Consul dédaigna cette église sans force dans l'État. En vain, quelques journaux démocratiques célébraient les vertus épiscopales, les intentions patriotiques de ce concile d'évêques, Bonaparte soupçonnait que l'esprit

---

[1] *Ouverture du Concile des évêques et prêtres intrus, assemblés à Notre-Dame, le 10 messidor,* (26 juin).

« L'ouverture du concile s'est faite à la cathédrale de Paris de la manière la plus solennelle. Le clergé était composé d'environ quarante évêques et autant de prêtres, chacun dans le costume de son ordre, la plupart blanchis par l'âge et surtout par les persécutions dont ils ont été l'objet. Une foule immense d'assistants remplissait la basilique, et cependant il y régnait un silence religieux.

« Le citoyen Lecoz, évêque métropolitain de Rennes, présidait; celui de Paris, assisté de ceux de Tours et de Toulouse, a célébré la messe; le citoyen Grégoire, connu par ses lumières, ses vertus et surtout sa tolérance, a prononcé le discours d'ouverture. Il jette d'abord un coup d'œil sur l'état politique et religieux de l'Europe, dans le siècle qui vient de finir. Il annonce que l'histoire s'arrêtera avec complaisance sur les hommes célèbres qui ont agrandi le domaine des sciences, sur les fondateurs de la liberté dans des contrées où depuis longtemps la caducité des trônes présageait que les princes auraient les peuples pour successeurs. Il passe de là au tableau des événements religieux dans le dix-huitième siècle. La religion ne doit s'interposer dans les choses humaines, que pour y placer des vertus et des bienfaits. On l'a attaquée sur les abus que l'ignorance et l'hypocrisie voudrait lui associer, « comme aujourd'hui les hypocrites attaquent, dit-il, la philosophie, sur les faits de certains hommes qui se sont parés de sa livrée; comme si les abus étaient la religion et la philosophie. Nous n'imiterons pas les pharisiens modernes qui imputent à celle-ci des excès qu'elle désavoue; mais aura-t-on jamais la loyauté de ne pas imputer à la religion, des forfaits qu'elle condamne et qu'elle abhorre? »

[2] Le ministre de l'intérieur au citoyen

républicain se glissait sous la robe de prélats dirigés par un régicide; l'abbé Grégoire, à l'imitation du pontife Samuël, n'avait-il pas proféré d'étranges malédictions contre les têtes couronnées? Bonaparte, ne l'oubliant pas, confondait politiquement les prêtres assermentés avec les théophilanthropes qu'il avait proscrits.

La seconde fraction de l'Église se composait de prêtres qui, sans jurer la constitution civile du clergé, avaient donné leur obéissance au gouvernement établi. Au milieu de toutes les tourmentes, ils étaient demeurés orthodoxes, fidèles à la grande foi catholique, c'est-à-dire en rapport direct et immédiat avec Rome; prêts à soumettre leurs doctrines, leur foi au jugement du saint-siége, ils ne se séparaient en aucun cas du pape, la base de toute église. C'est vers ces prêtres que la population se portait en France; généralement sages, soumis aux lois, jamais nulle plainte n'était parvenue aux ministres de la police et de l'intérieur sur la majorité de ces ecclésiastiques; ils distribuaient les sacrements aux fidèles, célébrant en secret les pompes catholiques; longtemps persécutés, ils commençaient à respirer à l'aise sous la protection nouvelle du gouvernement. A l'aide de ces bons prêtres, le premier Consul voulut essayer le rétablissement de l'Église; il trouvait chez eux confiance et appui; ils appelaient de tous leurs vœux une organisation monarchique, même sans la famille des Bourbons; on ne devait pas craindre non

---

Lecoz, évêque métropolitain de Rennes président du concile.

« Le premier Consul m'a transmis, citoyen, la lettre que vous lui avez adressée pour lui annoncer le terme de votre session et les motifs qui en ont suspendu les travaux. Le gouvernement a vu avec satisfaction, citoyen, que, ministre d'un culte de paix, vous n'en avez pas démenti le caractère, et a vu avec intérêt que vos vœux et tous vos efforts ne tendent qu'à seconder ses intentions bienfaisantes, et que d'un commun accord vous travaillez à éteindre les haines, à rétablir partout l'harmonie et assurer le bonheur de tous. »

Chaptal

plus de leur part la tendance républicaine des prêtres constitutionnels de l'abbé Grégoire ; ils serviraient d'instruments dociles à la volonté d'un gouvernement sage et professant la foi catholique, ennemi de l'esprit de persécution.

Enfin un troisième ordre de prêtres s'était complétement refusé au serment à la République et au Consul lui-même ; les uns cachaient leurs têtes sous la proscription, les autres étaient déportés et punis par les lois. Un grand nombre de ces prêtres du Seigneur résidaient à l'étranger ; on comptait quatorze évêques catholiques dans la seule Angleterre ; tous portaient des noms respectés dans les annales de l'église de France : les Périgord, les Boisgélin, les Osmond, les Noé, Colbert, Grimaldi [1]. Ces évêques ne reconnaissaient pas le gouvernement établi en France ; attachés à l'ancienne famille des Bourbons, dont ils croyaient la restauration nécessaire pour assurer le triomphe des principes catholiques, ils mettaient obstacle au rétablissement d'une église régulière en France. D'après le droit canon, les évêchés étant inaliénables appartenaient à perpétuité aux titulaires ; or, deux prélats pour un même siège, c'était un véritable conflit, un schisme plus grand que celui auquel on voulait mettre un terme. Une des fortes œuvres du premier Consul fut de rapprocher des idées et des

---

[1] En voici la liste exacte :

Messeigneurs les archevêques de *Narbonne*, Dillon ; — d'*Aix*, de Boisgélin ; de *Bordeaux*, de Cicé.

Les évêques d'*Angoulême*, d'Albignac ; — d'*Arras*, de Gonzié ; — d'*Avranches*, de Belbeuf ; — de *Comminges*, d'Osmond ; — de *Lescars*, de Noé ; — de *Lombez*, de Chauvigny ; — de *Montpellier*, de Malide ; — de *Nantes*, de la Laurencie ; — de *Noyon*, de Grimaldi ; — de *Périgueux*, de Flamarens ; — de *Saint-Pol de Léon*, Lamarche ; — de *Rhodez*, de Colbert ; — de *Vannes*, Amelot ; — puis l'évêque de *Moulins*, de la Tour, et l'évêque de *Troyes*, de Barral.

Nommé à l'évêché de *Moulins*, en 1791, M. de la Tour n'est point appelé à donner sa démission, n'ayant p[oi]nt été sacré.

M. de Barral arrivé le 28 septembre de Hollande a jusqu'au 10 octobre pour faire connaître sa réponse.

hommes aussi disparates, et c'est pourquoi, dans ce chaos de volontés et de prétentions, il recourut à Rome et au pape, le souverain juge des matières ecclésiastiques, tribunal supérieur qu'il fallait se rendre favorable.

Depuis ses premières campagnes d'Italie, le général Bonaparte avait conservé des rapports avec les papes; il n'avait point agi brutalement comme la plupart des généraux contre Rome et les pontifes. Tandis qu'il laissait aux agents subalternes du Directoire la mission de proclamer des républiques moqueuses sur le sommet du Capitole, ou de manifester leur impiété par des mascarades insultantes, lui, le général en chef, correspondait avec le pape d'un ton grave et sérieux, et ses lettres se ressentaient de son respect pour le chef de l'Église; son génie était trop élevé pour dédaigner ce vénérable et magnifique établissement de la papauté qui avait traversé les siècles et guidé les générations. Papes, empereurs, tiare, pourpre, tous ces souvenirs retentissaient dans sa mémoire historique. Bonaparte n'avait pas écrit une seule lettre sans donner le titre de très saint Père (*Santo Padre*) au pape, et il avait signé *son humble fils*, car il rêvait déjà peut-être cette couronne qui le ferait le fils aîné de l'Église. Toutes les fois qu'il s'était trouvé en rapport avec le pontife et les cardinaux, le général qui parlait purement la langue italienne s'était entretenu avec eux sur ses émotions religieuses et les espérances d'une vaste reconstitution du culte; il avait adouci la captivité de Pie VI, et, Consul, il lui fit rendre les honneurs funèbres à Valence. Lorsque l'élection de Pie VII fut connue, il se hâta de lui laisser la souveraineté de Rome, et d'accréditer auprès de lui un ministre plénipotentiaire.

Ce sentiment de respect pour le catholicisme, Bonaparte le manifesta plus fortement encore dans sa seconde campagne d'Italie, couronnée par la victoire de Marengo. L'esprit si vaste du Consul avait parfaitement compris le caractère italien; ce qui avait heurté le plus fatalement la masse du peuple au-delà des Alpes[1], c'était le peu de considération que les armées avaient manifesté pour le culte à Milan, à Florence, à Rome, cités si vives, si pleines d'imagination. On avait insulté les églises, les vierges et les saints, et cette conduite avait soulevé la plus profonde indignation. Si les Français ne s'étaient pas mieux établis en Italie, la cause en était à cette impiété moqueuse qui dominait les généraux et les soldats; les peuples n'avaient cessé de les considérer comme ces barbares de la Germanie, durs de corps et d'armures qui passaient les Alpes ou le Tyrol, pour détruire les monuments des arts et de la croyance. Le Directoire avait insulté les prêtres au milieu de Rome, et le bel hymne de Chénier lançait des imprécations contre la cohorte des prêtres impurs : « Camille n'était plus dans leurs murs, et les Gaulois étaient à leur porte [2]. » Bonaparte suivit une politique différente. A peine arrivé à Milan, le général avait assisté à un *Te Deum* dans l'église Ambroisienne, ce beau monument qu'on dirait d'ivoire; et l'on vit pour la pre-

---

[1] Le pape commence à pressentir le véritable esprit du Consul ; voici ce qu'écrit le cardinal Gonzalvi au général Murat après Marengo :

« En rendant à *Votre Excellence*, dit le cardinal Gonzalvi au général Murat, les actions de grâces qui lui sont dues pour les ordres qu'elle vient de donner, Sa Sainteté a reconnu dans cet acte une nouvelle preuve des dispositions favorables du gouvernement français pour sa personne, et elle en sent tout le prix. Le saint Père s'empressera, de son côté, d'y répondre avec tout l'intérêt que lui inspire le vif sentiment dont il est pénétré pour le premier Consul, *auquel est attachée la tranquillité de la religion ainsi que le bonheur de l'Europe.* »

[2] Disparaissez, prêtres impurs,
Fuyez, impuissantes cohortes,
Camille n'est plus dans vos murs,
Et les Gaulois sont à vos portes.

mière fois les soldats républicains abaisser leurs fronts superbes, et saluer ce Dieu devant lequel s'agenouillait leur général en chef. C'est d'après ce mobile intime et religieux que Bonaparte engagea sa négociation pour le Concordat; il connaissait l'esprit éclairé et libéral de la cour de Rome, et il n'hésita point à s'adresser directement à Pie VII qui venait d'être élevé au pontificat.

L'histoire de la papauté ne présenta jamais peut-être un pontife d'une douceur aussi inaltérable et d'un esprit plus apte à comprendre les besoins de son temps. Pie VII était ce saint évêque d'Imola, si chrétien, si résigné; on le disait ami des idées républicaines qu'il avait hautement célébrées par ses discours, à ce point d'obtenir sympathie dans l'âme mâle et démocratique du général Lannes. Pie VII n'avait pas posé l'Église indéfiniment sur la royauté; il croyait que le catholicisme, indépendant des formes de gouvernement, pouvait toujours vivre puissant en traversant les expressions les plus diverses des révolutions sociales. Selon lui l'Église de France, dans sa force, ne tenait pas essentiellement à la restauration des Bourbons; il pensait que toute formule gouvernementale était indifférente à la durée des idées religieuses; République, Empire ou Monarchie, c'était une grande conquête que de rattacher la France à la chaire de Rome; les cloches de Notre-Dame allaient enfin recevoir à pleine volée les chants de joie et les jubilés des tours de Saint-Jean de Latran ou du dôme magnifique de Saint-Pierre de Rome. N'était-ce pas un progrès, une conquête?

Auprès du pape Pie VII était le cardinal secrétaire d'État Gonzalvi, ardent catholique, mais d'une modération de mœurs, d'une douceur de caratère remarquables, à ce point de comprendre toutes les idées, toutes les faiblesses même les plus opposées à la sévérité des règles rigides de la morale ascétique, esprits admirables et assouplis qu'on ne trouve qu'à Rome. Le cardinal Gonzalvi, prélat fait exprès pour une négociation entamée à la face d'une génération de philosophes et d'encyclopédistes, était assez spirituel pour répondre aux moqueries, assez résigné pour subir les brutalités militaires; on avait bien craché sur le Christ! Monseigneur Spina avait été adjoint au cardinal Gonzalvi dans cette mission. Comme il était important de ne point hasarder de démarche intempestive, le pape Pie VII attendit les ouvertures du Consul, et M. de Canclaux fut chargé, dans son passage à Rome d'une mission spéciale auprès de Pie VII. Le mot de Concordat se rattachait à l'époque de François Ier et de Léon X, à ce temps de haute science et de littérature élevées, d'arts et de merveilles qui marquèrent le xve siècle. Pie VII n'hésita plus alors; et de graves conférences furent engagées.

Plusieurs questions de discipline ecclésiastique étaient fort difficiles quand on les touchait avec les idées et les principes inflexibles du catholicisme : 1° Le mariage des prêtres était la première difficulté, parce qu'elle se trouvait mêlée à l'état civil. Tant d'ecclésiastiques s'étaient affranchis de la loi du célibat, comme trop dure pour la faiblesse humaine ! Le premier Consul aurait désiré que le Pape autorisât le mariage des prêtres en France. Par cette tolérance, on répondait à l'objection des philosophes qui déclaraient le catholicisme en dehors des instincts sociaux et du besoin de la nature et de la morale. C'était toucher la discipline de l'Église, cette admirable organisation qui veut que, chaste et pur, le prêtre se consacre exclusivement à l'autel, et le pape ne se croyait pas les pouvoirs suffisants pour briser les primitives lois des Conciles[1]. Pie VII repoussa avec fermeté toute concession sur ce point, et le cardinal Gonzalvi déclara : « Qu'on pourrait absoudre ceux qui avaient manqué aux conciles, mais qu'on ne pourrait, en aucun cas, proclamer l'infraction comme un principe. »

La vente des biens du clergé était une question toute matérielle, se rattachant aux richesses et aux biens de l'Église, et le pape était décidé à faire toute espèce de concessions ; il consentait à tout ratifier, car rien ne se liait ici au dogme ou à la discipline. Les possessions du clergé n'étaient qu'une forme de dotation, qu'un fonds de terre pour assurer la subsistance de ses ministres, et pourvu que le Consul prît un mode d'indemnité, soit en assignant d'autres propriétés foncières, des forêts, des domaines, soit en donnant un traitement fixe et annuel aux évêques et aux prêtres, quelles que fussent ces deux hypothèses, le pape admettait la ratification de toutes les ventes de domaines nationaux. La destinée du prêtre n'était pas la fortune ; qu'il n'eût qu'une seule pierre pour reposer sa tête, cela suffisait ; l'Église d'ailleurs n'avait qu'à gagner dans sa pauvreté : elle serait plus respectée et plus sainte.

Enfin une dernière question tenait aux droits et aux pouvoirs du pape et à sa dictature sur l'épiscopat français : il s'agissait de savoir comment serait admise la démission des évêques ; s'il y avait refus de la part des anciens possesseurs du siége, comment procéderait-on pour préparer leur remplacement ? Tiendrait-on leurs droits

---

[1] M. Artaud, dans sa vie de Pie VII, a parfaitement traité toutes les questions du concordat.

pour non avenus? Le pape avait-il la faculté de supposer des démissions et de nommer des successeurs aux évêchés récalcitrants? En droit canon, ce point était délicat; il tenait aux libertés antiques de l'église gallicane ; ce n'était pas à Rome que les difficultés devaient s'élever, car on ne lui demandait qu'un acte de suprématie catholique auquel elle aspire toujours; or, toutes les fois qu'il s'agit d'une lutte entre les droits du pape et ceux des évêques, on est bien accueilli à Rome quand on reconnaît la puissance supérieure du père commun des fidèles. Le sacré collége n'hésita point; il admit le principe des démissions forcées pour le cas où elles ne seraient pas données volontairement, et ce fut plus tard l'objet d'une bulle spéciale.

Afin de conduire le concordat à des résultats efficaces, le souverain pontife députa, pour discuter en France toutes les questions ecclésiastiques, ce même cardinal Gonzalvi, le secrétaire d'état qui avait suivi la négociation à Rome, caractère facile et conciliateur ; il y adjoignit le prélat Spina, membre de la Rote, d'une érudition remarquable, et le père Casali, un de ses camériers, esprit pénétrant et bien fait pour s'entendre avec les hommes de politique et d'administration que le premier Consul indiquerait [1]. Le cardinal Gonzalvi et ses collègues se rendirent immédiatement à Paris ; gracieuse-

---

[1] Voici la traduction de quelque fragments de la bulle de Pie VII.

« Nous ne vous parlerons pas, vénérables frères, des sentiments particuliers d'attachement et de bienveillance dont nous sommes pénétrés pour vous. Nous aimons à penser que vous êtes bien convaincus de l'idée que nous avons toujours eue, du jugement que nous avons toujours porté de votre vertu, de votre dignité et de vos mérites. Il serait donc superflu de vous prouver avec détail que nous n'avons rien négligé pour vous épargner une aussi grande amertume : il faut néanmoins vous l'avouer avec douleur. Tous nos soins, toutes nos peines ont échoué contre l'inflexible nécessité des temps; nous avons été absolument forcés d'y céder nous-

ment accueillis par le premier Consul, ils se mirent à l'œuvre avec un grand zèle, au milieu des difficultés de toute espèce que le caractère du temps soulevait. La vie du cardinal aux Tuileries subit plus d'une humiliation; l'esprit irréligieux entourait Bonaparte; on se complaisait à jeter les sarcasmes et la moquerie sur ces prêtres, à les abaisser tristement jusqu'au point de les insulter à la face. La fermeté du premier Consul ne les préservait pas toujours contre ces philosophes qui n'apportaient même pas dans leurs rapports cet esprit de bonne compagnie et d'urbanité qui distingue la nation française. Le cardinal était plein de condescendance, et rien ne ressentait en lui le prêtre austère et inflexible; il voyait beaucoup de monde; fort assidu auprès de Bonaparte, les salons lui étaient ouverts; mais le manque de convenances était tellement grand, qu'on le laissait sur la même ligne avec des comédiens, des chanteurs et des artistes; le cardinal supportait tout parce qu'il avait une mission; il voulait la remplir, dût-il subir mille mar-

mêmes, en vous demandant ce sacrifice pour le bien de l'Église catholique. Nous y avons réfléchi avec impartialité, et nous nous sommes dit que nous né pouvions, sans faire injure à votre religion, vous croire capables et de préférer vos intérêts aux intérêts et à la conservation de la religion, et d'oublier ce que saint Augustin écrivait, au nom des évêques d'Afrique, au tribun Marcellin, en lui annonçant leur détermination d'abdiquer l'épiscopat. « Quoi donc? hésiterions-nous donc à offrir à notre Rédempteur ce sacrifice d'humanité ! Dieu est descendu d'en haut dans un corps mortel, pour que nous devinssions ses membres. Nous pouvons les garantir, ces membres, d'un déchirement cruel, et nous craindrions de descendre de nos chaires à ce prix! Que sommes-nous pour nous-mêmes, que des fidèles, chrétiens et soumis? Mais c'est pour les peuples que nous avons été institués. Faisons donc de notre épiscopat tout ce qui peut arriver à donner la paix chrétienne à des chrétiens. Si nous sommes des serviteurs utiles, pouvons-nous balancer entre nos grandeurs temporelles, et les éternelles grandeurs de Dieu? Périssent nos dignités, si, en voulant les retenir, elles dispersent les ouailles de J.-C. ! Gloire à notre dépouillement, s'il en rassemble un plus grand nombre. Eh ! de quel front prétendrions-nous aux honneurs de l'autre vie, si dans celle-ci notre honneur est un obstacle à l'unité de l'Église ? »

« Comme nous ne doutons point, d'après votre religion et votre sagesse éprouvées, que vous ne consultiez les intérêts des fidèles, et le bien de l'Église, nous supplions

tyres de résignation, au milieu de cette société toute matérielle.

Dans le but de décider les questions du concordat, le premier Consul désigna des commissaires spéciaux chargés de discuter ces points, ces controverses. Joseph Bonaparte, le diplomate de la famille, avait habité Rome dans les jours difficiles [1]; il fut le négociateur en nom à qui l'on confia toutes les affaires se rattachant au culte; on lui adjoignit le conseiller d'état Crétet, plein de sens et de discrétion, et habile dans la conduite des affaires, et en troisième ordre l'abbé Bernier doué d'une finesse et d'une activité si éminentes; Bernier avait déployé de remarquables qualités dans la pacification de la Vendée; il fallait un ecclésiastique pour suivre les questions délicates du concordat, et le gouvernement avait besoin d'un homme influent dans les matières sacerdotales. Joseph Bonaparte traitait directement avec le cardinal Gonzalvi, et cette négociation,

---

le Tout-Puissant qu'il daigne soutenir votre courage, et que vous consommiez, comme il convient, de bon cœur et de bonne grâce, le généreux sacrifice que nous vous demandons. Nous vous promettons d'employer tous nos soins, de faire tout ce qui dépendra de nous pour qu'il soit pourvu le plus avantageusement possible à votre sort, et nous vous donnons avec tendresse notre bénédiction apostolique, comme un gage de notre amour paternel. »

Donné à Rome, à Sainte-Marie-Majeure, sous l'anneau du pêcheur, le 15 du mois d'août de l'année 1801, et de notre pontificat la deuxième.

Pius, PP. VII.

Pour copie conforme à l'original.
Michel,
Patriarche de Jérusalem.

[1] Les ennemis du concordat ne manquaient pas de rappeler la conduite de Bonaparte à Rome :

« En opposant Joseph Bonaparte aux représentants du saint père, on leur rappelle sans cesse qu'ils sont en présence de l'homme qui alluma et protégea l'insurrection de 1798, à la suite de laquelle Berthier, aujourd'hui l'un des ministres favoris du Consul, s'empara de Rome, dressa un autel à Brutus au Capitole, précipita Pie VI de la chaire de Saint-Pierre, et commença son glorieux martyre. Ce seul souvenir doit les frapper d'épouvante. On lui a adjoint le conseiller d'état Cretet, ancien homme d'affaires de grands seigneurs dérangés, personnage adroit, fort instruit en finances, et très expert dans l'art de rédiger toute sorte d'actes, mais péroreur de clubs, agioteur, révolutionnaire, homme entier et opiniâtre, et par-dessus tout, pos-

bien qu'elle dépendît des relations extérieures, restait, par convenance, tout à fait en dehors de M. de Talleyrand; la vieille qualité épiscopale dont le ministre était revêtu ne lui permettait pas de paraître en présence d'un cardinal et des délégués de la cour de Rome dont il avait bravé les excommunications. M. de Talleyrand s'était marié après avoir secoué la robe épiscopale, et cette rénégation était aux yeux de l'Église un des crimes irrémissibles punis par les conciles d'une pénitence éternelle. Le cardinal Gonzalvi arrangea tout; il jugea l'esprit de M. de Talleyrand et ne voulut point le laisser en dehors. Le pape conféra à l'ancien évêque d'Autun des bulles de sécularisation le rendant à tous les droits des laïques, en vertu de cette même dictature que la cour de Rome allait exercer par rapport à l'épiscopat. Les bulles furent remises à M. de Talleyrand comme un témoignage de la grande pacification de l'Église; dès lors il fut en tout favorable au concordat [1].

Le cardinal Gonzalvi demeurait ferme sur la question du mariage des prêtres, parce qu'elle se rattachait à la

---

sesseur de grands domaines nationaux. Enfin, comme il fallait au moins un ecclésiastique, on a complété le comité par l'abbé Bernier, négociateur de toutes les pacifications de la Vendée, grand ordonnateur de soumissions dans huit ou dix départements, intrigant fieffé, agissant au nom du roi en vertu d'anciens pouvoirs qui sont nuls dans ces nouvelles circonstances, s'étant institué de son chef grand-vicaire de douze évêchés, qu'il administre en vertu de son ancienne réputation, en un mot le séide le plus déterminé du premier Consul. » (Note secrète adressée de Londres, juin 1801.)

[1] « A notre très cher fils Charles Maurice Talleyrand... Nous avons été touchés de joie quand nous avons appris l'ardent désir que vous avez de vous réconcilier avec nous et avec l'Église catholique. Dilatant donc, à votre égard, les entrailles de notre charité paternelle... nous vous dégageons, par la plénitude de notre puissance, du lien de toutes les excommunications... Nous vous imposons, par suite de votre réconciliation avec nous et avec l'Église, des distributions d'aumônes pour le soulagement, surtout, des pauvres de l'église d'Autun, que vous avez gouvernée... Nous vous accordons le pouvoir de porter l'habit séculier et de gérer toutes les affaires civiles, soit qu'il vous plaise demeurer dans la charge que vous exercez maintenant, soit que vous passiez à d'autres auxquelles votre gouvernement pourrait vous appeler... »

discipline antique de l'Église; selon lui, on pouvait rendre à la sécularisation les prêtres qui malheureusement avaient enfreint la loi du célibat, mais il était impossible d'établir dans la constitution de l'Église le mariage des clercs, irrévocablement interdit par les conciles. Joseph Bonaparte et l'abbé Bernier comprirent parfaitement cette distinction qui se rattachait à la vie du catholicisme, à sa force, à sa durée, à son unité. Le cardinal Gonzalvi souleva immédiatement, dans cette discussion, l'examen des bulles adressées aux évêques alors en Angleterre en leur demandant une démission immédiate. Il fut convenu que Pie VII ferait auprès d'eux une démarche paternelle et intime.

Dans ces bulles, écrites en style touchant et pleines d'onction évangélique, le pape ne parlait pas de son droit, mais des nécessités impératives où se trouvait le catholicisme; il implorait la religion de ses vénérables frères pour rétablir le culte au sein d'un grand royaume; il démontrait surtout la nécessité de sa dictature pour travailler avec sécurité au bien futur de l'Église; or, le pape exigeait une démission absolue et sans condition[1]. Il y avait en Angleterre trois métropolitains : les archevêques d'Aix, de Bordeaux et de Narbonne et quinze suffragants évêques des principales, des plus antiques cités de France. Leurs démissions étaient sollicitées avec d'autant

---

[1] En voici les termes : « Cogimur, urgente temporum necessitate, quæ in hoc etiam in Nos vim suam exercet, significare Vobis omnino necesse esse Nobis saltem intra decem dies iis responsum è scripto dari à Vobis, idque responsum ei tradi, à quo cæ litteræ nostræ Vobis reddentur, quas ipsas accepisse Vos authentico documento certos Nos facere debebitis. Illud etiam, iisdem urgentibus causis, Vobis significandum est, nimirùm responsum quod iis litteris nostris daturi estis absolutum esse omninò debere, non autem dilatorium, ita ut nisi intra decem dies absolutum responsum dederitis (cujusmodi ut mittatur à Vobis etiam atque etiam postulamus), etiam si litteris dilatoriis Nobis responderitis, perindè cogemur habere Vos, ac si obsequi postulationibus nostris recusaretis. »

DÉMARCHE AUPRÈS DES ÉVÊQUES (1804).

plus de persévérance et d'énergie qu'il n'y avait pas possibilité de rétablir l'Église sans le concours de quelques-uns de ces noms vénérés.

Le pape adressa ses bulles à son nonce en Angleterre qui portait le vieux nom catholique d'Erskine, pour qu'il eût immédiatement à les communiquer aux prélats possesseurs des siéges de la Gaule. Le nonce écrivit à tous les évêques, au nom du pape, pour implorer ce sacrifice[1], et ce fut alors que s'éleva une discussion vive et profonde entre les évêques exilés et les prêtres plus habiles qui voulaient rétablir la religion en France. La majorité des évêques en Angleterre, mêlant des questions politiques à leur situation religieuse, se refusèrent à une démission pour demeurer dans leur inflexibilité; dévoués à la famille des Bourbons, ils ne voulurent point accéder à un concordat qui rétablissait la religion sans le trône,

---

[1] *Copie de la lettre dont Mgnor. Erskine a accompagné l'envoi du bref de Sa Sainteté.*

« Per eseguire un espress' ordine della Santità di nostro Signore Papa Pio VII trasmetto à V. S. I. E. R. il Pontificio Breve, ch' ella troverà qui compiegato, della cui ricevuta la prego riscontrarmi senza minimo indugio, conforme la prego farmi tenere senza ritardo la conveniente risposta.

« Non ha lasciato Sua Santità di metter in prattica ogni possibile tentativo onde restasse conservata a V. S. I. la propria sua sede, ma ha dovuto sperimentare il gravissimo rammarico di vedere indispensabile, nella urgenza delle circostanze, la dimissione dei Vescovi, cosi esigendo il bene della unità, della pace e del ristabilimento in Francia della cattolica religione; Sua Santità bensi m'ingiunge di assicurare V. S. I. di avere nel miglior modo, che ha potuto, raccomandata al primo Console la di lei persona, o per averla in vista nella nomina alle sedi della nuova circoscrizione, o per provedere almeno alla sua sussistenza. E tanta è la premura del S. Padre di concorrere a sollevare V. S. I. nella miglior maniera che possa, che non trascurerà qualunque favorevole congiuntura di alleggerirle il peso della sua situazione, e di accorrere ai di lei personali bisogni.

« Adempito in tal guisa l'addossatomi incarico Pontificio, passo nel mio particolare ad offerire a V. S. I. la mia qual si sia opera in di lei servizio e rassegnarmi di V. S. I. e R. »

Dmo. oblmo. Scr.

Sottoscritto

Carlo Erskine.

Londra, 42, great Mary-le-Bone-Str. 16 sett 1801.

Seconde lettre de Mgr. Erskine.

« Nella mia lettera in data dei 16 corrente, colla quale ebbi l'onore di accompagnare il Breve Pontificio, che d'ordine espresso della Santità di nostro Signore Papa Pio VII trasmettevo cosi a V. S. I. e R. come a ciascuno in particolare degl' Illmi

faute d'autant moins réfléchie de leur part qu'Erskine avait mission expresse d'assurer à tous les démissionnaires, « que le premier Consul les désignerait pour de nouveaux siéges, sans les astreindre à d'autre serment qu'à celui d'obéissance envers le gouvernement établi. » Cette conduite des prélats en Angleterre fut un sujet de controverse et d'opposition dans quelques églises de Paris; enfin la majorité du clergé vit bien qu'il s'agissait de la force et de la durée des institutions religieuses, et qu'il fallait concéder quelque chose pour beaucoup obtenir [1].

Au milieu de ces résistances politiques, la négociation aboutit à des résultats efficaces, et les bases du concordat furent jetées dans des conditions de prévoyance et de durée. D'après la convention signée par le cardinal Gonzalvi et Joseph Bonaparte, la France devait se diviser en dix archevêchés et cinquante évêchés; la circonscription nouvelle aurait lieu de concert entre le Consul et le pape, juge compétent et supérieur pour décider

---

e Rmi suoi colleghi residenti in questo regno, pregai al tempo stesso similmente, cosi ciascun altro in particolare come V. S. I. di farmi tenere la conveniente risposta. Ciò però nonostante sento vociferare, in seguito delle adunanze tenute presso di V. S. I. essere in contemplazione de rispondere al paterno invito di Sua Santità con una lettera in nome comune ; e perciò mi trovo nell' obbligo preciso di rendere avvertiva V. S. I. (pregandola di passare la prevenzione ai suo colleghi) che con una si fatta maniera di risposta non verrà punto a soddisfarsi all' aspettativa di Sua Santità, la quale per ciò appunto mi ha ordinato di trasmettere il suo Breve a ciascuno in particolare, perché da ciascuno in particolare, ed in proprio singolar nome gli venga resa quella risposta, che nel raccoglimento, e nella preghiera verrà alla sua coscienza ispirata dal padre delle misericordie, supremo dator de' lumi.

« Sono persuaso che V. S. I. ed i suoi colleghi avrebbero sperimentato un dolore troppo sensibile, se nel rispondere a Sua Santità avessero anche involontariamente adottato un metodo non corrispondente al desiderio del S. Padre, e non totalmente daccordo col filiale rispetto da loro costantemente manifestato verso del medesimo; e perciò mi lusingo che avranno a grado la presente prevenzione.

« Colla più perfetta considerazione ho l'onore di rassegnarmi di V. S. I. e R.

Dmo oblmo. Ser.

Carlo Erskine.

Londra, 42, great Mary-le-Bone-Str. 23 sett. 1801.

[1] Voici ce qu'on écrivait en Angleterre sur ces négociations :

« La réponse de treize prélats sur les dix-sept premiers que nous avons cités, été un refus absolu de donner leur démission. Une chose assez remarquable, c'est

la géographie catholique de l'épiscopat ; le Consul nommait à tous ces siéges, et le pape instituait les titulaires. Huit mille cures étaient établies à la nomination des évêques et avec un traitement. Il était dit, par un article à part, que la dotation serait prise sur les biens ecclésiastiques jusqu'à concurrence de neuf millions de revenu. Cette dotation territoriale du clergé paraissait être une condition essentielle des dispositions primitives du concordat ; le pape y trouvait un moyen d'expliquer sa sanction donnée aux ventes des biens du clergé, condition qui ne fut point observée. Puis, par une déclaration expresse, les trois Consuls faisaient une profession spéciale de la religion catholique, en déclarant qu'ils assisteraient publiquement aux offices dans les grandes solennités des églises, encore une fois ouvertes à la piété des fidèles.

A peine le concordat était-il signé, que le cardinal Gonzalvi quitta Paris pour se rendre en hâte à Rome afin d'obtenir du saint collége toutes les bulles de ratification et les moyens d'exécution nécessaires. Le premier

---

que les quatre qui ont fait schisme avec leurs collègues, avaient été indiqués par la voix publique, comme devant obéir au mandat du premier Consul, dès le premier moment où l'on fut informé de l'arrivée du bref du pape. Les quatre ci-devant prélats sont les citoyens Boisgélin, de Cicé, de Noé et d'Osmond. Leurs amis disent qu'ils n'ont suivi en cette affaire que l'impulsion de leur conscience. Nous voulons bien les en croire. Nous serons fort aises de pouvoir informer incessamment nos lecteurs de leur début à Frascati ou à l'Institut national ; car nous apprenons que ces nouveaux citoyens ont résolu de suivre de près leur réponse (qui, comme on le pense bien, doit s'arrêter à Paris, et cela, afin de jouir plus promptement des éloges et des récompenses qu'ils méritent) ; et le lundi 28 septembre, jour qui a suivi immédiatement la décade accordée par Bonaparte, ils sont allés à la même heure chez M. Otto, pour faire leur profession de civisme et solliciter les bons offices du ministre de leur nouveau souverain. On ajoute même, mais nous ne le garantissons pas, que M. Otto a reçu avec obligeance ces importantes recrues, et leur a fait espérer qu'ils recevraient dans la nuit du 5 au 6 octobre l'acceptation de leur soumission, et que dans la décade suivante, son gouvernement religieux enverrait sur les côtes d'Angleterre, le brigantin le *Déserteur* et le lougre l'*Ingrat*, pour les ramener en France, eux et les prêtres qu'ils pourront racoler.

(Correspondance secrète.)

Consul exigea que tout se fît promptement ; le délai inflexible des ratifications fut limité à quarante jours, pour faire cesser les tiraillements qui de toutes parts venaient arrêter la marche du pouvoir dans les affaires de religion et de conscience. Toute question suspendue paraissait mauvaise au premier Consul, surtout quand elle pouvait inspirer une certaine inquiétude au public.

Comment serait reçu le concordat parmi le clergé et quelle résistance allait-on rencontrer? On s'attendait à celle des évêques et des prêtres qui avaient suivi l'émigration ; elle s'expliquait même avant les négociations engagées. Mais le clergé de France resterait-il soumis au concordat conclu entre le pape et le premier Consul? Déjà une opposition sourde se faisait sentir spécialement au séminaire de Saint-Sulpice, sous l'abbé Emmery et l'abbé Fournier. Le concordat, comme toutes les transactions politiques, avait motivé la publicité d'une multitude de brochures et d'écrits exprimant les plaintes du clergé et les griefs des hommes religieux ou de ceux qui ne l'étaient pas assez [1]. Le premier Consul, dans l'objet d'éviter toute discussion, car la liberté de la presse lui faisait peur, commanda des mesures de vigueur à sa police contre tous les ecclésiastiques récalcitrants. Dans le mois qui suivit le concordat, il y eut cent cinquante arrestations au seul diocèse de Paris.

---

[1] « Les évêques résidant en France au nombre de 8, ont donné la démission de leur sièges, entre les mains de monseigneur Spina. On devait s'attendre à cette docilité. Ces prélats avaient déjà fait leur soumission, et puis ils n'avaient que l'alternative ou de quitter leurs églises, ou d'entrer au Temple. Ce sont les évêques de Marseille, de Senlis, de Saint-Claude, de Saint-Papoul, d'Alais, de Nîmes, de Saint-Malo et d'Angers. La promptitude qu'à mise le *Moniteur* à informer le public de cet événement, prouve que ce n'est point au pape mais à Bonaparte que l'on répond, car certes les lettres des évêques ci-dessus n'ont pas eu le temps de faire le voyage de Paris à Rome, et de Rome à Paris. »

(Note secrète de M. E***** membre du clergé opposant.)

LE CONCORDAT AU CONSEIL D'ÉTAT (1801).

Sur le moindre prétexte de résistance, on renfermait les abbés, les curés, les vicaires, au Temple ou même à Vincennes. L'abbé Fournier fut jeté parmi les fous de Bicêtre. Bonaparte agissait toujours par des moyens violents; comme les barons féodaux du moyen âge, il brisait sous sa volonté de fer les évêques ou les clercs qui osaient lui résister; rien ne change dans le monde et les temps ne modifient que les costumes. Si le premier Consul voulait rétablir le culte, c'était à condition d'en faire un moyen de gouvernement et non point un obstacle à sa marche; la politique se servait d'une idée morale [1].

Le concordat signé, il dut être soumis à l'examen du Conseil d'État; Bonaparte dominait souvent la discussion par la hauteur de son génie. Il y avait dans ce Conseil d'État des hommes entièrement dévoués aux idées du XVIIIe siècle, anti-religieux par ton, indifférents par éducation vieillie. La Révolution française était le résultat des principes développés à cette époque de philosophie et de hardiesse dans les doctrines? Il était difficile de présenter un concordat fait avec le pape à la discussion d'un conseil d'hommes qui avaient eux-mêmes brisé les autels. Sur quelle base le ferait-on reposer et quels en seraient les éléments? Le Conseil d'État comp-

---

[1] Fouché agissait toujours révolutionnairement envers les prêtres. (Circulaire.)

« Veillez, citoyens préfets, à ce que la liberté des cultes cesse d'être, pour quelques individus, la licence et la domination du leur : il faut établir une barrière entre les hommes qu'il est impossible de rapprocher sans danger; les dispositions que je vais vous prescrire me semblent atteindre ce but : si, dans quelques circonstances, elles paraissent accorder une suite de prééminence aux prêtres soumis aux lois, cette préférence est due sans doute à des hommes qui, nés de la Révolution, lui sont demeurés fidèles, qui n'ont eu besoin d'aucun pardon, qui ont lié leur sort à celui de la République, et qui ne cessent aujourd'hui de prêcher l'amour et le respect au gouvernement par leurs discours et leurs exemples.

« Je vous charge donc, citoyens préfets :
« 1° De faire rechercher les prêtres séditieux qui ont jusqu'ici refusé la promesse de fidélité à la constitution, et de les faire sortir du territoire de la République dans le plus court délai;

tait à peine quelques hommes religieux; la grande majorité était encore empreinte de l'idée railleuse du siècle qui finissait. En face de cette situation, Bonaparte aborda néanmoins la difficulté d'une manière nette, hardie, en brusquant toutes les formes; il le fallait pour éviter les obstacles. Au milieu d'une discussion sur les colléges et l'institut, le premier Consul dit : « J'ai besoin de vous parler du concordat. Tout est fini. Il y aura 50 évêques; on leur donnera 5 à 6,000 francs, et environ 6,000 curés; un par canton. On paiera les évêques sur les dépenses secrètes, et les curés sur des centimes additionnels. J'ai réglé ce qui concerne les protestants. Les calvinistes ont leur métropole à Genève; il n'y a pas de difficultés. Les luthériens recevaient leurs ministres des princes d'Allemagne; on leur envoyait les plus mauvais sujets. A l'avenir, ils nommeront eux-mêmes leurs ministres. Les luthériens de Strasbourg l'ont demandé. Quant aux Juifs, c'est une nation à part; elle ne se mêle avec aucune autre secte. Elle est d'ailleurs en trop petit nombre pour s'en occuper. » Puis levant tout à coup la séance, il se retira sans donner le temps au Conseil de délibérer [1]. C'était dire toute sa volonté pour éviter un débat trop prolongé dont il craignait le retentissement

« 2° D'ordonner provisoirement, et par mesure de police, à tout prêtre rentré dans une commune où il exerçait, avant sa déportation, les fonctions d'évêque, de curé ou vicaire, et où sa présence nuirait à la tranquillité publique, de s'en éloigner sur-le-champ à une distance telle que son influence ne puisse plus la troubler;

« 3° D'enjoindre aux maires des communes où il n'existe qu'un seul édifice consacré à l'exercice du culte, de n'en permettre l'usage qu'au prêtre qui y exerçait à l'époque du 18 brumaire; et, dans le cas où l'église aurait été vacante, d'y maintenir exclusivement le prêtre appelé le premier par le vœu de la majorité des habitants.

« Si vous croyez, citoyens préfets, que ces dispositions soient susceptibles de quelques exceptions, vous me les soumettrez, et vous me rendrez compte des décisions provisoires que vous croyez devoir prendre, pour que je les confirme ou que je les annule. »

Signé, Fouché.

[1] Discussion et registre du Conseil d'État, juin 1801.

au dehors; le Conseil d'État ne fut que le rédacteur de quelques articles organiques. Bonaparte annonça que la section de législation devait vérifier les bulles selon la vieille formule des parlements. Le premier usage de ce pouvoir fut l'enregistrement du bref de Pie VII qui sécularisait M. de Talleyrand; le ministre insista pour cette vérification immédiate; il profitait de toutes les circonstances pour se poser d'une manière convenable en Europe.

Pendant ce temps, le cardinal Gonzalvi avait soumis au pape les articles du concordat[1]. La sagacité du pontife, sa tolérance extrême, lui avaient fait apercevoir tout ce qu'il y avait d'utile et de fort dans le rétablissement du catholicisme en France, le plus bel acte de son pontificat. Désormais il fallait honorer le Consul comme un principe de conciliation entre l'Église de France et le saint-siége; la résistance des évêques en Angleterre fut immédiatement brisée par des bulles d'institutions nouvelles; on ne tint aucun compte des réclamations respectueuses des anciens titulaires qui refusaient la démission; les

---

[1] « Le cardinal Gonzalvi est parti dans la nuit du 15 juillet, emportant avec lui le concordat pour la nouvelle organisation du clergé, dont voici les bases.—Les démissions des anciens évêques, données au pape en 1791, et alors refusées, sont maintenant admises, au moyen de quoi tous les siéges épiscopaux sont vacants.—Il y aura une nouvelle circonscription de territoire, qui comprendra dix archevêchés et cinquante évêchés; les premiers à 25,000 livres, les seconds à 15,000 livres de traitement.—Les trois Consuls déclarent être de la religion catholique, apostolique et romaine.—Bonaparte présentera aux nouvelles nominations, et le pape nommera et instituera. Les anciens évêques seront réélus de préférence. On en excepte les évêques suivants ...... La nomination des curés appartiendra aux évêques. Il n'y aura plus que huit mille cures. Le clergé aura des propriétés nationales. Ces arrangements pourront être changés dans le cas où le gouvernement changerait. »

Maintenant voici ce qu'écrivaient les ennemis du concordat :

« Tandis que toutes ces manœuvres avaient lieu à Paris et à Londres, on apprenait de Rome que le cardinal Gonzalvi venait d'y arriver, n'ayant mis que dix jours à faire le voyage, et ne s'étant arrêté que neuf heures en route; que S. E. avait été obligée de postillonner comme un jockey, parce que le maître n'avait donné au serviteur des serviteurs que quarante jours pour la ratification du concordat, à partir de sa date, et le bon cardinal avait considéré que chaque jour

quatre prélats qui l'avaient envoyée furent nommés à des siéges principaux dans les vieilles cités des Gaules. Le pape désigna le cardinal Caprara comme légat pour l'exécution du concordat dans la métropole et les églises de Paris; homme d'esprit et de modération, le cardinal Caprara était un de ces prélats que la cour de Rome désignait dans les circonstances difficiles et mondaines. Le même jour que le légat fut nommé, Bonaparte choisit un conseiller d'État spécialement chargé de la direction des cultes, et ce choix tomba sur M. Portalis[1], l'un des hommes les plus éminents du Conseil d'État, d'une vaste érudition religieuse unie aux habitudes de résistance des parlements, caractère de la vieille magistrature; peu de capacités étaient plus aptes que lui à remplir la tâche difficile de concilier les deux puissances civile et ecclésiastique, les deux glaives, comme le disaient les formules des cours souveraines.

Jean-Étienne Portalis était né au Beausset, petite ville que l'on voit resplendissante sous le soleil de Provence, à quelques lieues de Toulon. Il avait étudié à

de délai qu'il mettrait dans son voyage, serait un jour perdu pour l'examen de cette épineuse affaire; qu'aussitôt qu'on avait été informé à Rome de l'arrivée de ce concordat, la joie s'y était répandue, mais que ce court moment de satisfaction avait bientôt été remplacé par le morne silence de l'inquiétude; que des lettres du chevalier d'Azzara à ses amis de Rome, annonçaient formellement que toute cette transaction était une singerie, *un emplâtre pour faire vivre le malade encore quelque temps;* que le lendemain de l'arrivée du cardinal Gonzalvi, le cardinal doyen Albani, avait été remercié et dispensé de se trouver à la congrégation des affaires de France; que le cardinal Garandini, oncle de monseigneur Gonzalvi, lui avait été substitué; que tout Rome avait murmuré de cette injure faite au chef du sacré collège; que le pape instruit du scandale public que cela occasionnait, avait fait prier instamment le cardinal doyen de rentrer dans la congrégation; que ce respectable vieillard s'y était rendu par zèle pour le bien, mais que le cardinal Garandini y était déjà et qu'il y était resté. »

[1] Arrêté du 15 vendémiaire, an x.
Les Consuls de la République, le Conseil d'État entendu arrêtent ce qui suit :
Article 1er. Il y aura auprès du gouvernement un conseiller d'État chargé de toutes les affaires concernant les cultes.
Art. 2. Ce conseiller d'État travaillera directement avec les Consuls.
Art. 3. Ses attributions seront :

Aix, la cité sérieuse, alors riche de son parlement et des souvenirs du roi Réné. Portalis, jeune avocat, avait obtenu une grande célébrité en plaidant contre Beaumarchais et contre Mirabeau, deux esprits éminents et d'une nature si différente. A vingt-cinq ans, notable de son ordre, il défendit les priviléges de la Provence. Obligé de fuir au commencement des troubles de la Révolution française, il vint à Paris, fut nommé au Conseil des Anciens lors de la constitution de l'an III. Portalis, en opposition au Directoire, défendit les prêtres, le culte catholique jusqu'à ce qu'inscrit sur la liste de proscription au 18 fructidor, il se réfugia en Allemagne. Le 18 brumaire avait fait cessé son exil et le porta au Conseil des Prises, puis au Conseil d'État. L'un des rédacteurs du Code civil, il s'occupait alors à résumer tous les principes du droit des gens et du droit politique dans son discours préliminaire. Portalis, avancé déjà en âge, fut chargé de la direction des cultes, position qui allait à son caractère.

Le 15 du mois d'août, les cloches retentirent dans Paris à pleine volée; une proclamation des Consuls annonça que le culte allait renaître en France. C'était le jour de l'Assomption, fête solennelle du catholicisme, et qui, plus tard, devait devenir l'anniversaire de la saint Napoléon, car il y avait au calendrier un saint Charlemagne. Les églises de Paris furent remplies d'une multitude pieusement recueillie; et dans les villes de

---

1º De présenter les projets de lois, règlements, arrêtés et décisions, touchant la matière des cultes.

2º De proposer à la nomination du premier Consul les sujets propres à remplir les places de ministres des différents cultes.

3º D'examiner, avant leur publication en France, tous les rescrits, bulles et brefs de la cour de Rome.

4º D'entretenir toute correspondance intérieure relative à ces objets.

Art. 4. Les ministres des relations extérieures, de l'intérieur, de la police générale et du trésor public, sont chargés, chacun en ce qui le concerne, de l'exécution du présent arrêté, qui sera inséré au bulletin des lois.

province l'enthousiasme fut plus vrai encore que dans cette capitale distraite par les dissipations et les plaisirs. Les vieux et saints édifices, qu'on avait transformés naguère en temple de Mars ou de la Victoire, et qui depuis étaient devenus les lieux de réunion des théophilantropes, les églises gothiques, telles que Notre-Dame, ou bien encore les magnifiques monuments élevés par la piété des rois comme Saint-Sulpice, s'ornèrent de festons, de guirlandes parfumées d'encens. On y célébra tout à la fois le *Te Deum* d'actions de grâces pour la restauration de l'Église, et la messe, qui était comme la célébration du sacrifice, qui réconciliait la République et le catholicisme, véritable religion du peuple. Bonaparte vint en pompe à Notre-Dame, et depuis la fête de la Fédération de 1789, on vit pour la première fois le gouvernement de l'État faire un acte de religion public et solennel. Le clergé entonna le *Domine salvos fac rempublicam et consules* au bruit de cent-un coups de canon [1].

Ainsi s'affaiblissait l'esprit philosophique du xviiie siècle. Bonaparte allait droit à la reconstruction de la société; il avait dit que le xixe siècle ne ressemblerait en rien à ceux qui le précédaient, et il avait raison. La Révolution avait soumis les idées philosophiques à de rudes épreuves; la Constituante, ce résumé des doctrines

---

[1] Voici ce qu'on écrivait sur l'esprit religieux des Consuls.

« Le cardinal Gonzalvi a emporté à Rome la profession de foi par écrit du premier Consul et de Cambacérès. Lebrun, tout philosophe, n'a pas voulu, à quelque prix que ce fût, se joindre à cette momerie. Cette belle pièce de garantie que ce cardinal a cru nécessaire de requérir des deux démagogues, fournit une ample matière à la raillerie. On trouve surtout fort plaisant que Cambacérès se soit avisé d'accoler sa pasquinade à côté de celle de Bonaparte.

« Le premier Consul a pris avec le pape l'engagement solennel de professer publiquement la religion catholique. Les philosophes s'apprêtent beaucoup à rire de le voir aller à la messe. Le sénateur Garat a eu dernièrement avec lui une violente discussion sur le traité conclu avec le pape; il a fini par le chasser de sa présence. Volney, qui avait ses entrées chez le Consul, en a été exclu pour la même cause. »

(Correspondance secrète.)

encyclopédiques, n'était-elle pas le principe et la cause première de toutes les agitations publiques? Bonaparte avait vu que, pour être fort, il devait s'adresser aux instincts et aux souvenirs de la France. La philosophie n'avait rien de national; c'était un emprunt à l'étranger; le XVIIIe siècle avait plus vanté Frédéric de Prusse et Catherine II que les gloires de la patrie. Le Consul fut plus noblement inspiré; il réchauffa tout ce qui était français, le catholicisme, l'histoire, les vieilles traditions. La tâche était rude de reconstituer les idées religieuses; au moment du concordat, toute la société révolutionnaire proteste; on ne veut pas souffrir ce rétablissement des idées catholiques; une ligue se forme entre l'armée et les philosophes; la force glorieuse, mais toute matérielle, des camps, et l'incrédulité des beaux esprits se coalisent contre la pensée chrétienne. Singulier phénomène dont il faut maintenant pénétrer l'esprit et la portée!

CHAPITRE IV.

L'ARMÉE SOUS LA PREMIÈRE PÉRIODE

DU CONSULAT.

Armée opposante. — Moreau. — Brune. — Masséna. — Lannes. — Bernadotte. — Jourdan. — Augereau. — Gouvion Saint-Cyr. — Dessolles. — Lecourbe. — Donnadieu. — Fournier. — Armée dévouée. — Aides-de-camp. — Davoust. — Junot. — Influence du premier Consul. — Police militaire.

1801 - 1802.

Une période difficile à traverser pour les gouvernements militaires, c'est l'état de paix qui succède aux hostilités; après les grandes émotions des batailles, lorsqu'une génération ardente vient à subir les lois pacifiques de la société, il reste toujours chez elle une fermentation qui ne s'appaise que difficilement; ces hommes ont contracté dans de longues campagnes une habitude de dangers et d'émotions; la vie habituelle leur déplaît. Prodigues de leur jours hâtivement dévorés, ils le sont aussi de leurs moyens d'existence; ils jettent dans les hasards leur or, comme ils ont jeté leur tête dans les combats; de là résultent des difficultés inouïes pour le pouvoir qui veut les contenir; ils sont mécontents par nature, conspirateurs par tempérament; rarement ils laissent le gouvernement paisible, car ils le considèrent comme une gêne importune dont ils veulent secouer le frein et comme un obstacle à leur fortune.

Ainsi furent les armées de la République après la conclusion de la paix de Lunéville. La lice des combats était fermée; la paix avec l'Autriche rappelait sur les frontières ou à Paris surtout, les forces considérables dirigées vers les camps que l'on essayait déjà de Boulogne jusqu'à Anvers; l'armée d'Allemagne comptait à son retour un effectif de plus de 80,000 hommes; celle d'Italie, quoique considérablement diminuée par l'expédition de Toscane et de Rome, avait 60,000 hommes sous les drapeaux; à l'intérieur se déployaient de nombreuses demi-brigades, fières de leurs souvenirs et de leurs succès. Tous ces drapeaux étaient bien glorieux; les uns avaient reçu leur baptême à Marengo, à travers les feux de la mitraille, sous les yeux du premier Consul; les autres arrivaient des champs de Hohenlinden, sous les ordres de Moreau. La victoire, fidèle compagne, n'avait déserté aucun étendard; toutes ces légions pouvaient se disputer le prix du dévouement pour la patrie, et des succès militaires dignes des temps antiques.

Mais si toutes avaient des titres égaux et des hauts faits à écrire dans les fastes de l'histoire, les deux armées étaient marquées d'un esprit particulier que j'ai déjà signalé; les demi-brigades qui marchaient en Allemagne appartenaient presque toutes à ces austères et braves soldats qui formaient, à l'origine de la Révolution, l'armée de *Sambre-et-Meuse*, immense souvenir des premiers triomphes; là brillaient l'esprit antique, la rigidité de Lacédémone; les généraux portaient à peine quelques signes distinctifs; on faisait la guerre par le seul amour de la patrie; les vertus républicaines étaient dans la plus puissante exaltation; le soldat était sobre, l'officier simple, à ce point, que la paie d'un chef d'escadron, en campagne, était de douze francs par mois; on passait à travers les villes, en nobles conquérants, sans les dépouiller. Là, point d'ornements dorés sur le drapeau, point de chevaux de luxe, point d'épée brillante: c'étaient les hommes de Plutarque [1].

Courageuse comme les demi-brigades du Rhin, l'armée d'Italie s'était animée d'un esprit plus léger, plus aventureux et moins austère, surtout dans le grand devoir de la vie militaire; toutes les fois qu'elle se précipitait des Alpes, elle passait comme un torrent dévastateur dans les riches cités du Milanais et de la Toscane; et les dépouilles des églises avaient servi le luxe et l'amour désordonné de l'argent chez quelques-uns de ses chefs les plus glorieux. Là, on s'était enrichi par le pillage; on portait dans les régiments les signes

---

[1] Voici une lettre originale de Moreau qui constate le véritable esprit de l'armée d'Allemagne et l'intégrité de ses officiers.

Le général en chef au ministre de la guerre de la République française.

Au quartier général à Strasbourg, le 29 floréal an ix (19 mai 1800).

Citoyen ministre,

« L'ordonnateur en chef et le payeur général étaient chargés de vous rendre, ainsi qu'au trésor public, le compte le plus détaillé de l'administration de l'armée. Mais l'affectation avec laquelle le journal officiel, dans ses numéros du 15 et du 17 germinal, assurait que l'Allemagne n'avait pas été imposée, et que tous les fonds de la solde de l'armée du Rhin avaient été faits par le trésor public, m'impose le devoir de vous donner un aperçu des sommes reçues à l'armée et de leur emploi.

« Lorsque je pris le commandement de l'armée du Rhin, au mois de nivôse an VIII, il était dû à l'armée huit mois de solde; les distributions de vivres étaient très irrégulières, pour ne pas dire nulles, et l'habillement était dans un état affreux.

« Je demandai au gouvernement de régulariser les distributions, et de me donner seulement deux mois de solde : je connaissais l'état du trésor public, et je dus borner mes demandes.

« Je reçus, avant d'entrer en campagne,

non équivoques d'une opulence conquise par l'épée; généraux, officiers et soldats avaient des fourgons, des sacs tout pleins encore de riches dépouilles; tous portaient les souvenirs des trésors de Milan, de Venise et de Notre-Dame de Lorette, dont les reliques d'art devaient enrichir ces nouveaux Gaulois descendus des Alpes.

Cette distinction entre les deux armées s'était manifestée d'une manière saillante en plus d'une occasion; lorsque Moncey conduisit son expédition à travers le Saint-Gothard, on put aisément faire la différence des soldats d'Italie et de ce corps détaché de l'armée de Moreau; les vieilles demi-brigades murmuraient en voyant les ornements d'or, les scintillantes aigrettes des soldats d'Italie qui tremblaient au vent, sur les champs de manœuvres ou de combats. Cette distinction, j'oserais presque dire cette répugnance, subsista encore après la paix; les soldats de l'armée d'Allemagne se connaissaient tous; c'était la vieille armée disciplinée, la seule qui se proclamât telle, dans la paix comme dans la guerre. Quand vint l'oisiveté, les deux camps se séparèrent, et à Paris, déjà l'armée d'Allemagne se manifestait par ses

environ dix-huit millions, qui pourvurent au plus pressé.

« Six ou sept décades de solde furent acquittées : les fonds qu'on avança pour les services donnèrent du crédit ; et, au moyen de huit ou neuf millions de dettes, les distributions se firent régulièrement ; l'habillement fut réparé, et l'armée en assez bon état, pleine de bonne volonté et de courage, commença la campagne de l'an VIII.

« Il ne fut possible d'établir quelque régularité dans la perception des contributions qu'après les armistices. L'Allemagne manquant d'argent, on ne pouvait espérer de promptes rentrées que par des opérations de banque. Pour faire face à cette dépense et à toutes les dépenses irrégulières que nécessite une armée active, je décidai que le payeur ne se chargerait en recette, vis-à-vis du trésor public, que de quatre cinquièmes des contributions, me réservant de déterminer, sur des bons particuliers, l'emploi du dernier cinquième, dont j'ordonnai le versement dans une caisse particulière.

« On a dû vous envoyer copie de tous les procès-verbaux de versements ; le payeur général en a également fait l'envoi à la trésorerie.

« La totalité de la recette se monte environ à quarante-quatre millions.

« Le payeur a été chargé vis-à-vis du trésor public d'environ trente-six millions

plaintes et ses mécontentements sous ses généraux rentrés aux foyers.

Le premier Consul se trouva donc après le traité de Lunéville en face de véritables difficultés. J'ai besoin de parler d'abord de la plus grande et de la plus redoutable des rivalités, celle du général Moreau qui venait d'accomplir une campagne germanique, jusqu'aux portes de Vienne, et de gagner la belle bataille de Hohenlinden. Moreau avait pris part au 18 brumaire loyalement, et en croyant seconder un mouvement qui placerait le pouvoir dans l'armée; ainsi lié à la fortune de Bonaparte, il avait reçu le commandement en chef de l'armée d'Allemagne. Moreau n'avait jamais salué le premier Consul que comme un magistrat temporaire; il ne s'en était pas caché, et toutes les fois qu'il avait eu occasion de parler à ses soldats du premier Consul, il avait dit: «Quand Bonaparte aura fait son temps, nous en choisirons un autre.» C'était mal connaître le caractère du Consul; il n'était pas de ces esprits à quitter le pouvoir quand il l'avait en mains. Moreau, dénué de toute pensée, de toute résolution politique, n'avait jamais compris la portée du 18 brumaire; il jugeait le caractère de Bonaparte d'après le sien. Si la pourpre du Consulat, au lieu de

« Les fonds dont je me suis réservé l'emploi, sont d'environ sept millions.

« La dépense des trente-six millions se compose d'environ onze millions pour les différents services et autres dépenses régulières, ordonnées par l'ordonnateur en chef.

• La dépense des sept millions dont je m'étais réservé l'emploi, se compose des frais de négociations d'environ vingt-cinq à vingt-six millions, qui ne sont rentrés que par les opérations de banque;

« Des gratifications données à toute l'armée;

« Des frais de quelques monuments que j'ai fait élever à des officiers-généraux recommandables, morts sur le champ de bataille;

« Des secours à donner à quelques corps qui avaient plus souffert que les autres;

« Des rachats de chevaux de prise, incorporés dans les corps de cavalerie de l'armée, et du paiement d'une foule de créances dont étaient porteurs des militaires; créances bien constatées, mais que quelques défauts de formalités ne permettaient pas de régulariser.

« Lorsque j'aurai reçu cette partie de

tomber sur le général en chef d'Italie, avait été acceptée par Moreau, celui-ci, après le temps de sa magistrature, l'aurait abdiquée. Mais Bonaparte ne connaissait pas de limites et de distinction dans le pouvoir; il l'avait conquis et le gardait; tout ce qui s'opposait à lui, il avait la force et le courage de le briser. Déjà, lors de son voyage à Paris, avant la bataille de Hohenlinden, Moreau s'était expliqué avec Bonaparte sur la durée de son pouvoir, et le Consul avait joué la modestie en offrant d'abdiquer sa magistrature, après le terme fixé par la constitution.

A ce moment, d'autres causes de rivalité plus petites et plus étroites s'étaient élevées entre ces deux remarquables capacités militaires. Après son entrevue avec le premier Consul, le général Moreau s'était uni à une jeune fille, mademoiselle Hulot, riche héritière, qui déjà était remarquée dans les cercles de Paris. Moreau, comme Joubert, était resté deux jours à peine près de sa femme; puis s'élançant de nouveau dans les hasards de la guerre, il avait laissé sous la conduite de sa mère la gracieuse compagne de sa vie. Madame Moreau, fière du nom qu'elle portait, s'était consacrée à la gloire et à l'ambition de son mari; on faisait cercle autour d'elle. Appartenant à une famille riche, elle pouvait éclipser

---

comptabilité, ouverte avec moi seul, je vous donnerai les explications que vous pouvez désirer.

« Quant à la comptabilité régulière, le payeur général en rendra compte à la trésorerie, et l'ordonnateur a dû vous envoyer le double de toutes ses ordonnances.

« Au résumé, les contributions ont payé environ treize mois de solde. Ainsi, dans la supposition que l'armée m'eût été remise au courant, il ne lui eût pas été dû une seule décade en entrant en France.

« Je n'ai pu donner que de très forts à-compte à tous les services, puisque les liquidations ne sont pas faites; mais ces services ont pu payer la presque totalité de leurs dettes, et je présume que le restant en caisse, qui sera probablement d'environ 7 à 800,000 francs, et que l'on versera chez le payeur de la guerre de la 5e division militaire, fera face à ce qui leur sera dû.

« L'armée est rentrée aussi bien équipée qu'on peut le désirer pour des troupes qui viennent de faire une campagne d'hiver très pénible.

« Les corps d'infanterie sont au même complet qu'en entrant en campagne; plu-

beaucoup de ces femmes d'aides-de-camp et de généraux qui se groupaient auprès de Joséphine.

La Malmaison ou les Tuileries voyaient rarement madame Moreau et sa mère; Joséphine en avait conçu quelque jalousie. La femme du premier Consul, déjà avancée dans la vie, éprouvait une sorte de douleur des comparaisons que l'on pouvait faire entre elle et madame Moreau, alors âgée de dix-sept ans. Bonaparte lui-même, en voyant son rival de gloire heureux d'une jeune et chaste femme, pouvait se demander pourquoi la destinée lui faisait subir la condition plus triste et plus monotone d'une femme déjà presque vieillie dans les salons du Directoire.

On ne peut dire combien la société de madame Moreau faisait hautement d'opposition au premier Consul. Le vainqueur de Hohenlinden valait bien celui de Marengo; on le disait partout. C'était jalousie de canapé, caquetage de salons, et Moreau, d'une facilité d'esprit extrême, se laissait aller à tous ces propos et à ces sourdes influences. On lui rapportait les mots des Tuileries, et aux Tuileries on disait les médisances de Moreau. Rarement les deux généraux se voyaient à Pa-

---

sieurs sont à 8 ou 900 hommes par bataillon; il n'y en a pas un au-dessous de 700.

« Les corps de cavalerie sont beaucoup plus nombreux qu'en entrant en campagne ; les ressources des pays conquis ont fourni à leurs dépôts les moyens d'équipement dont ils manquaient. Plusieurs régiments de cavalerie légère excèdent sept cents chevaux.

« L'artillerie est rentrée très bien réparée, ramenant près de deux cents bouches à feu de bataille, prises à l'ennemi, et environ trois mille chevaux de plus qu'en entrant en campagne : les arsenaux de Strasbourg et de Metz sont approvisionnés de bois, fers, aciers, etc.

« Enfin, il est rentré dans les magasins des hôpitaux militaires un mobilier d'environ 500,000 francs.

« Croyez, citoyen ministre, que j'ai mis dans la levée des contributions le plus d'ordre possible, et que je n'ai point négligé les intérêts de la République, les pays conquis ayant été imposés autant qu'ils pouvaient l'être sans blesser les lois de l'humanité. »

Le général en chef, Moreau.

P. S. La solde des états-majors et officiers sans troupes a été acquittée jusqu'au mois de floréal, c'est un objet de plus de deux millions.

Pour copie conforme :
Le général en chef, Moreau.

ris. Moreau vivait somptueusement à la belle terre de Grosbois; son cercle valait celui de la Malmaison¹. Ainsi il arrive souvent que deux hommes supérieurs sont entraînés, par de petites causes, à des inimitiés jalouses et fatales, et cet entrechoquement de paroles aigres pouvait faire mettre l'épée au poing à Bonaparte et à Moreau. Le caractère du général en chef de l'armée d'Allemagne, avec une supériorité militaire incontestable, tenait un peu de l'avocat; il était étroit et tracassier; il avait beaucoup de mots et peu d'énergie, des paroles insultantes, et pas assez de force pour mettre ses menaces à exécution, triste caractère qui compromet les causes sans jamais amener un résultat. Bonaparte, au contraire, était très adroit à ses fins; il s'exprimait quelquefois sur Moreau, mais il agissait plus qu'il ne parlait. Habile à saisir les côtés faibles des caractères, il profitait de tous les accidents pour élever son pouvoir; de temps à autre, il frappait ses adversaires par une parole moqueuse ou foudroyante. Un jour il dit, avec cette concision antique, qui était comme un reflet de son profil : « Eh bien! Moreau veut-il renouveler le spectacle de Pompée et de César? Le champ de bataille est libre; qu'il commence; au vainqueur, l'empire. »

---

¹ « Moreau ne blâmait pas publiquement Bonaparte, mais il se tenait loin de la cour des Tuileries, et jouissait de sa gloire dans une sorte d'obscurité. Bonaparte comptait autour de lui les généraux des armées d'Italie; ceux des armées d'Allemagne se réunissaient auprès du général Moreau : il était difficile que cette froideur n'amenât pas une rupture. Bonaparte ayant su que Moreau se plaignait de son indifférence : « Veut-il donc, répondit-il, que nous renouvelions les guerres de César et Pompée ? » Bonaparte, pour récompenser les services militaires, distribuait des fusils, des sabres, des grenades d'honneur, distinctions plus conformes à l'esprit des monarchies qu'à celui de la République. Dans la gaîté d'un repas, Moreau se permit d'en plaisanter. Son cuisinier s'était surpassé, les convives vantaient son talent. « Il faudra, dit Moreau, que je décerne à ce maraud-là une casserole d'honneur. » Ces mots ne manquèrent pas d'être recueillis et rapportés à Bonaparte, qui en gardait un souvenir amer. »

(Mémoires contemporains).

Une autre fois il dit encore, à l'occasion de quelques hauteurs de Moreau : « Tout ceci m'ennuie ; s'il veut en finir, il faut que ce soit vite et l'épée à la main ; qu'il choisisse un matin au bois de Boulogne, d'homme à homme, de soldat à soldat. » Ces paroles étaient rapportées et envenimées par de faux amis ou par des délateurs de police.

Il y avait cette différence entre Bonaparte et Moreau, que l'un était homme de raisonnement, l'autre d'action ; l'un était de cire, l'autre était de fer ; quand ils étaient en face de l'armée, ces caractères agissaient sur le soldat d'une manière différente : Moreau, froid et méthodique, raisonnait avec ses généraux ses plans de campagne ; il ne disait rien à l'enthousiasme des masses, mais il avait soin d'elles ; il veillait avec sollicitude aux plus petits détails de l'armée. Il marchait au combat avec un courage calme et comme à un devoir ; il arrachait à la victoire ses ailes dorées pour n'en faire plus qu'une divinité froide et mathématicienne. Moreau était franchement républicain par goût, par principes, par étude. Le caractère de Bonaparte était tout différent : lui, prenait le soldat par les fibres intimes ; il remuait ces masses de granit avec une parole ; il entraînait ses vieux grenadiers comme des enfants, sous les prestiges de son imagination ; il les menait dans les régions mystérieuses et inconnues de sa vaste pensée. Moreau faisait marcher l'armée par devoir, Bonaparte par entraînement ; et cet entraînement était si fort, qu'il lui faisait sauter les Alpes à pieds joints, braver les sables brûlants de l'Égypte, les glaces du Saint-Bernard ou le soleil brûlant des Pyramides, et tout cela avec le même enthousiasme.

Cette différence de caractère et de destinée se manifestait encore après la campagne dans la vie politique de Paris; on avait de l'estime pour Moreau, du respect pour son caractère; on avait de l'admiration frénétique pour le premier Consul. Le soldat saluait gravement le général en chef de l'armée d'Allemagne, mais son œil brillait et s'allumait quand il se portait sur le premier Consul. L'audace de Bonaparte le rendait maître de l'opinion publique, tandis que Moreau ne pouvait faire que de l'opposition et des bouderies. L'action, c'est le génie; l'opposition, c'est le froid examen, lien matériel qui arrête l'homme des grandes œuvres entraîné vers les destinées infinies. Une telle situation ne pouvait se prolonger; ces deux fronts devaient se heurter dans la lutte. Un mouvement républicain emporterait Bonaparte, ou le premier Consul devait briser Moreau : c'était ici une des fatalités de leur situation.

A côté de Moreau se dessinait une physionomie un peu plus ardente, mais d'un mérite plus limité; c'était Brune [1], général en chef d'abord en Hollande, puis en Italie. Brune, franchement républicain, avait commencé sa vie avec le drapeau sur lequel s'élevait la devise

---

[1] Guillaume-Marie Brune était né le 13 mai 1763, à Brives-la-Gaillarde. Après avoir fait de bonnes études chez les doctrinaires, Brune se décida pour la carrière du droit, et se rendit à Paris. S'étant placé dans la garde nationale, il s'y fit remarquer par sa haute taille, son air martial et l'ardeur de son patriotisme. Après la journée du 10 août, il quitta le second bataillon des volontaires de la Seine, dont il était l'adjudant; il fut créé adjoint aux adjudants-généraux de l'intérieur, le 5 septembre 1792, puis élevé, le 12 octobre de la même année, au grade de colonel-adjudant-général, et ce fut en cette qualité qu'il suivit Dumouriez en Belgique. Devenu général de brigade, il retourna à l'armée du Nord dont il s'était éloigné pendant quelque temps. Après le 9 thermidor, il suivit Fréron dans les départements du Midi. Il ne fit partie de l'armée d'Italie qu'après le 10 septembre 1796, où il commanda une brigade de la division Masséna. Brune remplaça ce général lorsqu'il fut chargé par Bonaparte de porter à Paris le traité de Léoben; il avait été peu de temps auparavant nommé général de division; on lui confia bientôt la deuxième division devenue vacante par le départ d'Augereau. Brune, à la formation de l'armée d'Helvétie, en fut nommé général en chef, puis il remplaça en Italie Berthier qui allait partir pour l'Égypte. Lorsqu'une escadre anglaise débarqua sur les côtes de Hollande le duc d'Yorck et 45,000

de la souveraineté du peuple, ainsi qu'au temps de Rome, la Louve et le S. P. Q. R., et il n'avait point oublié cette origine première de la Révolution française. Brune ne suivait pas précisément de conspiration contre Bonaparte, mais il faisait partie de cette armée frondeuse assistant à la chute de la République avec douleur. Il avait pleuré la mère aux puissantes mamelles qui les avait nourris, eux tous enfants du peuple. Brune, au reste, parfaitement élevé, avait comme Moreau, une certaine instruction qui le plaçait dans une position exceptionnelle au milieu de cette tourbe de généraux que le mouvement de 1789 avait inscrits dans les fastes de gloire. Cette éducation mâle et romaine des colléges, influa sur sa vie entière.

Dans cette catégorie des généraux mécontents, il fallait placer aussi Masséna et Lannes[1], tous deux nés soldats; l'un, possédant le génie inné du champ de bataille; l'autre, ce feu de gloire qui le faisait accourir au bruit du canon. Masséna n'était beau que lorsqu'il se trouvait à la face de l'ennemi; alors de vastes con-

hommes, Brune fut chargé du commandement en chef de l'armée Franco-Batave. Bonaparte, devenu Consul, envoya Brune dans la Vendée, et le nomma président au conseil d'État, section de la guerre.

[1] André Masséna était né à Nice, le 8 mai 1758; il s'enrôla fort jeune dans un régiment piémontais, puis dans le régiment Royal-Italien au service de France, où il parvint au grade de sous-officier. Retiré à Antibes, il embrassa les principes de la Révolution, devint le chef du troisième bataillon des volontaires nationaux du Var, fit partie, en 1792, de l'armée du Midi, commandée par Anselme, et fut élevé rapidement au grade de général de brigade. Devenu général de division, il commanda, en 1795, l'aile droite de l'armée d'Italie dans le pays de Gênes. Bonaparte le dépêcha successivement à Vienne et auprès de l'archiduc Charles, avec une mission relative à la paix; il l'envoya ensuite à Paris porter les préliminaires de Léoben, et présenter au Directoire les drapeaux enlevés aux Autrichiens. En février 1798, on lui déféra le commandement du corps d'armée chargé de républicaniser Rome et l'Église; il fut bientôt obligé de quitter ce commandement. Une révolte ayant éclaté contre lui parmi les soldats qui l'accusaient d'avarice, il se retira, et ce fut alors qu'il resta plus d'un an sans emploi. La guerre s'étant rallumée en 1799, le Directoire lui conféra le commandement en chef de l'armée d'Helvétie. Depuis, on sait sa gloire acquise et sa merveilleuse fortune.

ceptions venaient à son cerveau méridional; il improvisait la victoire dont il était le fils chéri. Masséna était un des généraux de l'armée d'Italie, et par conséquent lié personnellement avec Bonaparte, par les souvenirs d'une confraternité d'armes et de gloire. Jamais Masséna ne se serait soulevé contre le chef qui les avait conduits à Lodi, à Castiglione, à Rivoli. D'ailleurs, cet homme si fier, si hautain à la face de l'ennemi, n'avait aucun caractère dans la vie privée, et ses aides-de-camp disaient de lui, qu'il était tout tremblotant devant un gendarme. Lannes, énergique républicain, enfant des sans-culottes, s'exprimait avec une franchise si brutale, avec un ton de camaraderie et d'égalité si démocratique, que nul n'eût osé penser de lui qu'un jour il serait l'appui d'une monarchie naissante sous un empereur. Lannes était l'ami de Bonaparte, mais l'ami inégal, boudeur et ne reconnaissant de supériorité que celle du génie incontestable de ce vainqueur d'Italie qui foulait aux pieds les rois et les peuples. Bonaparte le souffrait avec impatience. Il n'y a pas d'amis plus incommodes que ceux qui, vous ayant vu très bas, se font un plaisir de vous le rappeler quand ils vous voient bien haut; la voix intime de la conscience est assez forte pour cela; et toute autre parole est importune.

Parmi ces généraux ennemis de l'ordre monarchique fondé par le Consul, on pouvait compter Bernadotte [1], intelligence militaire de premier ordre. Il avait

---

[1] Jean-Baptiste-Jules Bernadotte était né à Pau en Béarn, le 26 janvier 1764, d'une famille de bourgeoisie. Il s'engagea dans le régiment Royal-Marine, où il était sergent au moment de la Révolution. Il avança rapidement, et était déjà colonel à l'armée de Custine, en 1792; il commandait une demi-brigade en 1793, lorsque Kléber le distingua, et le fit nommer général de brigade; ce général obtint même bientôt pour Bernadotte le commandement d'une division de l'armée de Sambre-et-Meuse, à la tête

l'esprit hardi, fin et subtil qui distingue la famille méridionale uni au courage de la race gasconne. On se rappelle la conduite de Bernadotte au 18 brumaire, tout hostile à Bonaparte, sans déguisement et sans contrainte. Le premier Consul ne l'avait pas heurté dans ces premiers moments de son pouvoir; il avait besoin de tous et par conséquent il les ménageait tous; Bernadotte reçut le commandement de l'armée des côtes d'Angleterre, et une place au conseil d'État. Tout en l'apaisant, le Consul n'en conservait pas moins pour Bernadotte un de ces ressentiments profonds que la Corse laisse si vivace dans l'âme de ses enfants. Bonaparte n'ignorait pas les rapports de Bernadotte avec Fouché et Moreau, esprits qui s'entendaient ensemble. Fouché considérait Bernadotte comme l'épée du gouvernement qu'il rêvait, et Bernadotte regardait Fouché comme l'auxiliaire de ses projets d'ambition dans les corps politiques. Ces deux hommes ne se perdirent jamais de vue; ils voulaient se créer un parti dans le Sénat contre le pouvoir de Bonaparte et ils y parvinrent.

Parlerai-je maintenant de Jourdan [1] et d'Augereau,

de laquelle il se trouva à la bataille de Fleurus, en 1794. En 1797, il passa à l'armée d'Italie. A l'époque qui précéda le 18 fructidor (4 septembre 1797), Bernadotte signa une adresse au nom de sa division, contre le parti qui succomba. Bonaparte l'envoya à Paris, pour présenter au Directoire les drapeaux pris à Peschiera, après la bataille de Rivoli. Appelé au commandement de Marseille, il préféra retourner à la tête de sa division. Le 18 janvier 1798, il fut nommé ambassadeur à la cour de Vienne. A son retour à Paris, il refusa le commandement de la cinquième division militaire, et donna sa démission de l'ambassade de La Haye qu'on lui avait conférée. En 1799, Bernadotte commanda en chef une armée d'observation. Après la révolution du 30 prairial, il fut nommé ministre de la guerre, et après le 18 brumaire, conseiller d'État et commandant en chef de l'armée de l'Ouest; le 6 mai 1800, il empêcha un débarquement d'Anglais à Quiberon; il remit l'année suivante le commandement au général Laborde, et à ce moment il était à Paris, siége de tous les mécontents.

[1] Jean-Baptiste Jourdan, fils d'un chirurgien de Limoges, était né dans cette ville, le 29 avril 1762. Il s'enrôla en 1778, dans le régiment d'Auxerrois, et partit pour la guerre d'Amérique. Après la paix, il revint en France. En 1790, il reprit du service dans la garde nationale et fut nommé, en 1791, commandant du deuxième bataillon des vo-

enthousiastes des premiers temps de la République? Jourdan n'était plus à Paris; le Consul avait envoyé le franc Jacobin, l'homme des clubs, en mission près de la république Cisalpine, et il le comblait de pensions secrètes et de moyens de fortune afin d'abaisser la fierté de ce caractère. Jourdan, loin des casernes, n'était plus à craindre. Bonaparte pouvait-il redouter davantage Augereau, brave soldat, mais incapable de concevoir une idée ferme et suivie [1]? Augereau avait conservé un certain respect et une soumission absolue pour le général en chef qui l'avait conduit en Italie; entre eux survivait encore quelque débris de cette hiérarchie qui se maintient longtemps entre l'inférieur et le supérieur; et les opinions républicaines d'Augereau ne l'avaient pas empêché de soutenir et de suivre le général Bonaparte dans la journée du 18 brumaire. Augereau, comme Lannes et Masséna, était entraîné par le tourbillon de gloire qui entourait le premier Consul; il en était de même des généraux Victor, Oudinot, Macdonald, Soult, re-

lontaires de la Haute-Vienne, qu'il conduisit à l'armée du Nord. Le 27 mai 1793, il fut élevé au grade de général de brigade, et à celui de général divisionnaire, le 30 juillet suivant. Le 9 septembre de la même année, il remplaça les généraux Lamarche et Houchard, dans le commandement de l'armée; peu après, Pichegru ayant été nommé pour le remplacer, il resta quelque temps dans l'inaction, puis obtint le commandement de l'armée de Moselle qu'on avait retiré à Hoche. Après la victoire de Fleurus, les différents corps réunis sous ses ordres prirent le nom d'armée de Sambre-et-Meuse. Jourdan s'étant retiré à Limoges, fut nommé, en mars 1797, au conseil des Cinq-Cents, par le département de la Haute-Vienne. Le 23 septembre de la même année, il fut nommé président; le 21 mai 1798, il fut élu secrétaire, et nommé de nouveau président, le 24 septembre; le 14 octobre, il donna sa démission, et eut le commandement de l'armée du Danube. Le 10 avril 1799, il fut remplacé par Masséna et nommé inspecteur général d'infanterie. Réélu au conseil des Cinq-Cents, il y entra en mai 1799. Le 24 juillet 1800, il fut nommé ministre extraordinaire, puis administrateur en Piémont.

[1] Pierre-François-Charles Augereau était né dans l'un des faubourgs de Paris, le 11 novembre 1757. Après avoir servi en France dans les carabiniers, il s'engagea dans les troupes napolitaines, et il y resta comme soldat, jusqu'en 1787 : à cette époque, il s'établit maître d'armes à Naples, donna des leçons au prince royal, et fut renvoyé comme tous ses compatriotes en 1792. Il entra alors, en qualité de volontaire, dans l'armée française; son audace le

marquables capacités élevées sous la tente, et qui tous déjà avaient commandé en chef les armées de la République.

Telle était l'armée opposante dans ses rangs supérieurs ; mais il y avait ensuite une multitude de généraux de division, officiers d'une moins grande importance qui faisaient aussi une opposition contre le gouvernement consulaire et la tyrannie qu'il semblait préparer. Bonaparte n'aimait point ces âmes mâles et austères, soumises à une discipline antique, telles que Gouvion-Saint-Cyr, Dessolles, Lecourbe, têtes graves et fortes [1]. Ces hommes-là, dessinés à la manière de Plutarque, voyaient tous avec douleur la marche ascendante du pouvoir absolu, mais ils s'y résignaient par devoir militaire ; ils auraient été incapables de saisir l'épée pour tenter la guerre civile et servir Pompée contre César. La France était pour eux une grande idole, le rêve de leur

---

fit avancer rapidement, il fut employé en 1794, comme général de brigade à l'armée des Pyrénées. Devenu général de division, il servit avec la même activité en Italie. Bonaparte le choisit pour porter au Directoire les drapeaux des Autrichiens, enlevés dans les batailles qui précédèrent la prise de Mantoue. Il les présenta le 28 février 1797. Le 9 août suivant, il fut nommé commandant de la 17e division militaire (Paris). Ce fut lui qui exécuta le 18 fructidor. Après la mort de Hoche, vers la fin de septembre 1797, on le nomma général en chef de l'armée du Rhin-et-Moselle et de Sambre-et-Meuse. Il fut bientôt arraché des bords du Rhin, et nommé commandant de la 10e division militaire (Perpignan). En 1799, député de la Haute-Garonne, au conseil des Cinq-Cents, il fut élu secrétaire à la séance du 20 juin. Bonaparte, Consul, l'envoya commander l'armée de Hollande. Augereau arriva à La Haye, le 26 janvier 1800. Il se rendit dans la même année sur le Bas-Rhin, à la tête de l'armée Gallo-Batave, destinée à seconder les opérations de Moreau. Après la bataille de Hohenlinden, il retourna en Batavie, où il fut remplacé par le général Victor, en octobre 1801. Il demeura sans emploi, jusqu'en 1803.

[1] Gouvion Saint-Cyr était né à Toul, vers 1760 ; il entra dans la carrière militaire avant la Révolution. D'abord simple volontaire, il devint bientôt officier et fit les premières campagnes de la République avec la plus haute distinction. En 1793, il fut nommé général de brigade dans l'armée des Alpes. Promu au grade de général de division, il servit en 1797 à l'armée de Rhin-et-Moselle sous Moreau, et en 1798, sous Masséna en Italie. Il fut destitué, en 1799, par le Directoire, avec plusieurs autres généraux, mais cette disgrâce ne fut que momentanée. Vers la fin de 1801, il fut

devoir; ils lui sacrifiaient leurs dépits, leurs opinions, leurs répugnances; ils n'auraient jamais tourné leurs armes que contre les ennemis de la patrie. Tous refoulaient dans leur cœur les sentiments fièrement conçus, depuis ces jeunes années où ils avaient volé à la frontière pour la défendre contre la première invasion de l'étranger.

A côté de ces énergiques caractères, il y avait des imaginations plus ardentes, de jeunes officiers exaltés, qui ne tenaient compte ni de la police ombrageuse du Consul, ni de son implacable justice; ils aimaient la République, avec l'ardeur d'un jeune fiancé pour son amante et ils le disaient haut. Bonaparte n'était pour eux qu'un tyran; comme ils avaient commencé avec l'égalité, ils ne voulaient ni César, ni dictateur; ils avaient haine d'une cour, se montraient hautains, dignes, et quelquefois insolents. Tandis qu'un grand

---

appelé au Conseil-d'État, section de la guerre.

Jean-Joseph-Paul-Augustin Dessolles était né à Auch le 3 octobre 1767, d'une famille noble, et reçut une éducation très soignée. Il entra de bonne heure dans la carrière militaire. En 1792, il servait comme capitaine au premier bataillon de la légion des *montagnes*. Après avoir été successivement aide-de-camp du général Regnier et adjoint à l'état-major, il fut destitué, comme noble, mais presque aussitôt réintégré, puis nommé adjudant général le 11 vendémiaire an II (1793). Il passa avec ce dernier grade à l'armée d'Italie, sous Bonaparte, et se distingua dans toutes les occasions, jusqu'aux préliminaires de Léoben, en 1797. Le 12 prairial an V (1797), il fut promu au grade de général de brigade, et chargé, quelque temps après, du commandement d'une partie de l'armée destinée à pénétrer dans la Valteline; il fut fait général de division après la victoire qu'il remporta en avril 1799 sur les Autrichiens à Sainte-Marie. Dessolles obtint, sur la fin de 1799, le commandement de toutes les troupes en Ligurie, puis fut nommé chef d'état-major général de l'armée du Rhin, sous Moreau. Revenu à Paris après le traité de Lunéville, il fut appelé par le premier Consul au Conseil-d'État (section de la guerre), et fut nommé chef de l'administration de la guerre sous Berthier; il refusa ce poste.

Claude-Joseph Lecourbe était né à Lons-le-Saulnier en 1759. Entraîné par son penchant pour l'état militaire, il abandonna ses études, et alla s'engager dans le régiment d'Aquitaine. Son congé expiré, il revint au sein de sa famille, et fut nommé, au commencement de la Révolution, commandant de la garde nationale du canton de Ruffey. Il joignit ensuite l'armée du Haut-Rhin à la tête du septième bataillon du Jura, puis l'armée du Nord. Nommé chef de bri-

nombre s'abaissaient jusqu'à la domesticité auprès du premier Consul, eux protestaient jusqu'à la bravade. Ainsi, par exemple, à la Malmaison, on avait vu le chef d'escadron Donnadieu [1] laisser tomber l'épée du Consul qui, la détachant de son ceinturon, la lui présentait pour danser librement la Monaco, cette danse de prédilection pour Bonaparte dans ses moments d'abandon et d'écolier. D'autres fois les jeunes officiers allaient plus loin. Dans un banquet où le vin de Champagne avait coulé à pleins bords, ces ardents jeunes hommes à la tête tout exaltée, rappelèrent avec enthousiasme, dans des toasts arrosés d'Aï, les souvenirs de la République, et l'un d'eux, le chef d'escadron Fournier [2], habile tireur au pistolet, s'engagea à atteindre Bonaparte à trente pas, au front, entre les deux tempes. Tous ces propos étaient rapportés sur-le-champ au Consul (car il avait une police d'armée tristement et largement

---

gade il se trouva à la bataille de Fleurus, où il soutint pendant sept heures l'attaque d'une colonne de 10,000 Autrichiens. Il passa successivement, avec le grade d'officier général, dans les armées de Sambre-et-Meuse, de Rhin-et-Moselle, du Danube et d'Helvétie. Élevé au grade de lieutenant-général, il prit en 1799, le commandement de l'aile droite de l'armée française en Suisse. Lecourbe eut quelque temps le commandement de l'aile droite de l'armée du Danube, où il coopéra au succès de Masséna contre les Russes. Le général Moreau l'ayant choisi pour un de ses lieutenants-généraux, Lecourbe prit à l'ouverture de la campagne le commandement de l'aile droite. La paix de Lunéville l'ayant rendu au repos, il vécut dans une maison de campagne aux environs de Paris, sans être employé.

[1] Donnadieu était né le 11 novembre 1777, dans une ville du Midi; capitaine de dragons en 1793, il présenta le 7 février à la Convention nationale un drapeau qu'il avait enlevé aux Prussiens. Il servit en 1796, à l'armée du Rhin, sous Moreau. Lieutenant-colonel sous le gouvernement consulaire, il fut enlevé à son régiment, conduit au Temple et mis au secret sous de vains prétextes. Après quelques mois de détention, il fut transféré au château de Lourde, dans le département des Hautes-Pyrénées, où il resta plusieurs années.

[2] Fournier-Sarlovèse était né dans le Périgord, en 1775; destiné au barreau, il quitta l'école de droit en 1792, pour entrer au service comme sous-lieutenant de dragons. A la bataille de Fleurus il était chef d'escadron, puis en 1798, il fut fait colonel de hussards. Il assista à la bataille de Marengo, où il commandait le 12e régiment de hussards.

faite). Il faut le dire, des généraux, des aides-de-camp, soit par enthousiasme, soit par d'autres motifs que l'histoire doit oublier, s'étaient faits comme les agents de la surveillance consulaire. On a recueilli les noms des généraux Davoust[1] et Savary comme ceux des officiers les plus dévoués à Bonaparte. Parlerai-je de Junot[2], à la tête brûlante, qui n'eut d'autre culte que celui de son général? âme toujours émue par un noble fanatisme! La femme spirituelle et amie qui nous a fait pénétrer dans toute cette vie, nous a expliqué ces dévouements aveugles de toute une génération de jeunes officiers. Rien ne se passait sous leurs yeux qu'ils ne fussent prompts à en instruire le héros qu'ils plaçaient dans leur cœur comme la première et la plus haute pensée. Il y a de ces immenses renommées qui aveuglent, et il faut alors avoir une âme exceptionnelle pour s'en séparer quand elles veulent vous imposer des actions que réprouvent les nobles sentiments. Malheureusement tel ne fut pas toujours le caractère des généraux qui entourèrent Bonaparte. Ils oublièrent, par un dévouement exalté, les lois d'une fière indépendance.

Ce fut surtout à l'occasion du concordat que cette opposition d'armée devint violente; tous ces hommes qui avaient suivi les camps, s'étaient accoutumés depuis

---

[1] Louis-Nicolas Davoust était né à Annoux en Bourgogne, le 10 mai 1770, d'une famille noble, il fit ses études au collège de Brienne avec Bonaparte. Il entra dans la carrière militaire, en 1785, avec le grade de sous-lieutenant au régiment de Royal-Champagne, cavalerie. Il fit partie de l'expédition d'Égypte, et fut destiné avec Desaix à agir dans la Haute-Égypte. Il ne revint en Europe qu'avec ce général, dans le mois de mars 1800. Bonaparte, à son arrivée, l'éleva au grade de général de division, puis le nomma, en 1802, commandant en chef de la garde consulaire.

[2] Andoche Junot était né en 1771 à Bussy-le-Grand près de Sémur, il s'enrôla en 1791, comme simple volontaire, dans le premier bataillon de la Côte-d'Or, et s'y fit bientôt distinguer par un courage extraordinaire. Parvenu au grade de lieutenant, il fut remarqué par Bonaparte, qui le fit entrer dans son état-major; il l'accompagna en Égypte en qualité de premier aide-de-camp. A son retour, il s'attacha avec un noble dévouement à sa personne.

les premiers jours de la Révolution française à mépriser le culte et à ne voir dans le catholicisme qu'un préjugé et une superstition ; ceux qui étaient bien élevés comme Dessolles, Gouvion-Saint-Cyr, Sainte-Suzanne, avaient sucé les idées voltairiennes et railleuses du XVIIIe siècle sur la religion. Les autres, soldats de fortune, sortis de la tente, comme Delmas, Lannes ou Augereau, avaient les préjugés des clubs contre les prêtres, soldatesquement insultés pendant le cours de la Révolution sous le nom de *calottins* [1]. Quand ils virent donc Bonaparte rétablir la religion et son culte proscrit, quand ils furent forcés d'aller à Notre-Dame, pour assister à la messe, quand Bonaparte obligea ses compagnons d'armes à s'agenouiller devant une divinité qui n'était pas la victoire ou la liberté, alors les murmures éclatèrent ; l'armée ne se contint plus, il y eut un échange de paroles grossières contre l'Église ; les généraux de la République dirent des blasphèmes contre le catholicisme comme les féodaux du moyen âge insultaient les clercs et les moines ; il fallait un ordre du jour, et presque de la violence pour faire assister les vieux soldats au

---

[1] On écrivait à Londres toute espèce de nouvelles sur l'état du mécontentement de l'armée.

« On a beaucoup parlé, pendant tout le mois qui vient de s'écouler, de conspirations de généraux mécontents, contre la personne et le gouvernement de Bonaparte. En pareil cas, la vérité est fort difficile à connaître, et quand on la connaît, il n'est pas toujours sûr de la dire. Cependant tous les avis s'accordent à annoncer que Lannes, Masséna, Augereau et Bernadotte, ont eu des conversations extrêmement vives avec le premier Consul sur l'aristocratie régnante, sur l'abandon des patriotes et des principes de la Révolution, et surtout sur sa partialité pour sa famille et pour l'armée d'Égypte. Bonaparte a voulu essayer de calmer et de neutraliser ces dissensions en donnant aux plaignants des missions lucratives, mais éloignées. On assure que ces généraux se sont engagés entre eux par serment à n'accepter aucune place quelconque de Bonaparte, et qu'en conséquence Masséna a refusé l'ambassade de Constantinople.

« Le général Lannes est en disgrâce complète. Il est exilé en ambassade en Portugal. Il y arrivera malheureusement après Lucien. Il sera trop tard pour y faire fortune. »

Te Deum ; ces hommes, d'une nature fière et matérielle, ne comprenaient pas comment le nouveau Charlemagne songeait à rétablir les églises ; Bonaparte voulait mêler Dieu à l'origine de son pouvoir, afin de lui imprimer une plus solennelle destinée. Dans la reconstruction de l'ordre, il appelait quelque chose de plus durable que l'épée[1].

Il y eut des explications dures et colères entre Bonaparte, le général Delmas et Lannes même, son ami[2]; on frondait partout les actes du gouvernement, dont le Consul comprenait seul la portée dans le présent et l'avenir. Envers quelques-uns, les plus embarrassants, Bonaparte prit des mesures de rigueur ; des exils et des arrestations vinrent venger le dictateur impérieux. Donnadieu et Fournier furent jetés au Temple ; le général Delmas fut obligé de quitter Paris ; Mallet partagea ces disgrâces. Bonaparte était-il assez fort pour agir de cette manière envers ses autres compagnons d'armes? Pouvait-il attaquer de face des hommes tels que Lannes, Masséna et Bernadotte? Entre lui et Moreau, la querelle était plus haute ; il n'y avait plus moyen de raccommodement. Bernadotte, plus fin, plus habile, se soumettait avec résignation aux circonstances ; il attendait une crise, et Bonaparte lui offrit l'ambassade de Naples. Quant à

---

[1] « Cinquante officiers réformés sont allés ce mois-ci (novembre) à la Malmaison, pour porter des plaintes de l'abandon dans lequel on les laissait. Le Consul eut une frayeur terrible. Il leur envoya dire qu'on ne venait pas ainsi au nombre de cinquante à la fois, que cela ressemblait à un attroupement séditieux. Il fut convenu qu'il ne serait reçu qu'une députation de deux d'entre eux. Ils exigèrent et obtinrent du premier Consul qu'à mesure qu'il y aurait des vacances, on prendrait des remplaçants parmi eux ; cette scène a fait beaucoup de bruit. On a beaucoup ri de la peur qu'elle avait occasionnée au grand homme. » (Journal à la main.)

[2] Jean Lannes était né à Lectoure, le 11 avril 1769; il s'enrôla en 1792 dans un bataillon de volontaires et fit sa première campagne à l'armée des Pyrénées-Orientales, en qualité de sergent-major. En 1793, il fut nommé colonel; mais destitué après le 9 thermidor, il vint à Paris et se lia avec Bonaparte qu'il suivit en Italie à la tête d'un

Lannes, le Consul le prit par son côté faible; il était dépensier, aventureux, presque toujours sans argent, avec un besoin incessant de le jeter profusément à tous; il avait cette imprévoyance militaire qui n'a ni présent ni avenir. Bonaparte lui proposa l'ambassade de Lisbonne, ce pays si brillant d'où chacun rapportait des trésors de pierreries, les rubis et les diamants du Brésil. Bonaparte dit donc à Lannes : « Tu as besoin d'argent, tu en trouveras à Lisbonne »; et, par ce moyen, il put éloigner un ami importun, trop familier déjà dans ses exigences auprès de l'homme qu'il tutoyait à l'armée d'Italie. Le caractère de Masséna était plus facile à maintenir et à dompter; je l'ai déjà dit, cet homme si fier sur un champ de bataille, offrant sa tête inconsidérément à la bouche du canon, n'avait pas le courage civil; il tremblait devant un ordre du palais; Bonaparte lui donna de l'argent à pleines mains; Masséna en était avide.

Les légations devenaient les clefs d'or. Le Consul éparpillait tous ceux qui pouvaient se mettre à la tête d'un mouvement de soldats, le seul alors à redouter dans l'affaissement des esprits, depuis le 18 brumaire[1]. On avait déporté les principaux d'entre les Jacobins; le peuple avait abdiqué; il ne restait plus à craindre

---

régiment; il fut fait général de brigade à la prise de Pavie; il l'accompagna aussi en Égypte où il fut nommé par lui général de division, en mai 1799.

[1] On raconte mille traits d'opposition à l'occasion du concordat. On rapportait que Bonaparte, s'adressant à Delmas en sortant de Notre-Dame, lui dit :

« Eh bien! général, nous venons de faire une cérémonie bien imposante, j'espère que vous êtes content. — Oui, répondit Delmas, vous venez de faire une belle capucinade, il ne manque plus que de nous faire mettre des chapelets en guise de dragonnes à nos épées. ».

« Lannes et Augereau voulurent descendre de voiture quand ils virent qu'on les conduisait à la messe, et il fallut un ordre du premier Consul pour les empêcher de le faire. Ils allèrent donc à Notre-Dame, et le lendemain, Bonaparte demanda à Augereau comment il avait trouvé la cérémonie : « Très belle, répondit le général; il n'y manquait qu'un million d'hommes qui se sont fait tuer pour détruire ce que nous rétablissons. »

que l'armée. Or, le Consul s'efforçait d'en briser les mâles caractères; les plus fiers, il les jetait en prison; le Temple devenait leur palais; aux autres, il prodiguait des trésors, des dignités; par ce moyen, il tua l'esprit patriotique dans l'armée. Bonaparte le premier introduisit la police de surveillance entre des camarades qui ne devaient avoir au cœur que la gloire du drapeau; on s'épia de tente à tente; il n'y eut plus d'épanchement parmi les soldats; on craignait les rapports secrets; on soupçonnait son ami, son frère d'armes. Il se fit un espionnage organisé qui, du bas officier, s'éleva jusqu'au général; triste dégénération de l'armée qui la transforma en une masse inerte et dévouée sous les aigles victorieuses du Consul et de l'Empereur.

CHAPITRE V.

LES DEUX ÉCOLES DE RELIGION ET DE PHILOSOPHIE.

Publication du *Génie du Christianisme*.—Vives critiques sur l'auteur et sur l'œuvre. — L'abbé Morellet. — La langue et l'art. — Delille. — Les *Jardins*. — La *Pitié*. — La Harpe. — Guerre littéraire. — Geoffroy. — Fontanes. — Rœderer. — Publications philosophiques. — Les *nouveaux Saints* de Chénier. — *De la Vérité*, par Grétry. — Tendance monarchique des théâtres. — *Édouard en Écosse*. — Domination de la censure. — Action du vaudeville sur les salons. — Les journaux. — Le *Mercure*. — Les *Débats*.

1801 - 1802.

Une des causes qui contribuèrent le plus fortement à la marche des idées catholiques vers leur triomphe moral sur la société, fut la publication de quelques grandes œuvres ramenant au cœur de la génération les principes du christianisme; le peuple avait le secret instinct du sentiment religieux. Il arrive des époques où une mélancolique puissance pousse les âmes vers les autels; la société ne se rend pas compte des mobiles qui agissent mystérieusement sur elle, mais elle marche toujours sous l'empire de certaines émotions vers la croyance; quand les esprits sont ainsi disposés, un livre, un accident, suffisent pour les jeter dans les régions immenses de la foi et de l'exaltation religieuse.

A cette époque il parut une œuvre littéraire qui agit

plus profondément sur les esprits que la signature matérielle du concordat, acte purement administratif; je veux parler du *Génie du Christianisme*, par M. de Chateaubriand; ce livre révéla à une génération élevée dans l'indifférence profonde, les grandeurs populaires de la religion, les pompes de ses fêtes, la poésie de ses croyances [1]. Depuis une année, la France connaissait déjà l'épisode d'Atala et le drame de Réné. C'était au commencement du Consulat; on se réunissait le soir dans les cercles brillants; et là, le jeune Breton, du même âge que le Consul, lisait quelques-unes de ses pages qui promenaient les imaginations au milieu des torrents et des forêts vierges de l'Amérique. Secouant la philosophie froide et moqueuse, le scepticisme railleur de l'école du xviii° siècle, M. de Chateaubriand invoquait toutes les idées qui attachent l'homme à la vie morale: le tombeau du père, le berceau de l'enfant, le souvenir du clocher, du château et de la vieille paroisse bretonne, patriotique mémoire des temps qui ne sont plus. Dans Atala, le tableau du nouveau monde, l'éloge des prêtres et des missionnaires au pied de la croix, symbole de douceur et de consolation; les idées et les images étaient toutes si opposées à ce qui s'écrivait depuis un demi-siècle, que la société dut en être saisie d'étonnement, semblable à l'homme inquiet et malade dont une heureuse nouvelle vient soulager la tête abîmée par le doute et la tristesse.

L'épisode d'Atala était détaché d'un livre tout entier écrit sur les beautés du christianisme et qui parut précisément à l'époque où le concordat occupait tous les esprits. Au milieu du scepticisme général et du sensua-

[1] Le *Génie du Christianisme* parut dans les premiers mois de 1802.

lisme le plus grossier, voilà qu'une brillante voix remue par l'histoire chaque pierre de l'édifice catholique: rien n'échappe à cette belle imagination nourrie de fortes études; elle prend l'homme au baptême, avec ses cérémonies si simples, si belles; l'eau lustrale, symbole de la pureté de la vie; le sel, qui exprime l'amertume des jours de douleur; l'étoffe blanche, comme la candeur et la vertu; le mariage, qui unit les âmes; l'anneau, symbole de la fidélité et de cette chaîne qui doit unir deux êtres en face de Dieu et des hommes; l'extrême-onction qui oint le corps; l'ensevelissement des chrétiens, au milieu des chants et des prières qui s'élèvent au ciel, sous le double parfum de l'encens et des psaumes, quand le *Dies iræ* retentit au son grave de l'orgue. Ces tableaux empreints de couleurs si vives et si pénétrantes, parlaient à toutes les imaginations, et l'on ne peut dire le magique effet que produisit le *Génie du Christianisme* sur la société si longtemps agitée par les mauvais jours. Il fut comme la poésie du concordat, la légende du rétablissement du culte dans l'Église de France; il nous apprit le mystère de la Fête-Dieu, le mérite des saints, leurs légendes d'abnégation et de force d'âme. OEuvre immense que le livre de M. de Chateaubriand, il parlait à la génération nouvelle; à la jeune fille comme au jeune homme qui ne s'étaient point abreuvés des préjugés hautains et matériels du xviiie siècle.

En face de cette attaque profonde jetée contre ses doctrines, l'école philosophique ne pouvait rester silencieuse? allait-elle se laisser entraîner sous les roues de ce char de triomphe qui brisait ses monuments, ses théories, ses systèmes? il lui fallait renoncer à son doux sensualisme, à cette vie de délices que Chapelle, Voltaire et Parny avaient chantée en sablant le vin d'Aï sur les genoux de leurs maîtresses dans des bosquets de lilas et de roses. Elle avait aussi dans son sein des hommes de talent, des critiques profonds, des esprits élevés ou caustiques qui feraient justice enfin de ce novateur hardi qui s'agenouillait devant le Christ et ne déifiait pas Voltaire. Quel était ce livre dont on faisait tant de bruit? où était son mérite réel? C'était une production plus extraordinaire que remarquable, une de ces œuvres qu'un caprice de mode soutenait, et que la postérité foulerait aux pieds [1] : M. de Chateaubriand n'avait respecté ni la langue, ni les idées du siècle, et l'on ne pouvait pardonner à l'acte de démence d'une littérature bizarre qui cherchait le faux pour secouer les lois éternelles de la philosophie.

Ce livre fut donc attaqué sous deux rapports : 1° les grammairiens se réunirent pour dénoncer, avec leurs dissertations aigres, étroites, les fautes de la langue française [2]; 2° les philosophes le dénoncèrent au monde entier, parce qu'ils ne comprenaient pas qu'on pût préférer les légendes morales et résignées de la foi chré-

---

[1] Voyez la violente déclamation de Chénier et de toute l'école dans la *Décade philosophique*.

[2] Voici l'étrange critique de l'abbé Morellet sur le *Génie du Christianisme:*

« Dès les premières pages, l'auteur nous dit qu'au sortir de l'hiver, les arbres déracinés, abattus et assemblés vers les sources des fleuves qui se jettent dans le Mississipi, forment des radeaux qui descendent de toutes parts. « Le vieux fleuve, ajoute-t-il, « s'en empare et les pousse à son embou- « chure ; par intervalles, il élève sa grande « voix en passant sous les monts, etc. »

« On ne sait pas ce que signifie l'épithète de *vieux fleuve* donnée au Mississipi, qui n'est pas plus vieux que ceux qui lui fournissent leurs eaux, sans lesquelles lui-même ne coulerait pas. Je n'entends pas non plus ce que c'est que la *grande voix du fleuve*, ou du moins, je ne vois pas quel mérite il a à appeler la *grande voix* du Mississipi, le bruit qu'il fait, lorsqu'il est débordé et entraînant tout ce qui se trouve sur son passage.

« Chactas prisonnier dit aux femmes qui le gardent : « Vous êtes les grâces du jour, « et la nuit vous aime comme la rosée »

« Pourquoi les *grâces du jour ?* Qu'est-ce que les *grâces du jour ?* et qu'est-ce que *l'amour de la nuit pour la rosée ?* La terre altérée par la chaleur aime la rosée et la fraîcheur des nuits; mais la nuit n'aime pas plus la rosée que toute autre disposition de l'atmosphère. Enfin je ne puis m'empêcher de voir là le style pré-

tienne aux mythes ingénieux et aux fables d'amour et de grâces du paganisme sensuel. A la tête des grammairiens se trouvait l'abbé Morellet, dissertateur intrépide, expression de la vieille académie; lui, l'abbé Morellet, dont le nom est effacé déjà du livre de la vie, reprochait à M. de Chateaubriand de ne pas savoir sa langue, d'être un petit écolier qu'il fallait renvoyer sur les bancs, pour apprendre ce qu'était une interjection, un pronom, un verbe, ou un temps; et tout cela, l'académicien l'accompagnait d'une diatribe verbeuse sur les gens qui ne savaient pas écrire. L'abbé Morellet n'était pas capable de suivre la pensée dans les hautes régions, de saisir les images colorées, le drame et l'expression poétiques; sa tête s'appesantit sur un adverbe, tout son art est dans un subjonctif; il confond la langue française et l'idiome vulgaire. L'écrivain hardi doit respect à cette belle et noble langue, mais il la voit dans la pompe éclatante de ses trésors; l'intelligence supérieure assouplit la grammaire, l'élève et l'agrandit; l'imagination a besoin d'être restreinte, comprimée; les règles sont un

---

cieux dont Molière s'est si bien moqué.

« Chactas, se trouvant seul avec Atala, éprouve le premier embarras, comme tous ceux qui ont aimé. « Étrange contradiction « du cœur de l'homme, s'écrie-t-il; moi, qui « avais tant désiré de dire les choses du « mystère à celle que j'aimais déjà comme « le soleil; maintenant, interdit et confus, je « crois que j'eusse préféré d'être jeté aux « crocodiles de la fontaine que de me trouver « seul avec Atala. »

« Je n'ai pas besoin d'observer que la phrase n'est point française, faute de l'imprimeur sans doute; mais, c'en est une de l'auteur bien plus grave de mettre cette étrange exagération dans la bouche de son jeune sauvage; c'est un parti bien violent qu'on lui fait prendre; se donner en pâture aux crocodiles plutôt que d'éprouver l'embarras de dire *je vous aime*, est une hyperbole amoureuse, dont on ne trouverait pas le pendant dans tous les romans de la Calprenède et de Scudéry.

« Atala est plus belle que le premier « songe de l'époux. »

« Il est fâcheux qu'on soit toujours obligé de demander une explication. Que veut dire cela? est-ce qu'Atala est plus belle que l'objet que le nouvel époux embrasse dans son premier songe? Mais, si le premier songe de l'époux n'est pas une infidélité, c'est l'image de son épouse qu'il embrasse, et cette image n'est pas plus belle que l'épouse elle-même : ainsi, Atala est belle comme la nouvelle épouse aux yeux de son jeune époux : ce qui peut se dire,

frein sans doute, mais rien n'arrête le coursier quand la trompette sonne et que le feu sacré de la gloire agite son noble poitrail.

La seconde classe des critiques s'attacha surtout à l'idée qu'exprimait le *Génie du Christianisme,* c'est-à-dire à la reconstruction des croyances religieuses, si faussement confondues avec le fanatisme, par toute une école de philosophie. Que signifiait ce livre dont on faisait quelque bruit? Quels en étaient le principe et le but? N'était-il pas puéril de vouloir rétablir le calendrier des saints, de louer la messe et de restaurer ce culte des paresseux sous la bure, et de diviniser encore les moines et les nonnains? Tout cela se disait avec ce gros rire sensuel des hommes enivrés de la vie philosophique : le christianisme avait rempli le monde de tourmentes et d'agitations; c'était la boite de Pandore, d'où le mal devait s'échapper; le livre de M. de Chateaubriand voulait restaurer un édifice vermoulu; tout ascétique il ne parlait nullement aux besoins et aux idées de la génération pensante; c'était une homélie pour les gens du monde, une réaction d'esprits dévots; quelle audace de vouloir attaquer l'école encyclo-

---

quoique l'éloge ne soit ni neuf, ni piquant; mais ce qu'il ne faut pas dire d'une manière si détournée.

« Atala dit à son amant : *qu'il est beau comme le désert.* Or, veut-on se faire une idée de la beauté de ce désert, on la trouve décrite quelques pages après.

« Accablés, dit Chactas, de soucis et de « craintes; exposés à tomber dans les mains « d'Indiens ennemis, à être engloutis dans « les eaux, piqués des serpents, dévorés des « bêtes sauvages; trouvant difficilement une « chétive nourriture; perdus dans des mon- « tagnes inhabitées, et ne sachant plus où « porter nos pas, les maux d'Atala et les « miens ne pouvaient plus s'accroître, etc.»

et c'est dans une pareille situation que l'auteur fait dire à Chactas, par son amante, qu'il est beau comme le désert.

« *Chactas, assis dans l'eau,* contre un tronc d'arbre, tenant Atala sur ses genoux, au bruit d'une horrible tempête et inondé des torrents de pluie, sent tomber *sur son sein* une larme d'Atala (qu'il distingue sans doute de la pluie, parce que la larme est chaude). *Orage du cœur,* s'écrie-t-il, *est-ce une goutte de votre pluie?* Cette apostrophe à *l'orage du cœur,* mis en contraste avec *l'orage du ciel,* est une pensée bien étrange, et tout le monde sent que la situation de Chactas ne peut lui permettre de faire un tel rapprochement. »

pédiste, magnifique association d'esprits si élevés, et l'on énumérait avec une complaisante abondance toutes les expressions ambitieuses ou ridicules du nouvel ouvrage ; on calculait les mots étranges ; on accouplait des phrases disparates, d'où l'on se hâtait de conclure qu'il n'y avait rien de plus contraire à la langue et au goût que le *Génie du Christianisme*, monstruosité sortie d'un cerveau malade [1].

Il fallut une certaine force d'âme à l'homme supérieur qui avait conçu cet ouvrage pour surmonter tous ces obstacles. On ne sait pas tout ce qu'il faut d'efforts dans le cœur et l'esprit de ceux qui osent une innovation. Le vulgaire a sa route frayée devant lui ; il y marche soutenu par la masse d'intelligences médiocres qui l'entourent et l'applaudissent, parce qu'ils trouvent un esprit fait à leur image. Quand on est poussé par la multitude, qui ne marcherait pas ? Quand le vent souffle, le vaisseau enfle ses voiles. M. de Chateaubriand peut dire quelles furent les amertumes de cette époque de sa vie ; heureusement le grand écrivain trouva des intelligences qui le comprirent, et un public qui le récompensa. M. de Fontanes protégea les premiers pas du jeune Breton ; il avait le cœur religieux, et surtout cet instinct d'un goût élevé qui le faisait aller au devant du beau et du grandiose ; saluant une œuvre qui se produisait si magnifique, il la défendait dans les journaux, dans le *Mercure*

---

[1] La haine de Morellet contre M. de Chateaubriand alla bien loin ; le grand écrivain publiait des articles dans le *Mercure* sur l'Angleterre ; il avait fait la phrase suivante :

« Les Anglais estiment peu l'étude des « mathématiques, qu'ils croient très dange- « reuse *aux* bonnes mœurs, quand elle est « portée trop loin. Ils pensent que les scien- « ces dessèchent le cœur, désenchantent la « vie, mènent les esprits faibles à l'athéisme « et de l'athéisme à tous les crimes. Les « belles-lettres, au contraire, rendent nos « jours *merveilleux*, attendrissent nos âmes, « nous *font pleins de foi envers la Divinité*, « et conduisent ainsi par la religion à toutes « les vertus. »

L'abbé Morellet soutient que M. de Chateaubriand n'écrit pas français.

surtout; il la protégeait dans le monde supérieur, auprès de Bonaparte même. M. de Fontanes avait alors inspiré une tendre passion à Élisa, la sœur du Consul. Comme toutes les femmes qui aiment, Élisa protégeait les sentiments exaltés et les livres ardemment écrits. Lucien avait pris goût pour M. de Chateaubriand, et Lucien était alors le protecteur des lettres, le Mécène du nouvel Auguste. M. de Chateaubriand, admis dans ses intimités, y lisait ses fragments, et la douce mélancolie de ses œuvres correspondait aux élans passionnés d'une petite cour, où se renouvelait la galanterie du vieux régime, auprès d'Élisa et de la duchesse de Santa-Croce, la bien-aimée de Lucien. Si les soldats et les officiers généraux, élevés dans le culte des camps, conservaient la religion du dieu Mars et les hymnes de la victoire; si des philosophes, avancés déjà dans l'âge, vieillis dans les émotions, ne voyaient dans cette littérature qu'un sujet de raillerie et de mépris, les femmes, les jeunes filles, les jeunes hommes aux passions vives, aux émotions tristes et rêveuses, aimaient à suivre ces épisodes d'amour, ces tableaux pleins de sensibilité, qui promenaient l'âme et le cœur dans les abîmes de la souffrance, cri déchirant du berceau à la tombe. C'était, je le répète, chez Lucien Bonaparte que M. de Chateaubriand venait écouter les avis et les conseils de Fontanes, et déposer aux pieds d'Élisa les premiers essais de sa belle poésie.

« J'observe, dit-il, dans ce passage plusieurs fautes de langage, quelques erreurs de fait et des opinions que ne peut avouer une saine philosophie.

« On ne dit point une étude dangereuse à quelqu'un ou à quelque chose.

« On n'entend pas ce que c'est que rendre *nos jours merveilleux*.

« Cette expression : les belles-lettres nous *font* pleins de foi n'est pas française.

« On est plein de foi *en* la Divinité ou *à* la Divinité, et non pas *envers* la Divinité. »

Il était donc constaté que M. de Chateaubriand n'écrivait pas français ! Quel esprit que celui de l'abbé Morellet !

Dans ces réunions intellectuelles, on se faisait gloire de protéger la belle littérature; les vers de Delille en faisaient les délices; alors exilé de la terre de France, ses œuvres y retentissaient comme un événement. Le poëte restait dans les conditions classiques de la littérature de Louis XIV; son style didactique décrivait alors l'art des jardins, la manière de cultiver les fruits, les serres chaudes de Kiew[1], les parcs anglais, les fantaisies chinoises, et tout ce qui pouvait servir à façonner son rhythme, à brillanter son expression. Le poëme des *Jardins* faisait fureur; on aurait voulu entendre de la bouche même de Delille ces strophes si travaillées, et ces vers de la *Pitié*, allusion à de grandes et profondes infortunes. Delille avait pris texte de ce noble sentiment, la pitié, pour raconter les malheurs d'une race tombée, les douleurs d'un roi captif, s'élevant par le martyre sur l'échafaud; il avait parlé de la reine, fille de Marie-Thérèse, et de cet enfant royal que la misère dévora dans le Temple. Le poëme de la *Pitié* fut un véritable manifeste des sentiments du vieux royalisme, le cri du cœur des émigrés. Les éditions de Delille apparaissaient à Londres, à Vienne,

---

[1] On citait partout alors ces vers de Delille, sur Kiew; c'était fureur :

> Mais, j'aime à voir ces toits, ces abris transparents
> Receler des climats les tributs différents,
> Cet asile enhardit le jasmin d'Ibérie
> La pervenche frileuse oublier sa patrie,
> Et le jeune ananas, par ces chaleurs trompés,
> Vous livre de son fruit le trésor usurpé.
>
> Tel nous plaît Trianon; tel Paris nous étale
> Des deux mondes nouveaux la pompe végétale.
> Tel formant une cour à l'épouse des rois,
> Kiew des plants étrangers a rassemblé le choix;
> A ces sujets nouveaux, leur reine vient sourire;
> Chacun, comme Albion, bénit son doux empire,
> Et, retrouvant ici son climat, sa saison,
> Pardonne son exil et chérit sa prison.

à Amsterdam, et celles qui arrivaient à Paris, étaient soumises à la plus sévère censure ; des lambeaux en étaient arrachés, pour ne pas laisser dominer l'expression royaliste dans des livres qui avaient un si grand retentissement. Souvent même la police imposait des intercalations; elle demandait que l'éloge du Consul vînt se mêler aux chants libres du poëte, et que l'on parlât d'Auguste et de César à l'occasion des émotions religieuses, et de quelques descriptions de palais somptueux ou des campagnes magnifiques [1].

Delille chantait dans ses longs poëmes, et La Harpe, vieilli, achevait son *Cours de Littérature*. L'élève chéri de Voltaire, l'admirateur passionné de la philosophie du xviiie siècle, par un retour inouï d'idées, déclamait violemment contre la Révolution et les impies qui ne fléchissaient pas le genou devant les autels catholiques qu'autrefois il avait si vivement attaqués. La guerre de La Harpe contre les philosophes fut tellement violente, ses paroles blessèrent si souvent la Révolution, que le Consul, quelque indulgent qu'il pût être pour les hommes qui célébraient la vieille monarchie, fut obligé d'exiler La Harpe, avec ces termes de mépris que Fouché savait inventer toutes les fois qu'il fallait proscrire un homme, ou le jeter dans une prison d'état [2]. Cette persécution n'empêcha pas le *Cours de Littérature* de La Harpe, de faire une certaine impression dans le monde; pour la

---

[1] Les frères Michaud, ayant préparé huit éditions du poëme de la *Pitié*, dans lequel se trouvait un passage plein de douloureux sentiments sur les touchantes infortunes des Bourbons, les huit éditions furent saisies à la fois ; et lorsque après tous les retranchements exigés par la police, elles obtinrent la permission de revoir le jour, la même police fit attaquer le poëme par un pamphlet virulent sous le titre de : *Point de pitié pour la Pitié*.

Le *Génie du Christianisme* ne put paraître en France qu'après de nombreuses mutilations.

[2] « Madame la comtesse de Damas et madame de Champcenetz, ayant donné quelque ombrage au gouvernement, reçurent l'ordre de quitter la France, et furent

première fois on voyait un vaste tableau de critique se dérouler depuis les anciens jusqu'à la littérature moderne, y compris même Voltaire et Beaumarchais. Le travail de La Harpe était à sa fin ; il avait tout comparé et rapproché avec passion, et son dernier volume était moins une critique qu'une longue déclamation contre le xviiie siècle ; la vieillesse avait irrité sa haine en exaltant sa foi, et d'ailleurs est-il un esprit plus ardent qu'un converti ou qu'un transfuge ? Il se passionne contre les dieux qu'il a servis, contre les idées qu'il a favorisées. La Harpe en était là, il secouait toutes convenances ; il ne savait plus rendre justice à la supériorité du génie, et aux talents qui ne sont pas les siens ; il avait tout brisé dans le vaste Parnasse du xviiie siècle, hormis Voltaire ; irrité contre les philosophes, ses anciens amis, il respecte à peine les lois de la reconnaissance ; Voltaire l'a dirigé dans ses essais, La Harpe ne formait-il pas avec Chabanon « ce couple d'agréables fripons, » que le philosophe de Ferney célèbre dans ses inimitables poésies légères ; ils étaient ses élèves chéris, ceux-là qu'il plaçait dans sa familiarité la plus intime, jusqu'à leur communiquer ses haines contre le Christ et les apôtres, à qui le poëte gentilhomme de la chambre ne pardonnait pas d'être des artisans de bas lieu, des pêcheurs et des gens de rien [1].

La Harpe resta reconnaissant envers Voltaire, et cet hommage honora la dignité de son cœur, au milieu

conduites à la frontière par la gendarmerie. Plusieurs gentilshommes français, rentrés depuis peu de temps, éprouvèrent le même traitement. M. de La Harpe, qui n'avait d'autre tort que de déclamer habituellement contre les excès de la Révolution, et d'avoir refusé de se trouver à une fête donnée par la nouvelle cour, fut exilé à vingt-cinq lieues de la capitale ; et pour ajouter l'insulte à la tyrannie, on fit dire dans les papiers publics que cet homme, âgé de 78 ans, était tombé dans l'enfance ; qu'il était en proie à une espèce de délire réacteur, nourri et entretenu chez lui par le caquetage de quelques coteries. » (Mémoires contemporains.)

[1] C'est un reproche que Voltaire, sei-

des écarts de sa plume qui ne respectait plus rien dans sa verve irritée.

A l'occasion du cours de La Harpe, et sur son apologie de Voltaire, il s'engagea une polémique élevée et sérieuse entre trois critiques éminents : Geoffroy, Fontanes et Rœderer ; Geoffroy attaqua vivement Voltaire, et soutint l'admirable prééminence de Racine ; qu'avait fait Voltaire, par exemple, dans l'art dramatique? Il débute par *OEdipe*, puis il marche toujours en déclinant, semant, de temps à autre, quelques pièces un peu remarquables; *Mérope*, froide imitation italienne; *Zaïre*, fausse peinture des mœurs mulsumanes ; *Brutus* et la *Mort de César*, fruit du séjour de Voltaire dans la Grande-Bretagne et des études de Shakspeare; et enfin, viennent toujours en déclinant les derniers et malheureux essais de la muse tragique de Voltaire. Ainsi parlait Geoffroy, dans de longues déclamations du *Journal des Débats*[1]. Fontanes soutient la thèse opposée; il se prononce contre les sentiments irréligieux de Voltaire, sa nature sceptique, et sa tendance malheureusement anti-chrétienne ; mais, ami du beau langage, il se pas-

---

gneur de Ferney, fait le plus souvent à Simon Barjone, à Joseph, menuisier de Galilée, et à Jean le pâtre.

[1] « Voltaire, dans son château de Ferney, dit Geoffroy, était une espèce de patriarche de la philosophie, un pontife de la loi nouvelle qui devait régénérer le genre humain, extirper tous les abus, et surtout écraser la superstition ; jamais le calife de Bagdad, le grand commandant des croyants, ne reçut plus de respects et d'hommages : chaque auteur qui imprimait un livre, en devait à Voltaire un exemplaire avec une épître flatteuse ; le souverain, de son côté, lui envoyait dans une lettre très polie, un brevet d'esprit et même de génie, que l'auteur plaçait dans ses archives, et qu'il lisait le reste de sa vie, à tous ceux qui voulaient l'entendre. Il semble qu'on s'égaie dans des contes imaginaires, quand on rapporte les traits de flatterie, de sottise et de bassesse, qui ont illustré cette époque de philosophie et d'imbécillité. Que serait-ce, si je décrivais, avec toute l'exactitude d'un historien, la scène scandaleuse du couronnement de ce vieillard affaissé par les ans, et qui n'avait plus d'autre sentiment que celui de l'orgueil ? Le plan de la cérémonie avait été dressé par les chefs du parti; c'était moins l'apothéose de Voltaire que celle de la secte : le bonhomme allait mourir, les honneurs divins dont on l'accablait, rejaillissaient sur la philosophie. Il ne faut pas croire cependant que les honnêtes gens

sionne pour cette faculté éminente que Voltaire possédait au-dessus de toute autre : l'esprit le plus brillant, la facilité la plus merveilleuse, la pureté la plus élégante. Fontanes soutient le caractère profondément dramatique des productions de Voltaire ; il s'éprend de *Zaïre*, il est fou d'amour, comme La Harpe, pour cette jeune esclave, la fille de Lusignan, qui sacrifie tout à sa foi ; cette lutte de religion contre le cœur lui paraît un des plus beaux effets de la scène tragique. Fontanes et La Harpe, jeunes hommes lorsque *Zaïre* parut, se souvenaient de cette gracieuse mademoiselle Gaussin, que Voltaire chanta, et qui fit les délices de leur première adolescence.

Il faut voir comme Geoffroy se moque d'eux, comme il tourne en ridicule Orosmane : « ce jaloux qui n'a pas le sens commun, puisqu'il tue sa maîtresse, plutôt que de lire une lettre qui lui est adressée ; c'est un Othello qui parle en marquis, » s'écrie le critique ! Dans ce débat animé Rœderer intervient, pour se moquer tour à tour de Fontanes et de Geoffroy ; de Fontanes, parce que, esprit timide, il demande bien pardon à la société religieuse de faire l'éloge de Voltaire, le plus méchant génie du siècle ; il se rit de Geoffroy, qu'il appelle un cuistre de collége et un pédant à robe courte ; c'est une querelle de journaux qui occupe le public, et que la police favorise, parce qu'elle détourne les esprits de

---

et l'immense majorité du public aient pris aucune part à cette honteuse farce. Tel est le privilége de la grandeur de Paris, qu'on canonise un homme dans un quartier, tandis qu'on le méprise dans un autre : tous les poëtes, tous les auteurs, tous les barbouilleurs de papier, tous les académiciens, à l'exception d'un très petit nombre, une foule d'oisifs, d'étrangers, de vagabonds, un tas de jeunes séides enivrés de la débauche et de la licence qu'ils avaient puisées dans les écrits de Voltaire ; des compagnons artistes, des clercs de procureur, des commis, des courtauds de boutique, tel était le cortége qui donnait une solennité à la béatification de ce nouveau saint. »

toute préoccupation politique. Bonaparte tue la République française, mais il veut laisser subsister debout la république des lettres. La tribune expire, mais la littérature grandit; il aime à voir ces querelles qui préoccupent les salons; et ces guerres de plume sur des sujets futiles, laissent en paix l'action de son gouvernement. La critique d'alors révèle une intelligence et des formes d'esprit, qui sont presque aujourd'hui effacées; on trouve une tribune, on la saisit, on n'éparpille pas son talent en petites pièces de monnaie; la presse ne groupe pas autour d'elle des écrivains besogneux, au jour le jour; on travaille sur un plus vaste plan, et sur de plus larges proportions. On se donne une mission et l'on y marche [1].

Le parti philosophique s'agitait aussi fortement que la critique grammaticale contre les premières productions de cette littérature nouvelle, qui relevait le vieil édifice chrétien. Chénier, l'homme éminent parmi les débris du xviii° siècle, se posa comme l'adversaire le plus fort, le plus acharné de la nouvelle école; enthousiaste des études classiques, il trouvait dans les idées et les formes des novateurs, d'étranges hardiesses que son esprit confondait avec le bizarre, l'inconnu, l'inouï; élevé dans des habitudes classiques, Chénier envisageait le *Génie du Christianisme* comme un cri importun qui troublait la souveraineté des idées voltairiennes; les encyclopédistes

---

[1] Rœderer défend surtout la perpétuité de Voltaire contre l'esprit futile des journalistes.

« Quand je jette les yeux, dit-il, sur ma bibliothèque, et que je vois dans toute la longueur d'un rayon, entre Rousseau, Fontenelle, Racine et Robertson, 70 volumes in-8, de Voltaire, en caractères de Baskerville, en papier vélin, reliés en maroquin, et dorés sur tranche ; et que laissant ensuite tomber ma vue sur mon bureau ou sur ma cheminée, j'y vois le *Mercure* de la quinzaine, et le *Journal des Débats* de la matinée; je me dis : Voltaire est là pour mille ans, le *Mercure* et le *Journal des Débats* ne seront ici que jusqu'à demain. Que je prenne au hasard un volume de Voltaire, que je le prenne un jour ou l'autre, le matin ou le soir, j'y trouve du plaisir et de l'instruction, et j'y reviens. Mais je demande qui prend la peine de faire collection des feuilles d'un journal, ou qui prend la peine

classaient comme dans un échiquier, les faits et les systèmes, et tout ce qui ne restait pas dans leur opinion, tout ce qui n'avait pas pour but d'absorber le sentiment chrétien, leur paraissait sans avenir, comme un mauvais roman à la mode.

Nul ne pouvait nier la prééminence des facultés intellectuelles de Chénier; supérieur à tout ce qui l'environnait, sa verve n'était pas étendue, mais la langue qu'il parlait était pure, ses idées précises, sa poésie spirituelle. Alors il publia une satire ingénieuse sous le titre des *Nouveaux Saints;* sorte de manifeste contre le concordat et la littérature dévote qui soutenait l'organisation du christianisme. Dans cette remarquable production, Chénier se moquait avec un esprit tout attique de la nouvelle école : « Gloire à Dieu, disait-il, allons réciter nos patenôtres; le successeur du prince des apôtres venait repêcher les princes et les rois; il avait créé de nouveaux saints : courage, marguilliers; ne les entendez-vous pas braire; ces nouveaux saints étaient gais, buvaient frais, disaient la messe après boire; ne voulaient-ils pas renverser Voltaire? Ils dissertaient sur *Alzire, Mérope et OEdipe.* Le premier entre tous était l'ingénieux Geoffroy, le critique mûri dans l'art de nuire, le continuateur de Martin Fréron, flétri par Voltaire;

---

d'ouvrir jamais la collection qu'il en a faite?

« Ne nous trompons pas, pauvres journalistes, qui, avec nos petits articles, voudrions lutter contre de grands ouvrages et contre de grands écrivains : nous pouvons nuire ou servir à l'ouvrage qui vient d'être mis au jour ; nous pouvons intercepter les rayons de sa gloire naissante, ou faire ressortir tous ses titres, soit à l'improbation, soit au mépris. Mais, que nous sommes impuissants contre des renommées qui existaient avant nous, et qui planent si haut par-dessus nos têtes ! Locke a pu renverser les idées innées de Descartes; mais, ce n'est pas par un journal qu'il y a réussi, c'est par un livre fort de raison, de discussions, de développements. De même que, ce n'est pas par des articles ni du *Mercure,* ni des *Débats,* ni du *Journal de Paris,* que nous renverserons le système de l'entendement humain de Locke ; de même, ce n'est ni par le *Journal de Paris,* ni par le *Journal des Débats,* ni par le *Mercure,* que nous détruirons l'autorité de Voltaire. »

puis madame Honesta Genlis; or, chacun savait combien elle avait combattu vingt ans pour la religion, les mœurs et la vertu [1]. Madeleine fut imprudente, mais elle aima Dieu et ne fut point pédante; que dire du Chantre du désert et de Chactas, le sauvage érotique. Que dire de ce bon M. Aubry et de la sensible Atala, qui venait goûter les plaisirs de la messe, et préférait le *Pange lingua* à Horace, et le *Dies iræ* à Ovide. »

Cette satire hardie, aussi caustique qu'ingénieuse, se ressentait des souvenirs de Voltaire. Le xviiie siècle avait épuisé les impiétés spirituelles; c'était le même ton, les mêmes manières de sarcasme gracieux; cette forme de raillerie qui brille dans tous les ouvrages du philosophe de Ferney, quand il s'attache à la religion, aux moines

---

[1] Voici quelques fragments de cette satire si ingénieuse de Chénier :

Gloire à Dieu dans les hauts. Disons nos patenôtres :
C'est peu qu'un successeur du prince des apôtres
Prétende repêcher les princes et les rois
Dans ses filets vieillis et rompus quelquefois :
Un culte dominant va réjouir la France :
Telle est des nouveaux saints la dévote espérance.
Ils sont nombreux, zélés; ils prêchent des sermons;
Des journaux, des romans, des drames, des chansons.
Nous entendons encore disputer sur la grâce,
Non celle de Parny, de Tibulle et d'Horace;
Mais celle d'Augustin, la grâce des élus,
Qui vaut bien mieux que l'autre, et qui rapportait plus.
Courage, marguilliers ; n'entendez-vous pas braire
Les fils, les compagnons de l'âne littéraire?
« Oui, par Martin Fréron, le triomphe est certain,
Dit Geoffroy ; venez tous, héritiers de Martin,
Et vous surtout, Clément, son émule intrépide,
Philoctète nouveau de ce nouvel Alcide.
Soyons gais, buvons frais; honneur à tout chrétien!
Dieu prend soin de la vigne, et les débats vont bien.
La dîme reviendra ; nous en aurons la gloire :
Vivent les *oremus* et la messe après boire !
Pour la philosophie, oh ! c'est le temps passé ;
Grâce à Clément et moi Voltaire est renversé.
Nous avons longuement disserté sur *Alzire*
Sur *Tancrède* et *Gengis*, sur *Mérope* et *Zaïre* ;

et aux prêtres. Chénier était un des imitateurs les plus ingénieux et les plus remarquables de l'école voltairienne; il avait les bonnes traditions du seigneur de Ferney, comme Andrieux, le spirituel et caustique conteur [1].

A côté de cette satire de Chénier, parut un autre livre de l'école philosophique, plus remarquable par le nom de l'auteur que par la valeur même de l'œuvre. Cet auteur était Grétry, le musicien si spirituel, dont nous avons tous, enfants, entendus les derniers refrains auprès de nos berceaux. Grétry, qui avait commencé sa vie sous Louis XV, et passé les jours les plus délicieux dans les salons de Louis XVI, Grétry vieillard s'était fait philosophe; le chantre de *Zémire et d'Azor,* l'opéra aux grandes roulades, du *Tableau Parlant,* avec ses notes

> On est désabusé de ces méchants écrits,
> Si bien que nos extraits font bâiller tout Paris.
> Rousseau, Buffon, Raynal, vrais fous, prétendus sages,
> Qui du siècle dernier captivaient les hommages,
> Aujourd'hui sans égards vous les voyez traités,
> Réimprimés, vendus, lus, relus, tourmentés;
> Dans la bibliothèque, au camp, sur la toilette
> Partout vous les trouvez; tout passant les achète.
> On ne tourmente pas Guyon, frère Berthier,
> Chaumeix et Patouillet, Nonotte et Sabathier.
> Ils sont, loin des lecteurs, à l'abri des critiques,
> Gardés avec respect, dans le fond des boutiques,
> Ainsi que des trésors, des joyaux précieux,
> Qu'un possesseur jaloux dérobe à tous les yeux.»

[1] La guerre entre Geoffroy et Chénier devient de plus en plus vive : elle pétille de verve et d'esprit.

Épigramme sur Geoffroy par Chénier.

> Quel est donc ce Geoffroy qui veut parler en maître,
>   Et qui de feu Fréron exerce le métier ?
>   C'est *Geoffroy-Langevin* peut-être...?
>   Oh! que non; c'est *Geoffroy-Lasnier*.

Réponse de Geoffroy.

> Oui, je suis un *asnier* sans doute,
>   Témoins les sanglants coups de fouet
>   Dont j'affuble chaque baudet
> Que je rencontre sur ma route.

imitatives; le gracieux compositeur, qui mit si long-temps le couplet d'ariette dans la bouche des Colins, des princesses et des jeunes bergères, des Lindors et des Annettes, s'était occupé à écrire un livre en trois volumes, non point sur cet art qu'il possédait si bien, sur cet admirable mécanisme de la musique qu'il portait au dernier degré de charme et d'esprit; mais sur la morale, sur la politique, sur la philosophie. Le vieillard revenait à ses premières années, il peignait le siècle avec une certaine habitude de déclamation et de sarcasmes usés contre la noblesse, le clergé et les idées religieuses. L'œuvre de Grétry établit une sorte de théorie morale par l'harmonie de l'âme, à l'imitation de la musique qui est l'harmonie des sons. Grétry resta médiocre de pensée et de style, et on ne remarqua son livre oublié que par cette bizarrerie d'un musicien qui abandonne les lois riches et brillantes de son art, la merveille de son clavier bruyamment agité, pour se livrer au pédantisme d'une philosophie vide et sans couleur [1].

Les idées ne revenaient plus vers le xviiie siècle; on renonçait à toutes ces théories de perfection sociale; il y avait de l'esprit dans les productions railleuses de Chénier, d'Andrieux, de Parny, débris encore debout de l'école voltairienne; on lisait la *Guerre des Dieux*, les *Ruines* de Volney, où le génie du vieux monde évoque les générations dans la tombe; il s'y trouvait de hautes pensées et de brillantes expressions; tandis que Lalande, le grand astronome, persévérait dans son athéisme raisonné, avec la ténacité d'un mathématicien, en-

---

[1] Cet ouvrage portait le titre : *De la vérité, Ce que nous fûmes, ce que nous sommes, ce que nous devrions être*, 3 vol. in-8°, 1801. Il fit peu de sensation. Les idées n'étaient pas à la philosophie.

gagé dans un théorème. On suivait le spirituel et doux Cabanis, développant ses thèses sur le système nerveux, pour expliquer l'action continue et réciproque de l'esprit et de la matière. Mais le temps et la génération n'étaient plus pour ces hommes éminents ; le siècle était fini ; ils étaient comme ces philosophes de l'école d'Alexandrie ou de Rome, qui défendaient, avec une chaleur si mélancolique, leur doctrine tombant en ruines devant la loi nouvelle du Christ ; ils invoquaient, comme Symmaque, les grandes idées du Portique ; ils opposaient la poésie de Virgile et d'Horace aux légendes mystiques des moines chrétiens. Le cœur se serre quand on voit les opinions d'un siècle s'engloutir dans un siècle nouveau ; triste destinée que nous réservent la vieillesse, qui est la mort lente, le martyre de nos idées. Alors l'époque s'en va, la génération s'affaiblit et tombe pour faire place à d'autres générations ; fatalité marquée sur tous les frêles ouvrages de l'homme et sur ces systèmes élevés avec tant de peines et de soucis.

On marchait surtout aux idées monarchiques ; cette tendance des esprits se révèle partout dans la poésie, la pensée de l'art, et au théâtre spécialement ; les succès de la scène constatent l'esprit d'un peuple ; or, il n'y avait d'applaudissements que pour les allusions et les drames qui rappelaient les souvenirs royalistes ; l'ère républicaine s'affaiblissait : comédies, vaudevilles, tout était empreint de la verve et des opinions du vieux régime ; c'était la mode ; on revoyait la poudre, les manchettes et les habits habillés, même au Consul Cambacérès. Les types de la bonne compagnie n'étaient plus odieux ; on osait présenter sur la scène des sujets qui se rattachaient aux sympathies de la cour et des rois ; les marquis n'étaient plus des fripons; les Brutus et les Cassius se trouvaient au rabais. On remplaçait ces vertus sauvages par des habitudes plus douces.

Un des plus beaux succès du théâtre, à cette époque, fut l'*Édouard en Écosse*, de M. Duval. L'aspect de ce prince romanesque, de cet Édouard qui parcourt de ses pieds meurtris les bruyères, la montagne et la plaine; de ce Stuart dont la tête blonde et bouclée fut tant de fois mise à prix par un parlement implacable; tout cela plaisait à la grande compagnie; on applaudissait Édouard, entouré de ses Écossais, fidèles, amoureux et braves, marchant contre les wighs austères et les hanovriens, au son de la cornemuse, pour faire triompher la nationalité d'Écosse. Quel intérêt ne se rattachait-t-il pas à ces tristes infortunes! Toutes ces émotions rappelaient l'histoire contemporaine, les Bourbons exilés de France, les émigrés proscrits, la fidélité au malheur, et la cruauté implacable des révolutions. *Édouard en Écosse* eut un succès d'enthousiasme; la société s'y rendait en foule. Les royalistes qui aiment toujours à mêler au devoir des idées de futilité et de plaisir, accouraient tous à ce drame pour en saisir les allusions, et applaudir aux rapprochements que leur esprit devait faire [1]. Le drame n'eut que deux représentations; à la seconde le Consul s'aperçut facilement de la portée d'une pièce qui

---

[1] Voici l'article que publièrent les journaux de police à la suite de cette suppression; il est l'œuvre de Lucien Bonaparte.

« Les aventures d'un prince que les historiens anglais appellent *romantic prince*, sont très propres sans doute au jeu de la scène; mais les allusions et les maximes qu'entraîne le développement d'une telle action, sont contraires aux principes conservateurs d'un gouvernement établi. L'intérêt qu'attire le personnage principal fait trop oublier la leçon qu'il laisse après lui.

« Qu'est-ce en effet qu'Édouard? Un aventurier coupable qui, profitant de son influence sur quelques provinces isolées, s'unit avec les ennemis de la patrie pour la replonger dans toutes les horreurs d'une guerre civile et étrangère.

« Édouard, ligué avec la France contre

réveillait tant d'émotions; elle fut défendue le lendemain impérativement.

Bonaparte n'hésita point à s'exprimer d'une manière dure et personnelle sur la cause des Bourbons en plein conseil d'État; il avait à dire toute sa pensée, à recommander la vigilance aux siens, la surveillance à la censure et à sa police; rouge de colère, il s'écria : « Voilà ce que c'est que les ministres qui font représenter des pièces politiques, sans prendre l'avis du gouvernement. Cela ne s'est jamais fait nulle part, même dans les temps les plus calmes. On dit ensuite que c'est moi qui fais jouer ces pièces pour sonder l'opinion, et cependant je n'ai pas laissé donner la *Partie de Chasse de Henri IV,* quoiqu'il y ait une grande différence; car Henri IV a sauvé son pays de la domination de l'Espagne, qui était alors puissance prépondérante, et sans le secours des étrangers. Mais tout cela est sans but. C'est même tendre un piége aux royalistes; car à la fin s'ils se montraient trop à découvert, il faudrait bien frapper dessus... Aucune puissance ne veut garder le *prétendant.* Ce n'est qu'à ma considération qu'on ne le renvoie pas de Prusse. Le prince de Condé n'a pu avoir une audience du gouvernement anglais; il est à vingt lieues de Londres. La raison en est que tous ces princes coûtent de l'argent, et offrent sans cesse aux peuples l'exemple des rois détrônés par les principes de la philo-

---

l'Angleterre, mérita le sort qui l'attendait dans les champs de Culloden. La vengeance nationale dut tomber sur ses partisans. On ne connaît point de prince qui, chassé de son trône, l'ait recouvré par la force des armes étrangères. Les changements des empires, la chute ou l'élévation de leurs premiers magistrats, ressortent à un tribunal supérieur qui décide par les événements. De là vient que la fuite d'un souverain dans une terre étrangère, et que sa seule absence, s'il la prolonge contre le vœu de ses concitoyens, est une abdication de sa part.

« Lorsque Hugues Capet monta sur le trône, Charles de Lorraine subsistait encore; «mais, dit Mézerai, ce pauvre prince s'était destitué lui-même en se rendant étranger, et la France ne pouvait souffrir un chef qui fût vassal d'un autre roi. » Le

sophie. » Et Bonaparte, sans laisser à un seul membre du conseil d'État le temps de répondre, leva la séance.

Le Consul affectait de mépriser la cause des Bourbons ; il les frappait d'impuissance, feignant de croire qu'ils ne seraient jamais à redouter ; il les voyait comme une race finie, comme celle des Mérovingiens et des Carlovingiens. Cependant ce n'était ici qu'une affectation d'homme politique ; la pensée des Bourbons n'était point éteinte. Le Consul avait cette crainte au cœur plus que ses généraux, ses compagnons de fortune ; comme il avait de la portée dans l'esprit, il savait toute la force d'un pouvoir antique et héréditaire. Les Bourbons ne lui paraissaient plus que comme des ombres, mais de ces ombres qui poursuivent dans les rêves et dans les insomnies des longues nuits. La censure, comme tous les examens par les bureaux, s'arrêtait aux petites choses, aux mots, et ne voyait point les grands mouvements d'opinion ; elle n'avait pas aperçu que dans le drame d'*Édouard en Écosse*, toute la vie poétique d'un parti était mise en action, et qu'on jetait le royalisme dans le cœur de toutes les femmes qui aimaient, et dans tous les jeunes hommes qui savaient braver les grandes épreuves de la vie. Bonaparte agit vigoureusement contre l'auteur ; il avait peu de goût pour les gens de lettres, lorsqu'ils attaquaient son gouvernement ; il n'aimait pas la littérature qui se faisait politique, et

---

meilleur droit de Hugues fut le consentement général du peuple français.

« Si un prince, indépendamment de l'asile qu'il va demander chez une nation ennemie, la soulève contre son pays, il attire une malédiction éternelle sur lui et ses descendants. Peut-être les Stuarts seraient-ils remontés sur le trône de Charles II, s'ils n'eussent marché à la tête des troupes françaises ; et c'est par suite du même crime politique que les princes français de la maison de Bourbon sont à jamais expulsés du territoire français. En soulevant la Vendée, en excitant cette révolte de Toulon, qui livra aux Anglais une partie de la marine française, en attisant cette affreuse guerre qui nous a coûté le sang de 2,000,000 d'hommes, ils se sont rendus les plus grands ennemis de la patrie. Ce mépris égale l'indignation, quand on songe que

M. Duval, le dramatique auteur du preux Édouard, fut condamné à l'exil. Il dut voyager en Allemagne, en Russie; partout il y fut accueilli par la société élégante avec un véritable enthousiasme; l'opposition se manifestait déjà en Europe contre Bonaparte. On recevait bien ses ennemis en étudiant toutes les haines, en profitant de toutes les chances.

Les mesures du gouvernement contre les théâtres ne s'arrêtèrent point là; un opéra-comique fut joué à Feydeau, qui portait le titre de *l'Antichambre, ou les Valets devenus maîtres*. La pièce dénoncée à la police, on accusa M. Emmanuel Dupaty d'avoir mis en scène les Consuls en livrée, d'avoir insulté les fonctionnaires publics; et sur un simple rapport, sans aucune explication, Bonaparte incorpora M. Emmanuel Dupaty comme réquisitionnaire dans les compagnies de discipline qui, plus tard, devaient aller à Saint-Domingue. Ainsi procédait le gouvernement consulaire; c'est de cette manière qu'il comprenait l'indépendance des lettres; il ne les protégeait qu'à la condition expresse qu'elles resteraient dans les conditions de sa police et de son gouvernement. Il ne voyait rien en elles qu'un moyen de dominer les hommes. Bonaparte n'eut jamais le sentiment élevé des lettres; il ne comprenait ni l'histoire, ni la pensée, ni les sentiments exaltés; homme de conquête

---

ceux qui ont constamment payé les crimes de la guerre civile, n'en ont jamais partagé les périls.

« Si quelques-uns de leurs adhérents sont restés en France, ils n'y sont que par forme d'armistice et par l'indulgence de la nation, qui, parvenue au point d'influer sur le sort des rois étrangers, n'a pas voulu être inflexible pour ses enfants égarés. Mais la tranquillité est la borne de l'indulgence; et si les partisans d'une cause déshonorée par tant de crimes, oubliaient la reconnaissance qu'ils doivent à la patrie réconciliée, le devoir du gouvernement serait alors d'être inflexible. On pourrait les plaindre de leur nouveau délire, mais il faudrait les frapper, et rejeter loin de nous des ingrats couverts, aux yeux de toutes les nations, d'un second opprobre, et devenus parjures une seconde fois. »

et de pouvoir, il sacrifiait tout à ces deux idées, à ces deux grandes passions de sa vie. Ces allusions continuelles dont le Consul se plaignait, et qu'il punissait hautement, étaient plutôt dans les opinions qu'elles n'étaient dans les paroles des drames représentés sur la scène; quand un sentiment est au fond de la société; quand l'opposition apparaît et se montre partout, un mot, tout indifférent d'abord, devient le sujet d'applications incessantes; il est piquant et significatif par les circonstances dans lesquelles on se trouve : il faut bien que l'esprit de résistance trouve son issue, qu'il se manifeste ou par les mots ou par les choses; les rigueurs d'un gouvernement n'ont jamais empêché cette irruption soudaine et irrésistible de l'opposition d'un pays; c'est la transpiration du corps social [1].

Ce caractère de piquante opposition se faisait jour jusque dans les vaudevilles, et des vaudevilles il descendait aux salons. Partout la chanson devenait ennemie des formes austères et républicaines; MM. de Ségur, aimables faiseurs de madrigaux, excellaient dans la poésie gracieuse et légère; le suprême esprit était de faire des chansons sur un mot, et de rimer vingt ou trente couplets sur le *petit ou le grand*, sur *la rose*, sur *la paille*, sur *la chaumière* et *l'humble toit*; puérilités que ne com-

---

[1] « Un jeune poëte, M. Emmanuel Dupaty, ayant fait jouer au théâtre de l'Opéra-Comique une petite pièce intitulée l'*Antichambre, ou les Valets devenus maîtres*, la police de Bonaparte, excitée par quelques hommes auxquels ce titre pouvait s'appliquer, crut y apercevoir une allusion au nouvel ordre de choses; sur son rapport, l'auteur, que recommandaient son nom, sa politesse et son esprit, fut enlevé à sa famille, et conduit pieds et poings liés à Brest, pour y être enrôlé comme conscrit dans un régiment destiné pour les colonies. On racontait alors que, dans le délire de sa colère et de son orgueil, le premier Consul avait parlé de faire dépouiller de ses habits et frapper de verges sur la place du Carrousel, un acteur qu'on accusait d'avoir joué son rôle de valet avec un habit de la forme et de la couleur de celui que portaient les Consuls; heureusement cette partie du rapport se trouva fausse. » (Mémoires du temps.)

prend plus notre époque sérieuse. MM. Piis, Barré, Desfontaines, les chansonniers à la mode, dinaient au *Caveau;* ils se noyaient dans des flots de vin de Pomard, clos de Bourgogne alors à la mode parmi cette génération à la tête chaude, à l'estomac homérique. Le *Caveau* formait une institution gastronomique où il fallait chanter de toute nécessité le vin, les femmes et l'amour [1], alors même que les déceptions de la vie arrivaient avec leur triste cortège. MM. Armand Gouffé et Chazet apparaissaient sur cette scène du vaudeville; on répétait leurs jolies romances dans les salons, et leurs petits drames sur les théâtres. M. Bouilly se chargeait de la partie sentimentale du vaudeville; il pleurait sans cesse, et dans ses lamentables couplets, il exprimait la sensibilité la plus tendre, la plus expansive; il préparait alors cette *Fanchon la vielleuse,* drame tout d'égalité, où un marquis épouse une pauvre petite Savoyarde: « qui n'apporte en France que l'espérance et sa vielle, » vieux refrain qui faisait fondre en larmes les jeunes femmes du Consulat; hélas! la plupart, n'avaient aussi apporté à leurs glorieux maris que leurs quinze ans et l'espérance.

Le vaudeville faisait fureur au milieu même des graves événements qui présidaient à la reconstruction sociale, la censure laissait quelque liberté aux discussions littéraires des journaux, sur un drame, un acteur,

---

[1] Voici quelques échantillons de ces traits d'esprit :

Amis, d'être sage, un beau jour,
    Je conçus la folie;
La prude Minerve en sa cour
    Aussitôt me convie :
Venez, dit-elle, avec bonté,
    Mortel digne d'envie,
Sans amour, sans vin, sans gaieté,
    On passe ici la vie.

Convaincu par ce beau discours
    De la docte déesse,
Je lui jurai de fuir toujours
    Toute profane ivresse;
Et près d'elle je répétai,
    D'une voix orgueilleuse :
Sans vin, sans amour, sans gaîté,
    Que la vie est heureuse.
        (Par M. de Ségur aîné.)

Amis, que la gaîté rassemble,

une pièce à la mode ou une œuvre de plus grande portée; les journaux ne pouvaient toucher aucune question de politique, mais libre à eux de se jeter hautement dans le domaine de la philosophie et des lettres. La police, toujours mal éclairée sur les questions générales, s'imaginait que la politique seule blesse les gouvernements, tandis qu'une discussion de littérature exerce quelquefois une immense influence sur la marche des esprits, car elle prépare l'avenir des générations; il n'y a que les grandes questions philosophiques qui remuent les sociétés; la marche des idées ne vient pas de quelques sarcasmes jetés à la face du pouvoir; elle naît surtout d'un ensemble de principes qui dominent les faits.

Ainsi cette liberté de discussion, même restreinte dans les matières philosophiques, agissait sur les opinions. Est-ce que le livre de M. de Chateaubriand n'était pas plus puissant qu'une déclamation politique? Trois ou quatre journaux entraînaient l'esprit de ce même pouvoir, qui prétendait s'en affranchir. Le *Mercure*, recueil de littérature remarquable sous l'influence de M. de Fontanes, avait pour tête de colonnes MM. de Chateaubriand, de Bonald, l'éminent penseur, madame de Genlis, Esménard, gracieux poëte, alors dans son époque brillante. Dans le *Mercure* étaient vivement remuées toutes les questions littéraires du temps; qu'on se reproduise la

Pour chanter et dîner ensemble,
Prêtez-moi l'oreille un instant,
Sur un sujet intéressant!
On chante, du siècle où nous sommes,
Et les grands et les petits hommes;
Moi, sans prendre de si hauts tons,
Je prétends chanter les *dindons*.

S'il faut en croire la chronique,

Les *dindons* viennent d'Amérique;
C'est aux enfants de Loyola
Que nous devons ce présent-là.
Mais, cette bienheureuse engeance
S'est naturalisée en France,
Et dans nos cours, dans nos maisons,
Nous aurons, toujours, des *dindons*.
(Par Radet.)

pensée de M. de Bonald, l'élégance de M. de Fontanes et le coloris de M. de Chateaubriand fondus dans une même œuvre, et l'on pourra s'en faire une juste idée.

La *Décade philosophique* fut opposée au *Mercure*; elle défendait, avec l'esprit voltairien, les idées du xviiie siècle, à l'aide de plumes également éminentes : Chénier, pour la poésie; Ginguené, pour l'érudition; Andrieux, pour la grâce; Garat, pour l'élégance, et d'autres noms encore retentissants; tous pouvaient lutter avec les littérateurs monarchiques et religieux; ils avaient du sarcasme, de la philosophie et de l'esprit. Belle lutte alors que cette lice de la presse! On s'occupait de ces articles comme d'un événement; les salons mêmes en étaient curieux comme d'un bulletin de campagne; l'armée de l'esprit avait ses grandes journées comme l'armée du Consul; c'était l'époque des feuilletons sérieux et des articles littéraires d'une grande portée : on y soutenait de vastes thèses de grammaire, de goût et de philosophie; Geoffroy, Rœderer, n'étaient pas les seuls athlètes dans cette vaste lice du journalisme; on y voyait encore Dussault, l'abbé Grozier et M. Féletz, critique éminent.

Le *Journal des Débats* fut la vaste renommée du temps; on le lisait sur toute la surface de la République et de l'Europe. Le feuilleton de Geoffroy lui valait son retentissement. Ce journal publiait de remarquables articles sur les sciences positives, sur l'érudition et sur les ouvrages qui apparaissaient avec éclat, de telle sorte que l'histoire de l'esprit humain se retrouve dans cette presse si éminente; il y a peu de traces de politique, excepté les articles qu'imposait le Consul ou que dictait sa parole saccadée, sur un homme, sur une chose, sur un fait. La gloire du feuilleton de Geoffroy, c'est qu'il peut se relire encore; il peint son époque, ses émotions; rien n'échappe à sa critique ; une représentation scénique lui sert de texte et d'occasion pour la revue littéraire d'un temps ; son feuilleton a quelque chose de grave, de spirituel, de mordant et de réfléchi. Pour lui ce n'est pas un métier, mais une mission, ou si l'on veut une passion. Lorsqu'il soutient une thèse, on la discute, on s'y attache ; il y a des partis dans la littérature comme dans l'État. On est pour Geoffroy, pour Rœderer, ou pour Chénier. Le matin, on ouvre avec émotion son journal, comme s'il s'agissait d'une grande affaire publique, on se demande : Y a-t-il une représentation aux Français ? Talma crée-t-il un rôle ? Mademoiselle Bourgoing, mademoiselle Volney apparaissent-elles sur la scène dans leurs brillants débuts ?

C'est une lutte, un pugilat que ces feuilletons ; on s'en occupe comme de l'affaire du jour ; on s'inquiète du jugement de Geoffroy ; que pensera le critique mordant ? Quel coup de férule va-t-il distribuer ? Appuiera-t-il la jeune débutante qui tremble sur la scène, et que la protection de Chaptal ne peut préserver ? L'attaquera-t-il avec sa verve accoutumée ? Telles sont les questions que l'on se fait partout ; le matin, Paris est palpitant sur quelques lignes écrites par les critiques de journaux. S'il apparaît une tragédie, un opéra, on consulte également l'oracle ; on cherche même à l'apaiser par ces sacrifices que les anciens offraient sur les autels des dieux : Geoffroy, disait-on, n'était point insensible à cette espèce d'offrande, venant même des mains blanches et chéries. En le séparant de ses tristes infirmités, son talent restera supérieur à tous ceux des critiques de cette époque ; ses feuilletons sont les seuls peut-être qui puissent se réunir comme un cours de littérature, plus fin, plus spirituel et aussi éminent que celui de La Harpe! Philosophie, histoire, romans, tout s'empreint de l'esprit des deux écoles qui se disputent la société ; le xviii° siècle a ses organes, ses travaux d'érudition, ses écrivains sensuels, ses historiens sceptiques; l'école religieuse se lève dans sa robe de jeunesse et de poésie; la guerre qu'elle déclare à l'école voltairienne est vigoureuse, continue, implacable, et les encyclopédistes ne se relevèrent jamais de cette critique que leur firent avec une supériorité remarquable le *Mercure* et le *Journal des Débats*.

CHAPITRE VI.

PRÉPARATION DU CODE CIVIL.

Idée d'un code civil. — Uniformité des lois. — Les deux écoles du droit romain et du droit coutumier. — Portalis. — Cambacérès. — Treilhard. — Tronchet. — Bonaparte. — 1° État des personnes. — Naissances. — Familles. — Mariage. — Divorce. — Adoption. — Enfants naturels. — 2° État des propriétés. — Le propriétaire. — L'héritage. — La succession. — 3° Le louage. — La corporation. — La société. — 4° Législation sur le prêt et l'hypothèque. — L'expropriation. — Esprit général du Code civil. — Exposé des motifs de M. Portalis.

1801-1802.

Les écoles de philosophie et de sociabilité telles que je viens de les suivre dans l'époque du Consulat, se formulaient encore pour les études du droit et de la législation comparée; l'idée d'un code civil, vieille de date, se rattachait au berceau de la Révolution française; l'Assemblée constituante avait proclamé la nécessité d'un code uniforme embrassant les grands principes du droit général. Les constitutions politiques d'un État [1] passent et se modifient avec les passions du moment et les besoins des générations; les lois qui règlent la famille et les propriétés demeurent debout dans le cours des âges. Les antiques usages du foyer domestique se ratta-

---

[1] On peut voir le procès-verbal de l'Assemblée constituante (année 1790).

chent aux temps primitifs; la propriété a son origine dans la longue possession de la terre; la société vit par elle. Ces principes étaient d'autant plus urgents à proclamer sous le Consulat, que des bouleversements inouïs venaient d'éclater dans les personnes et les propriétés foncières, depuis l'époque de 1789; les lois de la Constituante et de la Convention avaient porté un coup fatal aux institutions de la famille; on avait confisqué la terre, détruit l'autorité paternelle, émancipé le fils dès l'adolescence; si l'on voulait réorganiser la société sur de fortes bases, il fallait d'abord restaurer les lois intérieures du foyer. De quelque manière qu'on pût expliquer la double confiscation des biens de l'Église et de l'émigration, ces deux mesures avaient produit un ébranlement soudain et profond du sol, ce fondement de toute institution civile.

Une première pensée semblait dominer les esprits depuis 1789, c'était l'uniformité de la législation. Comme tous les réformateurs, les Constituants étaient partis d'une idée fixe *a priori*; ils y avaient plié les intérêts, les faits : l'uniformité séduit [1]; les pouvoirs ont toujours tendance à placer l'unité dans les formes sociales, parce qu'elle facilite l'action et les ressorts de l'autorité. La vieille France se divisait par coutumes; chaque province avait la sienne inhérente à son histoire; plusieurs avaient stipulé ces priviléges en se réunissant à la France; la coutume, née avec le berceau, venait souvent de la famille primitive. Toutefois, la grande division se résumait dans le droit romain et le droit coutumier; le premier dominant le midi des Gaules, la Provence, le Languedoc, antique souvenir des municipes et des colonies de

---

[1] Discours préliminaire de M. Portalis, p. 6.

Rome; on y trouvait en vigueur les Institutes, les codes Théodosien et Justinien; le *corpus juris* réglait les parlements depuis le Rhône jusqu'à la Loire. La coutume, au contraire, mobile, variée, différait de province à province, de cité à cité, comme la constitution de chaque race; la coutume était l'expression des mœurs et des habitudes de toutes les nationalités; combien n'était-il pas difficile d'établir l'uniformité dans cette masse de lois spéciales [1]? On devait craindre que, pour répondre à une vaste pensée d'unité, on ne bouleversât les habitudes transmises de génération en génération avec le manoir, l'église et la croix du hameau; l'unité est plutôt une idée mathématique que praticable; elle est plus commode pour les gouvernements que pour le peuple, qui voit moins la nation que son clocher, sa famille et la terre dans laquelle il naît, existe et meurt.

Cette division entre le *corpus juris* et le droit coutumier existait puissante au sein du conseil d'État; le droit romain avait ses représentants comme la coutume parmi les jurisconsultes [2] les plus forts et les plus éminents; Cambacérès, par exemple, né à Montpellier, appartenait aux idées parlementaires du droit romain qui dominait dans toutes les villes du midi de la France; il se prononçait donc pour l'extension de l'autorité pa-

---

[1] Voir mon travail sur l'histoire de France au moyen âge.

[2] Voici comment Bonaparte jugeait les auteurs du Code civil.

« Tronchet est un homme qui a de grandes lumières et une tête très saine pour son âge.

« Je trouve Rœderer faible.

« Portalis serait l'orateur le plus fleuri et le plus éloquent, s'il savait s'arrêter.

« Thibaudeau, ce n'est pas là le genre de discussion qui lui convient, il est souvent trop froid. Il lui faut une tribune; c'est comme Lucien, il a trop de fougue.

« Cambacérès fait l'avocat-général, il parle tantôt pour, tantôt contre.

« Le plus difficile, c'est la rédaction; mais nous avons le meilleur des rédacteurs, Lebrun. »

ternelle, le système dotal, le testament dans sa plus large étendue, ainsi que le comprend la loi des Douze tables. Ce même droit romain trouvait son plus ferme appui et son plus éloquent interprète dans M. Portalis, avocat du parlement de Provence, très attaché aux vieux principes des Pandectes, au système dotal, en souvenir d'une province qui avait dans son territoire Marseille, la sœur de Rome, et Aix, la ville des thermes de Sextius sous les Césars. Treilhard, Tronchet, au contraire, nés au centre de la France, dans les provinces coutumières, exaltaient toute la prééminence de la coutume : les bons us de Normandie, Anjou, Paris et Champagne. Là, par tradition de la puissance des femmes chez les Gaulois, on adoptait la communauté égale entre les époux; l'autorité paternelle avait moins de liens, la famille n'était pas organisée comme la *familia* romaine telle que la définit le code Justinien avec le servage de tous sous le père commun. Le droit coutumier était empreint de coutume féodale, alors proscrite comme le souvenir de la vieille monarchie. De plus, le conseil d'État se divisait en deux partis : les monarchistes et les républicains, les partisans de l'ancien régime et les révolutionnaires : de quel côté pencherait la balance? De cette lutte devait résulter un peu de confusion, et le Code civil s'en ressent [1].

[1] Voici le texte d'un des arrêtés des Consuls sur les auteurs du Code civil.

« Les Consuls de la République, après s'être fait rendre compte du projet de Code civil, rédigé en conséquence de leur arrêté du 24 thermidor (14 août), par les citoyens Tronchet, Portalis, Bigot de Préameneu et Malleville, ont arrêté, le 3 mars : 1° que le ministre de la justice ferait connaître aux citoyens Tronchet, Portalis, Bigot de Préameneu et Malleville la satisfaction du gouvernement ; 2° que le tribunal de cassation serait invité par le ministre, à nommer une commission de cinq membres qui discuteront ce projet de code, et feront leurs observations sur chacun des articles qu'il renferme. Dans la première décade de prairial, le travail de cette commission sera remis au ministre pour être présenté au gouvernement. »

Au milieu de ces opinions diverses, disparates, dominaient la volonté ferme et les sentiments élevés du premier Consul ; Bonaparte, abandonné à ses grands instincts, voyait droit et haut toutes les lois de la famille et de la société, tant qu'elles lui restaient étrangères ; il suivait avec sa vive et puissante imagination les points les plus divers de morale politique ; mais dès qu'une question de droit se présentait, mêlée à une de ses pensées, à un de ses desseins, à un de ses préjugés ou à une de ses souffrances domestiques, il se laissait aller à des idées qui lui étaient toutes personnelles, et son esprit perdait son caractère de justesse et de pénétration. Ces préjugés, ces faiblesses, se révèlent surtout dans les questions du mariage, du divorce et de l'adoption ; c'est le mari de Joséphine soumis à toutes les impressions, et qui parle du divorce comme d'une nécessité et d'une espérance ; Joséphine dut trembler plus d'une fois au récit de ces discussions chaudes et ardentes dans le conseil d'État. L'adoption doit aussi couvrir le vide que la paternité naturelle n'a pas comblé. Sur tous ces points Bonaparte se passionne, s'anime et se laisse aller à la déclamation, lui qui est habituellement si concis, si positif dans les matières sérieuses et législatives[1]. Sa nature est sociale et conservatrice, et la pensée de l'avenir le pousse à des principes désorganisateurs.

Les auteurs du Code civil avaient fini leur œuvre, et Cambacérès, dans une séance solennelle du conseil,

---

[1] M. Locré rédigeait les procès-verbaux des séances, et envoyait sa rédaction imprimée à mi-marge, aux membres du conseil, afin qu'ils pussent la rectifier s'il y avait lieu. Il ne se permettait pas d'autre licence que celle de mettre en état de supporter l'impression quelques phrases qui avaient parfois le négligé de la conversation. C'était sans doute ce qu'il faisait aussi pour les opinions du premier Consu.

annonça que la discussion allait s'ouvrir sur ces graves matières [1]. Tout code s'occupe d'abord des personnes, et le premier titre soumis à la délibération fut tout entier relatif à l'état civil de l'homme, aux actes qui conservent sa vie et protégent la famille; grave intérêt qui forme la base du code pour toute nation civilisée.

L'état civil appartenait, sous le vieux régime, au clergé, la portion alors éclairée de la société; lui seul, au milieu des ténèbres de la barbarie, avait consacré l'état de l'homme, dans les trois grandes époques de la vie : la naissance, le mariage et la mort. Les lumières s'étant répandues, les maires prirent la place des curés; la commune domina l'Église; nul ne pouvait toucher à cette révolution; il fallait la respecter comme un fait accompli. Or, voici quels furent les principes du code : l'enfant naît français, avec la jouissance des droits civils, restés indépendants des priviléges politiques. Ces droits civils, comment les perd-on? Qui peut en priver l'individu? Telles furent les questions d'abord discutées dans les séances solennelles du conseil d'État. A quel âge permettra-t-on le

---

[1] Voici ce que pensait Bonaparte des discussions au conseil d'État.

« Les conférences des anciennes ordonnances ne ressemblent nullement aux nôtres : alors c'étaient des savants qui discutaient sur le droit; ici c'est un Corps législatif au petit pied J'ai pu ne pas parler comme le citoyen Tronchet, mais ce qui a été dit par lui, par les citoyens Portalis et Cambacérès, l'a été dignement. Si le procès-verbal est bien rédigé, il offrira un monument digne de la postérité. Si nous lisons les procès-verbaux du temps e Louis XIV, nous y verrons du bavardage. Il ne faut pas que dans la rédaction du nôtre, les jurisconsultes du conseil laissent échapper des erreurs, ou des choses qui ne seraient pas conformes à leurs opinions; car, dans la longueur des séances, on peut avoir eu des absences. Il faut y apporter d'autant plus d'attention que le nom du citoyen Tronchet fera autorité. Quant à nous, hommes d'épée ou de finances, qui ne sommes pas de la jurisprudence, mais de la législation, peu importent nos opinions. J'ai pu dire dans la discussion, des choses que j'ai trouvées mauvaises un quart d'heure après; mais je ne veux pas passer pour valoir mieux que je ne vaux.» (Procès-verbal du Code civil.)

mariage? Quelles seront les conditions du contrat et les conséquences qu'il pourra produire. La discussion se prolongeait vive : chaque membre émettait son opinion, et Bonaparte écoutait. Tout à coup le Consul prend la parole et il s'écrie de sa voix mordante et saccadée :

« On n'a pas d'idée de l'institution du mariage ni des lumières du siècle; à présent qu'il n'y a plus de castes, c'est la plus imposante devant la nature. Le mariage prend sa forme des mœurs, des usages, de la religion de chaque peuple. C'est par cette raison qu'il n'est pas le même partout; il est des contrées où les femmes et les concubines vivent sous le même toit, où les esclaves sont traités comme les enfants. La considération de l'alliance n'influe plus maintenant que sur un petit nombre de mariages; c'est la considération de l'individu qui en détermine le plus grand nombre. Est-il à désirer que l'on puisse se marier à treize et à quinze ans? On répond : Non, et l'on propose dix-huit ans pour les hommes et quatorze pour les femmes. Pourquoi mettre une aussi grande différence entre les hommes et les femmes? Est-ce pour remédier à quelques accidents? Mais l'intérêt de l'État est bien plus important. Je verrais moins d'inconvénients à fixer l'âge à quinze ans pour les hommes qu'à treize pour les femmes, car que peut-il sortir d'une fille de cet âge qui a neuf mois de grossesse à supporter? On cite les Juifs à Jérusalem : une fille est nubile à dix ans, vieille à seize, et non touchable à vingt. Vous ne donnez pas à des enfants de quinze ans la capacité de faire des contrats ordinaires; comment leur permettre de faire, à cet âge, le contrat le plus solennel? Il est à désirer que les hommes ne puissent se marier avant vingt ans, ni les filles avant dix-huit, sans cela nous n'aurons pas une bonne race. On ne devrait pas permettre le mariage à des individus qui ne se connaîtraient pas depuis six mois. Si l'erreur ne porte que sur les qualités, et qu'il n'y ait pas de fraude de la part de l'individu sur lequel elle porte, le temps et la survenance d'enfants doivent couvrir le vice originaire du mariage, parce que les circonstances indiquent qu'il a été effacé par un consentement postérieur. J'ai épousé une femme brune qui m'était bien connue depuis six mois, et je reconnais ensuite qu'elle n'est pas fille de celui que j'avais cru son père : il n'y a point erreur de personne, il y a mariage, autrement ce serait un jeu. Il y a eu échange d'âme, de transpiration..., tant pis pour l'homme... Vous ne pouvez plus remettre la fille dans l'état où elle était... On sifflerait un drame qui serait contraire à mon système. La moralité pourrait défendre la solution du mariage contracté par erreur avec une aventurière, si, par une bonne conduite longtemps soutenue, elle avait fait le bonheur de son mari [1]. »

L'époux de Joséphine se manifeste encore ; Bonaparte sent sa position bien profondément ; chef de l'État, il veut relever l'institution du mariage, mais sa situation l'embarrasse. Le caractère du premier Consul se montre sous des formes plus saillantes quand il s'agit de divorce ; c'est pour lui une espérance, une pensée

---

[1] Bonaparte revint à plusieurs reprises sur l'institution du mariage :

Le premier Consul : « Est-ce que vous ne ferez pas promettre obéissance par la femme ? Il faudrait une formule pour l'officier de l'état civil, et qu'elle contînt la promesse d'obéissance et de fidélité par la femme. Il faut qu'elle sache qu'en sortant de la tutelle de sa famille, elle passe sous celle de son mari. L'officier civil marie sans aucune solennité ! Cela est trop sec. Il faut quelque chose de moral. Voyez les prêtres. Il y avait un prône. Si cela ne servait pas aux époux, qui pouvaient être occupés d'autre chose, cela était entendu par les assistants. »

On lut l'article suivant : « Le mari doit protection à sa femme, la femme obéissance à son mari. »

politique, un soulagement. Bonaparte est ici le mari, l'homme de ménage plutôt que l'esprit social qui veut fonder des institutions politiques ; il appelle le divorce comme un remède à une situation qui limite l'avenir de sa race.

« La question est de savoir s'il y aura ou s'il n'y aura pas de divorce. Que l'on consulte donc les mœurs de la nation ! Tout ce que l'on a dit est en opposition avec elles : on cède à des préjugés religieux, et non aux lumières de la raison... Les femmes ont besoin d'être contenues dans ce temps-ci, et cela les contiendra ; elles vont où elles veulent; elles font ce qu'elles veulent. C'est comme cela dans toute la République ; elles ont trop d'autorité. Il y a plus de femmes qui outragent leurs maris, que de maris qui outragent leurs femmes. Il faut un frein aux femmes qui sont adultères pour des clinquants, des vers, Apollon, les Muses. On oppose les bonnes mœurs ; il n'y a rien qui les blesse davantage qu'une loi qui rend le divorce impossible : les avocats de l'indissolubilité marchent toujours à leur but sans considérer les besoins de la société. Mais l'indissolubilité n'est que dans l'intention, au moment du contrat ; elle n'existe pas malgré les événements imprévus, tels que la disparité de caractère, de tempérament et les autres causes de désunion. Le mariage ne dérive point de la

---

Sur le mot obéissance.
Crétet : « Les lois l'ont-elles imposée ? »
Le premier Consul : « L'ange l'a dit à Adam et Ève. On le prononçait en latin lors de la célébration du mariage, et la femme ne l'entendait pas. Ce mot-là est bon pour Paris surtout où les femmes se croient en droit de faire ce qu'elles veulent. Je ne dis pas que cela produise de l'effet sur toutes ; mais enfin cela en produira sur quelques-unes. Les femmes ne s'occupent que de plaisir et de toilette. Si l'on ne vieillissait pas, je ne voudrais pas de femme. Ne devrait-on pas ajouter que la femme n'est pas maîtresse de voir quelqu'un qui ne plaît pas à son mari ? Les femmes ont toujours ces mots à la bouche : *vous voulez m'empêcher de voir qui me plaît !* » (Procès-verbaux du conseil d'État.)

nature, mais de la société et des mœurs. La famille orientale est entièrement différente de la famille occidentale. La première est composée de plusieurs épouses et de concubines ; cela paraît immoral, mais cela marche ; les lois y ont pourvu. Je n'adopte point l'opinion que la famille vient du droit civil, et le droit civil du droit naturel. Les Romains avaient d'autres idées de la famille ; son organisation vient des mœurs. Le citoyen Portalis n'a point répondu à l'objection résultant de l'âge fixé pour le mariage. La plupart des unions sont faites par convenance ; il n'y a que le temps qui puisse les sanctifier. Proscrivez le divorce après un certain temps, quand on s'est connu, quand il y a eu échange d'amour et de sang, comme après dix ans de mariage ; à la bonne heure : j'en conçois la raison. On ne doit pas chasser une femme dont on a eu des enfants, à moins que ce ne soit pour cause d'adultère ; alors c'est une affaire criminelle. Mais avant les dix ans, il faut que l'incompatibilité suffise, que l'affaire se traite devant un conseil de famille, présidé par un magistrat, et que l'on ne puisse pas divorcer deux fois, car cela serait absurde et avilirait le mariage. Il faut que les individus divorcés ne puissent se marier qu'après un délai de cinq ans, afin que ce ne soit pas la perspective d'un autre mariage qui les porte au divorce. Alors vous aurez fait tout ce qu'exige la morale, mais vous n'aurez pas sciemment fermé les yeux sur les inconvénients de votre système. Chaque individu a une grande liberté dans sa famille, même sous le despotisme oriental. Il faut aussi considérer le bonheur des individus. Que direz-vous à une femme qui, se fondant sur le code romain, demandera le divorce pour impuissance de son mari ? Vous n'en parlez pas. Cela arrivera cependant ; en vain crierez-vous alors au scandale. Plusieurs membres du conseil allèguent les bonnes mœurs pour rejeter le divorce pour cause d'incompatibilité : cela n'est pas exact. Un mari sait que sa femme est adultère : s'il a des mœurs, elle lui sera insupportable, il ne pourra pas vivre avec elle. Il ne veut pas, par pitié pour elle, demander le divorce pour cause d'adultère ; il ne le veut pas pour lui, à cause du ridicule qui, dans nos mœurs, rejaillit sur le mari ; il ne le veut pas pour les enfants qui seraient déshonorés par la mauvaise conduite de leur mère [1]. »

Le Consul revient sans cesse sur l'adultère ; il en plaisante avec un sourire amer [2]. « L'adultère, qui, dans un Code civil est un mot immense, n'est dans le fait qu'une galanterie, une affaire de bal masqué. L'adultère n'est pas un phénomène, c'est une affaire de canapé ; il est très commun. » L'adultère fait frissonner le Consul ; heureusement le divorce est là ; il le défend et veut le faire proclamer comme une institution.

---

[1] Le premier Consul : « Votre projet est plus serré, et il écarte le divorce. Il est impossible de dire que deux individus n'en font qu'un pendant toute leur vie. Je veux bien qu'on respecte la sainteté du mariage, excepté dans le cas de nécessité. Je ne fais rien contre les époux, puisque je veux le consentement mutuel ; je ne fais rien contre la sainteté du mariage, puisque j'exige le consentement des parents. Je considère les époux qui veulent divorcer comme en état de passion et ayant besoin de tuteurs. S'il y a une époque où le mariage ait été absolument indissoluble, je serai de l'avis du citoyen Tronchet. Il n'y a plus de famille ni de mariage, quand il y a séparation de corps. Je me souviens assez de l'histoire ecclésiastique pour savoir qu'il y a eu des cas où les papes ont autorisé le divorce ; l'union que forme le mariage ne peut être comparée à une greffe entée sur un pommier qui ne font réellement qu'un. Mais la nature humaine est différente. Quand je propose le consentement des pères au divorce, on oppose que cette précaution sera illusoire, qu'ils seront trop sensibles, trop indulgents ; et quand il est question d'adopter le divorce, on oppose l'intérêt des enfants qui seront sacrifiés par leurs pères ; on leur fait alors des entrailles de plomb. Les Romains épousaient des femmes grosses, nous en sommes là. Il faut approprier les lois à nos mœurs. On a des femmes joueuses, débauchées, faudra-t-il aller plaider pour les chasser de la maison ? »

[2] Voici comment MM. Thibaudeau et Pelet de la Lozère jugent la part de Bonaparte dans la discussion du Code civil :

« Le premier Consul présida la plupart

Le mariage est la source de la paternité et de la filiation. C'est ici que le Consul a l'amertume dans l'âme ; il n'a pas de postérité ; Joséphine est devenue stérile ; elle ne pourra pas lui donner un enfant, un Marcellus, le fils chéri d'Auguste ; les poètes ne pourront pas célébrer ses yeux noirs et sa chevelure d'ébène, flottante sur son beau cou. Les Romains avaient une institution politique pour remplacer la stérilité de la femme, et remplir le vœu de la nature[1] ; bientôt ses idées s'agrandissent ; il contemple sa destinée ; l'adoption viendra combler le vide. Ne faudra-t-il pas qu'il puisse diriger celui qui héritera de son nom et de son pouvoir ? Une séance tout entière du conseil d'État est consacrée à l'adoption ; Bonaparte y développa ses larges pensées, son enthousiasme antique, son étude d'histoire. « L'effet le plus heureux de l'adoption sera de donner des enfants à celui qui en est privé, de donner un père à des enfants devenus orphelins, de lier enfin à l'enfance la vieillesse et l'âge viril. La transmission du nom est le lien le plus naturel, en même temps qu'il est le plus fort, pour former cette alliance. L'adoption est si peu une conséquence du régime nobiliaire que c'est dans les républiques qu'elle a été principalement en usage. D'ailleurs, les modifications proposées la mettent

---

des séances du conseil d'État où le projet du Code fut discuté, et prit une part très active à sa discussion. Il la provoquait, la soutenait, la dirigeait, la ranimait comme certains orateurs de son conseil ; il ne cherchait point à briller par la rondeur de ses périodes, le choix de ses expressions, et le soin de son débit. Il parlait sans apprêt, sans embarras, sans prétention, avec la liberté et sur le ton d'une conversation qui s'animait naturellement suivant que l'exigeaient la matière, la contrariété des opinions et le point de maturité où la discussion était parvenue. Il n'y fut jamais inférieur à aucun membre du conseil ; il égala quelquefois les plus habiles d'entre eux par sa facilité à saisir le nœud des questions, par la justesse de ses idées et la force de ses raisonnements. Il les surpassa souvent par le tour de ses phrases et l'originalité de ses expressions. »

[1] «D'après les procès-verbaux imprimés, on ne voit la discussion s'ouvrir au Conseil d'État sur *l'adoption* que dans la séance du

en harmonie avec l'ordre de choses depuis longtemps reçu en France; elle devient une simple transmission de noms et de biens, transmission dont l'usage a toujours été fréquent, et qui n'a jamais été accusée de faire de l'adopté un être monstrueux dans l'ordre social. Toujours aussi l'adoption a existé dans les campagnes, avec cette différence cependant que, quant au droit, elle n'y transmet pas à l'adopté le nom de l'adoptant, mais que, dans le fait, le nom demeure à l'adopté, parce que personne ne le lui conteste. L'adoption, a-t-on dit, ne sert que la vanité. Elle a des avantages plus réels; elle sert à se préparer pour sa vieillesse un appui et des consolations plus sûrs que ceux qu'on attendrait de collatéraux; elle sert au commerçant, au manufacturier privé d'enfants, à se créer un aide et un successeur. La faculté de disposer ne forme pas les mêmes liens pendant la vie du testateur; après sa mort, elle ne transmet pas son nom. Cependant des motifs plus nobles que la vanité, l'affection, l'estime, le sentiment, peuvent lui faire désirer de contracter cette sorte d'alliance avec celui qu'il en a jugé digne. Elle ne change rien à nos mœurs, puisqu'elle se borne à régulariser le droit, déjà existant, de faire porter son nom; elle intéresse la vieillesse à élever la jeunesse, qu'en même temps elle encourage; elle prépare de bons citoyens à l'État; elle est un besoin pour toutes les professions [1]. » Bonaparte ne dit pas qu'elle est aussi une né-

---

27 brumaire an XI. Cependant elle avait déjà commencé dans les séances des 6, 14 et 16 frimaire an X, dont les procès-verbaux n'ont point été imprimés. Le premier Consul prit une grande part à la discussion. Il envisagea alors la question sous un rapport beaucoup plus élevé qu'elle ne le fut dans la suite. En voyant l'importance qu'il paraissait mettre à cette institution qui avait peu de partisans, et la solennité dont il voulut un moment l'environner, on serait tenté de penser qu'il y rattachait dès lors des vues de haute politique. » (M. Locré, procès-verbaux du Conseil d'État.)

[1] Voici la discussion telle que la rapportent les procès-verbaux :

Le premier Consul : « Il s'agit maintenant de savoir si l'adoption sera permise au

cessité pour lui-même, mais le conseil d'État l'a deviné.

Tout ce qui tient à la famille éveille au plus haut point les sollicitudes du Consul; comment organisera-t-on l'autorité paternelle? quel sera le pouvoir du père sur le foyer domestique? Bonaparte veut cette autorité bien grande, toutefois dans des limites qui jamais ne blessent la liberté et la souveraineté de l'État : « Il est difficile, dit-il, de concevoir que la puissance paternelle, qui n'est instituée que pour l'intérêt des enfants, pût tourner contre eux. C'est un principe constant que le père doit des aliments à tous ses enfants. Cette obligation va jusqu'à marier sa fille, car elle ne peut former d'établissement que par le mariage, tandis que les garçons s'établissent de beaucoup d'autres manières; et c'est sans doute cette différence qui a porté la loi *Julia* à accorder aux filles une action qu'elle refuse aux autres. Le père et la mère ont naturellement un grand pouvoir sur l'enfant qui est leur ouvrage; il est juste cependant que la société à laquelle l'enfant appartiendra un jour exclusivement, prenne garde comment le père en dis-

---

célibataire? Qui veut parler pour les célibataires? A vous, citoyen Cambacérès.

Cambacérès : « Je vous remercie. » (Rires.)

Il parla pour les célibataires. Plusieurs membres parlèrent pour et contre. Thibaudeau contre, d'après cette considération développée par lui, que l'adoption est un supplément aux effets du mariage, une fiction.

Cambacérès : « Puisqu'on donne tant de gravité à la discussion, je répondrai. Chacun a sa réputation à défendre. Ce qui m'afflige, c'est qu'on veuille adopter un principe de la Convention nationale qui distinguait les célibataires des hommes mariés, et ensuite on les imposera les trois quarts plus... La crainte d'empêcher les mariages est chimérique. Le mariage est assez en vogue à cause de ses avantages.

« Le citoyen Tronchet, dit Bonaparte, en rejetant l'adoption, a cité les Romains. Cependant chez eux, elle avait lieu dans les comices, devant le peuple lui-même. Le citoyen Portalis vient de dire que les testaments se faisaient aussi devant le peuple romain. La raison en est que ces actes étaient des dérogations à l'ordre des familles et des successions. L'objection tirée de notre constitution n'est pas fondée. Tout ce qui n'est pas formellement défendu par la constitution est permis. L'adoption n'est ni un contrat civil, ni un acte judiciaire. Qu'est-ce donc? une imitation par laquelle la société veut singer la nature. C'est une espèce de nouveau sacrement, car je ne

pose¹. » Voici donc la pensée de Bonaparte; la famille doit être subordonnée à l'État, comme tous les intérêts privés aux intérêts généraux sous l'action souveraine du gouvernement; maître de la famille, le Consul ne veut pas que le foyer domestique lui échappe; il y classe tous les droits, il en pénètre tous les besoins et les misères; il demeure dans une région fort élevée quand les souffrances et les préjugés de sa position personnelle ne l'aveuglent pas sur la force et la grandeur des principes.

Maintenant le Consul touche la propriété, le fondement de tout ordre politique; elle a éprouvé de si grands bouleversements! Que fera-t-on pour ramener les principes si étrangement méconnus depuis les lois de l'Assemblée constituante? Comment proclamer le respect de la propriété en face d'une révolution qui, pour des nécessités politiques, a confisqué la moitié des biens aux classes élevées en France?

« Je reconnais, dit le Consul, la nécessité de multiplier les propriétaires qui sont les plus fermes appuis de la sûreté et de la tranquillité des États. La législation doit être toujours en faveur du propriétaire. Il faut qu'il ait du bénéfice dans ses exploitations, parce que, sans cela, il abandonnera ses entreprises. Il faut lui laisser une grande liberté, parce que tout ce qui gêne l'usage de la propriété déplaît aux citoyens. En entendant discuter le Code civil, je me suis souvent aperçu que la

peux pas trouver dans la langue de mot qui puisse bien définir cet acte. Le fils des os et du sang passe, par la volonté de la société, dans les os et le sang d'un autre. C'est le plus grand acte que l'on puisse imaginer. Il donne des sentiments de fils à celui qui ne les a pas, et réciproquement ceux du père. D'où doit partir cet acte? D'en haut, comme la foudre. Tu n'es pas le fils d'un tel, dit le corps législatif; cependant tu en auras les sentiments. On ne peut donc trop s'élever. »

¹ Voici quelle était l'opinion du premier Consul sur la légitimité de l'enfant.

trop grande simplicité dans la législation est l'ennemie de la propriété! On ne peut rendre les lois entièrement simples sans couper le nœud au lieu de le délier, et sans livrer beaucoup de choses à l'incertitude de l'arbitraire. Et, cependant, si la justice civile est la base de la loi, chacun est frappé du sentiment que les droits des hommes reposent sur des principes immuables; il est de ces règles générales qui sont établies pour l'intérêt de la société, et qu'aucun propriétaire ne peut enfreindre sous le prétexte qu'il a le droit d'user et d'abuser de la chose. Par exemple, je ne souffrirais pas qu'un particulier frappât de stérilité vingt lieues de terrain dans un département frumenteux, pour s'en former un parc. Le droit d'abuser ne va pas jusqu'à priver le peuple de subsistance. L'abus de la propriété doit être réprimé toutes les fois qu'il nuit à la société; c'est ainsi qu'on empêche de scier les blés verts, d'arracher les vignes renommées. On perd le respect pour la propriété, lorsqu'on la regarde comme soumise à des chances qui peuvent facilement et sans raison la porter d'une main dans une autre. La première et la plus anciennement reconnue est celle des maisons, des arbres, des vignes, des biens situés sur les montagnes, et, en général, des choses qui demandent un certain temps et une certaine éducation pour donner des produits. La seconde est celle des pays

---

A quel terme doit naître l'enfant pour être légitime?

Le premier Consul : « Un enfant né à six mois six jours peut-il vivre?

Fourcroy : « Il est reçu que non. »

Le premier Consul : « On part de données très vagues. On n'a aucun intérêt à flétrir une créature innocente. Comment sait-on quand un enfant est conçu? Quand les théologiens croient-ils que l'âme entre dans le corps?

Fourcroy : « Les uns à six semaines, d'autres à... »

Le premier Consul : « Cette matière donne lieu à des observations de deux sortes : 1° le terme auquel naît l'enfant; 2° l'état dans lequel il se trouve en naissant. On dit que le fœtus est formé à six semaines; il peut donc naître à cette époque. Il naîtra mort, mais il sera né; *né* est donc une mauvaise expression dont on se sert dans le projet. Il faudrait dire né *vi-*

de plaine, où l'on récolte dans la même année, et presque sans peine, les blés qu'on a semés. Et la troisième est celle des mines. »

Les droits doivent s'abaisser devant l'utilité générale. Telle est la maxime du Consul; il reconnaît que la terre est la base de tout pouvoir; comment cette propriété pourra-t-elle être transmise? qu'est-ce que la vente, la succession? faudra-t-il admettre les doctrines du droit coutumier ou du droit romain? Qu'est-ce que le testament? le père aura-t-il le droit de briser les lois inflexibles de la succession? Bonaparte ne professe pas les opinions de pleine égalité proclamées par la Constituante; grandissant la faculté de tester, il marche droit aux majorats et justifie les substitutions; il ne heurte pas les préjugés; mais il arrive aux résultats d'une hiérarchie dans la famille et dans la société.

« Il ne s'agit pas, dit-il, de rétablir les substitutions telles qu'elles existaient dans l'ancien droit; alors elles n'étaient destinées qu'à maintenir ce qu'on appelait les grandes familles et à perpétuer dans les aînés l'éclat d'un grand nom. Les substitutions étaient contraires à l'intérêt de l'agriculture, aux bonnes mœurs, à la raison; personne ne pense à les rétablir. On propose seulement la substitution du premier degré, c'est-à-dire l'appel d'un individu après la mort de l'autre. Il est certain que si cette sorte de substitution peut être admise en ligne

vant. Il peut aussi naître mort à neuf mois. Qu'est-ce qui constate que l'enfant est né viable ou non? Quand a-t-il vie dans le ventre de sa mère?

Tronchet. « On pourrait dire l'enfant *né à terme avant cent quatre-vingt-six jours.*

Le premier Consul. « Qu'est-ce que *terme?*

Fourcroy. « De sept à neuf mois.

Le premier Consul. « Les gens de l'art peuvent-ils connaître si un enfant est né à neuf mois?

Fourcroy. « Non.

Le premier Consul : « Un enfant peut-il naître vivant à six mois?

Fourcroy. « Oui, mais il ne vit pas.

Le premier Consul. « J'adopterais que le père pourra désavouer l'enfant né avant cent quatre-vingt-six jours et qui survit un cer-

collatérale, on ne peut l'interdire en ligne directe ; mais aussi, si elle est permise en ligne directe, il n'y a pas de motif pour l'exclure en collatérale. Il y a même entre la disposition officieuse et la substitution telle quelle est proposée, une différence qui rend cette dernière préférable, sous le rapport de la morale. C'est que les tribunaux peuvent quelquefois intervenir dans la disposition officieuse pour en apprécier les motifs, et avoir ainsi à prononcer entre le père et le fils ; tandis que la substitution n'est qu'une institution au second degré qui n'a rien d'offensant pour le grevé, et qui ne peut donner lieu à aucune discussion personnelle. Il faut pourvoir à ce que le mécontentement du père ne dépouille pas toute la postérité du fils. C'est ce qui arriverait infailliblement si la disposition ne pouvait être étendue aux enfants à naître. L'aïeul mécontent de son fils lui préfère ses petits-enfants. Un seul de ces derniers existe alors : l'aïeul l'appelle, non parce qu'il l'eût préféré à ses frères, mais parce qu'il ne lui est permis de choisir qu'entre ce petit-fils unique et son fils. L'aïeul meurt ; des frères surviennent à l'appelé ; et ces frères qui eussent été également appelés s'ils eussent vécu lors du testament, se trouvent, contre le vœu du testateur, déshérités sans retour. Il y aurait là une injustice civile. »

En étendant un peu cette manière de penser du premier Consul sur le droit de substituer, on arrive à l'aristocratie réglée qui est son dernier but ; Bonaparte ne craint pas les idées monarchiques ; d'après lui, le partage incessant des terres, l'affaiblissement des castes,

---

tain temps. Mais quand l'enfant est né mort, il doit toujours appartenir au mariage. Quand les ongles viennent-ils aux enfants ?

Fourcroy. « Avant six mois.

Le premier Consul. « Si un enfant me naissait à cinq mois, je le prendrais pour être de moi et je le croirais malgré les médecins. »

l'inflexible loi du partage égal dans la succession des pères, sont des idées purement démocratiques; le Code civil va préparer un morcellement continu, un gaspillement de fortune; il est impossible d'établir un édifice durable sur la poussière, et le premier vent disperse le sable. Dans le Code civil, Bonaparte aperçoit facilement que l'idée de démocratie domine absolument; il ne peut encore la combattre de face, comme il le fera plus tard, armé du sceptre de Charlemagne et couvert de la pourpre des Césars. Ce Code lui fait peur, mais comment lutter contre toute une révolution qui s'est posée dans chaque forme sociale? il n'est pas assez fort pour marcher droit à ce but; il a détruit la liberté politique, œuvre plus facile que de toucher à l'égalité du foyer domestique; il ne marche à ce résultat que sous l'Empire, époque où Bonaparte brise pièce à pièce le Code civil par la création des fiefs et des majorats.

La troisième classification, présentée par les auteurs du Code civil, embrassait le contrat de louage pour les hommes et les choses, question complexe de la liberté d'industrie et de la corporation. Le conseil d'État resta dans les limites posées par le livre du contrat de louage de Pothier, le grand et sage jurisconsulte d'Orléans, le véritable auteur du Code civil, car on lui emprunta des chapitres tout entiers de son livre des *Obligations*. La corporation paraissait au Consul le premier principe et la base essentielle de toute organisation de l'industrie: point de scrupule sur l'esclavage et les louages de l'homme; quand le travail simultané est essentiel; corvée, servage, tout cela peut se légitimer, pourvu que le résultat soit social par une amélioration de culture, un meilleur entretien des routes, un grand développement de canaux. Bonaparte admit le système colonial dans toute son extension, il voulut l'appliquer comme Louis XIV l'avait conçu; car le premier Consul n'aimait pas la déclamation philantropique. Le louage des propriétés était une conséquence même de la possession, le louage des hommes et des services résultait des liaisons de l'industrie et du développement du commerce. Bonaparte admettait hautement le principe de la corporation, en rétablissant les charges et les jurandes : les agents de change, avocats, notaires formaient des corporations; on avait essayé les admirables résultats de l'aggrégation et les garanties qu'elle offrait à tous par la surveillance et la responsabilité simultanées de la corporation; on n'osa point encore l'appliquer à l'ouvrier. Un grand vide resta dans le système.

La propriété s'aliénait par la vente, suite d'un consentement mutuel ou par expropriation; l'expropriation était de deux natures : ou elle était nécessitée pour cause d'utilité publique, ou par suite d'une créance non acquittée. Bonaparte avait deux idées opposées sur la propriété; il envisageait l'expropriation pour cause d'utilité publique comme chef du pouvoir, et par conséquent, à la tête des grands projets d'administration, il devait désirer que l'expropriation fût facile, parce que les intérêts particuliers doivent toujours céder devant l'intérêt général, sauf la préalable indemnité qui paraît indispensable; il ne s'arrêta que sur le moyen de la fixer : « D'après le Code civil, dit le Consul, nulle expropriation, pour cause d'utilité publique, ne peut avoir lieu sans une juste et préalable indemnité; ce qui ne veut pas dire que le paiement réel et entier sera effectué avant la dépossession; on ne doit donc entendre cet article que par le règlement de l'indemnité, ce qui est une partie du paiement ou du moins le préliminaire indispensable. L'article proposé dans la première rédaction ne blesse donc pas les principes du Code ; il est avantageux aux citoyens, parce qu'il ordonne le paiement des intérêts, ce qui désintéresse le propriétaire ou l'indemnise de sa dépossession. Dans un contrat de gré à gré on pourrait stipuler que le prix ne serait payé qu'en partie, à des termes convenus. Ce qu'eût fait une convention, une sentence peut le faire, parce que, lorsque l'intérêt privé est en opposition avec l'intérêt général, il faut que l'autorité publique intervienne et stipule pour suppléer au consentement de la partie qui, par sa volonté isolée, voudrait arrêter la volonté générale ; on confie cette intervention à une autorité neutre dans le débat, plus portée même à protéger l'individu que la masse des citoyens, qui n'étant qu'un corps moral, n'inspire pas la même pitié, la même affection. Si donc on reconnaît que traitant de gré à gré, le citoyen dépossédé aurait pu accorder des délais, il faut dans le cas d'urgence, lorsque la convention ne peut se former parce qu'on n'a pas le temps de s'entendre, de débattre les propositions, il faut que le tribunal fasse ce qu'il est à présumer que le citoyen bien intentionné aurait fait. Il faudrait aussi décider par quelle autorité sera déclarée l'urgence. On peut retrancher la disposition portant qu'il sera payé le cinquième de l'indemnité présumée, et y substituer la disposition précise du paiement des intérêts de la totalité du capital, à compter du jour de l'expropriation. Lorsque les arrérages seront régulièrement payés, aucune plainte ne sera véritablement fondée. Le propriétaire d'une terre qui ne produit que deux ou trois pour cent par an, ne pourra venir importuner de ses réclamations, ni prétendre qu'on le ruine, puisqu'il recevra cinq pour cent d'un capital qui ne lui en rendait que trois au plus. Après avoir envisagé, examiné les besoins du citoyen, il faut aussi envisager les moyens de l'administration; or, tout le monde convient qu'il est impossible de payer la totalité des capitaux avant de commencer les travaux, surtout dans les cas d'urgence; la loi serait donc violée journellement, si l'on n'accordait pas les délais nécessaires pour effectuer ce paiement. »

Toute expropriation résulte de l'intérêt de l'État ou d'une hypothèque privée; le système hypothécaire se rattache à la possession de la terre; c'est de l'hypothèque facile que vient la circulation plus libre de la propriété foncière. Bonaparte se montre ici conservateur; il prend surtout l'intérêt de la femme et du mineur pour l'hypothèque légale; il ne veut pas que le Code civil soit un système de spoliation, et qu'on se joue du sol ou de la famille; Consul, il a fait trop de concessions aux idées révolutionnaires; il les craint et s'arrête; ses principes sont clairs, précis. « En établissant la nécessité de l'inscription pour toutes les hypothèques, il faut excepter les hypothèques légales; car la loi doit défendre celui qui ne peut se défendre lui-même. Or, la femme, le mineur sont incapables de se défendre. Ce n'est pas cependant qu'on ne rencontre quelques légers embarras en donnant aux hypothèques légales leur effet par la seule force de la loi. Mais cet inconvénient n'est rien au prix de celui de porter des lois contradictoires, et d'imprimer à la législation tout entière le cachet de l'instabilité. D'ailleurs, on a déjà indiqué des moyens de concilier le système des hypothèques légales avec celui de la publicité et de la spécialité. Les hypothèques de la femme seront bien plus certaines, si, pour les conserver, il lui suffit de ne pas y renoncer, que s'il lui fallait, pour en obtenir l'effet, agir et prendre des inscriptions. On sait qu'en général les femmes refusent avec beaucoup de fermeté de signer tout acte qui peut compromettre leur dot; qu'au contraire elles sont peu capables de faire des démarches et de conduire des affaires. Je désire que les hypothèques légales des femmes et des mineurs aient leur effet par la seule force de la loi. J'admets la publicité et la spécialité pour toutes les autres hypothèques; mais je pense que celles de la femme et du mineur ne doivent pas dépendre de la formalité de l'inscription. Je voudrais cependant que l'acquéreur fût admis à les purger par une procédure particulière qui garantît également ses droits et ceux de la femme, et que cette procédure ne pût avoir lieu qu'après que le contrat serait demeuré exposé pendant deux ou trois mois au bureau des hypothèques. » Ainsi publicité pour toute inscription, excepté pour l'hypothèque légale, telle est l'opinion du Consul; il aime à suivre le mineur et la femme, à les protéger dans leur infirmité; pour lui, la famille et le sol sont les conditions de toute société. Ces opinions sont remarquables de justesse; Bonaparte se montre ici plus qu'un jurisconsulte, il est homme d'État, défendant les intérêts qui ont besoin de l'être, tout ce qui est faible et souffrant! Autant le Consul se montre inflexible pour l'adultère, autant il protége la femme qui reste dans son devoir; il fait de la chevalerie légale dans le Code civil [1].

Ce Code ne fut présenté que l'année suivante aux corps politiques, et il devint la grande base de toutes les lois civiles de la France. Les constitutions politiques passent, parce qu'elles sont mobiles; les lois civiles demeurent en présence des âges; l'esprit du Code se res-

---

[1] Procès-verbaux du conseil d'État, an XI.

sent de l'époque où il fut rédigé, et des jurisconsultes qui prirent part à sa conception première. Il y avait deux écoles en présence dans la politique comme dans la législation : 1° les hommes qui, nés avec le principe révolutionnaire, étaient par conséquent tout dévoués aux utopies de la Constituante; 2° les jurisconsultes qui partaient d'une éducation du vieux régime et pleinement monarchique; le Code civil a gardé l'impression de cette double influence.

Toutefois l'école révolutionnaire domine, parce qu'elle était en majorité dans le conseil d'État, et Bonaparte n'osa pas toujours la heurter. D'après le Code, la famille est constituée éparse; le fils est émancipé de trop bonne heure; l'autorité paternelle, gardienne des mœurs, n'est pas assez étendue; la corporation est trop surveillée, et la minorité, trop coûteuse, trop procédurière. Deux systèmes se heurtent dans le mariage; la dot et la communauté; le droit romain et le droit coutumier. L'État a trop de pouvoir, le père de famille doit trop baisser la tête; il y a partout des unités là où il faudrait des groupes. La donation est entourée de fiscalités; le droit testamentaire a des limites trop étroites; la succession est trop égale, trop inflexible entre les enfants, et l'incessante égalité de partage morcelle la grande culture. Le droit d'aînesse, aboli par l'Assemblée constituante, est trop inflexiblement proscrit; il fallait lui enlever ce qu'il avait d'odieux en lui laissant ce qu'il pouvait avoir de protecteur. Il semble qu'on craigne deux idées dans le Code civil : la famille groupée sous le chef, et la propriété transmissible et héréditaire dans toute la race. Il y a une trop grande circulation de la terre devenue une sorte de papier monnaie. De toutes les œuvres de la Révolution, le Code civil en a le mieux maintenu l'esprit, et l'on peut dire que c'est lui qui achève de révolutionner le sol et la famille. A mesure que Bonaparte s'éloigne de l'origine républicaine, il fait la guerre au Code civil par l'extension des majorats, la création des grands fiefs, et d'autres dispositions encore qui en détruisent successivement l'esprit ; les décrets annulèrent, en grande partie, le travail du conseil d'État. Chose curieuse à dire, l'Empire fut une hostilité permanente au Code qui porta néanmoins le nom de Napoléon.

M. Portalis fut chargé d'exposer les motifs et de développer les principales bases de ce Code qui dut servir à la reconstruction de la société en France[1] ; son discours fut un des plus remarquables travaux de législation comparée et d'éloquence politique. M. Portalis avait profondément étudié Montesquieu ; il en garde mémoire dans son exposé, au point d'en emprunter les phrases brillantes et saccadées : toutes les questions y sont débattues avec une dialectique qui va puiser ses ressources dans les travaux de Beccaria, de d'Aguesseau et de Cochin. M. Portalis n'est pas seulement un jurisconsulte, c'est un écrivain d'intelligence et d'une certaine hauteur. Comme il a beaucoup lu, il imite beaucoup ; son esprit n'a rien d'inventeur, mais il a ce sens intime qui lui fait choisir ce qui est beau et élevé dans les œuvres d'autrui ; il expose les motifs du Code civil en général ; mais ce Code est l'œuvre simultanée de cinq jurisconsultes d'un mérite éminent : Treilhard, Malleville, Tronchet, Bigot de Préameneu, Portalis et Cambacérès, sous l'influence des écrits de l'homme plus remarquables qu'eux tous, de Pothier, le modeste jurisconsulte d'Orléans. Dans son humble chaire du droit romain, maître Robert Pothier

---

[1] Il ne fut discuté que l'année suivante.

ne s'imaginait pas que le premier Consul tracerait de son épée le titre de Code Napoléon sur ses livres, et que l'aigle brillerait, au milieu de la foudre, sur son œuvre à lui, pauvre jurisconsulte de bailliage, enseignant le *corpus juris* et la coutume en l'Orléanais !

CHAPITRE VII.

LA FAMILLE ET LA COUR DU PREMIER CONSUL.

La double résidence.—La Malmaison.—Les Tuileries.—Prédilection pour Saint-Cloud. — Le premier Consul à trente-trois ans. — Joséphine. — Joseph. — Lucien. — Louis. — Jérome. — Les sœurs du Consul. — Madame Bonaparte mère.— Les aides-de-camp. — Duroc. — Rapp. — Savary. — Les fêtes. — Arrivée du roi d'Étrurie à Paris. — Sa réception. — Les ministres. — M. de Talleyrand. — Fouché. — Chaptal. — Berthier.— Caractère de cette cour.

1801-1802.

Le palais des Tuileries avait été assigné pour résidence au gouvernement consulaire par la constitution de l'an VIII; les trois Consuls devaient y placer le siége de leur administration. Dès les premiers jours de l'installation solennelle, ils s'étaient partagé entre eux les beaux pavillons qui décorent l'antique château des rois de France. Bientôt, la prééminence de Bonaparte se fit tellement sentir, que lui seul fut véritablement aux Tuileries; ses deux collègues prirent rang dans le cortége qui suivait l'homme de la fortune; ils grossirent cette foule de courtisans qui entourait le Consul. Bientôt Cambacérès et Lebrun durent prendre des habitations à part; on leur assigna les hôtels d'Elbœuf et de Noailles [1]. Les

---

[1] Chaque Consul prit son jour de réception, Bonaparte seul eut des audiences.

Tuileries ne furent plus la résidence du gouvernement, mais bien le château de Bonaparte qui marchait si hardiment à la succession de la monarchie.

A la fin du xviii° siècle, ce vaste château aux trois pavillons, si magnifique quand il se dessine comme une ombre sur l'horizon du soir, n'était point environné de tous les embellissements de l'art; on n'y voyait pas ces grilles de bronze et d'or qui décorent ses jardins; de vieux bâtiments étaient placés sur les ailes; la foule traversait à toute heure les cours intérieures; le premier Consul ne pouvait apparaître pour respirer l'air, sans être aussitôt aperçu et entouré; le public pénétrait par toutes les issues; il n'y avait point de parc réservé; et Bonaparte avait besoin, pour ses vastes méditations, de cette solitude inspiratrice, de cet écho des anciens, qui seul prépare les grandes choses. Le Consul aimait donc avec une prédilection vive sa résidence d'été à la Malmaison; on ne trouvait pas là des arbres séculaires, d'immenses parcs; la Malmaison n'avait rien d'un château princier : sa simplicité était remarquable; le parc n'avait pas un quart de lieue carré, avec quelques arpents fortement boisés, et le reste offrait des taillis vagues entourés d'un fossé et d'une haie d'aubépines [1].

Là pourtant Bonaparte aimait à résider; le caractère romantique de la Malmaison lui plaisait; le château n'était pas loin de Bougival, vieille résidence des rois et des abbés sous la première race; la rivière coulait à ses pieds, et quelques îles couvertes de belles prairies formaient un horizon lointain; la Malmaison était entre Ver-

---

[1] On ne peut aujourd'hui que se faire des idées imparfaites sur la Malmaison. Le parc a été détruit. La bande noire n'a pas plus respecté les monuments de la gloire moderne, que les souvenirs des gloires anciennes.

sailles et Saint-Germain, près de Luciennes, la plus gracieuse maison de la favorite de Louis XV, et près de Marly, ce beau château du grand roi; car tous ces bords de la Seine étaient peuplés de résidences embellies par les princes de la maison de Bourbon. Chaque pierre avait son souvenir, chaque bosquet reproduisait l'idée des magiques créations de Louis XIV. Madame de Genlis venait de publier son joli roman de *Mademoiselle de la Vallière*, et plus d'une dame de la cour du Consul rêvait, dans ces bois de Saint-Germain ou de Versailles, au roi si jeune et si beau, à Louis XIV si élégant, alors qu'il présidait aux premières fêtes de son avénement.

Cependant on parlait déjà de donner Saint-Cloud comme domaine national au Consul pour sa demeure d'été[1] ; ce château était mieux en rapport avec le rang qu'il tenait dans la République. Était-il convenable de voir le premier magistrat resserré dans un manoir des champs, à peine digne de la banque et de la finance? Rien ne pouvait se comparer à Saint-Cloud, avec son parc si richement dessiné, ses hauteurs, ses côteaux tout de verdure, ses cascades, ses eaux qui se précipitent murmurantes de ses collines boisées dans la rivière qui coule au pied du parc? Les munificences de Louis XIV avaient aidé Monsieur à construire Saint-Cloud, le château des ducs d'Orléans[2]. A Saint-Cloud,

---

[1] Je citerai désormais un journal à la main, qui fut distribué à Paris, pendant toute l'époque du Consulat. Un des auteurs me l'a communiqué.

« Le conseil d'État a pris un arrêté qui doit être soumis au Tribunat, à l'ouverture de ses séances. Cet arrêté donne le château de Saint-Cloud à Bonaparte. La manufacture des Gobelins et les différents Musées doivent en fournir les décorations. Le trésor public fournira en outre 800 mille livres pour les meubles ordinaires. 100,000 écus sont alloués pour la réparation du palais, et 200,000 francs pour celle du parc et des eaux. *Quando damus sylvas, sylvæ sint Consule dignæ.* » (Journal à la main).

[2] Voyez mon *Louis XIV et Philippe d'Orléans*, t. 1.

le pouvoir consulaire s'était fondé par un grand coup d'État ; c'était dans l'Orangerie que la force militaire en avait fini avec les conseils des Anciens et des Cinq-Cents? Là, le pas de charge s'était fait entendre contre les partisans de la constitution de l'an III, et, le 19 brumaire, lorsque le Consulat fut établi dans une délibération de nuit. Bonaparte aimait Saint-Cloud, parce que tout y était royal, mais il n'osait point encore accepter ce don que le Sénat lui proposait dans sa libéralité flatteuse ; son plan était tracé, il voulait marcher lentement ; tout viendrait à point avec le développement des faits : trop brusquer, c'était tout perdre ; pour s'assurer les voies du pouvoir absolu, il avait besoin de manifester une grande simplicité de mœurs et d'habitudes ; rien ne séduit les esprits comme cette affectation de la puissance qui se fait modeste. Si le Consul avait tout d'abord montré son ambition avec maladresse, il eût favorisé le parti de l'opposition militaire, si nombreux dans l'armée et tout prêt à dénoncer ses intentions de tyrannie et de royauté. Bonaparte demeurait comme un simple particulier à la Malmaison. Moreau et Bernadotte avaient bien leurs résidences aux champs. Plus le Consul marchait au pouvoir absolu, plus il se montrait simple et sans faste ; il ne disait à personne son dernier mot.

Bonaparte avait trente-trois ans alors, temps de la maturité réfléchie et des grandes choses, époque où l'on réussit ou bien l'on meurt, âge mystique de la vie du Christ. En pleine possession du pouvoir, que devait-il désirer de plus lorsque l'obéissance absolue venait à lui ? Son tempérament robuste était altéré par les méditations et le travail ; il portait dans son sein le germe d'une maladie de peau contractée au siége de Toulon. Il s'était adressé à l'habile et hardi médecin Corvisart, qui l'avait soumis à un traitement vigoureux[1]. L'opinion publique s'inquiétait sur la vie du Consul ; que deviendrait-on si l'homme qui menait la France lui était enlevé? Toute la diplomatie l'observait, car en lui était la force du pouvoir.

Depuis ce moment l'opinion, comme une mère inquiète, suit Bonaparte dans toute son existence si laborieuse, si occupée! Debout avec le soleil, il dictait à Bourrienne, son secrétaire, avec une tenacité remarquable ; six heures de sommeil lui suffisaient, mais il n'est point vrai qu'il passât habituellement des nuits à des travaux secrets, ou qu'il appelât ses ministres avant l'aurore. Quelquefois une lampe allumée lorsque tout était plongé dans les ténèbres, annonçait que Bonaparte prolongeait sa veille jusqu'à une heure du matin, jamais au-delà, et c'était ici une exception. Mais comme le peuple aime le merveilleux, la police répandait les bruits que son Consul chéri n'avait rien de l'humanité faible et fatiguée; il travaillait, disait-on, jusqu'à vingt heures par jour; il ne donnait au sommeil que quelques instants, lui pourtant qui tout bourgeois ne quittait le lit de Joséphine qu'avec un sentiment pénible, après avoir été une ou deux fois éveillé [2].

Les traits de Bonaparte prenaient un caractère plus dur

---

[1] Voici comment la police annonça la maladie du premier Consul :

« Le premier Consul souffrait depuis longtemps d'un rhumatisme gagné à l'armée; le citoyen Corvisart, son médecin, a cru la saison favorable pour tenter de l'en délivrer. Il lui a mis successivement des vésicatoires sur la poitrine et sur le bras. Ce traitement, dont l'effet a été très favorable, a empêché le premier Consul de venir à la dernière parade, et de donner, le 18 messidor (7 juillet), aux ambassadeurs, l'audience accoutumée. Il n'a pas cessé un seul jour de travailler avec les Consuls et les ministres, et il a tenu hier matin le conseil général des finances, qui a lieu le 17 de chaque mois, et auquel se trouvent tous les ministres et le directeur général du trésor public. Le citoyen Corvisart pense que le premier Consul, pourra, sans inconvénient pour sa santé, assister, quintidi prochain, à la fête du 14 juillet. »

[2] Voyez sur ce point, le témoignage de M. de Bourrienne.

et plus prononcé, à mesure qu'il avançait dans la vie ; ses joues creuses s'emplissaient davantage[1], et depuis le traitement que Corvisart lui avait fait subir, Bonaparte paraissait enclin à l'embonpoint ; infatigable, il visitait tout et voyait tout ; on pouvait le suivre tour à tour à cheval dans une revue, ou bien examinant les travaux dans les chantiers, puis revenant à son travail de gouvernement et de conseil d'État, toujours pensif et préoccupé de ses destinées. A la Malmaison, sa vie était plus facile et plus abandonnée ; après dîner il parcourait le parc rapidement en s'épanchant dans quelques causeries intimes ; il prenait part au jeu de ses aides-de-camp et de ses dames ; aux barres, au cheval fondu ; il avait une prédilection pour la danse, quoiqu'inattentif il brouillât souvent les figures et compromît la sécurité d'une danseuse.

Je ne puis me faire à l'idée de Bonaparte dansant la *Monaco*, il me semble voir les statues de bronze antiques, ces chevaliers de fer des vieux manoirs, s'agiter et se presser dans des figures de bal. Et pourtant il dansait. L'homme n'était extraordinaire que sur un champ de bataille et dans le travail gouvernemental du cabinet ; alors seulement sa puissante intelligence éclatait dans ses travaux marqués d'une vaste supériorité ; caractère privé, il était brusque, impatient, d'une humeur saccadée ; rarement une parole aimable effleurait ses lèvres : aux femmes, il leur disait des phrases presque sauvages, quelquefois impertinentes ; il les accablait de questions sur leur âge, sur leur défaut. « Vous êtes une petite

---

[1] Cette transition se remarque déjà sur les monnaies. « Cette multitude d'effigies du premier Consul, a donné naissance à Paris à un calembour très imprudent, dont l'auteur a eu raison de ne pas se faire connaître. « Nous l'avons en bronze, disait cet incurable, nous l'avons en taille-douce, nous l'avons en plâtre, nous l'avons en marbre ; quand donc l'aurons-nous *en terre ?* » (Journal à la main.)

sotte! vous ne savez pas vous habiller! vous êtes vieille déjà! vous voilà donc toujours avec la même robe! que vous avez les cheveux rouges! que votre peau est noire! »
Tels étaient les propos sans convenance que le Consul distribuait çà et là aux dames de sa cour, bien résignées à tout subir, excepté quelques-unes d'elles qui, à l'imitation de madame de Chevreuse, surent redresser plus tard, en termes polis et spirituels, l'homme puissant et fort qui abusait de sa position pour tout dire à de faibles femmes [1].

Madame Bonaparte, placée dans un rang si beau, souffrait plus que toute autre de sa situation avec le Consul; à mesure que Bonaparte s'élevait dans les faveurs de la fortune, elle éprouvait un chagrin profond, sorte de pressentiment d'une séparation inévitable. Les femmes ont l'instinct de leur position et la prévoyance de leur destinée quand celle-ci tient au cœur d'un homme. Madame Bonaparte avait les affections et surtout les habitudes du Consul; mais pouvait-elle se dissimuler son âge, son impuissance de concevoir désormais, et l'entraînante ambition de Bonaparte, qui devait lui faire désirer une compagne plus jeune et plus hautement placée en Europe? Qui peut dire les douleurs intimes de Joséphine? Bonaparte lui échappait: insouciante pour tout le reste, elle n'avait de pleurs que pour les secrètes infidélités du Consul, et plus il redoublait de soins auprès d'elle, plus la plaie était profonde. Rien ne fait plus de mal à une pauvre femme que ces politesses et ces soins, qui, n'étant plus de l'amour, cachent comme d'un voile transparent les nou-

[1] Les admirateurs les plus passionnés de Bonaparte, ne déguisent pas son peu de tact, son manque d'habitude et d'à-propos avec les femmes.

velles émotions qui arrivent. Madame Bonaparte éprouvait tout cela; elle avait beau se distraire par la toilette, par les plaisirs; le divorce était devant ses yeux, comme un gouffre où viendraient s'engloutir les sentiments de Bonaparte. Cet avenir pouvait se retarder, mais il était immanquable comme une de ces fatalités de la vie, plus imminentes alors même qu'on cherche à les éviter [1].

La famille Bonaparte se faisait un cruel plaisir de tourmenter Joséphine et de lui faire entrevoir le divorce comme une nécessité. Ainsi agissait Lucien; sa belle-sœur avait pour lui une vive répugnance; elle le détestait comme celui qui pouvait jeter le premier Consul dans des voies plus ambitieuses. Au milieu de ses douleurs, madame Bonaparte, toujours légère comme une créole, se laissait aller à toutes les nonchalances, à toutes les contradictions de son caractère, elle pleurait, riait comme une enfant, et les moindres émotions se peignaient sur sa physionomie mobile; les larmes y laissaient des traces; elle portait un de ces visages où se dessinent les longues douleurs de la vie dans des rides ineffaçables. Devenue superstitieuse par peur, dans cette époque où l'on croyait peu aux idées religieuses, où la foi était perdue, madame Bonaparte s'attachait au mysticisme, aux cartes, au sort; et telle est la puissance du monde imaginaire sur les merveilleuses destinées, qu'un des liens qui retinrent le plus fortement Bonaparte auprès de Joséphine, fut précisément la crainte de la fatalité jetée sur la séparation d'une vie commune. Bonaparte voyait son étoile dans Joséphine.

---

[1] Fouché, qui se jouait de tout, avait pris soin en plus d'une circonstance, de prévenir madame Bonaparte, et déjà il la préparait au divorce (1809 et 1810).

Plus tard, orgueilleux souverain, ébloui de sa toute-puissance, il cessa d'étudier la destinée écrite au front de madame Bonaparte [1] ; la fortune rayonnait trop pour qu'il pût voir une cause en dehors de sa propre force.

Joseph, le frère aîné, fut appelé par le Consul aux négociations diplomatiques ; le but de Bonaparte était de rendre Joseph important en le présentant aux yeux de l'Europe comme l'image et la représentation de la famille et plus tard de la dynastie des Bonaparte. Joseph, esprit médiocre, était parfait de manières, convenable dans ses formes ; sa raison était droite, et nommé au conseil d'État il y avait montré une certaine sagacité native. Bonaparte en le désignant pour le congrès de Lunéville, avait compris la portée de cette nomination ; il savait qu'aucune affaire importante ne s'y traiterait et que tout serait décidé à Paris et à Vienne [2]. Joseph n'était pas un homme embarrassant en ce qu'il était modeste et résigné ; il n'était pas, comme son frère Lucien, l'expression d'un système avec la volonté de le mettre en action ; il ne voulait pas dominer Napoléon, trop haut déjà pour que nul pût s'élever jusqu'à lui [3].

Lucien, exilé un moment dans son ambassade d'Espagne, poussait trop visiblement son frère au pouvoir héréditaire ; il avait fallu l'écarter pour ne pas compromettre les pensées d'avenir du premier Consul. Lucien, naguère républicain de club, allait alors ou-

---

[1] La correspondance de madame Bonaparte, reproduit exactement son caractère, ses douleurs, ses impressions.

[2] Voir le congrès de Lunéville, dans ce travail, tome 2, chap. 18.

[3] « La famille *régnante* paraît divisée en deux parties : d'un côté, on voit Lucien, sa mère, la famille Bacciochi, et un grand nombre de cousins et de collatéraux qui sont sortis de tous les trous de la Corse, pour venir réclamer, mais en vain, du grand-cousin, de bonnes places dépendantes du gouvernement ; de l'autre, le grand homme, sa femme, mademoiselle Hortense, son futur Louis, la maison Murat et la maison Leclerc. Le sage Joseph est neutre et tient la balance entre les deux partis. » (Journal à la main)

vertement dans les voies d'une monarchie; ce n'était plus l'homme des Jacobins ou de la *société du Manège;* il semblait dire : « Puisque le Rubicon est passé au 18 brumaire, il faut aller jusqu'au bout »; c'était le plus fort des frères de Bonaparte dans les matières de gouvernement et d'administration. J'ai raconté déjà quels avaient été les résultats de la légation de Lucien en Espagne, et la splendide réception que lui avait faite Charles IV; frère du premier Consul, il réussit aisément à préparer l'alliance intime des cabinets de Paris et de Madrid contre l'Angleterre. Une telle ambassade fut richement récompensée; on évaluait à cinq millions les dons secrets que lui avaient procurés les traités intimes avec le Portugal et l'Espagne[1]. A son retour à Paris, Lucien dépensa noblement la fortune qu'il avait acquise; passionné pour les lettres, il accueillait avec une distinction honorable les hommes qui marquaient dans la réaction littéraire, tels que MM. de Chateaubriand, de Fontanes, Esménard, de Bonald, Rœderer; tous, sous la douce influence d'Élisa et de la marquise de Santa-Croce, préparaient les idées monarchiques. Lucien était devenu le partisan le plus vif d'un gouvernement héréditaire; l'amour qu'il portait à la marquise de Santa-Croce, ses mœurs aristocratiques, l'entraînaient à assurer la perpétuité d'un pouvoir dont il entrevoyait peut-être la fragile origine[2].

---

[1] Voir l'ambassade de Lucien à Madrid, ch. 2.

[2] Si je rapporte souvent dans mes notes les expressions du Journal à la main, ce n'est pas pour en approuver l'esprit, mais pour faire connaître jusqu'à quel point les passions des partis égarent sur l'appréciation des choses et des hommes. Or, voici ce que je lis encore dans ce journal :

« Lucien Bonaparte est en froid avec la cour des Tuileries. Il s'est retiré au château du Plessis, près Senlis, où il dépense une fortune de prince avec quelques beaux esprits très gourmands, qui lui tiennent compagnie. Il a déclaré à son frère qu'il ne voulait rien être dans une république où il serait tout. Il a constitué sur la tête de madame Bonaparte la mère, une rente viagère de 24,000 francs, ce qui lui donne une très grande faveur auprès du peuple parisien. On lui trouve un beaucoup

Le troisième des frères de Bonaparte, le jeune Louis, était entré à dix-sept ans au service militaire ; le Consul l'avait élevé au grade de colonel d'un régiment de dragons au retour du voyage qu'il avait fait à Berlin où il était resté plus d'un an. M. de Talleyrand le destinait à une mission secrète à Saint-Pétersbourg auprès de Duroc quand la mort rapide, inattendue de Paul Ier, ne lui permit pas de réaliser cette carrière diplomatique. Louis revint à Paris, et ce fut sur ce jeune frère que madame Bonaparte jeta les yeux pour sa fille Hortense de Beauharnais, alors tout éprise de Duroc[1]. Il n'y eut jamais aucune sympathie entre Hortense et Louis Bonaparte ; la calomnie allait bien loin dans les causes imprévues de ces froids rapports ; on fouillait les annales dissolues de la vieille Rome, sous les empereurs, pour expliquer l'histoire intime de la famille du Consul. La haine et la jalousie contre Bonaparte avaient enfanté plus d'un Suétone.

Il restait Jérôme, dès son enfance destiné à la marine ; il fut fait lieutenant de vaisseau au sortir du collége de Juilly où il avait fait ses études, et à dix-huit ans il commandait la frégate l'*Épervier*, comme autrefois les cadets nobles, chevaliers de Malte, dans les annales de la vieille marine, quittaient à peine leur berceau pour la mer, leur grande nourrice, comme le disait le bailli de

---

meilleur cœur qu'au héros, qui jusqu'à présent s'est contenté de faire remettre à sa mère des secours momentanés.

« Lucien reste toujours au château du Plessis. Il y joue la comédie avec madame la marquise de Santa-Croce; avec Lafond le comédien, avec Arnaud et Fontanes. On y mange les doublons du roi d'Espagne et les cruzades de Lisbonne ; on y sable le vin de Champagne et le Tokai, on y rit, on y braille des vers, on y fait des épigrammes sur les illustres dupes de ce bas-monde ; c'est une bénédiction. Madame la marquise de Santa-Croce n'a point été reçue chez madame Bonaparte, quoiqu'elle s'y soit présentée plusieurs fois. *La femme de César ne doit pas être soupçonnée.*» (Journal à la main.)

[1] C'était M. de Bourrienne qui servait de dépositaire à la correspondance de Duroc et d'Hortense.

Suffren. Les renommées de cour n'avaient de voix que pour les sœurs de Bonaparte, si gracieuses femmes : Marianne Élisa avait épousé M. Bacciochi, simple officier et alors colonel du 26ᵉ régiment d'infanterie légère. Élisa, comme son frère Lucien, avait un goût très élevé pour les lettres, et sa noble émulation était encouragée par M. de Fontanes qu'on lui disait uni d'un tendre lien, comme Ovide, à une des sœurs d'Auguste. Le mariage de Pauline, la seconde sœur de Napoléon, venait de s'accomplir avec le général Leclerc ; belle, impérative et insouciante, Pauline Bonaparte exerçait sur son frère une plus haute influence qu'Élisa, car Bonaparte aimait son caractère ardent ; tandis qu'on parlait à peine de la plus jeune, Caroline, qui tout éprise des beaux et nobles uniformes, épousait le général Murat à la suite du 18 brumaire. C'était ainsi parmi ses proches, parmi ses compagnons d'armes, que le premier Consul choisissait alors les maris de ses sœurs. La fortune les éleva plus haut.

Toute cette famille corse, si resplendissante par Napoléon, demeurait, selon les mœurs romaines, respectueusement soumise à la mère commune, Lætitia Ramolini, qui commençait la seconde période de sa vie ; la grandeur de ses fils ne l'éblouissait point ; elle partageait sa sollicitude pour tous, mais elle aimait Lucien de prédilection, et il faut dire que celui-ci avait pour sa mère un plus tendre dévouement ; le premier usage qu'il fit de sa fortune à son retour d'Espagne, fut d'assurer à madame Lætitia une pension viagère de 24,000 fr., circonstance de sa vie que madame Lætitia n'oublia jamais ; comme elle était fort prévoyante, elle préférait les résultats lents et successifs d'une fortune acquise par les voies ordinaires, à tous les grands coups de destinée qui vous prennent un homme, l'élèvent ou l'abaissent tour à tour. Le frère de madame Lætitia, l'abbé Fesch, rentrait dans les ordres religieux sur l'invitation du Consul même; car Bonaparte avait le dessein de dominer par sa famille toutes les différentes branches de l'administration publique, et le clergé lui était nécessaire dans l'action de son pouvoir. L'abbé Fesch simple, modeste, reçut à la suite du concordat l'archevêché de Lyon, comme l'abbé Cambacérès obtint celui de Rouen, parce qu'il fallait accomplir envers les Consuls les mêmes conditions que le pape remplissait autrefois envers les princes du sang et les hautes familles de gentilshommes, où le cardinalat était une dignité vivement sollicitée.

Dans la marche si ferme, si active de ce gouvernement consulaire, il y avait ceci de remarquable qu'on parlait à peine des autres collègues de Bonaparte, Cambacérès et Lebrun, élevés pourtant à côté de lui par la constitution de l'an VIII. Telle est la puissance d'un caractère ferme et résolu, d'une intelligence supérieure, que, partout où se rencontrent ces conditions dans un homme, tout vient à lui. Bonaparte était le gouvernement véritable; Cambacérès et Lebrun formulaient les conseils; le premier Consul s'était réservé toute l'action politique, laissant à ses collègues les branches diverses de l'administration et les détails; à Cambacérès [1] la justice, à Lebrun les finances; il les traînait à sa suite comme les satellites obligés de sa pensée, comme les mains de son autorité; il écoutait leurs avis comme ceux d'hommes sages et réfléchis qui avaient la longue expérience des affaires; mais dans les questions de gouvernement, il ne suivait que ses propres inspirations et sa

---

[1] Le premier Consul disait même souvent des choses fort dures à ses collègues.

volonté inflexible, il agissait avec tenue et fermeté; à la seule parole de Bonaparte toutes les consciences indépendantes s'effaçaient, et nul n'osait résister à son désir une fois exprimé avec ses paroles vives, saccadées, impérieuses.

Il y avait autour de Bonaparte des aides-de-camp épiant ses moindres volontés pour en préparer l'exécution immédiate. Le Consul exigeait l'obéissance la plus profonde et le dévouement le plus absolu; personne n'aurait osé résister alors même qu'il eût senti dans son cœur des bouillonnements de liberté et d'indépendance; c'étaient les rapports du maître avec l'esclave, ennoblis par l'enthousiasme. Sa parole était la foudre, elle frappait; il inspirait une admiration si grande, qu'on étudiait jusqu'à son regard; sa gaieté faisait la joie de tous; sa tristesse était un deuil. On a beaucoup parlé de l'opposition de quelques aides-de-camp, des brusqueries du général Rapp, des sages conseils de Duroc; toutes ces petites oppositions bien faibles, si jamais elles ont existé, n'allaient pas jusqu'à la résistance. La supériorité était si bien admise qu'il fallait obéir à la manière orientale, exécuter sans réflexion un ordre, une volonté; on n'acquérait d'importance que par la soumission la plus prompte, la plus rapide; les honneurs venaient aux officiers qui, à la façon du général Savary, s'inclinaient devant la première parole de l'homme extraordinaire, en qui la génération croyait comme en la Providence. Bonaparte ne permettait pas qu'on raisonnât l'obéissance [1]; il avait rapporté ces mœurs d'Égypte; sa parole était comme le cimeterre des pachas, brillant sur le front des Mame-

---

[1] Ceci occasionna souvent de grands malheurs. On exécutait trop rigoureusement les ordres; on se soumettait en aveugle; témoin la catastrophe du duc d'Enghien, une des grandes fatalités de la vie de Bonaparte.

lucks; il pouvait être familier avec ses aides-de-camp, sourire à quelques-uns, distribuer des paroles d'encouragement recueillies comme la voix de Dieu par ses serviteurs; mais jamais Bonaparte ne permit à ses aides-de-camp la moindre résistance contre une mesure qu'il avait prise. Si l'homme de la destinée se trompait dans ses vastes desseins, il se croyait assez fort devant les contemporains et l'histoire pour en supporter la responsabilité à lui seul et tout entière. C'était l'orgueil de sa propre création.

Les ministres étaient vis-à-vis du Consul dans la même situation d'obéissance passive, sorte d'aides-de-camp civils dans un gouvernement tout militaire; ils étudiaient la pensée du maître, et l'exécutaient fidèlement; leur rôle était de bien traduire. Deux hommes seuls avaient de l'importance politique : M. de Talleyrand et Fouché; Bonaparte avait personnifié en eux l'ancienne société aristocratique et la Révolution avec ses conditions de force et de police, telle que l'entendaient les Jacobins. Quand il parlait à ces deux ministres, le Consul semblait avoir à sa face cette double société qu'il faisait servir de fondement à son pouvoir. L'autorité de M. de Talleyrand sur Bonaparte ne résultait pas d'une résistance brusque, soudaine; jamais il ne blessait le chef du gouvernement à la face; quand il recevait un ordre impératif, colère, de nature à compromettre les relations à l'extérieur, M. de Talleyrand ne l'exécutait point sur l'heure, il savait que la réflexion viendrait plus tard au premier Consul, et que l'ardeur du soleil de la Corse entrait pour beaucoup dans les résolutions de cet esprit méridional. Le lendemain portait conseil, et Bonaparte se trouvait charmé quelquefois de n'avoir point suivi les mouvements de son irritation nerveuse [1] ; l'incessante maxime de M. de Talleyrand, en diplomatie, était de n'arriver jamais trop tôt, et de ne rien faire jamais trop vite; il savait que tels étaient la qualité et le défaut de Bonaparte, il lui opposait donc la qualité et le défaut contraires, et par ce moyen, souvent il empêchait le mal et préparait de bons résultats aux plus difficiles négociations. M. de Talleyrand aimait l'argent; la partie corruptive dominait son caractère; il croyait une grande fortune indispensable pour assurer un grand crédit; peut-être voyait-il bien la société telle qu'elle était alors organisée avec ses passions, ses faiblesses, et cet irrésistible mobile que l'Écriture avait personnifié dans le Veau d'or. M. de Talleyrand avait encore la dignité de l'évêque, l'étiquette de son nom et le cérémonial de sa race. Il ne les oublia jamais, même dans les situations les plus diverses et les plus abaissées de sa vie.

Fouché, qui représentait le parti républicain auprès du Consul, avait aussi étudié profondément le caractère de Bonaparte; interprète des intérêts révolutionnaires, il les défendait chaudement contre les tendances de l'ancien régime. Fouché, sans illusions et sans entraînement pour la personne de Bonaparte, grand moqueur de la destinée, n'avait aucune répugnance pour un pouvoir fort; au contraire, il le secondait par cette tendance d'ancien jacobinisme, la plus énergique personnification de la dictature démocratique, mais ce pouvoir, il désirait qu'il fût déposé dans les mains des hommes de la Révolution. Fouché raisonnait froidement avec Bonaparte, d'homme à homme, je dirai

---

[1] J'ai entendu plusieurs fois M. de Talleyrand indiquer la méthode de résistance qu'il employait avec Bonaparte comme souveraine et tout efficace.

presque d'égal à égal; il lui résistait quelquefois; son habileté consistait à se grandir auprès du Consul, comme l'organe de la Révolution la mère commune, tandis qu'auprès des révolutionnaires, le ministre se posait comme un protecteur chaud, et l'ancien frère et ami des clubs, empêchant les réactions contre les Jacobins : tout ce qu'il y avait de rigoureux dans les mesures politiques, il le rejetait sur le Consul; tout ce qui était au contraire indulgence, pardon, il se l'attribuait à lui-même.

Après M. de Talleyrand, Fouché était le seul homme d'état qu'on pût compter, depuis le 18 brumaire, parmi les ministres qui entouraient Bonaparte. Tous deux avaient un système, tous les autres n'étaient que des commis. Que pouvait être, en effet, Berthier à la guerre, si ce n'est l'aide-de-camp de Bonaparte, et l'exécuteur le plus intime de ses volontés sur l'armée? Decrès, à la marine, tremblait devant le Consul. A l'intérieur, Lucien Bonaparte avait cédé la place à M. Chaptal, chimiste remarquable, avec cette imagination méridionale qui lui faisait beaucoup entreprendre et jamais achever dans les œuvres d'administration. Chaptal était tout occupé d'arts, de théâtres, et vieilli déjà, il avait des passions de foyer et d'actrices, comme un surintendant des menus-plaisirs sous la vieille monarchie, comme un Richelieu. Tout se faisait par Bonaparte, et pourvu que ce que le Consul ordonnait s'exécutât sur l'heure, qu'importait l'habileté des conceptions d'un ministre? Aux finances, c'était toujours M. Gaudin, esprit exact, mais sans hardiesse, en ce qui touche le crédit public, organisant l'impôt comme l'unique ressource du trésor, sans s'inquiéter d'autres résultats que d'équilibrer matériellement les recettes et les dépenses, comme un commerçant ou un bon bourgeois [1]. Une pareille administration, je le répète, n'avait d'action, de vie, de respiration, que par Bonaparte; sa volonté puissante était partout exécutée; les seuls ministres importants, MM. de Talleyrand et Fouché, s'effaçaient presque toujours, et l'on pouvait même voir que le premier Consul avait le désir de se débarrasser du ministre de la police, pour confier ce département à une intelligence plus dévouée, telle que Réal, ou bien même à un de ses aides-de-camp, Savary ou Junot. Toutes les têtes politiques l'importunaient; sa pensée recherchait plutôt une obéissance passive qu'une inspiration raisonnée.

Dans cet abaissement de tous, la société prenait autour du Consul l'aspect du système monarchique; les fêtes, les bals se succédaient avec une hiérarchie qui se formulait aux Tuileries comme à la Malmaison par des aides-de-camp et des conseillers d'État, et un peu plus tard par les préfets du palais. Bonaparte avait sa livrée verte, sa voiture à huit chevaux, ses gens. Joséphine avait ses dames pour l'accompagner comme les reines de France. Le Consul aimait à se montrer au corps diplomatique, à l'Institut, aux gens de lettres, au peuple, comme les anciens rois; l'égalité était bannie, et Bonaparte commençait à déployer le luxe du pouvoir sous prétexte de grandir les manufactures de l'intérieur. Bientôt une circonstance d'orgueil et d'hommage, l'arrivée du roi et de la reine d'Étrurie à Paris, donnèrent une nouvelle impulsion à ce faste, à cette ostentation qui avait son origine dans la fortune inouïe de tant de glorieux souvenirs [2].

---

[1] J'ai lu à plusieurs reprises le livre que M. Gaudin a publié sur son administration du trésor; je n'ai rien trouvé de hardi et d'avancé dans ses théories de finances.

[2] « Le ministre des relations extérieures a donné le 8 juin, à Neuilly, une fête au

Par les deux traités de Lunéville et de Madrid, il était convenu entre l'Autriche et la France que la Toscane, Parme et Guastella seraient érigées en royaume qui prendrait le nom d'Étrurie, souvenir encore de la république de Rome et du vieux Latium. Cette royauté établie par les actes du congrès fut conférée au prince Louis de Parme et à l'infante d'Espagne dona Maria-Luisa, tous deux issus de la maison de Bourbon. Il fut convenu dans les négociations que les deux frêles époux viendraient au printemps à Paris pour recevoir l'investiture des mains du premier Consul, comme les rois lombards la recevaient de Charlemagne. Bonaparte se proposait deux résultats dans ce pèlerinage d'un roi et d'une reine aux Tuileries habitées par la nouvelle dynastie qu'il voulait fonder. En comblant de fêtes l'infant et l'infante, il donnait un gage à l'Espagne et fortifiait son alliance avec le cabinet de Madrid, dans un moment où il fallait vigoureusement agir contre l'Angleterre. N'y avait-il pas aussi quelque orgueil à voir des têtes couronnées s'abaisser devant lui, simple fils de la fortune, et que la destinée avait élevé si haut?

Voilà deux Bourbons, jeunes, timides, jetés au milieu de cette cour brillante et moqueuse que la victoire gran-

---

comte et à la comtesse de Livourne. Cette fête a commencé à neuf heures du soir. L'avenue du château et la cour étaient illuminées. Le château l'était en verres coloriés, et avec autant de goût que d'éclat. Un très beau concert a ouvert cette soirée. Madame Scio et madame Grassini y ont chanté. Après le concert, les portes qui donnaient sur le jardin ont été ouvertes. La lumière y était partout répandue comme en plein jour. Des décorations y représentaient la place de Florence où se trouve le palais Pitti. Ce palais illuminé occupait le fond ; sur un des côtés coulait une fontaine en nappe d'eau ; sur l'autre, s'élevait une colonne illuminée. Un grand nombre d'habitants du pays étaient dans la place, s'entretenant de la prochaine arrivée du roi d'Étrurie, s'en réjouissant et la célébrant par des jeux et des danses. Un courrier leur annonce son arrivée ; on se rassemble en un même groupe et l'on chante des couplets en l'honneur du prince, et à la gloire du héros qui lui a ouvert le chemin de Florence. Des danses de paysans, agréablement distribuées sur différents

dit. N'est-il pas mélancolique de les suivre, pauvres infants, loin de la patrie? On les donna en spectacle; les fêtes furent splendides; M. de Talleyrand accueillit les Bourbons dans sa maison de campagne, à Neuilly; il y mit ce bon goût, cette distinction, cette coquetterie qu'il savait apporter à toutes choses; on y dit des vers, des bergeries, comme Louis XIV savait en commander à l'époque de sa jeunesse et de sa gloire; on récita des odes en l'honneur de ces princes tout à coup transportés sous une région si éloignée de l'Espagne, inquiets, fatigués, en vue de toute cette génération trop heureuse pour eux! La critique s'en prit à leur vie, à leur santé frêle, à la pâleur de leurs fronts, à la timidité de leur démarche; on ne tint aucun compte des ennuis, des humiliations que les infants durent éprouver au milieu d'une patrie qui n'était plus la leur, de ces abaissements qu'on leur couvrait d'or. L'Espagne avait fui loin d'eux avec ses douces habitudes, la sieste de midi, les courses de taureaux, les danses de Madrid, de Cadix, de Barcelonne. Pauvres fleurs d'Andalousie jetées sous le ciel brumeux du Nord, quoi d'étonnant qu'elles n'aient plus leur éclat ni leur parfum?

Après les fêtes de M. de Talleyrand, ce fut le tour de M. Chaptal, qui montra au roi d'Étrurie la Toscane, en

---

points de la scène, ont réalisé les plus jolis tableaux de Teniers. Au moment que le comte et la comtesse de Livourne sont descendus dans le jardin, les groupes de Florentins les ont précédés en chantant et en dansant comme pour les conduire à leur palais. Une fête champêtre a attiré l'attention dans un bosquet voisin, où tout le monde s'est rendu. Là, encore de jolis couplets ont été chantés. Toutes les personnes de la fête, après avoir fait le tour du jardin, partout décoré et illuminé, sont rentrées au château. A ce moment, des fusées et des bombes d'artifice ont éclaté sur l'île qui est située derrière le château. Elle était illuminée. De grands feux allumés derrière les massifs d'arbres, éclairaient le pays, d'ailleurs animé par une multitude de villageois attirés des environs. Un souper a été servi dans cinq salles, et trois fois renouvelé dans la nuit. Vers minuit bal, plus de 1,500 personnes ont assisté à cette fête, et l'ordre le plus admirable y a constamment régné. »

carton, le beau palais Pitti, avec ses orangers, ses grenadiers, et l'Arno, qui coule ses flots jaunâtres à travers les cités merveilleuses[1]. La fête donnée par Berthier fut toute militaire, et une sorte de commémoration de Marengo; ce noble souvenir parut sous les globes de feu et au milieu des feux redoublés de l'artillerie; des festins militaires eurent lieu sous la tente, en présence de ces deux jeunes princes, comme pour leur rappeler « que c'était à la victoire de Marengo qu'ils devaient leur couronne. » Les révolutionnaires virent avec joie, au milieu de ces pompes étincelantes, le front des rois abaissé devant les faisceaux de la République; ils furent satisfaits. Les monarchistes le furent également, car ils voyaient un pas de plus vers la stabilité. Ce retour aux mœurs du vieux régime, ces fêtes à la Louis XIV, ramenaient successivement les Parisiens vers une époque brillante qui n'était pas sortie de leur mémoire. Si les habitudes d'égalité étaient populaires, les formes monarchiques ne l'étaient pas moins; la France venait s'offrir d'elle-même au pouvoir du Consul.

---

[1] Voici le programme de la fête donnée par M. Chaptal :

« Rien n'était plus magnifique ni mieux ordonné que la fête donnée le 12, au comte de Livourne, par le ministre de l'intérieur.

« Une société nombreuse commença, sur les neuf heures à se réunir. Tout était allumé dans la cour, les salles, les jardins ; et cet ensemble formait un tableau que nul pinceau ne saurait rendre. Les principaux employés du ministère reçurent les dames, à mesure qu'elles se présentaient; et après avoir offert à chacune d'elles un bouquet, les conduisirent en traversant toutes les pièces, au milieu d'une longue haie de sénateurs, de législateurs, de tribuns, de conseillers d'état, de ministres, d'ambassadeurs, de magistrats, de généraux, en un mot, dans une salle magnifique, où elles furent placées sur des banquettes élevées en amphithéâtre, sous des berceaux de fleurs, mêlés de mille feux. Cette foule de femmes charmantes, les masses de fleurs dont la salle était remplie, ces feux de bougie se mêlant aux éclairs des diamants; tout ce brillant appareil offrait le spectacle le plus ravissant. Le comte de Livourne, deux des Consuls, les membres du corps diplomatique et les ministres étaient assis à un bout de la galerie.

« Dans le cours d'un quadrille une danseuse a présenté au comte de Livourne un bouquet disposé de manière que, quand le prince l'a reçu, il s'est détaché et a pris dans sa main la forme d'une couronne. Sur un papier caché parmi les fleurs étaient des vers faits par le poëte Esménard.

Bonaparte en comblant de fêtes les princes se donna le triste plaisir de les abaisser en les traînant en public derrière son char; il semblait dire : « Voilà les Bourbons! » Il personnifiait en eux toute la race qu'il voulait rendre méprisable; politique habile, mais sans générosité. Bonaparte se montra au spectacle à côté des infants; lui avec sa belle tête de camée antique, les princes avec leur frêle existence de monastère et des jardins d'Aranjuez et de Saint-Ildefonse. Dans une représentation aux Français, il se fit jeter à la face ces beaux vers de louange : « Qu'il avait fait des rois et n'avait pas voulu l'être. » Il abaissa les princes de Parme tant qu'il put dans ses conversations intimes, en plein conseil d'État; il raconta toutes leurs faiblesses, toutes leurs infirmités; le roi avait défailli en plein repas, n'était-ce pas un crime de timidité pour des soldats heureux enivrés de vin d'Aï et de Clos-Vougeot? Il y a des cœurs qui ne comprennent pas le mal que fait une situation humiliée! Dans une séance solennelle du conseil d'État, Bonaparte s'exprima haut sur le roi et la reine d'Étrurie, quand tout était silencieux, lui s'écria d'une voix dure et sonore :

« C'est encore un pauvre roi. On n'a pas d'idée de son insouciance. Je n'ai pas pu obtenir de lui, depuis qu'il est ici, qu'il s'occupât de ses affaires, ni qu'il prît une plume. Il ne pense qu'à ses plaisirs, au spectacle, au bal. Ce pauvre M. d'Azzara (ambassadeur d'Espagne), qui est un homme de mérite, s'est mis en quatre, et y perd ses peines. Le prince le traite avec fierté. Tous ces princes se ressemblent bien. Celui-ci se croit vraiment fait pour régner. Il est très mauvais pour ses gens. Ils l'avaient déjà signalé au général Leclerc, à Bordeaux, comme faux et avare. En venant dîner hier ici, il tomba du haut mal. Il était très pâle quand il entra ; je lui demandai ce qu'il avait, il me répondit que c'était un mal d'estomac. Ce sont ses gens qui dirent qu'il tombait du haut mal, et que cela lui arrivait assez souvent. Enfin, il va partir sans savoir seulement ce qu'il va faire ; c'est d'ailleurs un homme aussi présomptueux que médiocre. Je lui ai donné une série de questions, il n'a pu y répondre. Sa femme a du tact et de la finesse, elle est aimée de ses gens. Quelquefois, ayant l'air occupé d'autre chose, j'observe et j'écoute le mari et la femme; elle lui dit, ou lui fait signe des yeux, comment il doit agir. Il était assez politique, au surplus, d'amener un prince dans les antichambres du gouvernement républicain, et de faire voir aux jeunes gens qui n'en avaient pas vu, comment était fait un roi. Il y en a assez pour dégoûter de la royauté. » Il y avait dans ces dernières paroles une profonde dissimulation. Auguste, à la veille de saisir les faisceaux de l'empire, parlait encore de la République, du Sénat, des Tribuns et de la liberté.

CHAPITRE VIII.

INSTRUCTION PUBLIQUE, PROGRÈS DE LA SCIENCE

ET DES ARTS.

Système de Chaptal. — Rapport de Fourcroy. — Idées de Bonaparte sur l'éducation publique. — Les écoles primaires. — Les écoles centrales ou lycées. — Les bourses. — Discours de Chénier sur l'instruction publique. — Esprit tout militaire de l'éducation. — Retour vers l'antiquité. — Organisation de l'Institut. — Les classes. — Tentatives pour les académies. — Suppressions des sciences morales et politiques. — Statistique de la science. — Première classe, mathématiques. — Chimie. — Astronomie. — Physique. — Deuxième classe, langue et littérature. — Troisième classe, histoire et érudition. — Quatrième classe, beaux-arts.

1801-1803.

Une administration active, énergique, telle que le premier Consul l'avait préparée, devait invariablement s'occuper des premiers éléments de l'éducation publique, source de toute puissance sociale ; Bonaparte avait trop étudié les institutions antiques de la Grèce et de Rome, pour ne pas comprendre que le grand mobile de toute société est l'instruction de l'enfance et le développement de l'intelligence des jeunes hommes ; un gouvernement fort ne devait pas laisser l'éducation des masses en dehors de lui ; elle était un devoir et une garantie pour l'État. La Convention nationale avait créé un grand programme d'instruction publique. En détruisant toutes les corporations enseignantes, il fallait donner au peuple les premiers principes de la morale, et lui ouvrir les larges voies de la vie intellectuelle, les trésors infinis de la science. Il faut rendre justice au comité de l'instruction publique, formé au sein de la Convention, il remplit sa tâche avec un instinct admirable des sentiments et des besoins démocratiques. On ne doit jamais juger les institutions d'une manière absolue, mais seulement dans leurs rapports avec la pensée qu'elles veulent faire triompher : la Convention organisa des écoles primaires et des écoles spéciales, toutes avec la mission de former des hommes utiles au développement des principes et des idées de la Révolution française [1].

Le résultat de cette éducation démocratique, ne pouvait correspondre aux besoins d'un gouvernement régulier et conservateur ; quand le Consulat s'établit, Bonaparte dut s'occuper du mécanisme et de l'organisation d'un système complet. Deux pensées semblent dominer la conduite du Consul dans la direction des études scolastiques : 1° Donner une grande influence au gouvernement pour la direction de tout ce qui tient à l'intelligence des enfants, et aux premières tendances des jeunes hommes; 2° Faire partout dominer l'idée militaire dans l'instruction des masses, de telle sorte qu'on pût former des soldats en même temps que des citoyens; les colléges ne durent être qu'un préliminaire de la grande étude des camps [2].

L'esprit de Bonaparte conçut dès lors une vaste création, qui sans être encore l'Université, devait embrasser toute

---

[1] La loi de l'instruction publique est de l'an III.

[2] La discussion sur les écoles au conseil d'État, est du mois d'août 1801, la loi ne fut proposée au Tribunat que dans la session suivante.

la hiérarchie de l'éducation publique, depuis l'école primaire, la base de l'édifice, jusqu'à l'Institut qui en formait le sommet. Chaptal fut d'abord désigné pour préparer le programme compliqué de l'organisation scientifique, et il en développa les principes devant le conseil d'État chargé d'en juger les pensées et d'en apprécier les éléments. Les études furent organisées en général; puis on revit les branches spéciales, les écoles d'application. M. Chaptal, homme d'érudition et de science, fit de grandes recherches dans un discours d'apparat; mais en arrivant aux faits, on put voir qu'il s'était laissé dominer par une idée incompatible avec le vaste plan du premier Consul, car le grand corps enseignant que Chaptal organisait dans le projet de loi, n'était pas sous la main du gouvernement : les écoles et les colléges dépendaient trop de la commune et du département, et pas assez du pouvoir qui, selon Bonaparte, devait être le maître unique de toutes les forces de la société; il voulait moins un corps enseignant, qu'une administration tout entière à la volonté du Consul [1].

M. Chaptal, ayant été appelé au ministère de l'intérieur, le conseiller d'État Fourcroy, dont la renommée scientifique était européenne, reprit le travail de son collègue,

---

[1] Projet du premier Consul.

1° Établir six mille bourses payées par le gouvernement, et dont la rétribution annuelle sera destinée à entretenir les lycées, les professeurs et les élèves.

2° Toutes les bourses seront à la nomination du premier Consul.

3° Des écoles secondaires seront jointes aux lycées.

4° Le premier Consul trouve que ce qui concerne l'administration est incomplet.

5° Le premier Consul veut renvoyer à un règlement plusieurs dispositions du projet de loi.

Observations de la section de l'intérieur.

1° Ce système fait des professeurs de véritables entrepreneurs : il avilit leurs fonctions; il compromet le sort de l'instruction, en donnant lieu à des spéculations d'intérêt.

2° Il est impossible que le premier Consul puisse nommer avec discernement : il sera trompé; il mécontentera; cette prérogative lui sera plus nuisible qu'utile; il serait plus convenable de laisser, le plus possible, ces bourses à l'examen, afin d'engager les citoyens et les capitalistes à favoriser l'établissement d'écoles secon-

en le modifiant un peu plus dans les idées gouvernementales, le seul but vers lequel on devait tendre. On partait enfin de la base d'une surveillance attentive, déposée dans les mains du chef de l'État, duquel dérivait toute impulsion et toute intelligence ; l'enseignement descendait du centre sur les masses [1].

Bonaparte s'exprima plus clairement encore dans le conseil d'État, quand il s'agit du projet définitif qu'on devait soumettre au Tribunat à la session suivante. Les écoles primaires lui parurent essentielles pour le peuple, car il fallait l'éclairer ; mais cette institution devait se circonscrire dans des limites telles, qu'on ne pût pas égarer la raison des masses par de fausses théories. Il fallait surtout enseigner les arts, les éléments primitifs, tout ce qui pouvait développer les moyens de travail ; et c'était sous ce point de vue que les corporations enseignantes étaient bonnes. Les écoles primaires devaient être nombreuses, quarante mille, s'il le fallait, une pour chaque commune de France ; dans chaque chef-lieu de département on placerait une école centrale ou lycée dans lequel un enseignement supérieur serait donné aux classes un peu plus élevées, mais toujours dans le même esprit d'obéissance au gouvernement établi. Il était bien entendu que dans ces lycées tout devait essentiellement dépendre du gouverne-

---

daires, pour lesquelles le gouvernement ne veut faire que de légers sacrifices.

3° Mauvaise institution, elles seront privilégiées ; des particuliers n'ont plus d'intérêt à en établir.

4° La section croit avoir prévu tout ce qui est nécessaire.

5° La section n'a pas cru devoir en rien retrancher.

[1] Voici le projet de Fourcroy.

1° Des écoles municipales ou primaires au nombre de 23,000 coûtant. 5,000,000
2° Écoles communales ou collèges, 250. 3,000,000
3° Écoles spéciales. 1,306,000
Enfin l'Institut national. 266,000

Dans chaque école communale un pensionnat et huit bourses gratuites. Liberté aux particuliers d'ouvrir des écoles.

ment; par exemple, dans le système de Chaptal, les bourses devaient être données au concours pour exciter l'émulation de jeunes gens qui se distingueraient par de fortes études. Bonaparte soutint hautement l'opinion opposée à ces choix libres et spontanés; les bourses instituées devaient dépendre du premier Consul; c'était à lui qu'il appartenait de les distribuer, de les répartir, parce que rien de ce qui touchait à l'homme ne devait échapper à l'ardente vigilance du pouvoir chargé de gouverner la société; les écoles primaires devaient dépendre de la commune et du maire; les écoles centrales du préfet; les bourses ne devaient être données que par le gouvernement. N'y avait-il pas mille récompenses à distribuer et des dons à répartir? Lorsque la patrie devait tant à ses défenseurs, il fallait que le premier Consul pût élever le fils d'un soldat, récompenser les services d'un fonctionnaire public, dévoué et vieilli; il lui fallait donc la liberté absolue et formelle dans le choix des boursiers; puisqu'on ne pouvait pas rétablir les corporations enseignantes et religieuses, il fallait au moins que la grande corporation, qui est l'État, pût exercer sa surveillance sur tout ce qui tenait à l'enseignement : on devait au pays la liberté sans doute; mais le pouvoir avait des droits avant la liberté, dans une société surtout si vivement agitée [1] !

---

[1] Voici comment s'exprime le Consul devant le conseil d'État.

« La section n'a considéré la nomination aux bourses que sous un seul point de vue. Il y a d'autres rapports plus essentiels. Il s'agit moins de savoir s'il convient que le premier Consul nomme aux bourses, que de mettre les bourses à la disposition de l'État. On verra après qui devra y nommer. Il n'y a pas de doute qu'il vaut mieux que l'État ait dans ses mains le moyen de récompenser la famille d'un militaire, d'un fonctionnaire public qui auront bien servi leur patrie ou qui la servent encore; car il n'est pas nécessaire que le père soit mort pour que la patrie témoigne sa reconnaissance; c'est, pour lui, une sorte d'augmentation de traitement. Auprès de ce grand intérêt, qu'est-ce que le mérite d'un jeune homme qui prouvera à l'examen qu'il sait un peu de latin et ses quatre règles? Il ne faut pas compter sur les ca-

A cette époque le parti philosophique voulut préparer son manifeste et sa protestation contre le système d'éducation publique soutenu par le Consul Bonaparte; Chénier, le poëte et le prosateur, saisit l'occasion du concours des écoles centrales de la Seine, pour développer les services que la philosophie du xviii° siècle avait rendus aux lettres et aux arts; il prononça et fit répandre avec une indicible activité, un exposé parfaitement écrit sur les progrès des sciences et des arts en Occident, depuis l'origine de la monarchie; l'érudition en était légère, mais élégante et soignée, avec ce ton souvent déclamatoire que l'école encyclopédique avait jeté dans le monde [1]. Chénier avait beaucoup consulté l'*Essai sur les Mœurs des Nations*, de Voltaire, son idole. Lorsqu'on lit avec quelque attention ce discours solennel du chef de l'instruction publique dans un grand État, on est frappé des préjugés historiques, et surtout de cette affectation académique qui dénonce les idées, les coutumes des siècles passés qui eurent leur grandeur et leur puissance. Chénier juge tout avec les idées de son temps, comme si rien ne pouvait s'expliquer que

pitalistes pour l'établissement d'écoles; c'est une illusion. C'est, pour les particuliers, plus une affaire de sentiment que d'intérêt. D'ailleurs, en laissant 1500 bourses à l'examen, c'est un encouragement suffisant pour les écoles secondaires, en les supposant au nombre de deux cents. On méconnaît entièrement le but politique qu'on doit se proposer; ainsi la section veut admettre de plein droit, à l'École militaire, trois cents élèves libres des lycées, et leur donner des places d'officier à leur sortie; c'est détestable. C'est introduire dans l'armée de plein pied et sans l'assentiment du gouvernement, les fils de l'armée de Condé! Ceci est plus sérieux qu'une affaire de collège. Il est impossible d'introduire dans l'armée des jeunes gens dont les pères auront combattu contre la patrie. Il n'y aurait entre ces officiers-là et les soldats aucune harmonie; ce serait compromettre la sûreté publique; je n'ai pas nommé un seul sous-lieutenant, à moins qu'on ne m'ait trompé, que je ne l'aie pris parmi les soldats, ou les fils d'hommes attachés à la Révolution... Le lion de la Révolution dort; mais si ces messieurs l'éveillent, ils fuiraient bien vite à toutes jambes.»

[1] Voici quelques fragments du discours de Chénier :

« La théologie composait la partie la plus considérable des études. Elle seule donnait l'influence et la renommée; elle gouvernait le monde du fond des cloîtres

par les lumières de son époque; comme si tout devait se modeler sur certaines formules proclamées et invariables à travers les siècles par Voltaire, Diderot, d'Alembert, les trois têtes philosophiques dont Chénier est vivement épris. L'orateur déclame contre les superstitions et les ténèbres, comme si tous les siècles n'avaient pas leurs préjugés plus ou moins nobles, leurs idoles plus ou moins élevées; la forme se renouvelle, les passions seules restent et se perpétuent. Saint Bernard lui paraît un pygmée, le grand Albert un barbare. A peine le xe et le xie siècles doivent-ils tenir une place dans l'histoire. Ainsi cette école éminente du xviiie siècle enlevait le passé de la France; elle semblait proclamer qu'il n'y avait rien avant l'Encyclopédie; elle brisait la statue des ancêtres.

Ce manifeste de Chénier, remarquable d'ailleurs, tendait à prouver que les écoles centrales et révolutionnaires avaient rendu des services plus éminents que ceux de l'Université, et que, par conséquent, tout retour vers les anciennes formules serait non seulement un attentat contre la liberté primitive de l'enseignement, mais encore un pas vers les ténèbres et la barbarie dont

et des colléges. C'est elle qui faisait régner tour à tour sur l'opinion des peuples, un Bernard, alors puissant par l'éloquence, mais que l'histoire ne cite plus que pour lui reprocher une croisade malheureuse, et le divorce impolitique de Louis-le-Jeune; un Abeilard plus cher à la postérité par ses malheurs, que par sa doctrine, un Scot, un Bonaventure, un Thomas d'Aquin, un oracle de l'École, un Pierre Lombard, surnommé le Maître des sentences; un Albert qui serait encore appelé Grand, si la multitude et le poids des volumes suffisaient pour assurer un pareil titre.

« Soit qu'on veuille placer l'origine de l'Université de Paris sous Philippe-Auguste, ou sous la fin du règne de Louis-le-Jeune; soit que, remontant plusieurs siècles, on lui donne Charlemagne pour fondateur, ce n'est pas à une époque si lointaine, ce n'est pas même dans le cours des âges qui l'ont immédiatement suivie, que l'on peut raisonnablement chercher parmi nous les progrès de l'enseignement public. Quel pouvait être en effet l'enseignement dans un pays où aucune science n'existait encore? ce qu'il était dans l'Europe entière, en ces temps de barbarie universelle. »

le xviiie siècle nous avait délivrés. Dans cette harangue, Chénier se trouvait un peu embarrassé, car il était aussi admirateur de Racine et de Corneille. Comment pourrait-il placer dans une catégorie sans intelligence le siècle qui les avait produits?

Le premier Consul devait voir avec une impatience secrète ce manifeste du parti philosophique qui contrariait ouvertement ses vues et ses projets sur l'éducation publique, administrativement organisée. Bonaparte voulait avoir toutes les écoles sous sa main pour les dépouiller de ce caractère de démocratie que la Convention avait imprimé aux institutions politiques qui se rattachaient au gouvernement. Il visait au développement de la pensée militaire, comme à la reconstitution de l'idée monarchique, si fortement opposée à Chénier et aux partisans de la liberté absolue de l'enseignement. Dans le but de tout ramener à son pouvoir, Bonaparte favorisait le système des études, tel que le comprenait l'ancienne Université, avec ses longues veilles sur le grec, le latin, et ceci moins dans l'intérêt des études elles-mêmes, que parce que ce travail assidu assouplissait les jeunes hommes à une sorte de discipline collégiale qui préparait la discipline militaire, son dernier vœu de gouvernement. Les lycées ne furent plus qu'une pépinière de soldats élevés au son bruyant du tambour des batailles.

A côté et au-dessus furent également organisées les écoles spéciales, modelées sur la vieille institution universitaire des facultés : les arts et métiers eurent leurs écoles où les ouvriers purent se façonner à toutes les inventions par le travail et la comparaison des modèles. La médecine eut son institution, son enseignement à part : la théorie fut annoncée dans les chaires, et la pratique dans les écoles cliniques où les étudiants purent pénétrer tous les mystères de l'organisation humaine; l'École normale fut un centre où l'éducation trouva des maîtres habiles et d'une expérience consommée par l'étude; l'école polytechnique fut le complément de l'éducation lycéenne, et comme le centre des études mathématiques, pour être ensuite appliquées à l'art de la guerre ou aux grands travaux d'utilité publique, tels que le génie de Bonaparte pouvait les concevoir.

Un travail plus vaste et plus complet fut adopté à l'égard de l'Institut, une des créations encyclopédiques de la Convention nationale; depuis longtemps l'Institut était vivement attaqué par deux écoles : les novateurs à grandes intelligences comme M. de Chateaubriand, et les anciens membres de l'Académie française, amis de la belle littérature. Toute la rédaction du *Mercure de France*, M. Suard, l'abbé Morellet, les académiciens, débris des quarante, qui restaient debout comme des souvenirs, célébraient simultanément les grandeurs de l'ancien Parnasse et l'éclat qu'il avait jeté sur la littérature et la langue. Tous placés sous le patronage de Lucien, ils le caressaient comme un nouveau Richelieu, le fondateur de l'Académie française; les hommes d'intelligence n'ont pas toujours ce caractère indépendant et fier qui fait les grandes choses : les littérateurs aiment malheureusement la protection et les Mécènes; tous n'ont pas cette fierté du talent qui repousse l'aumône d'un esprit moins haut que le leur; ils avaient entouré Lucien pour se créer un patronage dans leur but exclusif de rétablir l'Académie française avec ses prérogatives et ses privilèges. Ils prenaient le premier Consul par son faible. Bonaparte aimait tout ce qui vivait dans les souvenirs de la monarchie; les noms de Louis XIV, Richelieu, Corneille, Racine, parlaient vivement à son imagination, et il suffisait de les invoquer pour répondre à ses sentiments secrets; puis l'Institut était une création républicaine; cet esprit le dominait. Il y avait parmi les membres une indépendance inquiète qui se ressentait des souvenirs de 1789 et des derniers débris de l'école de démocratie; Chénier était une des lumières de cet Institut, moitié athée, moitié jacobin, dans lequel rien ne faisait pressentir la tendance monarchique que le premier Consul voulait imprimer à son gouvernement.

La tâche était difficile, c'était avouer complétement ses haines contre la Révolution; ne suffisait-il pas de détruire la République gouvernementale? fallait-il encore toucher d'une main profane la République des lettres? C'est ce qui fit hésiter le premier Consul dans un remaniement monarchique de l'Institut. Toutefois, comme il ne voulait point laisser à la science une constitution absolument indépendante, il prit une résolution en harmonie avec l'esprit et la tendance de son pouvoir. L'Institut à son origine comptait cinq classes : les sciences, les lettres, l'érudition, la morale politique et les beaux-arts; en examinant avec attention chacune de ces branches de l'arbre scientifique, le Consul se demanda ce que pouvait être une classe de morale dans l'Institut? La morale est un sentiment élevé, une puissance de l'âme et du cœur; elle n'est pas une science; sa force est dans la croyance religieuse; jamais elle ne peut former une théorie à part, un ensemble de règles positives qui puissent être l'objet de dissertations dans un corps occupé de

¹ La grande et définitive réorganisation de l'Institut, est du 23 janvier 1803.

travaux d'histoire ou de science exacte; que pouvait être également la politique dans un Institut? Est-ce que les idées de gouvernement peuvent former des théories spéculatives? Peut-il y avoir des axiomes invariables, que l'on discute comme dans une école; la science du pouvoir c'est l'action, son expérience l'histoire, sa règle, la loi, toutes choses positives. Une classe morale et politique n'était-elle pas l'expression toute entière de l'école de Sieyès et des faiseurs de constitutions? Renversée au 18 brumaire, allait-on maintenir l'organisation des rêveurs de philanthropie? La science de l'économie politique n'était-elle pas essentiellement vague et plus retentissante que positive? La statistique réelle se rattachait à la section des mathématiques. L'esprit de Bonaparte était trop net pour s'abandonner à des idées en dehors des réalités; il supprima donc d'un seul trait de plume la classe des sciences morales et politiques; le Consul entrait dans le domaine des forces gouvernementales, et c'est ce qui explique sa prédilection pour la section physique et mathématique, classe si élevée de l'Institut, car elle embrassait la connaissance de l'univers et de ses mystères.

De grandes découvertes venaient de s'accomplir dans la chimie; on réalisait la théorie de la cristallisation [1], un des beaux résultats de la science. M. Berthollet avait exposé la nomenclature des affinités [2], et analysé la lumière, cette flamme qui brille sur nos têtes dans les mon-

---

[1] Depuis 50 ans, les progrès de la chimie étaient immenses. Voyez *Essai de cristallographie*, par Romé de l'Isle. — *De la forme des cristaux*; mémoire d'Upsal, 1773. — *Essai d'une théorie de la structure des cristaux*, par M. Haüy, Paris, 1784. — *Traité de Minéralogie*, par M. Haüy, Paris 1801, 4 vol. in-8° et in-4°. — *Essai sur quelques phénomènes relatifs à la cristallisation des sels*; *Journal de Physique*, t. 28.

[2] Voyez *Mémoires de l'Académie des Sciences*, pour 1798. — *Essai de statistique chimique*, par C. L. Berthollet, Paris, 1803, 2 vol. in-8°.

des; brisant la vieille théorie des quatre éléments primitifs, il pénétrait les phénomènes de la chaleur, en la détachant de la lumière dont elle semble l'agent inséparable. Quelles étaient les lois du rayonnement, les facultés de dilater les corps par la chaleur[1]? Quelles étaient les lois puissantes de la vaporisation? D'où venait l'électricité? Quelle était la théorie du galvanisme produit par le contact des corps? On expliquait l'art métallique et excitateur du galvanisme, les merveilles de la pile de Volta, qui faisait grimacer les morts, rendait quelque vie au tombeau, et la chaleur aux membres glacés[2]. La chimie définissait la théorie de la combustion; les découvertes sur l'air s'étaient agrandies par les travaux de Lavoisier, de Monge et de Berthollet. L'analyse de l'air avait alors une telle précision, qu'on pouvait reconnaître d'avance tous les éléments qui le composaient. On avait découvert de nouveaux acides, mobiles si puissants en chimie; on décomposait le sel marin pour en extraire la soude; on avait produit les poudres fulminantes qui éclatent comme le tonnerre, préparé le phosphore, cet agent de la lumière. La science avait combiné les gaz de manière à remplacer toutes les eaux minérales; la fermentation des liquides et des éthers avait été poussée jusqu'à ses dernières limites[3].

---

[1] *Essai de Physique*, par Marc-Auguste Pictet; Genève, 1790, 1 vol. in-8°. — *Traité chimique de l'air et du feu*, par Scheele, traduction française, 1777, 1 vol. in-12.

[2] *Essai sur le galvanisme*, par J. Aldini, Paris 1804, 1 vol. in-4°. — *Essai sur l'irritation musculaire*, par M. de Humboldt, en allemand; Berlin, 1797, 1 vol. in-8°. — *Nouvelles expériences galvaniques*, par P. H. Nysten, Paris, an 11. — *Transactions philosophiques*, 1799. — *Bibliothèque Britannique*, t. 15. — *Journal de Physique*, messidor an IX.

[3] *Statistique des végétaux* et *Analyse de l'air*, par M. Hales, traduit de l'anglais, par M. de Buffon, Paris 1785, 1 vol. in-4°. — *Expériences et Observations sur différentes espèces d'air*, traduit de l'anglais; Berlin, 1775, 1 vol. in-8°. — *Bulletin des sciences*, brumaire an XII. — *Annales de Chimie*, t. 15.

L'atmosphère était aussi tombée au pouvoir de l'analyse; on savait maintenant en mesurer toutes les variations, décomposer les aërolithes. Des plumes exercées avaient écrit l'histoire naturelle des eaux et celle des minéraux qui s'agitent bruyamment dans les entrailles de la terre; la géologie avait grandi la science; on avait pénétré dans les terrains primitifs pour découvrir des mondes inconnus et des races éteintes dans le grand remuement de la terre, par les volcans et le déluge; on avait analysé les gouffres de feu [1], et déjà Cuvier, jeune homme alors, commençait son admirable théorie des fossiles et des pétrifications; génie qui reconstitua le monde antérieur dans cette sombre nuit qui précède le chaos [2].

A ces systèmes du monde, venaient se rattacher les expériences positives sur les corps vivants; quels n'étaient pas les progrès de l'anatomie, non seulement dans les animaux, mais encore dans les végétaux [3]. La science expliquait la respiration qui est la vie, la digestion, la grande faculté du corps, la circulation du sang, la première base de toute expérience médicale; la vue, l'ouïe, les fonctions mobiles et variées du cerveau, la génération des corps, la fécondation de toutes les natures, phénomènes écrits, analysés par les études d'application. La nomenclature et le catalogue des êtres s'étaient agrandis de plus de cinq cents noms; on avait entrepris de lointains voyages, préparé d'immenses collections; le domaine des

---

[1] *Annales du Muséum d'Histoire naturelle.* t. 2. — *Journal de Physique*, t. 28. — *Annales de Chimie*, t. 12.

[2] Les mémoires de M. Cuvier sur la réintégration des espèces perdues de quadrupèdes, se trouvent dans les *Annales du Muséum d'Histoire naturelle.*

[3] *Anatomie et Physiologie comparées des organes de la digestion, dans les quadrupèdes et les oiseaux*, par M. Neergaardt, en allemand, Berlin, 1806, in-8°. — *Mémoires d'Anatomie et de Physiologie humaines et comparées*, en allemand, Halle, 1806, in-8°.

plantes comptait alors des produits arrachés aux contrées les plus inconnues; les merveilles du tropique, fleurs si fragiles que le soleil brûlant anime et caresse, depuis l'arbre à thé de la Chine, jusqu'à la vanille de Ceylan et la fleur rare des Cordillières, que M. de Humboldt avait rapportée de son beau pèlerinage [1].

Tous ces éléments de botanique avaient servi les sciences d'application, et particulièrement la chimie et l'art de guérir; la vaccine venait de paraître, et de sauver une génération au berceau, si faible alors, et que la mort moissonnait. On reconnaissait l'action préservatrice des acides minéraux contre les contagions; on combinait les vinaigres et les sels afin de sauver du contact des corps pestiférés, et ici le Consul apporta plus d'une fois dans la section des sciences, les lumières de son expérience pour constater la puissance des préservatifs en Orient, et les effets fatals de la résignation dans l'islamisme. La médecine s'appliquait à tout, non seulement à l'art vétérinaire pour guérir les animaux qui souffrent, mais encore on préparait l'ingénieuse médecine des végétaux et des plantes, qui malades baissent tristement la tête sur leurs tiges flétries. Toutes ces vastes connaissances dans le domaine de la nature servaient les arts et métiers qui n'étaient en quelque sorte que l'application matérielle des théories chimiques; la manufacture trouvait ici la source infinie de ses produits si variés [2].

---

[1] Consultez, sur les plantes nouvelles, les divers recueils périodiques de botanique, tels que le *Journal de Botanique* d'Usteri, celui de Schrader, le *Botanist Repository* d'Andrews, les *Annales du Muséum d'Histoire naturelle* de Paris, etc.

[2] Consultez le *Rapport du Comité central de vaccine*, Paris, 1803, 1 vol. in-8°; le *rapport fait à l'Institut*, par M. Hallé, et les *Recherches historiques et médicales sur la vaccine*, par M. Husson, Paris, 1803, in-8°, troisième édition.—Voyez la *Relation chirurgicale de l'expédition d'Égypte et de Syrie*, par M. Larrey; Paris, 1803, 1 vol. in-8°, et l'*Histoire médicale de l'armée d'Orient*, par M. Desgenettes, ibid. Consultez aussi les ouvrages de MM. Pugnel et Pouqueville.

Les sciences mathématiques, objet des prédilections du premier Consul, avaient une magnifique représentation à l'Institut; que de vastes progrès depuis vingt ans! On avait pris la mesure exacte de la méridienne, dressé des tables d'équation, les principes de l'algèbre; la théorie des nombres, la mécanique se développaient sous les veilles scientifiques de MM. de Prony, Delambre et Bougainville, intelligences si remarquables; on avait grandi l'astronomie, et l'étude de cette vaste armée des cieux qui brille au firmament. Les comètes n'étaient plus un mystère. M. Laplace avait déterminé la perturbation réciproque de tous ces corps enflammés qui paraissent à des époques invariables. M. Lagrange suivait tous les satellites de Jupiter, et M. Delambre rédigeait ses tables astronomiques, que le monde entier adopta comme une règle d'application; elles permirent de dresser de meilleures cartes géographiques, et d'en faire vérifier l'exactitude dans les longs voyages entrepris par le capitaine Baudin; M. de Humboldt, l'intrépide voyageur, s'en était aidé dans les Amériques. Qui n'aime à suivre le jeune Allemand au front large, à la tête blonde, seul avec son ami Bompland, s'élevant jusqu'à la cime du Cimboraçao, dont il mesurait la hauteur, créant la géographie des plantes, assignant les limites de la végétation et des neiges éternelles, travail immense qui prépara de si grandes voies pour l'étude du nouveau monde?

Ici vient se grouper la géométrie qui avait fait de si vastes progrès dans ce mouvement simultané de la science humaine? On avait mesuré les degrés de la sphère avec une exactitude telle que les tables de M. de Prony étaient préférées même à celles de Taylord. Dans l'algèbre, M. Gauss avait découvert l'équation à *deux termes*, l'analyse, le calcul différentiel et intégral ; dans la mécanique, on avait perfectionné le niveau. M. Biot appliqua le cercle pour déterminer les hauteurs du pôle ; M. Delambre avait avancé jusqu'à la perfection exacte les appareils pour la méridienne [1]. L'horlogerie scientifique apprenait à mesurer le temps, et on donnait aux montres à longitude une telle fixité mathématique, que la marine pouvait calculer jusqu'au quart de seconde pour ses appréciations. Dans ces actifs progrès, on remarquait la pendule de l'horloger Antide Janvier, qui marquait l'inclinaison de la terre à la face du soleil [2]. Alors se développaient aussi le système des télégraphes, devenus les bras du gouvernement, moyen terrible sous la Convention et qu'on pouvait appliquer à toutes les transactions de commerce [3] ; le bélier hydraulique dont la force motrice était si puissante ; on perfectionnait les pompes à feu et tous les moteurs qui agissent dans les manufactures. L'imprimerie elle-même profitait de ce progrès de la science par les clichés et les presses ; puis les charrues, les roues de voiture, tout recevait une impulsion, et c'est par le développement du système métrique qu'on arrivait à de tels résultats dans la mécanique, car elle n'est que la main de la pensée, et cette pensée se concentrait entière dans la première classe de l'Institut.

La seconde classe qui prenait le titre *de la langue et de la littérature*, remplaçait l'ancienne Académie française. J'ai dit la tentative essayée par les débris

---

[1] Voyez son mémoire intitulé : *Méthodes analytiques pour la détermination d'un arc du méridien*.

[2] *Traité des montres à longitude*, par M. Ferdinand Berthoud, 1797. — En 1799, parut à Londres la description *du garde-temps ou montre à longitude*, construite par Thomas Mudge.

[3] Voyez dans les mémoires de l'Institut le rapport des commissaires chargés d'examiner l'invention des télégraphes.

des quarante, pour faire restituer le titre d'académie à la classe de littérature, et la protection que Lucien accordait à M. Suard, à l'abbé Morellet, soutiens de l'antique institution. Le premier Consul n'osa point briser d'abord l'organisation forte et puissante de l'Institut; il prit un terme moyen; le nombre des membres fut fixé à quarante, comme celui de l'Académie française fondée par Richelieu, et il y fit entrer de plein droit les littérateurs qui avaient appartenu à la primitive fondation. De là résulta un double esprit dans cette classe littéraire; il y eut des membres, tels que Chénier, Andrieux, qui persistèrent dans la tendance républicaine et philosophique; d'autres qui apportèrent les traditions de l'ancienne société, et une littérature moins austère, moins démocratique.

La seconde classe ne fit point de grands travaux comme celle des sciences mathématiques et physiques; sa destination fut de conserver la pureté du langage, ce qui offrait un sens vague et une destination mal définie; qu'est-ce que cette immobilité d'une langue, quand tout marche et se meut? L'Académie devait préciser et résumer les règles du langage dans un dictionnaire, sorte de tonneau des Danaïdes où roulaient incessamment les mots nouveaux et anciens. On ne put donc citer un travail intellectuel largement combiné par l'Académie française; si elle fut un empêchement, une digue à quelques innovations plus ou moins intelligentes, jamais elle ne se posa comme un mobile d'activité et de progrès. Chaque membre pouvait avoir individuellement sa valeur, chacun pouvait invoquer sa tragédie classique, le poëme épique de ses journées tranquilles et compassées, quelques drames sur Hector ou Priam, ou sur la malheureuse famille des Atrides livrée à la famille des poëtes; les imitations d'Homère et de Virgile pouvaient y avoir leur représentation, mais il n'y avait rien de plus dans ce corps librement réuni sous une élection souvent motivée par l'esprit de coterie. Tandis que la brillante intelligence de M. de Chateaubriand attendait douze années de poétiques et beaux travaux pour forcer le seuil de l'académie, une multitude de médiocrités pénétraient dans cette cour littéraire pour quelques pièces de vers, ou pour une tragédie tombée depuis dans le plus profond oubli.

La troisième classe, toute d'érudits, s'occupait d'histoire, de recherches dans les inscriptions et dans les antiquités nationales; ce but, moins vague, pouvait considérablement grandir la science; la classe d'histoire se donnait une mission en remuant le passé des générations éteintes; les savants allaient fouiller les débris de l'antiquité, rechercher les médailles, expliquer les légendes, remplacer enfin dans cette œuvre les corporations religieuses qui avaient rendu tant de services à l'histoire nationale. On entreprit de continuer les travaux qui avaient marqué l'existence de l'ancienne académie des inscriptions; non seulement les mémoires qui traitaient des points d'érudition spéciale, mais encore le recueil des ordonnances des rois de France, l'œuvre des Laurières et des Secousses, la collection du Louvre, comme on l'appelait sous la vieille monarchie, le recueil des chartes et diplômes de Bréquigny, que la Révolution avait délaissé comme un monument féodal, car son objet était de réunir les feuilles éparses des cartulaires et les archives des châteaux brûlés dans les jours de délire, comme des témoignages de servitude. Enfin on continuait à compiler les *Historiens des Gaules,* œuvre des Bénédictins de la congrégation de Saint-Maur. De tels travaux rentrant ainsi dans le domaine positif des faits, rendaient d'incontestables services à la science. Il y avait bien quelque teinte encore de scepticisme du xviiie siècle, dont Ginguené était l'expression, mais l'esprit bénédictin devait bientôt le dominer.

La quatrième classe, les beaux-arts, restait toujours pour la peinture, sous l'influence de David, le grand élève de Vien, vieillard qui, alors, siégeait dans le Sénat conservateur, comme le vétéran des arts. Les formes monarchiques du Consulat n'avaient point changé la tendance des artistes; ils restaient Grecs et Romains dans leurs conceptions et leurs modèles; on dédaignait l'histoire nationale, la toile ne recueillait jamais les souvenirs de la France ou les traditions de ses rois et de ses guerriers; Athènes, Sparte et Rome, telles étaient les seules scènes que reproduisaient les peintres de l'école française. Au premier salon sous le Consulat, on vit à côté de quelques portraits de madame Bonaparte, par Gérard, ou du premier Consul, par David, les souvenirs de bataille, où dominaient les formes austères et grandioses de l'antiquité.

Tout ce qui sortait de ces proportions conventionnelles dans les arts, se mêlait aux nuageuses imaginations d'Ossian. L'esprit courtisan des artistes avait progressé avec les goûts du premier Consul; déjà se manifestait une tendance mystique vers la mythologie des peuples du Nord. Si Girodet et Gérard suivaient avec respect les leçons, l'école de David, leur maître, s'ils en conservaient les formes pures et académiques, ils apportaient plus d'imagination et de couleur dans les œuvres de l'art; ils ne se bornaient pas à l'anatomie que Michel-Ange a portée si loin dans ces corps d'hommes qui s'entrelacent et se replient si admirablement dans son *Jugement dernier* : Gérard et Girodet n'étaient point de l'Institut encore, qui ne comptait que les peintres vieillis, les vétérans d'un autre siècle, jaloux des imaginations jeunes et ardentes, gardant les places conquises comme le vieillard *du Déluge* de Girodet, protége sa bourse d'or. Peintres, architectes, sculpteurs jeunes et forts, tendaient à une émancipation de l'art, mais ils ne l'osaient point, car ils étaient retenus par Vien, Guérin et par Regnauld aux formes classiques dans sa *Mort de Cléopâtre*. Il faut savoir gré à Girodet surtout d'avoir tenté une hardie modification de l'école de David : le *Bélisaire* de Gérard, tout en conservant les formes antiques, offrait un mélancolique esprit dans cette poésie d'histoire qui peuple le désert où l'on ne voit qu'un vieillard aveugle et un enfant agonisant ; l'aspect en est triste comme celui de toutes les grandes scènes de la vie où l'homme souffre. Dans l'*Amour et Psyché* de Gérard qui parut au Salon, on retrouva la chasteté dans le nu, et cette mystérieuse et antique figure de l'amour, l'âme du monde, grave pensée comme on la retrouve encore sur les bas-reliefs et les cippes. Madame Lebrun exposait alors ses beaux portraits et Isabey ses inimitables miniatures.

La même lutte se trouvait à l'Institut entre les diverses écoles de musique ; Méhul, Gossec dominaient avec leurs méthodes graves et savantes ; Grétry s'illustrait par l'originalité de ses chants harmonieux. Les plus jeunes osaient quelques innovations heureuses ; Boïeldieu par le genre gracieux, Spontini par de plus vastes et de plus solennelles partitions ; M. Berton conservait dans la musique les formes de l'Opéra français, et de l'ariette chérie des vieillards, aux jours de leur gaieté ; *Aline, reine de Golconde*, pouvait rivaliser avec la *Belle Arsène* et *Zémire et Azor*, que nos pères se plaisaient à chanter, tandis que leur voix n'osait entreprendre le récitatif d'*Iphigénie en Aulide* du chevalier Gluck, qu'ils avaient vu de leurs yeux, aux belles représentations de Versailles, en présence de la cour où brillait Marie-Antoinette. La musique française subit une véritable transformation par la double influence des écoles allemande et italienne : elle fut toute d'emprunt.

Bonaparte avait un goût prononcé pour l'art dramatique; s'il l'eût osé, la déclamation, sous Talma, aurait trouvé sa représentation à l'Institut. A côté de ces admirations de génie et d'artiste, le premier Consul avait surtout sa pensée dominante et monarchique; appelé à préserver la société, à fixer la hiérarchie des rangs et des conditions, il hésitait à placer un *histrion* dans un corps scientifique : l'acteur qu'un caprice du peuple pouvait flétrir le soir sous les lustres, devait-il jamais se poser dans une corporation illustre? Bonaparte avait étudié profondément l'histoire de Rome, et ces temps de décadence qui placèrent si haut les acteurs et les mimes dans les cirques et sur la scène; il comblait de biens Talma, il lui donnait sa familiarité souveraine; jamais il ne l'aurait admis au Sénat ou à l'Institut.

Dans le but spécial de récompenser les artistes, Bonaparte agrandit le Conservatoire, car, c'était une école d'art, et non point une institution de science ou de politique. L'Institut devait se lier au vaste mouvement intellectuel; il avait un costume, des attributions, une place réservée dans les cérémonies publiques. Le premier Consul, placé si haut lui-même, avait une grande admiration pour la science, quand elle se renfermait dans les conditions de son pouvoir; l'Institut, était l'organisation administrative de l'intelligence et Bonaparte se réservait d'approuver l'élection de ses membres : les sciences physiques et mathématiques prêtaient aide à son pouvoir, et illustraient son gouvernement : l'Académie française avait ses poëtes et ses lauréats pour chanter ses grandes œuvres : la section d'histoire frapperait des médailles, ferait des inscriptions qui perpétueraient son règne : les beaux-arts reproduiraient son image, soit que Consul il passât le Saint-Bernard sur son cheval fougueux, le corps enveloppé de son poétique manteau, au milieu des neiges éternelles, soit qu'empereur, il se fît sacrer à Notre-Dame : la sculpture reproduirait ses traits antiques et fortement marqués ; on coulerait en bronze ses colonnes commémoratives, tandis que la musique célébrerait les triomphes de Trajan, et chanterait des hymnes de gloire pour l'armée et son empereur. L'Institut devenait pour lui, non seulement un moyen d'action sur l'intelligence contemporaine, mais un des grands mobiles pour préparer l'histoire et la postérité !

CHAPITRE IX.

DIRECTION POLITIQUE DU CONSULAT.

Le Sénat. — Ses assemblées. — Préparatifs du *sénatus-consulte* sur les émigrés. — Le conseil d'État. — Discussion sur la Légion d'honneur. — Sur la conscription. — Sur les émigrés. — Contributions et cadastre. — Le Tribunat. — Parti de l'opposition. — Du gouvernement. — Débats. — Majorité et minorité. — Irritation du premier Consul contre le Tribunat. — Le Corps législatif. — Son esprit. — Sa tendance. — Quelques votes de projets de loi.

1801-1802.

Toute l'action du gouvernement reposait dans les mains du premier Consul; les institutions créées par l'acte constitutionnel de l'an VIII n'étaient que des formes et des moyens pour seconder sa vaste pensée. Bonaparte voulait avoir derrière lui des corps qui, agissant de concert, pussent donner quelques allures populaires à son administration sociale. S'il n'avait aucun penchant pour la délibération publique qui gênait son œuvre, il reconnaissait néanmoins que les résolutions d'un pouvoir devaient fortement s'éclairer par les discussions antérieures à toute mesure gouvernementale. L'institution du conseil d'État n'avait que cet objet.

Le Sénat conservateur n'avait encore rien de redoutable

pour l'autorité du premier Consul : ce corps, habilement choisi, se composait presque en majorité d'hommes très avancés dans la vie, des vétérans de la science et de la guerre ; il absorbait tout ce qui avait laissé quelque trace de célébrité dans les fastes de la Révolution française, esprits fatigués des agitations publiques : tous jouissaient d'un traitement considérable, et nul ne l'eût sacrifié pour une vaine opposition et quelques paroles déclamatoires. On faisait bien un peu de bruit ; il existait une sourde résistance dans le Sénat, mais tellement insignifiante, tellement timide dans les jours heureux, que Bonaparte prêtait une bien faible attention à ce qui était plutôt un souvenir de mauvaise humeur qu'une opposition réelle ; le Sénat gardait quelques phrases de république ; on avait créé des commissions pour protéger la liberté individuelle et la liberté de la presse, formules sans réalité. Jamais le Sénat ne se fût opposé à une volonté fermement développée par le premier Consul, qui lui envoyait le *senatus-consulte* tout rédigé, et presque toujours il était adopté sans discussion [1].

D'après la constitution, le Sénat devait s'occuper des actes du gouvernement qui se rattachaient au principe

---

[1] Bonaparte jugeait le Sénat avec sévérité.

« Le Sénat a été manqué : il n'a pas assez d'occupation. On n'aime pas en France à voir des gens bien payés pour ne faire que quelques mauvais choix. La garantie de la nation est dans le Sénat ; mais pour cela il aurait fallu lui donner d'autres attributions. »

Plus tard Bonaparte disait du Sénat :

« Le Sénat veut être législateur, électeur et juge ; une telle réunion de pouvoirs serait monstrueuse. Il affecte de se regarder comme le gardien des libertés du pays, mais quel meilleur gardien peuvent-elles avoir que le gouvernement ? Et s'il voulait les attaquer, qui est-ce qui pourrait prévaloir contre lui ?

« Le Sénat se trompe s'il croit avoir un caractère national et représentatif ; ce n'est qu'une autorité constituée qui émane du gouvernement comme les autres. On lui a attribué, comme corps, une certaine puissance ; mais ses membres, individuellement, ne sont rien.

« Les prétentions du Sénat sont des réminiscences de la constitution anglaise ; mais rien n'est plus différent que la France et

et au fondement de l'ordre politique. Dans cette vue, Bonaparte lui avait confié l'examen secret d'une vaste mesure relative aux émigrés, et qu'il préparait alors silencieusement pour ne la publier que dans la session suivante. Au temps où la République proclamait la liste de l'émigration, le Directoire n'avait consenti à des radiations partielles qu'avec des difficultés inouïes, et en imposant encore aux émigrés des conditions pour la plupart inexécutables ; quelques protégés de Barras en avaient été seuls exempts, et sous la Convention on citait l'exemple de M. de Talleyrand. Bonaparte se crut assez fort pour travailler en grand cette question de l'émigration ; il alla droit à une amnistie, oubli absolu du passé, et ce qui était plus avancé encore, il voulut compléter la mesure par la restitution des biens confisqués. Ce projet d'amnistie opérait un remaniement complet dans les revenus publics et les propriétés nationales ; un certain nombre de catégories était indiqué dans le projet du premier Consul, et, particulièrement, on déclarait indignes de toute amnistie, ceux qui persistaient à prendre du service hors de France.

Un tel acte de puissance politique avait fait l'objet

---

l'Angleterre. Le Français habite sous un beau ciel, boit un vin ardent et capiteux, et se nourrit d'aliments qui excitent l'activité de ses sens ; l'Anglais au contraire vit sur un sol humide, sous un soleil presque froid, boit de la bière et du porter, et consomme beaucoup de laitage. Le sang des deux peuples n'est pas composé des mêmes aliments, leur caractère n'est pas non plus le même. L'un est vain, léger, audacieux, amoureux par-dessus tout de l'égalité ; on l'a vu à toutes les époques de l'histoire faire la guerre aux supériorités de rang et de fortune ; l'autre a de l'orgueil plutôt que de la vanité ; il est naturellement grave, et ne s'attaque pas à des distinctions frivoles, mais aux abus sérieux ; il est plus jaloux de conserver ses droits que d'usurper ceux des autres ; l'Anglais est à la fois fier et humble, indépendant et soumis. Comment songer à donner les mêmes institutions à deux peuples si différents ? Qui protégerait en France les pouvoirs des chambres contre un prince qui disposerait d'une armée de 400,000 hommes, dont la situation géographique du pays lui fera toujours une nécessité.

(Bonaparte au conseil d'État.)

d'une communication confidentielle au Sénat; toute idée d'amnistie devait convenir à une réunion d'hommes qui avaient passé à travers tant de secousses, la plupart exilés ou proscrits dans ce jeu des factions qui s'étaient disputé la France. La présence des émigrés dans la patrie était nécessaire pour fermer les plaies des révolutions; il y avait assez de malheurs publics, pourquoi ne point clore la liste des émigrés et réunir tous les Français dans une commune famille? Le travail du Sénat n'était point complet encore; quelque opposition s'élevait parmi les débris du parti jacobin, implacable pour ceux qu'il regardait comme les ennemis de la Révolution française.

Bonaparte insistait pour que cette amnistie parût en même temps qu'un autre projet susceptible de donner plus de stabilité au gouvernement; déjà ses amis avaient jeté dans le Sénat la pensée du Consulat à vie, et une commission secrète s'occupait de la grave question de savoir s'il ne fallait pas au moins donner à la magistrature du Consul une plus longue durée[1]. On trouvait parmi les Sénateurs influents ces pressentiments et ces confidences qui préparent les résolutions constitutionnelles; on se demandait même dans la société de Sieyès, s'il ne serait pas urgent de prolonger le Consulat de dix années encore, afin d'empêcher Bonaparte de prendre le Consulat à vie. Les républicains même les plus exigeants ne s'opposaient pas à une prolongation de la suprême magistrature; ils voulaient par là, je le répète, empêcher la réalisation d'un projet de Consulat à vie et de magistrature héréditaire qui, disait-on, s'était discuté dans les intimités de la famille Bonaparte; le Consulat décennal était opposé au Consulat perpétuel. Ces mesures n'é-

---

[1] Voir tome IV, ch. III.

taient point essayées, on les renvoyait toutes à la session suivante [1].

Le conseil d'État, la partie forte et active de la constitution, voyait toujours Bonaparte déposer dans son sein les hautes pensées du gouvernement; là se poursuivaient, en sa présence, ces belles discussions auxquelles il prenait part avec une supériorité admirable. Selon lui, toute la force politique était dans l'action; la résistance se formulait en obstacle, et jamais en une puissance conservatrice. Le Sénat ne pouvait être compté dans la partie agissante de la constitution; il ne préparait rien de son propre chef; machine vieillie déjà, il pouvait empêcher l'action du pouvoir, mais en aucun cas il ne pouvait arrêter le développement de la pensée du Consul. Le conseil d'État éclairait la raison de Bonaparte; là, il disait tout sans déguisement, comme on peut le faire en présence d'hommes forts; il se laissait aller à ses destinées, à ses desseins d'ambition. Les séances étaient sans publicité, et puis le gouvernement restait maître de décider ce qu'il voulait, et d'accomplir, plus ou moins hâtivement, ce qu'on avait décidé [2].

Le plan de Bonaparte se développait d'ailleurs avec une invariable unité; il voulait reconstituer les formes monarchiques, poser son pouvoir sur des bases solides, et pour cela il avait besoin de s'appuyer sur une aristocratie militaire et civile. Les anciens éléments de la société n'existaient plus; il fallait créer de nouvelles

---

[1] Voir tome IV, ch. III.
[2] Voyez le *Recueil des discussions* du conseil d'État par M. Locré, voici comment Bonaparte jugeait ce conseil:
« J'ai besoin d'un tribunal spécial pour le jugement des fonctionnaires publics pour les appels des conseils de préfecture, pour les questions relatives à la fourniture des subsistances, pour certaines violations des lois de l'État, pour les grandes affaires de commerce que peut avoir l'État, en sa qualité de propriétaire du domaine et d'administrateur.

« Il y a dans tout cela un arbitraire iné-

bases; la Révolution avait tout réduit en poussière, et on devait néanmoins construire avec ce sable comme si l'on eût remué des blocs de granit. Ceux qui suivaient la marche et le développement du Consulat, n'avaient cessé de remarquer Bonaparte contemplant avec envie les ordres, les plaques, les dignités qui ornaient la poitrine des ambassadeurs, des étrangers de distinction, nobles visiteurs de sa cour. Il s'en était plusieurs fois exprimé d'une manière claire, précise, et nul ne pouvait douter que sa volonté ne fût de mettre son gouvernement en rapport avec les dignités de l'Europe.

Les sabres, fusils, épées ou pistolets d'honneur, restaient dans des conditions purement militaires et soldatesques; l'esprit de la nation appelait quelque chose de plus large, de plus actif, de plus puissant sur les yeux; on ne voulait pas prononcer encore les noms d'ordre, dans la crainte de soulever trop d'opposition. Or, tout à coup le Consul jeta dans le conseil d'État la première idée d'une institution à la fois militaire et civile, destinée à récompenser les belles actions, sans blesser les susceptibilités de la Révolution française. Tout ruban distinctif était en opposition avec l'esprit de liberté et d'égalité, patrimoine des nouvelles générations; ce que le concordat avait fait en matière de religion, allait-on le tenter sous le point de vue monarchique? en faisant

---

vitable. Je veux instituer un corps demi-administratif, demi-judiciaire qui réglera l'emploi de cette portion d'arbitraire nécessaire dans l'administration de l'État. On ne peut laisser cet arbitraire dans les mains du prince, parce qu'il l'exercera mal ou négligera de l'exercer. Dans le premier cas, il y aura tyrannie, le pire des maux pour un peuple civilisé; dans le second cas, le gouvernement tombera dans le mépris.

« Je veux que l'on gouverne par des moyens légaux, et qu'on légalise par l'intervention d'un corps constitué ce qu'on peut être obligé de faire hors de la loi.

« Ce tribunal administratif pourra être appelé *Conseil des parties*, ou *Conseil des dépêches*, ou *Conseil du contentieux*. »

1 Voyez les discussions du conseil d'État dans MM. Locré, Pelet de la Lozère et Thibaudeau.

remonter le fleuve à sa source. Était-ce une réaction contre l'idée de 1789? Il y avait des esprits entiers qui croyaient impossible d'organiser sur de telles bases la société révolutionnaire; Bonaparte, lui, se plaçant au-dessus de ces préjugés, savait que le peuple et l'armée ne se mènent que par des distinctions; l'expérience lui avait fait connaître la puissance de l'uniforme et de ces insignes brillants qui fascinent les yeux; il ne croyait pas à cette austérité de mœurs qui n'admettait ni distinction, ni hiérarchie; plus l'autorité avait été méconnue pendant quinze ans, plus on devait témoigner de sa reconstitution par des signes visibles.

Tous ces motifs le déterminèrent à jeter dans la discussion secrète du conseil d'État l'institution de la Légion d'honneur. Le projet primitif fut l'œuvre de Lucien Bonaparte et de Rœderer; le Consul en harmonisa toutes les dispositions, pour le présenter ensuite au conseil en homme ferme et de gouvernement, résolu d'en finir avec toute opposition. M. Rœderer se chargea d'en développer les motifs dans des conférences intimes, et avant qu'il en fût question au dehors. Son exposé établit que c'était pour se conformer à l'esprit de la constitution de l'an VIII, et consolider la République que ces innovations étaient faites; l'institution de la Légion d'honneur devait avant tout défendre la liberté et l'égalité[1]. Le serment imposé garantissait l'intégralité des territoires et la possession des domaines nationaux. Le conseil d'État, attentif et suspendu, attendait l'opinion personnelle du premier Consul; elle ne se fit point attendre : Bonaparte résuma en peu de mots les motifs qui l'avaient déterminé à cette institution. « Le système actuel des récom-

---

[1] Cette institution ne fut présentée au Tribunat et au Corps législatif qu'à la session suivante. Voyez tome IV, ch. III.

penses militaires n'est point régularisé. L'article 87 de la constitution assure des récompenses nationales aux militaires; mais il n'y a rien d'organisé. Un arrêté a bien établi une distribution d'armes d'honneur, ce qui emporte double paie et occasionne une dépense considérable. Il y a des armes d'honneur avec augmentation de paie, d'autres sans rétribution. C'est une confusion, on ne sait ce que c'est : d'ailleurs il faut donner une direction à l'esprit de l'armée, et surtout le soutenir. Ce qui le soutient actuellement, c'est cette idée qu'ont les militaires qu'ils occupent la place des ci-devant nobles. Le projet donne plus de consistance au système de récompenses, il forme un ensemble; c'est un commencement d'organisation de la nation. »

La pensée absorbante du Consulat, c'est l'organisation forte du pays! Bonaparte s'impose cette tâche impérative; son système est une réaction contre les rapides et folles démonstrations de l'Assemblée nationale. La Constituante avait démoli tout le passé de la France; l'idée du xviiie siècle se formulait par la désorganisation. Bonaparte allait droit à la reconstruction et c'est le type des esprits supérieurs. Rien de plus facile que d'abattre [1]; il suffit pour cela de cette audacieuse confiance qui amoncelle des ruines sans savoir ce qu'elle substituera aux débris épars. Les théoriciens avaient détruit les corporations, les ordres, les distinctions marquées dans le pouvoir; ils avaient formulé des institutions qui n'avaient aucune racine dans

---

[1] « Je défie, dit Bonaparte aux républicains, qu'on me montre une république ancienne ou moderne dans laquelle il n'y ait pas eu des distinctions. On appelle cela des *hochets*; eh bien! c'est avec des *hochets* que l'on mène les hommes. Je ne dirais pas cela à une tribune; mais dans un conseil de sages et d'hommes d'État, on doit tout dire. Je ne crois pas que le peuple français aime la *liberté, l'égalité;* les Français ne sont point changés par dix ans de révolution; ils sont ce qu'étaient les Gaulois, fiers et légers. Ils n'ont qu'un sentiment, l'honneur. Il faut donc donner de l'aliment

les habitudes. Bonaparte connaissait l'esprit de la France, il caressait ses mœurs de distinction et de monarchie.

La manière dont il aborda la question dans le conseil d'État, était brusque, incisive ; elle laissait peu de place à la délibération : « Je ne désapprouve pas le projet, dit Mathieu Dumas, mais pourquoi admettez-vous les simples citoyens dans la Légion d'honneur ? Si vous voulez que l'institution soit profitable et qu'elle atteigne son but, il faut la rendre particulière aux militaires, à ceux qui se destinent exclusivement aux armes ; il faut prendre garde, continua le vieux général, que l'esprit belliqueux ne s'éteigne parmi nous, au profit de l'esprit bourgeois. »

Cette opinion, peu soutenue dans le conseil d'État en majorité composé d'hommes de science, mérita néanmoins d'être réfutée; Bonaparte accomplit cette tâche avec ce magnifique instinct d'histoire, cette empreinte des souvenirs antiques ; révélation simultanée de toute la grandeur de son imagination et de sa volonté puissante : « Vos idées, général, dit-il à Dumas, pouvaient être bonnes au temps du régime féodal et de la chevalerie, ou lorsque les Gaulois furent conquis par les Francs. La nation était esclave, les vainqueurs seuls étaient libres, ils étaient tout, ils l'étaient comme militaires. Alors, la première qualité d'un général ou d'un chef, était la force corporelle. Ainsi, Clovis, Charlemagne, étaient les hommes les plus forts, les plus adroits de leur armée ; ils valaient, à eux seuls, plusieurs soldats, un bataillon; c'est

---

à ce sentiment-là ; il leur faut des distinctions. Voyez comme le peuple se prosterne devant les crachats des étrangers ; ils en ont été surpris ; aussi ne manquent-ils pas de les porter.

« Voltaire a appelé les soldats des *Alexandres à cinq sous par jour;* il avait raison, ce n'est pas autre chose. Croyez-vous que vous feriez battre des hommes par l'analyse ? Jamais. Elle n'est bonne que pour le savant dans son cabinet. Il faut au soldat de la gloire, des distinctions, des récompenses. Les armées de la République ont fait de grandes choses parce qu'elles étaient com-

ce qui leur conciliait l'obéissance et le respect. C'était conforme au système militaire du temps. Les chevaliers se battaient corps à corps, la force et l'adresse décidaient de la victoire. Mais quand le système militaire changea, quand on substitua les corps organisés, les phalanges macédoniennes, les masses, au système militaire des chevaliers, il en fut autrement ; ce ne fut plus la force individuelle qui décida du sort des batailles, mais le coup d'œil, la science. On peut en voir la preuve dans ce qui se passa aux batailles d'Azincourt, de Crécy, de Poitiers. Le roi Jean et ses chevaliers succombèrent devant les phalanges gasconnes, comme les troupes de Darius devant les phalanges macédoniennes. Voilà pourquoi nulle puissance ne put arrêter la marche victorieuse des légions romaines. Le changement de système militaire, et non l'abolition du régime féodal, dut donc modifier les qualités nécessaires au général. D'ailleurs, le régime féodal fut aboli par les rois eux-mêmes, pour se soustraire au joug d'une noblesse boudeuse et turbulente. Ils affranchirent les communes et eurent des bataillons formés de la nation. L'esprit militaire, au lieu d'être resserré dans quelques milliers de Francs, s'étendit à tous les Gaulois, il ne s'affaiblit point par là ; au contraire, il acquit de plus grandes forces. Il ne fut plus exclusif, fondé seulement sur la force individuelle et la violence, mais sur des qualités civiles. La découverte de la poudre à canon eut aussi une influence prodigieuse sur le chan-

---

posées de fils de laboureurs et de bons fermiers, et non de la canaille ; parce que les officiers avaient pris la place de ceux de l'ancien régime, mais aussi par sentiment d'honneur. C'est par le même principe que les armées de Louis XIV ont aussi fait de grandes choses. On peut appeler, si l'on veut, le projet un *ordre*, les mots ne font rien à la chose ; mais enfin, pendant dix ans, on a parlé d'institutions ; qu'a-t-on fait ? rien ; le temps n'était pas arrivé. On avait imaginé de réunir les citoyens dans les églises pour geler de froid à entendre la lecture des lois, les lire et les étudier ; ce

gement du système militaire, et sur toutes les conséquences qu'il entraîna. Depuis cette Révolution, qu'est-ce qui a fait la force d'un général ? Ses qualités civiles, le coup d'œil, le calcul, l'esprit, les connaissances administratives, l'éloquence, non pas celle du jurisconsulte, mais celle qui convient à la tête des armées, et enfin la connaissance des hommes; tout cela est civil. Ce n'est pas maintenant un homme de cinq pieds dix pouces qui fera de grandes choses. S'il suffisait pour être général, d'avoir de la force et de la bravoure, chaque soldat pourrait prétendre au commandement. Le général qui fait de grandes choses est celui qui réunit les qualités civiles. C'est parce qu'il passe pour avoir le plus d'esprit, que le soldat lui obéit et le respecte. Il faut l'entendre raisonner au bivouac; il estime plus le général qui sait calculer que celui qui a le plus de bravoure. Ce n'est pas que le soldat n'estime la bravoure, car il mépriserait le général qui n'en aurait pas. Mourad-Bey était l'homme le plus fort et le plus adroit parmi les Mamelucks; sans cela, il n'aurait pas été bey. Quand il me vit, il ne concevait pas comment je pouvais commander à mes troupes ; il ne le comprit que lorsqu'il connut notre système de guerre. Les Mamelucks se battaient comme les chevaliers, corps à corps et sans ordre, c'est ce qui nous les a fait vaincre. Si l'on eût détruit les Mamelucks, affranchi l'Égypte, et formé des bataillons dans la nation, l'esprit militaire n'eût point été

---

n'est déjà pas trop amusant pour ceux qui doivent les exécuter ; comment pouvait-on espérer d'attacher le peuple par une semblable institution. Je sais bien que si, pour apprécier le projet, on se place dans la calotte qui renferme les dix années de la Révolution, on trouvera qu'il ne vaut rien ; mais si l'on se place après une révolution, et dans la nécessité où l'on est d'organiser la nation, on pensera différemment. On a tout détruit, il s'agit de récréer. Il y a un gouvernement, des pouvoirs, mais tout le reste de la nation, qu'est-ce ? des grains de sable. » (Bonaparte au conseil d'État, année 1802.)

Quelle admirable appréciation !

anéanti ; sa force, au contraire, eût été plus considérable. Dans tous les pays, la force cède aux qualités civiles. Les baïonnettes se baissent devant le prêtre qui parle au nom du ciel, et devant l'homme qui impose par sa science. J'ai prédit à des militaires qui avaient quelques scrupules, que jamais le gouvernement militaire ne prendrait en France, à moins que la nation ne fût abrutie par cinquante ans d'ignorance. Toutes les tentatives échoueront, et leurs auteurs en seront victimes. Ce n'est pas comme général que je gouverne, mais parce que la nation croit que j'ai les qualités civiles propres au gouvernement; si elle n'avait pas cette opinion, le gouvernement ne se soutiendrait pas. Je savais bien ce que je faisais, lorsque, général d'armée, je prenais la qualité de *membre de l'Institut* ; j'étais sûr d'être compris même par le dernier tambour. Il ne faut pas raisonner des siècles de barbarie aux temps actuels. Nous sommes 30 millions d'hommes réunis par les lumières, la propriété et le commerce ; 3 ou 400,000 militaires ne sont rien auprès de cette masse. Outre que le général ne commande que par les qualités civiles, dès qu'il n'est plus en fonctions il rentre dans l'ordre civil. Les soldats eux-mêmes ne sont que les enfants des citoyens. L'armée, c'est la nation ; si l'on considérait le militaire, abstraction faite de tous ses rapports, on se convaincrait qu'il ne connait point d'autre loi que la force, qu'il rapporte tout à lui, qu'il ne voit que lui ; l'homme civil, au contraire, ne voit que le bien général. Le propre du militaire est de tout vouloir despotiquement ; celui de l'homme civil est de tout soumettre à la discussion, à la vérité, à la raison. Elles ont leurs principes divers, ils sont souvent trompeurs ; cependant la discussion produit la lumière. Je n'hésite donc pas à penser, en fait de prééminence, qu'elle appartient incontestablement au civil. Si l'on distinguait les honneurs en militaires et en civils, on établirait deux ordres, tandis qu'il n'y a qu'une nation. Si l'on ne décernait des honneurs qu'aux militaires, cette préférence serait encore pire, car, dès lors, la nation ne serait plus rien. »

Dans toutes ces paroles se révélait la pensée d'un homme d'État profond et le plus habile des chefs d'un gouvernement. Il s'agissait de fonder un ordre. Et qui le proposait cet ordre? Bonaparte, général d'une capacité si éminente; le vainqueur de l'Italie, l'esprit militaire le plus fort, le plus élevé. Eh bien! ce chef du gouvernement, Bonaparte venait, de sa propre volonté, appeler à la Légion d'honneur, à la glorieuse participation de son éclat, les citoyens, les hommes civils à côté des soldats; idée belle et vaste, fusion de tous les services dans la société; Bonaparte grandissait l'esprit du 18 brumaire; chef de l'armée, il aimait encore à se proclamer le magistrat de la nation; il avait à se défendre contre ses propres tendances, contre ses entraînements soldatesques; cherchant ainsi à effacer l'origine de son pouvoir à Saint-Cloud, cette ovation de grenadiers qui l'avait élevé sur le pavois : son principe militaire ne pouvait être nié; nul n'était assez audacieux pour lui contester la gloire? Il aimait aussi à constater le caractère civil de son gouvernement.

Quand Bonaparte prépare cette organisation de la Légion d'honneur, il veut en faire une force, un instrument dans sa main, une armée d'élite toute à lui, un ordre de chevalerie qui désormais lui sera dévoué par serment; c'est le commencement de la monarchie, la base de sa noblesse; et voilà pourquoi il lui donne le caractère civil et militaire. Enfin pour éviter tous les scrupules, pour endormir la République expirante, Bonaparte conserve dans son projet toute la phraséologie républicaine ; l'ordre est institué au profit des citoyens, le serment que l'on prête proscrit le vieux régime, la féodalité, et tout ce qui rappellerait un temps qui a fui loin de la génération ; le Consul sait qu'avec les mots on vient à bout des choses ; il cache ses projets sous des formes démocratiques : il parle de liberté et d'égalité, alors même qu'il en détruit le principe dans ses dernières bases ; il déclame contre la féodalité, quand il la rétablit sous de nouveaux noms, avec ses formes militaires ; il dénonce la noblesse, et il sème le germe d'une nouvelle aristocratie ; il n'hésite devant aucune concession de mots, parce qu'il va droit à son but qui est de changer les choses, et la forme intime de son gouvernement.

C'est dans ce conseil d'État que Bonaparte aborde aussi franchement la question de la conscription militaire, la création la plus énergique, la plus étendue qu'un pouvoir militaire puisse préparer. La conscription n'était pas l'œuvre du Consulat, c'était celle du Directoire ; son premier auteur, le général Jourdan, l'appliqua aux besoins et aux dangers de la patrie, en face de l'invasion menaçante. La conscription bien ordonnée dans des limites régulières, était un mode de recrutement admirable, et, sous plus d'un rapport, il favorisait le développement de la civilisation, de l'obéissance et de la hiérarchie dans les classes infimes de la société. Cette forme régulière qui appelait annuellement un certain nombre de conscrits sous les drapeaux, avait pour effet de tenir le système militaire toujours en harmonie avec les besoins de la défense territoriale : toutes les classes de citoyens concouraient au recrutement par l'égalité inflexible du tirage, et d'une série de numéros communs à tous.

L'appel annuel d'une grande masse de prolétaires sans travaux, arrachait à la société une partie flottante ou trop nombreuse; la discipline militaire lui donnait le sentiment du devoir, en la faisant passer par de rudes épreuves; il se développait une émulation pour les grandes choses, sur le champ de bataille; l'avancement n'était-il pas égal pour tous? La guerre semblait une grande loterie jetée par la fortune.

L'excès de la conscription seul fut un mal; limitée elle devenait un moyen civilisateur, une certaine manière légale de faire entrer successivement le pays dans l'armée, et l'armée dans le pays; elle formait la base d'un grand État militaire. Le premier Consul n'avait point manqué de voir l'immense ressort que la loi mettait dans ses mains; voulant donc organiser dans des proportions régulières les lois de la conscription, il avait demandé à la section de la guerre un projet sur cette matière. Bernadotte nommé rapporteur établit un système qui formait des catégories dans la conscription : l'une pour la paix, l'autre pour le cas d'invasion; l'une pour défendre les frontières envahies, l'autre pour porter les drapeaux de France au dehors : la conscription était entière, absolue, lorsqu'il s'agissait de protéger le territoire; elle se transformait, au besoin, en levées en masses illimitées, tandis qu'elle devait être restreinte, exceptionnelle, toutes les fois qu'il s'agissait de la conquête. Ici la section avait voulu arrêter l'ambition du chef de l'État, en comprimant cette imagination ardente qui le portait à conquérir le monde.

Bonaparte, d'un trait de plume, raya tout ce que ce projet avait de restrictif pour son pouvoir; il s'emporta même contre Bernadotte accusé de jalousie : « Que veulent dire ces méfiances? de quoi s'agit-il? veut-on dire que je vais sacrifier le sang de la nation? est-ce qu'on pense me dépopulariser? Le gouvernement doit être libre et maître de juger l'étendue de la conscription; n'est-ce pas assez de la garantie du Sénat qui seul appréciera la nécessité d'une conscription et l'étendue de chaque levée d'hommes? » Bernadotte s'expliqua sur la nécessité de donner des garanties à la République; le Consul n'écouta rien, détruisit la base du projet et voulut avoir sa liberté absolue dans le jugement de ses moyens militaires; il réduisit toute la discussion au mode régulier d'appel, à la répartition des contingents, c'est-à-dire à l'exécution matérielle du système de recrutement sous la main du pouvoir.

Qui fixerait le contingent de chaque localité? comment serait-il mis en mouvement? Et sur tous ces points Bonaparte s'exprima avec une remarquable netteté d'idées et d'expérience que lui avaient donnée ses grandes guerres. « Je laisserais aux autorités civiles la désignation des hommes qui devront partir pour l'armée, c'est une affaire municipale. Le militaire doit les recevoir du civil, et examiner seulement s'ils sont propres au service. Les autorités civiles sont moins capables d'injustice et moins susceptibles de corruption, que des militaires qui ne font que passer, et qui s'inquiètent fort peu de ce qu'on dira d'eux après leur départ. L'organisation des bataillons auxiliaires ne va point au but; au contraire, elle donnerait aux conscrits plutôt l'esprit de localité que celui de l'armée. D'ailleurs, que voulez-vous que nous fassions de tant d'hommes en temps de paix? Il ne faut lever que le nombre nécessaire pour compléter l'armée, et laisser tout le reste libre. J'ai bien besoin d'aller vexer, mécontenter... il faut songer aux arts, aux sciences, aux métiers... Nous ne sommes pas des Spartiates. On peut organiser seulement une réserve pour le cas de guerre : 25 ou 30,000 hommes par an suffisent. Quant au remplacement, il faut l'admettre : chez une nation où les fortunes seraient égales, il faudrait que chacun servît de sa personne ; mais chez un peuple dont l'existence repose sur l'inégalité des fortunes, il faut laisser aux riches la faculté de se faire remplacer. On doit seulement avoir soin que les remplaçants soient bons, et tirer quelque argent qui serve à la dépense d'une partie de l'équipement de l'armée de réserve des conscrits. Tous les autres détails sur le mode de recruter la cavalerie et l'artillerie sont inutiles. Tous les Français sont également propres à ces sortes d'armes. La cavalerie aura plus d'hommes de bonne volonté qu'il n'en faudra. On doit seulement avoir soin de placer dans l'infanterie légère les hommes des pays de montagnes. Voilà comment je conçois le système [1]. »

Une autre fois, en plein conseil d'État, Bonaparte fit l'éloge de la vieille armée de la monarchie ; il déclara hautement que c'était elle et non pas les volontaires qui avait gagné les grandes victoires de l'origine de la Révolution. A Jemmapes, il y avait 50,000 Français, contre 9,000 Autrichiens. On a fait la guerre pendant les quatre premières années d'une manière ridicule. Ce ne sont pas les recrues qui ont remporté les succès. Ce sont 180,000 hommes de vieilles troupes et tous les militaires retirés que la Révolution a lancés aux frontières. Parmi les recrues, les uns ont déserté ; les autres sont morts. Il en reste un certain nombre qui ont fait de bons soldats avec le temps. Pourquoi les Romains ont-ils fait de si grandes choses ? C'est qu'il leur fallait six ans d'éducation pour faire un soldat. Une légion de 3,000 hom-

[1] Bonaparte au conseil d'État (1802).

mes en valait 50,000. Avec 15,000 hommes comme la garde, j'en battrais 40,000. »

Toutes ces opinions étaient pleines de hardiesse dans la bouche du premier Consul ; il n'aimait pas la Révolution et ses généraux ; prévenu contre le passé, il dépréciait la République, il en attaquait même les victoires, tout en se servant des forces qu'elle avait laissées à sa disposition pour l'agrandissement de son pouvoir. Il osait dire que les levées en masses des époques révolutionnaires avaient plus nui au développement des forces militaires qu'elles ne lui avaient servi. Cette haine des temps et des hommes révolutionnaires éclate spécialement à l'occasion du projet de loi sur les émigrés. Bonaparte avait conçu sur des proportions larges et profondes le sénatus-consulte qu'il avait formulé au conseil d'État. Selon lui, une mesure, en pareil cas, ne pouvait être limitée ; un gouvernement fort peut être indulgent ; puisque le rappel des émigrés était une grande réconciliation, il fallait qu'il fût absolu et qu'on donnât à ces débris de la vieille société une existence dans la nouvelle, laquelle pût compenser les spoliations; s'il n'en était pas ainsi, autant valait les laisser dans l'exil[1]. Des pensées si fortes, si généreuses, devaient trouver obstacle au sein du conseil d'État, où dominaient les éléments révolutionnaires. D'après l'avis de la majorité du conseil, les émigrés étaient de véritables ennemis de l'État, on les avait traités ainsi par la force des choses ; l'amnistie pouvait les

---

[1] Le Consul parla très hardiment en faveur des émigrés :

« Il n'y a personne qui n'ait sur les listes un parent ou un ami. D'ailleurs, il n'y a jamais eu de listes d'émigrés, il n'y a que des listes d'absents. La preuve c'est qu'on a toujours rayé. J'ai vu sur les listes des membres de la Convention même et des généraux. Le citoyen Monge y était inscrit. Ce sont des figures de rhétorique que vous nous faites là. Si vous étiez ministre ou gouvernant, vous feriez tout comme nous. Avant de crier contre le gouvernement, il faudrait se mettre à sa place. »

rendre à leurs familles, au toit domestique qu'ils n'auraient jamais dû abandonner; mais en aucun cas, elle ne leur devait leurs biens, légitimement confisqués par les lois. Bonaparte soutint son avis avec opiniâtreté contre les forces entières de la Révolution, bien aise de perpétuer les bases de son œuvre. La résistance fut si grande, que Bonaparte n'osa pas la heurter de face, et le projet sortit incomplet du conseil d'État, pour n'être ensuite reproduit que dans des temps plus favorables. Le Consul redoutait encore les opinions, les principes et les hommes nés du mouvement patriotique; il leur résistait bien individuellement, mais lorsque tant de voix se faisaient entendre dans le conseil, il avait peur, il était forcé de reculer, sa volonté de fer faiblissait dans l'examen des questions les plus graves, les plus essentielles : souvent il les retarde afin de se donner le temps d'assouplir les résistances.

Avec quel instinct de gouvernement Bonaparte discute encore les questions de contributions et de cadastre; toutes les fois qu'il s'agit de l'administration générale, le génie du Consul en embrasse tous les éléments d'un seul coup d'œil; ses habitudes précises, sa volonté d'aller droit au but se manifestent; il n'aime pas les restrictions. Mais dès que le principe est admis et sa force gouvernementale incontestée, alors il n'hésite pas à associer tous ceux que la mesure intéresse à l'action même du pouvoir; il veut être éclairé et jamais arrêté ; on l'a vu en matière de conscription militaire; il appelle les conseils

« Que m'importe l'opinion des salons et des caillettes? je ne l'écoute pas. Je n'en connais qu'une, c'est celle des gros paysans : tout le reste n'est rien. Il ne faut pas considérer cette question sous le rapport du droit civil, elle est toute politique. Quand je suis arrivé au gouvernement, je ne connaissais pas la législation contre les émigrés. Sieyès se moquait de moi. C'est une chose faite, on pourra pourvoir par chaque arrêté à l'intérêt des familles. » (Discussion au conseil d'État.)

généraux à répartir les contingents. Ce même principe, il l'applique aux levées de contributions publiques ; répartir les contributions est une mesure qui se rattache spécialement au pouvoir des conseils généraux ; il veut tempérer incessamment la force militaire, le despotisme par l'intervention du pouvoir civil et protecteur ; c'est en quoi l'administration du Consul est habile, il veut confier à des corps sages et modérés l'action de son gouvernement, pourvu qu'ils l'aident et ne l'embarrassent jamais.

Si Bonaparte aime cette association publique et avouée de toutes les forces de l'État dans le système administratif, il se montre jaloux de toute résistance qui se place sur son chemin avec la volonté et le droit d'arrêter son action politique. L'opposition du Tribunat le blesse à ce point qu'il ne veut plus user de ménagement avec lui ; c'est une guerre de vie et de mort ; chaque fois qu'il est appelé à s'en expliquer, il traite le Tribunat avec mépris ; ce corps de bavards et de tribuns sans forum, est, selon lui, un empêchement à tout ; tant qu'il existera, le gouvernement ne pourra rien faire, rien ordonner de solide et de conservateur. Tout périra par ces derniers éclats de la tribune ; c'est un mauvais ressort dans la machine constitutionnelle. « *Tribunat!* qu'est-ce que cela signifie ? c'est seulement *une tribune*, une tribune sage qu'il nous faut. Le gouvernement en a besoin. Il n'est pas nécessaire d'avoir cent hommes pour discuter les lois faites par trente. Ils bavardent sans rien faire. Au corps législatif trois cents hommes qui ne parlent jamais prêtent au ridicule. Il eût suffi qu'il eût nommé au commencement de chaque session trente orateurs pour discuter et examiner les lois. Il faut enfin organiser la constitution de manière à ce que le gouvernement marche. On n'est pas assez convaincu de la nécessité de l'unité entre les grande autorités; sans cela rien ne peut aller; alors il y a une inquiétude générale; toutes les spéculations sont arrêtées. Chez une aussi grande nation, le plus grand nombre est hors d'état de juger sainement les choses. On parle souvent d'un événement possible : la mort du premier Consul. Dans ce cas, si les autorités n'étaient pas unies, tout serait perdu. Au contraire, si elles étaient animées du même esprit, l'État ne serait point ébranlé, le peuple serait tranquille, il aurait une garantie. La France n'a point encore la République; la question de savoir si elle en aura une est encore très problématique. Ce sont ces cinq ou six premières années qui en décideront : si les autorités sont en harmonie, nous l'aurons; sinon, nous irons dix ou vingt ans, et les privilégiés l'emporteront. C'est la marche naturelle des choses; les hommes ont une tendance à cela. Encore une fois, il ne faut point d'opposition. Que voulez-vous faire avec des hommes comme Ganilh et Garat-Mailla » [1].

Cette manière méprisante de parler du Tribunat est surtout motivée par la résistance que trouvent les mesures d'administration et de gouvernement; on ne peut rien faire de grand avec un tel véto. Il craint que dans la session suivante tous ses projets soient rejetés. Si le Consul veut instituer la Légion d'honneur, c'est dans le Tribunat que l'opposition se formulera avec violence,

---

[1] Procès-verbal du conseil d'État (1802) : « Ils sont là douze ou quinze métaphysiciens bons à jeter à l'eau. C'est une vermine que j'ai sur mes habits... Il ne faut pas croire que je me laisserai attaquer comme Louis XVI; je ne le souffrirai pas. »
« On ne peut pas marcher avec une institution aussi désorganisatrice. Là où il n'y a pas de patriciens, il ne doit pas y avoir de tribunal. A Rome c'était autre chose, encore les tribuns y ont-ils fait plus de mal que de bien. Dans le Tribunat les plus honnêtes gens courent après les succès, sans s'inquiéter s'ils ébranlent l'édifice. »

l'institution de ces croix qui vont briller sur de glorieuses poitrines sera attaquée, démoralisée par une opposition vive et soutenue ; on retrouvera Chénier, Chazal, Benjamin Constant, tous les éléments de la société de madame de Staël, moqueuse et ardente contre le Consul. En vain Rœderer, Lucien Bonaparte, développeront la pensée de récompenser hautement les services par une institution toute nationale ; l'opposition gronde et murmure : on attaque, on déprécie la Légion d'honneur comme contraire à l'égalité. Quand il s'agit à la fin de se résumer dans un vote, on verra une masse de boules noires protester contre les projets rédigés par le conseil d'État. On la retrouvera cette opposition sur le projet des notabilités nationales et sur les contributions de l'an x ; le Tribunat rejette le projet sur la dette publique et les domaines nationaux, il repousse l'inscription des créances sur les émigrés, il ne veut pas du mode d'organisation appliqué aux Archives nationales [1], des restrictions apportées au pourvoi en cassation ; et l'on a vu une majorité de huit voix voter à peine le projet sur les tribunaux spéciaux ; un moment il a été sur le point d'être repoussé. Dans la session suivante, cet esprit se formule d'une manière vive et saillante contre les projets du conseil d'État.

Tous les résultats du scrutin constatent qu'une résistance régulière, fondamentale, se prépare dans le Tribunat, et cette voix peut retentir : le premier Consul s'en

---

[1] Voici le calcul des votes sur le projet de loi dans la deuxième session du Corps législatif et du Tribunat.

Sur la notabilité nationale ; au Tribunat 56 pour, 26 contre ; au Corps législatif 239 pour, 36 contre.

Sur les demandes en concession de mines ; au Tribunat 57 pour, 21 contre ; au Corps législatif 243 pour, 7 contre.

Sur les contributions de l'an x ; au Tribunat 56 pour, 30 contre ; au Corps législatif 229 pour, 28 contre.

Sur la dette publique et les domaines nationaux ; au Tribunat 30 pour, 56 contre ;

inquiète, non pas qu'il craigne que jamais le Tribunat puisse devenir une menace absolue, matérielle à sa volonté de gouvernement ; nul ne peut avoir la force et le courage de lutter contre lui qui tient en mains l'épée du gouvernement. Mais il a l'instinct du mal que cette résistance fait au pouvoir dans le pays ; elle démoralise l'autorité, elle est publique et retentit partout. Comme l'opposition enlève à chaque mesure sa force et sa puissance morale, elle tue l'autorité politique ; cela ne peut être dans un État. Quel appui le Tribunat ne donne-t-il pas aux nombreux ennemis du gouvernement? et s'il prêtait la main au parti de Moreau et de Bernadotte qu'en résulterait-t-il?

Ainsi raisonnait Bonaparte ; en vain lui opposait-on les formes anglaises et l'opposition d'examen telle qu'elle existe dans le parlement et dans la presse. Le premier Consul distingue habilement les deux situations ; avec son tact il fait la part de l'esprit anglais, grave et arrêté sur toutes choses. En France, l'opposition n'est pas seulement un examen, mais encore un moyen de renversement ; on ne s'arrête pas à contrôler le pouvoir pour l'éclairer, ce n'est point de l'opposition sérieuse, puissante, réfléchie, mais une résistance de renversement aussi fatale qu'elle peut l'être pour un État.

---

au Corps législatif 227 pour, 58 contre.

Sur un nouveau délai pour l'inscription des créances sur les émigrés ; au Tribunat 57 pour, 20 contre ; au Corps législatif 229 pour, 34 contre.

Pour réduire le nombre des moyens de cassation en matière criminelle ; au Tribunat 19 pour, 71 contre ; au Corps législatif 91 pour, 195 contre.

Sur l'établissement de tribunaux spéciaux ; au Tribunat 49 pour, 41 contre ; au Corps législatif 192 pour, 88 contre.

Sur la réduction des juges de paix ; au Tribunat 59 pour, 32 contre ; au Corps législatif 218 pour, 41 contre.

Pour ôter au juge de paix et donner à un agent spécial du gouvernement, la poursuite des crimes ; au Tribunat 63 pour, 25 contre ; au Corps législatif 226 pour, 48 contre.

Sur les Archives nationales ; au Tribunat 5 pour, 85 contre ; au Corps législatif 58 pour, 209 contre.

Un gouvernement nouveau et réparateur peut-il supporter un régime dévorant?

Dans cette perplexité, Bonaparte songe déjà sérieusement à briser le Tribunat par une mesure énergique qui puisse être approuvée par l'opinion. Qu'est-ce que cent tribuns qui coûtent annuellement un million à l'État? à quoi servent-ils? ne faut-il pas avoir hâte de les réformer en soulageant le budget? le Corps législatif suffit comme puissance politique d'examen. Les journaux du Consul développent ce thème; M. Rœderer surtout attaque le Tribunat avec violence comme une réunion de bavards insensés [1] qui arrêtent le développement des grandes pensées de réparation. Le peuple n'a-t-il pas assez de garanties dans le Sénat, gardien sévère de la Constitution, et dans le Corps législatif qui vote l'impôt après un scrupuleux examen? à quoi bon ce troisième pouvoir, c'est un embarras dans un rouage déjà si embarrassé.

Ce que semble craindre encore le premier Consul, c'est que le mauvais esprit du Tribunat ne gagne et ne gangrène les autres parties du corps politique. Il a déjà remarqué que le Corps législatif, si timide, si modéré, a hautement manifesté une velléité de résistance [2]; il a suivi les voix du Tribunat presque proportionnellement dans ses votes; il est muet sans doute

---

[1] « Également éloignés d'une pusillanimité meurtrière et d'une agression inconsidérée, les tribuns se rappelleront que, si par la peur on inutilise ses forces, on les use par la témérité, et que la sagesse consiste à bien connaître ses moyens et à en faire un judicieux emploi. Instruits par une fatale expérience du danger qu'il y a de déconsidérer l'autorité, ils ne seront pas les premiers à l'insulter. Respectueux pour le guerrier qui a servi son pays, ils ne condamneront point Coriolan ou Camille à être précipités de la roche Tarpéienne. »
(Article de M. Rœderer.)

[2] Bonaparte sur le Corps législatif:
« Je ne vois pas d'inconvénient à ce que les fonctions de législateur soient déclarées compatibles avec celles de juge et d'administrateur. Il est même utile que beaucoup de membres du corps judiciaire siègent au Corps législatif, parce que le gouvernement n'osera leur proposer des

mais il a des boules, il peut en définitive arrêter la marche du gouvernement, le priver de son action. Ainsi dans le projet sur les tribunaux spéciaux, le Corps législatif s'est manifesté par une opposition de plus d'un tiers de boules; il a rejeté les lois sur les restrictions des moyens de cassation en matière criminelle et le projet sur les Archives nationales, qui plus tard, néanmoins, furent confiées à M. Daunou. Sur toutes les questions de gouvernement, il y eut des minorités qui correspondent aux votes et aux actes du Tribunat.

Ainsi, l'esprit de résistance se propage, il passe d'un corps à un autre ; si cette tendance se développe, qui sait? le conseil d'État même s'empreindra d'opposition aux actes réparateurs du gouvernement, et alors, tout est dit pour la dictature morale et consulaire. Que deviendra la force gouvernementale que Bonaparte a demandée pour restaurer la société dans des proportions larges et réparatrices. Le Consul ne trouve-t-il pas assez d'obstacles? n'a-t-il pas en face les intérêts révolutionnaires ameutés, l'armée mécontente, les dernières passions des partis toujours prêts à ressaisir les affaires, les royalistes qui partout conspirent à l'étranger? S'il laisse la presse libre, la tribune ouverte, une opposition retentissante, en un mot, que restera-t-il pour le pouvoir, comme force et moyen de gouvernement?

---

lois contraires à la jurisprudence établie ; et la jurisprudence ne variera pas.

« Je veux qu'on me fasse un Corps législatif qui n'exige rien de moi ; il ne faut pas toutefois le rendre plus faible qu'il l'est maintenant, car il ne pourrait me servir.

« Le Corps législatif doit être composé d'individus qui, après leur temps expiré, puissent vivre de leur fortune, sans qu'on leur donne une place. Il y a maintenant, chaque année, soixante législateurs sortants dont on ne sait que faire ; ceux qui ne sont point placés vont porter leur bouderie dans leurs départements.

« Je voudrais des propriétaires âgés, mariés en quelque sorte à l'État, par leur famille ou leur profession, attachés par quelque lien à la chose publique. Ces hommes viendraient toutes les années à Paris,

IDÉE GOUVERNEMENTALE DE BONAPARTE (1802).

La pensée profonde, absorbante de Bonaparte, c'est que rien ne peut s'organiser que par la dictature, il la comprend éclairée, nationale, mais il la veut sans aucune résistance; l'institution du Sénat lui paraît bonne et parfaitement réglée pour seconder l'action d'un pouvoir fort en lui donnant la sanction d'un corps de vieillards sages et réfléchis. Le conseil d'État excite en lui le même sentiment de considération. Les conseillers ne sont pas des hommes qui éclatent en opposition violente et s'expriment en discussions retentissantes; ils éclairent le Consul, l'arrêtent quelquefois, toujours par le raisonnement et les considérations d'une nature élevée. Le Corps législatif, maintenu dans ses limites, ne peut pas être un violent obstacle, parce qu'il est silencieux, et qu'il n'y a de puissance d'opinion que pour les corps qui parlent; une assemblée muette est bientôt oubliée.

Il ne restait d'opposition que dans le Tribunat, et c'est contre cette fraction représentative que s'agite toute la puissance active de Bonaparte; ses écrivains l'attaquent chaque jour; lui-même s'explique très nettement sur sa résolution de le supprimer ou de le réduire dans des proportions tellement étroites, qu'il ne sera plus à redouter. Sa phrase habituelle est celle-ci : « Qu'est-ce qu'un tribunat, qu'est-ce qu'une tribune? Il faut faire

parleraient au Consul dans son cercle, et seraient contents de cette petite portion de gloriole jetée dans la monotonie de leur vie.

« Il convient que les fonctionnaires publics, autres que les comptables, puissent être membres du Corps législatif; on ne saurait, pour le bien d'une nation, rendre le Corps législatif trop maniable, parce que, s'il était assez fort pour vouloir dominer il serait détruit par le gouvernement, ou le détruirait.

« On ne peut permettre cependant que les secrétaires généraux de préfecture soient en même temps députés; leur position est trop subordonnée, ils ne tiennent d'aucune loi leurs attributions. Il y aurait anarchie à déplacer les secrétaires généraux avec les sous-préfets. Un secrétaire général doit rester éternellement dans sa préfecture, comme un chef de division dans un ministère, pour y conserver les traditions. »

cesser ce bavardage qui compromet la popularité du pouvoir. » Pour cela deux modes se présentent : ou il faut abolir le Tribunat, ou en éliminer les membres les plus hardis; le supprimer, c'est marcher trop ouvertement contre la constitution; on songe donc à une élimination et déjà l'on prépare ce travail dans les conseils secrets des Tuileries. Il est constaté aux yeux de Bonaparte que le Tribunat est un obstacle, et l'on sait que le Consul ne les aime pas.

CHAPITRE X.

ADMINISTRATION PUBLIQUE DE PARIS

ET DES DÉPARTEMENTS SOUS LE CONSULAT.

Organisation de Paris municipal. — La préfecture de police. — M. Dubois. — Subsistances. — Halles et marchés. — Travaux publics. — Surveillance. — Voitures. — Jeux. — Mœurs. — Préfecture de la Seine. — M. Frochot. — Administration générale. — Revenu de la ville. — Octroi. — Budget de Paris. — Mairies. — État civil. — Départements. — Nouvelle action des préfets. — Vœux des conseils généraux. — Esprit public.

1801-1802.

Le Consulat de Bonaparte, centre et foyer du gouvernement politique, avait préparé une vaste et forte organisation administrative, objet spécial de la loi du 28 pluviôse an VIII [1]. Cette loi institua les préfectures en fondant la hiérarchie administrative la plus complète, la plus absolue, depuis le maire de la dernière commune jusqu'au premier Consul, le magistrat suprême. Les préfectures fonctionnaient avec régularité et énergie; on avait essayé de ce ressort puissant pour gouverner le pays, et les résultats avaient pleinement rempli les conditions d'une bonne gestion sociale; l'unité placée

---

[1] Voyez tome II de ce liv., chap. VIII.

dans l'action, était une force incontestée aux mains du préfet, et elle servit à rétablir l'ordre et la tranquillité dans les provinces; les conseils généraux secondaient la marche du gouvernement, et l'administration formait ainsi un tout homogène, dont les actes rassuraient pleinement les intérêts des administrés; la liberté s'était exilée, mais l'ordre était revenu comme une des garanties dont la société avait tant besoin!

Paris formait toujours une exception dans l'organisation admininistrative ; cette ville ne pouvait être gouvernée comme un simple chef-lieu de département; indépendamment de son immense population, de ses douze quartiers, cités dans la grande cité, avec leurs passions qui s'agitent bruyantes, Paris était encore le siége du gouvernement; la tranquillité n'y pouvait être troublée sans menacer le pouvoir tout entier. Paris avait fait une exception dans toutes les lois de hiérarchie administrative, depuis la Constituante : aussi un des premiers actes du Consulat fut de diviser en plusieurs branches l'exercice de l'autorité municipale; on avait établi divers magistrats chargés de maintenir l'ordre dans le chef-lieu du gouvernement, la vaste capitale de la France [1]. Les auteurs de la loi du 28 pluviôse rappelèrent la création des deux antiques prévôtés avec une division complète des pouvoirs, telle qu'elle existait sous l'ancien régime; si, dans les autres

---

[1] Napoléon jugeait Paris sous mille faces diverses et avec des expressions différentes :

« La population de Paris, disait-il, est un ramas de badauds qui ajoutent foi aux bruits les plus ridicules. »

(M. Pelet de la Lozère, discussions au conseil d'État.)

« Les salons de Paris sont terribles avec leurs quolibets; et cela parce que la plupart, il faut en convenir, sont pleins de sel et d'esprit. Avec eux on est toujours battu en brèche; et il est bien rare qu'on n'y succombe pas. »

Une autre fois Bonaparte disait :

« Ma confiance particulière dans toutes les classes du peuple de la capitale n'a point

départements, il n'y eut qu'un préfet chargé de surveiller l'ensemble de la police et de l'administration, à Paris on en institua deux, chacun avec des fonctions spéciales, et à l'imitation de l'ancienne prévôté des marchands et de la lieutenance générale de police : on créa d'abord un préfet exclusivement chargé de la surveillance et de la sûreté de tous. Les fonctions du préfet de police étaient indépendantes de la préfecture de la Seine, elles embrassaient l'examen attentif et la prévoyance de tout ce qui tenait à la sûreté générale des habitants ; il devait veiller à ce que dans la grande cité, nul accident ne vînt troubler la paix des citoyens, si facilement émus par les factions politiques et les passions mauvaises ; il surveillait l'approvisionnement des halles et des marchés, l'éclairage, la salubrité publique, la sûreté des communications, la petite et grande voieries. Les lois romaines avaient institué une magistrature semblable, un préteur, destiné à protéger l'ordre de la ville éternelle ; une multitude de préteurs secondaires venaient aider aussi l'action de ce pouvoir ; magistrats de police pour les tavernes, les nautoniers, et toutes les autres corporations instituées par les codes. Bonaparte voulut encore imiter la cité des Césars[1].

Dans l'administration de Paris, la police fut séparée de la municipalité proprement dite. Un fonctionnaire d'un rang égal au préfet de police, était aussi désigné

de bornes. Si j'étais absent, si j'éprouvais le besoin d'un asile, c'est au milieu de Paris que je viendrais le chercher. Je me suis fait mettre sous les yeux tout ce qu'on a pu trouver sur les événements les plus désastreux qui ont eu lieu à Paris dans ces dix dernières années ; je dois déclarer pour la décharge du peuple de cette ville, aux yeux des nations et des siècles à venir, que le nombre des méchants citoyens a toujours été extrêmement petit. Sur quatre cents, je me suis assuré que plus des deux tiers étaient étrangers à la capitale ; soixante ou quatre-vingts ont seuls survécu à la Révolution. »

[1] Voyez le Code théodosien *de Nautis* et *Cauponibus.*

pour résumer en lui les fonctions municipales, sous le titre de préfet de la Seine, véritable maire de Paris, présidant à toutes les affaires de la ville, à son budget, à la gestion de son revenu, à ses dépenses, et au vote des grands embellissements de la cité. Le préfet de la Seine avait donc la belle part des attributions; il devait représenter Paris et ses habitants, ses corporations, son commerce, sa richesse, sorte de reproduction absolue de l'ancien prévôt des marchands, à côté de la lieutenance de police confiée à un autre préfet. Peu de choses changent dans la marche des âges; les mots seuls sont nouveaux; ce qui était vieux ressaisit une robe de jeunesse et de force.

Le préfet de la Seine présidait le conseil général et donnait l'impulsion administrative aux douze maires de Paris, débris morcelés de l'ancienne et redoutable commune. Autant Bonaparte était porté pour l'unité administrative lorsqu'elle s'appliquait à un fonctionnaire dépendant du pouvoir, autant il redoutait l'unité communale dans les mains des administrés. Paris, en une seule commune, lui faisait peur. Les douze mairies sans pouvoirs étaient seulement organisées comme les dépôts précieux des actes d'état civil; les maires n'exerçaient que les plus indifférentes prérogatives d'administration; la police de la ville et même la gestion des revenus ne leur appartenaient pas; les maires de Paris n'étaient que de simples adjoints du préfet, le seul véritable magistrat municipal [1]. Tout cet ordre manifestait une certaine méfiance contre l'intervention des

---

[1] Bonaparte s'exprima plus d'une fois au conseil d'État sur le pouvoir qu'on doit donner aux municipalités.

« Il est indispensable de donner aux maires le pouvoir de réprimer les petits délits, tels, par exemple, que les délits champêtres, et de ne pas envoyer la partie lésée chercher au loin un juge de paix. Quand

masses; le Consulat était une réaction contre toute expression populaire des passions ou des intérêts. Bonaparte avait souvenir des excès de la commune de Paris, et de cette sanglante histoire qui remuait si profondément les tristes époques; il avait brisé le pouvoir municipal pour lui substituer deux préfets sous l'action immédiate de son gouvernement.

La préfecture de police fut confiée à un ancien avocat au Châtelet, du nom de Dubois, homme d'ordre et d'une certaine habitude d'affaires avec l'esprit de procédure et d'inquisition de toute magistrature subalterne. M. Dubois n'avait aucune idée de police générale, comme un homme d'État peut l'entendre; il ne voyait et ne comparait jamais deux idées; esprit sans portée il marchait au jour le jour, d'après les notes et les indications données par les bureaux, et ces rapports de police si étroits, qu'il faut une tête vaste et forte pour s'en préserver et s'en défendre. Son dévouement au premier Consul était absolu, on pouvait compter sur lui, mais il n'était ni assez éclairé, ni assez haut. M. Dubois voyait mal, parce

des événements imprévus obligent le maire à faire un règlement, il faut qu'il puisse en punir les infractions.

« Cette police est tellement nécessaire au soutien de la loi, qu'elle s'exercera toujours; mais elle s'exercera arbitrairement si le Code ne l'organise point.

« Au reste, il ne s'agit de faire juger par la municipalité que les petits délits qui troublent la tranquillité des citoyens; les affaires graves doivent être portées devant les tribunaux.

« Ce système n'est pas nouveau; c'était celui de l'Assemblée constituante.

« S'il se commet des vols de fruits, quelques dégâts sur les terres, en un mot, de ces délits qui troublent les campagnes et en empoisonnent l'agrément, il faut que la municipalité ait le pouvoir de les punir aussitôt. De cette façon ce qui existe aujourd'hui en fait sera converti en droit. A la vérité, il peut sembler fâcheux de donner le droit de juger à des maires ignorants; mais ici tout est relatif; dans les lieux où les maires seraient moins instruits, ils n'auront à prononcer que sur des faits très simples, et desquels tout le monde peut juger; dans les petites villes, dans les bourgs considérables, où les délits sont plus compliqués, les maires sont aussi plus instruits.

« Quand il y a un acte écrit ou des obligations civiles importantes, cela doit regarder les tribunaux; mais, pour le courant et les choses de bon ordre et de détail, il faut les attribuer aux maires; c'est une

que ne comprenant ni la pensée ni l'action des partis, il s'absorbait dans les petites choses : ce qui ressortait du terre à terre d'une surveillance mesquine, était à peine aperçu par M. Dubois. Tout pouvait se faire à Paris, sans qu'il en comprît la portée; mauvais choix que celui-là ; le Consul l'avait corrigé par la surveillance plus attentive de M. Réal, spirituel débris du comité de sûreté générale [1].

M. Frochot fut appelé à la préfecture de la Seine ; esprit plus distingué et plus élégant, on ne pouvait lui reprocher qu'une certaine faiblesse de caractère ; il était si doux, si inoffensif, si en dehors de toute action forte et de toute impulsion énergique, qu'il fut exposé à beaucoup de méprises. Il était dévoué à Bonaparte, mais avec un mélange d'idées républicaines et de sentiments patriotiques qui souvent le firent mal juger par les ardents du régime consulaire ; il n'avait rien de ce fanatisme de quelques fonctionnaires publics qui croyaient à Bonaparte comme à la Divinité. M. Frochot appartenant de cœur et de souvenir au parti républicain, aimait

---

affaire de police; les juges de paix ne sont pas assez à la portée des parties ni assez expéditifs. Je ne connais pas de bonne police là où le maire n'a pas le droit de condamner à la prison pour trois jours et à une amende de 12 ou 15 francs. Il y a des cas de nécessité où cela se fait, mais c'est illégal : il vaut mieux que la loi l'autorise. Le préfet de police fait tous les jours des choses arbitraires. Cela ne peut être autrement. Comment! un père qui a à se plaindre de son fils, âgé de 15 ou 16 ans, ne peut pas le faire détenir pendant douze heures, sans recourir aux tribunaux! Enfin, si l'on ne croit pas devoir donner une attribution générale aux maires, il faut au moins leur en donner une spéciale pour les arts et métiers.

« Le préfet est un magistrat populaire, mais le maire est plus particulièrement le magistrat de la ville. »
(Bonaparte au conseil d'État, dans Locré, *Recueil des discussions.*)

[1] Pierre-Joseph Dubois était né à Paris le 20 janvier 1758. D'abord avocat au parlement de cette ville, il fut successivement prévôt des justices seigneuriales de Montgeron-Vigneux et Passy, et devint procureur au Châtelet au commencement de la Révolution, dont il se montra le partisan. Il fut alors nommé juge dans les tribunaux civils de Paris, président du tribunal criminel, commissaire du Directoire près de la municipalité du 10e arrondissement, et enfin membre du bureau central.

la liberté; admirateur de Mirabeau, il conservait sa mémoire comme une tradition des époques de la Constitutante; aussi s'était-il absorbé dans l'administration, à proprement parler, sans se mêler de politique. Les préfets de police et de la Seine n'avaient entre eux que des rapports généraux, et leurs attributions étaient tellement définies, qu'il ne pouvait naître aucun conflit sur leur manière d'agir et d'administrer; l'un était l'expression du gouvernement, l'autre de la cité [1]. En dehors du préfet de police, et pour compléter cette série de fonctionnaires civils le gouvernement avait désigné des maires, tous pris dans l'ordre bourgeois et marchand, sauf le noble duc de Béthune Charost, qui occupa avant sa mort la mairie du 10e arrondissement de Paris [2]; il n'y avait pas ainsi à craindre la moindre résistance parmi les maires, fonctionnaires passifs et obéissants, simples officiers de l'état civil pour réunir les actes de la vie : la naissance, le mariage et la mort. Les mairies de Paris étaient des démarcations locales sans conséquence; le pouvoir n'avait pas à les redouter.

La vaste administration de la ville de Paris embrassait tous les éléments de subsistance, d'ordre et de sûreté pu-

---

[1] Nicolas-Benoît Frochot était notaire et prévôt royal d'Arnay-le-Duc, lorsqu'il fut élu député de Chatillon-sur-Seine aux États-Généraux. A cette époque, il s'attacha particulièrement à Mirabeau et fut nommé juge de paix à Paris en 1792, et après le 18 brumaire élu député au Corps législatif, puis appelé à la préfecture de la Seine.

[2] Armand-Joseph de Béthune, duc de Charost, était né à Versailles le 1er juillet 1728. A seize ans il entra dans la carrière militaire, et obtint un régiment de cavalerie. L'armée française étant ravagée par une maladie épidémique, il fit établir à ses frais un hôpital militaire près de Francfort. La paix de 1763 l'ayant rendu à une vie plus tranquille, il s'occupa avec une tendre sollicitude de tous les soldats qu'il avait commandés, et en plaça un grand nombre dans ses terres. Il fonda toutes sortes d'institutions de bienfaisance, telles que des hôpitaux, des secours annuels pour les pauvres, des ateliers de charité servant à l'entretien et à l'instruction des enfants abandonnés; établit à Mareuil et à Charenton-sur-

blique; la préfecture de police formait un grand ministère aussi actif que celui de l'intérieur. Les anciennes traditions de la lieutenance de police, telles que nous les a laissées le savant commissaire Delamarre, nous donnent déjà une idée des besoins et des moyens, en ce qui touche l'approvisionnement des marchés, en viande, pain, légumes, pour nourrir une population alors de 580,000 âmes (en 1718). Plus d'une fois cette immense population de Paris avait éprouvé, pendant la Révolution française, les angoisses de la faim, et on avait vu des rations à peine suffisantes distribuées au peuple sur les portes des boulangers envahis. Le pain avait manqué; la famine résultait plus du défaut de circulation et de répartition des produits que de mauvaise récolte; il ne pouvait y avoir d'ordre à Paris qu'avec le bon marché des subsistances; le peuple qui meurt de faim est toujours prêt à la révolte. Les subsistances furent donc l'objet de la vive et profonde sollicitude du Consul; tout ce qui était une cause d'émeutes l'inquiétait vivement. Il fallait imposer un approvisionnement de farine aux boulangers, établir un syndicat, une responsabilité morale, tenir chaque jour les entrées de grains en rapport avec les sorties, balancer les approvisionnements avec

---

Marmande des secours extraordinaires contre les grêles, les inondations et les incendies. Dans une année de disette, il encouragea de ses propres fonds l'importation des grains dans le port de Calais. Il fonda dans la Picardie, dont il était lieutenant général, des prix pour la culture du coton, sur l'utilité des desséchements, sur les moyens de prévenir ou d'arrêter les épizooties. La Révolution arriva : il fit un don volontaire de 100,000 francs avant le décret sur la contribution patriotique. Arrêté à Meillant, où il s'était retiré pendant le règne de la Terreur, il passa six mois à la Force et ne recouvra sa liberté qu'après le 9 thermidor. Il fut à Paris un des fondateurs de la société philanthropique, de l'institution des aveugles travailleurs, de l'association de bienfaisance judiciaire et du lycée des Arts. Il était président de l'administration des soupes dite *à la Rumford*. Aucun sacrifice ne lui coûtait, et sa fortune immense semblait à peine suffire à ses bienfaits. Après le 18 brumaire, nommé maire du 10ᵉ arrondissement, il fut atteint de la petite-vérole en allant visiter l'institution des sourds-muets, dont il était un des administrateurs; il en mourut le 27 octobre 1800.

la consommation, et dans le cas où la cherté de la farine serait hors de proportion avec l'état du pauvre et ses moyens, le gouvernement devait faire des sacrifices pour maintenir le bas prix du pain.

Bonaparte sentait la nécessité impérieuse de laisser le peuple de Paris dans des conditions de bien-être en lui assurant des subsistances; il conçut le premier projet d'un vaste grenier d'abondance, qui déverserait une masse de farine dans la consommation, de manière à maintenir les prix en rapport avec les facultés de l'ouvrier. L'idée d'un grenier était antique et égyptienne, comme les traditions hébraïques; Bonaparte, tout oriental, aimait ces prévoyances, telles que les comprenaient les peuples de la vieille civilisation. Sans doute, il était absurde de penser qu'au cas de disette réelle, un grenier d'abondance serait suffisant pour nourrir des myriades d'hommes affamés, dans une ville comme Paris; mais une certaine quantité de farine ou de blé, jetée sur le marché à un prix modéré, lorsqu'il y a une tendance excessive à la hausse, devait amener de la modération dans les prix, et tel était le but d'équilibre que se proposait Bonaparte par l'établissement d'un grenier. Cette question paraissait au Consul si importante, qu'il se la réservait entière [1], et le préfet n'exécutait que ses ordres impératifs. Sans doute Bonaparte ne reconnaissait pas le gouvernement du peuple, mais il craignait de mécontenter ce terrible souverain.

La sûreté de la ville, confiée au préfet de police, embrassait plusieurs branches de service public; par exemple : l'éclairage, la police de surveillance : la

---

[1] Les grands travaux sur la subsistance de la ville, furent faits surtout pendant l'administration de M. Pasquier. Ils sont aux archives de la préfecture.

création des lanternes, ancienne dans Paris, datait de Louis XIV; quand le premier lieutenant de police fut substitué à la municipalité orageuse de la Fronde, les lanternes remplacèrent ces petits oratoires, éclairés à chaque coin de rue, où la Vierge et le saint étaient honorés par un pieux luminaire; là se donnaient les rendez-vous d'amour et d'honneur, et plus d'une fois les cliquetis d'épée s'y étaient fait entendre. Paris comptait deux mille lanternes sous MM. de Sartine et Lenoir; un grand nombre furent détruites pendant la Révolution, à ces tristes époques où la lanterne fut un instrument de mort. On améliora le régime d'éclairage, sous le Consulat, à ce point de multiplier les becs jusqu'à dix mille; mais quoique le système eût été perfectionné, on était bien loin encore de ces brillants effets de lumière que donnent les beaux éclairages au gaz; la lanterne suspendue au gré des vents ne jetait qu'une lumière pâle et douteuse.

Le plan du premier Consul sur le percement de Paris fut conçu comme toutes ses pensées, dans des proportions qui embrassaient un avenir indéfini; Bonaparte n'aimait pas les petites idées et les projets écourtés; il marchait à pas de géant; Paris devenant la capitale de l'Europe, Bonaparte voulut lui imprimer quelques-uns de ces caractères de grandeur de Rome, la ville éternelle, et des vieux monuments égyptiens, dont il avait admiré les débris. Il prit un plan de Paris, le découpa comme si c'eût été un terrain déblayé; puis traçant de sa main de nouvelles rues et de grandes lignes, il créa dans son imagination un Paris admirable, avec des rues larges, aboutissant à un centre commun, les Tuileries. Ce plan demandait toute la vie d'un homme s'absorbant dans les travaux de la paix, sans que le monde remuât; pour aller trop au gigantesque [1], l'esprit de Bonaparte n'achevait rien; c'était le défaut saillant de son caractère que cette poésie dans la guerre, dans le gouvernement, dans l'administration; or, l'absence de proportions ne produit rien et n'aboutit qu'au vide; on trouve partout des obstacles, parce que la majorité des esprits ne s'élève pas au-dessus des conditions de l'humanité; l'homme qui surgit géant n'est entouré que de pygmées.

La Révolution avait fatalement remué les masses; comment rétablir l'ordre public dans cette mer de passions et d'intérêts; ne fallait-il pas veiller avant tout sur Paris et sa sûreté intérieure? Ici la police s'organisa sur des proportions satisfaisantes et actives par un système répressif qui veillait sur la sûreté des citoyens. Si la police ne put pas toujours empêcher le crime, elle sut, à peu d'exceptions près, arrêter la main des malfaiteurs ou punir les coupables; la proportion des délits s'amoindrit d'un huitième; la loi de la conscription donna des issues à toutes les passions ardentes. La préfecture de police réunit les anciens éléments de la prévôté et du Châtelet; elle fut en rapport avec toutes ces maisons de débauche et de corruption, où les malfaiteurs viennent dépenser dans la fange l'argent recueilli dans le sang; on suivit cette surveillance d'espionnage et de vol, on épia la jalousie, passion d'amour du bagne, qui prépare les dénonciations. Paris avait alors peu de mœurs; la prostitution était hideuse; elle compromettait non seulement la morale, mais encore la santé publique; des femmes demi-

---

[1] « Il entrait dans mes rêves perpétuels de faire de Paris la véritable capitale de l'Europe. Parfois je voulais qu'il devînt une ville de deux, trois, quatre millions d'habitants, par exemple, en un mot quelque chose de fabuleux, de colossal, d'inconnu jusqu'à nos jours, et dont les établissements publics eussent répondu à la population. »
(Mémoire attribué à Napoléon).

nues provoquaient de leurs regards impurs les étrangers et les militaires qui abondaient dans la capitale; il fallait des moyens extrêmes, et la préfecture de police déporta en Égypte ou dans les colonies, les plus immorales de ces filles; quant aux autres, elle les soumit à une inscription avouée, à ce qu'on appela hideusement la patente; puis on les astreignit à une rétribution appliquée aux visites médicales dans l'intérêt de la santé des hommes; les courtisanes de Paris eurent une organisation; elles n'offrirent plus l'aspect effronté des jours du Directoire, lorsque, sous les galeries du Palais-Royal, elles se confondaient avec les jeunes filles timides et la femme aux mœurs douces et honnêtes dans le foyer domestique.

Tout cela était bien hideux, comme la boue de Paris[1]. Le bureau qu'on appela des mœurs, fut institué comme une des attributions essentielles de la police; la corruption des grandes villes avait nécessité cette déplorable administration qui pénètre dans une des tristes plaies de la société. La surveillance fut un mélange de prostitution, de jeux de police; on n'approcha plus de la préfecture qu'avec un sentiment de répugnance et d'effroi.

Les jeux furent non seulement permis, mais encore publiquement autorisés par la police elle-même; il y eut des maisons ouvertes, où l'or roula sur les tapis, à l'é-

---

[1] Voici le tableau qu'un journal anglais fait de Paris en 1801.

« Un grand mouvement, beaucoup de voitures, de chevaux et de jockeys; des milliers de mendiants, un grand nombre d'étrangers, et par conséquent des femmes entretenues; des jeunes gens qui se ruinent et des vieillards ruinés; des maisons de jeu qui prospèrent, des maisons de commerce qui tombent; peu d'argent, beaucoup de dépense; gens heureux qui se plaignent, gens malheureux qui ne se plaignent pas; des femmes qui se noient, des hommes qui se tuent, des fous qui rient, des sages qui gémissent.

« Les spectacles continuent à être plus fréquentés que les églises, et les maisons d'éducation sont plus vides que les tripots. On ne fait rien, et l'on ne paraît pas trop s'ennuyer. Les marchandes de modes se sont emparées de tout le commerce de la capitale.

clat des lustres brillants et des feux de mille bougies ; on ouvrit Frascati, Tivoli, à l'imitation des soirées d'Italie à Naples et au pied du Vésuve; les femmes y donnèrent leurs corps en échange de quelques pièces d'or qu'elles venaient hasarder ensuite sur le tapis vert, avec cette passion effrénée qui fait vibrer tous les membres. Il y eût aussi des tripots pour la classe moyenne et prolétaire ; Bonaparte jugeait que les passions de hasard étaient inhérentes au cœur de l'homme, lui le grand joueur de batailles et de guerres ! Que pouvait faire un gouvernement ? Il devait régulariser par la police, surveiller attentivement pour empêcher le désordre; n'était-il pas préférable aussi que le pouvoir partageât les bénéfices, plutôt que de les abandonner à la spéculation particulière. Les jeux, une des grandes ressources de la police, furent donnés à des privilégiés qui payèrent un large prix, sans les gratifications particulières que jetaient à tous les employés les opulents fermiers, dépensant ensuite leurs fortunes colossales dans un luxe de parvenus ; de beaux domaines furent acquis avec cet argent et ces pleurs de désespérés ; on construisit des hôtels et des serres merveilleuses, où les ananas et les fraises vinrent réjouir la vue sur des tables d'or; contraste fatal entre la misère et la fortune, comme dans les tableaux de Pise et de Florence, où le paradis des bienheureux se montre à côté de l'enfer des réprouvés. On remua les millions à pelletées, à ce moment sur-

---

« Le nombre des gens d'esprit diminue, et, par une conséquence nécessaire, celui des ouvrages augmente. Les mœurs publiques ne changent pas vite, et n'auraient cependant rien à perdre au change. La religion essaie quelquefois de relever sa tête abattue ; mais ceux qui la respectent sont timides, et ceux qui la méprisent sont hardis.

« Le luxe déborde comme un torrent qui menace d'inonder la capitale. La seule manière de saisir les nuances qui distinguent les diverses classes est de faire parler les gens que l'on rencontre. Quant aux

tout, où l'armée revenue de grandes campagnes, apportait à Paris les contributions levées à l'étranger : tout cela passait dans les maisons de jeux. Les bénéfices des fermiers après Marengo furent évalués à dix mille louis par semaine.

Ce mélange de surveillance pour les jeux, la prostitution et la police de sûreté, donnait à la préfecture un triste caractère de moralité publique; qui peut guérir les infirmités dans le cœur du peuple ? Il faut prendre la société avec ses plaies, le monde avec ses passions; nul ne peut exiger dans ces fonctions qui s'appliquent au mauvais côté des hommes, ce caractère de pureté, symbole de la grande magistrature civile. Il y avait deux parts à faire dans la police : le côté utile, surveillant et protecteur; quant aux mauvaises passions, parties basses et viles du corps social, on employait des agents en rapport avec la triste mission qui leur était confiée. La préfecture de police pouvait s'élever à une haute dignité, dans les mains d'un homme d'état; on le vit bien lorsque M. Dubois fut remplacé.

La préfecture de la Seine, sous M. Frochot, se détachait de toute surveillance de police; le préfet était le premier maire de Paris, le véritable chef de la prévôté, le président du conseil général de la Seine, l'expression de la municipalité, exerçant plusieurs fonctions essentielles : avec l'avis de son conseil il décidait toutes les améliorations à faire dans le système administratif; fallait-il bâtir une fontaine, réparer les aqueducs, les

---

anciens et aux nouveaux riches, ils sont faciles à reconnaître sans le secours de la conversation.

« Ceux qui ont saisi l'à-propos pour faire fortune, ont eu raison; car la récolte paraît faite; et les gens qui sont pauvres cette année ne seront pas probablement riches l'année prochaine. La mauvaise foi fait des progrès et triomphe souvent; la probité soutient une guerre inégale; les procès se multiplient, les procureurs s'enrichissent, et les plaideurs ne se ruinent pas tous. »

ponts, les quais? le préfet proposait ces dépenses au conseil municipal, qui les acceptait ou les rejetait, et l'exécution de tous les travaux était confiée au préfet pour en surveiller l'accomplissement ; il présidait au cadastre, à la répartition de l'impôt, aux listes des conscrits, au tirage ; il nommait tous les fonctionnaires du département, et les maires étaient choisis sur sa présentation. Pour l'octroi, l'immense revenu de la commune de Paris, le préfet en réglait encore la perception d'après le vote du conseil général. Sans se mêler de police, ni de sûreté pour les habitants, le préfet de la Seine devait veiller à l'embellissement et à la majesté de la grande capitale.

M. Frochot distingué comme administrateur, ne connaissait pas assez peut-être le caractère d'économie et de bonne répartition indispensable dans l'administration municipale. Ici, comme pour tous les grands actes de l'administration, le préfet recevait l'impulsion du premier Consul. Bonaparte considérait Paris comme sa ville, la capitale de son choix, et son génie s'appliquait aux vastes plans d'améliorations et d'assainissement; il rêvait d'en faire la Rome du nouvel empire. Déjà il avait tracé son premier dessein des rues de Rivoli et Castiglione : le Louvre devait se réunir aux Tuileries par la continuation de galeries somptueuses; le Carrousel formerait la plus noble place du monde, entre deux palais se joignant par le Musée et la Bibliothèque, temple des sciences et des arts. Au lieu des bâtiments en ruine qui entouraient les Tuileries, une grille de fer couronnée d'or devait en former l'enceinte, finissant à la place Louis XV, ornée et embellie. Le Consul traçait déjà cette large rue, qui, de la façade du Louvre, devait s'ouvrir magnifique jusqu'à la barrière du Trône, et rendre ainsi à la vie tout le vieux Paris, en le faisant traverser par une voie monumentale.

Les idées romaines, les grands travaux dominaient toujours Bonaparte; à côté du grenier d'Abondance devait s'élever le marché aux Vins, rattaché au Jardin des Plantes par un beau quai. Tout se prêtait la main dans ce long tracé de monuments publics, des Champs-Élysées aux Tuileries, des Tuileries au Louvre; un pont était jeté sur la rivière à la face de l'Institut, et unissait les deux rives de la Seine comme une chaîne suspendue entre le Louvre et l'Institut. Derrière le vieux palais de Mazarin, à la forme toscane, la rue de Seine se prolongeait par la rue de Tournon, nouvellement ouverte jusqu'au Luxembourg; d'autres avenues devaient joindre le Luxembourg à l'Odéon, puis de l'Odéon au Panthéon restauré, et là une nouvelle voie encore liait la vieille église Sainte-Geneviève, vénérée des Parisiens, au Jardin des Plantes, à ces bosquets, ces labyrinthes sous le cèdre du Liban. Un autre pont était jeté pour joindre le grenier d'Abondance, la place de la Bastille déblayée de ses décombres avec son éléphant de pierre, jusqu'à la barrière du Trône. L'étranger émerveillé qui arriverait à Paris, pourrait alors se promener l'espace de quatre lieues entre les monuments magnifiques, comme au Campo-Vaccino de Rome, lorsqu'on passe du Cirque à l'arc de triomphe de Constantin, et de l'arc de triomphe jusqu'au temple de Vesta, et à ces débris de ruines qui s'étendent vers le Capitole, où descendent le soir les bergers de la campagne de Rome [1].

Paris, la ville du Consul, prenait un aspect de gran-

---

[1] Le plan des embellissements de Paris tel que l'avait compris Bonaparte, existe encore au tracé.

deur ; la nouvelle institution des préfectures, par divisions départementales, avait des résultats non moins efficaces ; innovation ferme et heureuse que la substitution de l'unité administrative au système de la pluralité des fonctionnaires, telle que la Constituante l'avait conçu dans ses rêveries de gouvernement ; la force éclairée remplaçait l'anarchie. Les préfets portèrent partout une certaine énergie dans l'administration de leurs départements ; l'admirable instinct de Bonaparte l'avait servi à merveille dans ses choix politiques ; jamais peut-être on ne vit une collection de fonctionnaires plus remarquables ; le Consul avait comme deviné les hommes d'activité et de prévoyance. J'ai dit que la plupart de ces préfets sortaient de la société des Jacobins et leur avaient emprunté cette puissance de volonté, caractère inhérent aux hommes de la Convention nationale. Ces traditions vivaient, et les départements ne résistaient pas à ces administrateurs qui avaient pour instruction première d'imprimer partout le respect et l'obeissance au gouvernement.

Ensuite, représentants d'un pouvoir fort, libres dans leur impulsion, les préfets purent agir avec une grande énergie ; ils étaient affranchis de toute responsabilité, si ce n'est envers le gouvernement ; ils exécutaient tous les ordres avec intelligence, sauf l'appel au conseil d'État, leur seul juge. Les préfets avaient les pleins pouvoirs, et afin qu'ils ne pussent point en abuser, on plaça auprès de chacun d'eux un secrétaire général tout à la fois leur subordonné et leur surveillant. Un peu plus tard, des commissaires généraux de police furent également attachés à l'administration des départements, pour rendre compte de l'esprit public, et de toutes les trames qui se préparaient contre le gouvernement. Comme les commissaires généraux dépendaient spécialement du ministère de la police, ils durent contrôler les préfets en même temps que la police militaire pénétrait dans l'administration des préfectures [1]; il résultait de là un pouvoir central immense parfaitement éclairé sur l'esprit et la tendance du pays, et le dominant par sa volonté. Rien ne donne plus de force aux autorités locales que le sentiment intime d'être soutenues par le gouvernement qu'elles représentent; quand tous les fonctionnaires savent qu'ils seront appuyés dans leurs actes, la soumission devient la règle commune, et le représentant de l'autorité se place fermement en face de ses ennemis; avec un pouvoir faible il n'y a pas d'autorité respectée. Comment le préfet n'aurait-il pas été aussi puissant qu'un proconsul de Rome, quand on voyait dans chaque dernier anneau de la chaîne politique la puissante image du premier Consul.

La partie populaire du gouvernement local se trouvait dans les conseils généraux des départements; ils devaient répartir l'impôt, et comme attributions politiques, faire connaître au pouvoir les vœux des localités. Pour la première fois, cette année les conseils s'étaient réunis;

---

[1] Il faut suivre Bonaparte au conseil d'État dans la discussion sur les préfets : libéral de paroles, le Consul est de fait très despote.

« Une foule de lois ont donné aux administrations de département la police : les préfets ayant succédé aux pouvoirs de ces administrations, leur autorité est certainement déterminée par la loi.

« Cependant il faut convenir que depuis l'Assemblée constituante, on n'a eu sur la police que des idées flottantes et incertaines; on l'a successivement attribuée aux maires, aux juges de paix, puis à d'autres officiers. L'objet principal que l'on se proposait, c'était de dessaisir les tribunaux ; ce but atteint, on donnait moins d'attention au reste.

« Le temps de se fixer est arrivé.

« Ce serait une législation barbare que celle qui, dans chaque département, accorderait une autorité absolue à un seul homme; les préfets deviendraient des pachas. Le moyen de l'empêcher est de donner plus d'autorité à l'ordre judiciaire. Avec un ordre judiciaire faible et mal conçu, on est bien obligé de tout ramener au centre, et l'on force le gouvernement à intervenir dans les affaires dont il devrait n'avoir pas à se mêler.

« Le préfet, comme chargé de la police

composés de ce qu'on appelait alors les notables, ils s'étaient d'abord occupés de la répartition de l'impôt, un des priviléges de leur mission. Il résulte de la correspondance des préfets, qu'ils furent généralement satisfaits des conseils généraux ; tous les avaient secondés dans leur œuvre administrative ; il n'y avait pas eu de résistance ; le vœu commun était favorable au premier Consul, il n'y avait qu'un souhait pour le maintien de son pouvoir ; un véritable enthousiasme s'emparait de toutes les classes, qui voulaient revenir à la paix publique et à l'ordre. Les préfets firent analyser avec soin le cahier des vœux des conseils généraux, et un résumé exactement écrit fut soumis à l'examen du premier Consul. Les conseils généraux adressèrent leurs votes au ministre, et pour la première fois, on put voir et suivre les opinions de la province : après les vastes bouleversements politiques, il est curieux d'examiner avec quel entraînant retour les esprits arrivaient à un système de pacification générale, et à l'unité monarchique. L'analyse de ces premiers votes peut donner une idée de la tendance conservatrice de la société[1] : quelques-uns demandaient des encouragements à l'agriculture, d'autres des suppressions d'impôts, la

---

administrative, veille sur les malfaiteurs, évente leurs projets, fait saisir les pièces de conviction et s'empare des coupables ; il semblerait donc utile qu'il pût aussi interroger sur-le-champ et constater les traces de tout crime quelconque. Il tient le fil dans sa main, et dès lors il peut mieux que personne atteindre et suivre les ramifications de l'affaire, découvrir et atteindre tous les coupables. En beaucoup de circonstances, on ne trouverait que de l'avantage à laisser instruire le préfet, par exemple, sur les vols de diligences, sur les crimes d'incendie, sur celui de faux, d'autant qu'on reconnaît que les instructions des préfets sont généralement bien faites.»
(Locré. — Procès-verbal du conseil d'État.)

[1] Voici l'ordre et le mode dans lequel les votes des conseils généraux étaient transmis par les préfets.
Récapitulation générale des principales demandes et observations contenues dans les procès-verbaux des conseils-généraux de département, session de l'an IX.
78 départements demandent un dégrèvement de la contribution foncière, comme

diminution des contributions foncières, le rétablissement des haras, le perfectionnement des bêtes à laine ; la majorité se plaint de la dévastation des forêts : tous unanimement demandaient l'encouragement du commerce, le rétablissement des foires et des marchés, la protection des mines ; tous se lamentent sur l'état misérable des hospices, tous demandent aussi l'amélioration des établissements de bienfaisance, et se plaignent du mauvais état des prisons, combien l'entretien des routes est misérable ; pour les restaurer on appelle le rétablissement de la corvée, car les chemins vicinaux sont impraticables ; les rivières, les ponts, ont besoin de surveillance et d'améliorations. On sollicite que l'instruction publique soit moralisée ; partout on manque d'écoles primaires et secondaires, les lois sont mal exécutées, les registres de l'état civil en désordre, les biens communaux malheureusement partagés ; vingt-deux départements protestent contre l'organisation administrative ; pourquoi ne laisse-t-on pas les cultes entièrement libres ? Il faut créer des fêtes nationales, fonder des ateliers de charité, améliorer le sort des prisonniers, rappeler les anciennes religieuses hospitalières, pour le soin des malades. Il est curieux de voir la société ainsi consultée,

indispensable à la prospérité de l'agriculture.

60 — Une meilleure répartition des contributions.

27 — Une perception moins abusive.

24 — La suppression de la direction des contributions.

17 — Un cadastre.

10 trouvent vicieux le mode de refonte des matrices des rôles, prescrit par le ministère des finances.

17 demandent la réduction de la contribution mobilière.

1 — Sa suppression.

3 — Une meilleure répartition de cette contribution.

4 — La modification de la contribution somptuaire.

3 — La suppression de la subvention de guerre, impôt de circonstance.

12 déclarent que le taux actuel de la contribution foncière est nuisible à l'agriculture.

2 trouvent que la contribution somptuaire est nuisible à l'industrie.

10 demandent la suppression des patentes comme nuisibles à l'industrie et au commerce.

répondre avec un remarquable esprit public aux interrogatoires que le Consul leur adresse sur les besoins généraux, tant il y avait besoin d'ordre et d'unité politique.

A mesure que l'organisation des conseils généraux devint plus forte, mieux ordonnée, ces vœux prirent une allure plus monarchique encore. La société n'était pas républicaine; l'esprit français dominait toujours; dès l'instant que les vœux réels du peuple trouvaient une issue dans les classes un peu élevées, ils se manifestèrent hautement par un retour vers les idées gouvernementales; partout où cette expression se rencontre, elle se montre avec le même éclat et la même unanimité. Les conseils généraux devinrent les représentants des localités, dans un moment où l'autorité politique se concentrait tout entière dans les mains du premier Consul; Bonaparte en étudia le développement, il en suivit les tendances, comme la véritable boussole qui devait le guider en matière de gouvernement; la plupart de ses mesures d'administration furent prises à la suite de vœux exprimés par les conseils généraux.

28 — Leur modification, surtout relativement au droit proportionnel.

13 — L'exemption du droit d'enregistrement et de timbre dans certains cas.

27 — Sa réduction, surtout pour les échanges et les baux à longs termes.

3 désirent que le demi-droit en sus pour délai expiré n'ait lieu qu'après avertissement.

3 demandent des bureaux de timbre.

17 — La suppression de l'impôt sur les portes et fenêtres.

6 — Sa modification.

4 — L'exception du droit de douane dans certains cas.

13 — La révision des règlements et la réduction du tarif.

2 se plaignent des vexations de la régie.

58 demandent la suppression du droit de passe, destructif du commerce et de l'industrie.

27 — Sa modification.

31 — La suppression de l'octroi, ou déclarent qu'il ne peut être établi.

16 — Sa modification.

6 — Son maintien ou son établissement.

9 — Que son produit soit entièrement affecté au soulagement des hospices.

2 — Le retour à l'ancien régime hypothécaire.

2 — La modération du droit d'hypothèque.

1 s'occupe de l'arrondissement des bureaux destinés à sa perception.

Le système administratif et départemental marchait régulièrement depuis le Consulat ; en était-il de même des mairies et des conseils municipaux ? Le Consul s'était réservé de choisir les maires des grandes villes ; comme pour les conseils généraux, il l'avait fait avec une haute intelligence parmi les notabilités provinciales, autant que la Révolution le permettait. Beaucoup de Jacobins ralliés furent nommés aux grandes mairies, par le même motif qui les avait fait préférer dans les préfectures, et ils apportèrent au gouvernement leur obéissance et leur force ; il n'y eut pas la moindre hésitation dans les mairies ou dans les communes ; partout le pouvoir fut obéi. Dans la campagne, les maires furent choisis parmi les anciens militaires, les notaires, les médecins, professions qui pouvaient assurer un ascendant au pouvoir sur l'opinion ; les conseils municipaux n'eurent auprès des maires qu'une influence secondaire, ne gênant jamais l'action administrative.

6 présentent des vues sur les domaines nationaux.

56 réclament le paiement de diverses créances sur l'État.

2 demandent la suppression des loteries.

1 — La réduction du nombre des tirages.

3 désirent des ateliers monétaires.

5 présentent des vues sur la refonte ou la circulation des monnaies.

6 départements croient l'agriculture améliorée.

10 l'assurent détériorée.

70 demandent qu'elle soit encouragée en général.

28 — Qu'elle soit encouragée par la diminution de la contribution foncière.

7 désirent des fermes expérimentales.

12 — Des encouragements pour les dé...

32 se plaignent de la multiplicité des défrichements, surtout de ceux des forêts.

35 demandent qu'on favorise les dessèchements.

4 y trouvent des inconvénients.

14 désirent l'exécution des anciens règlements sur les arrosements.

2 voudraient qu'on encourageât la culture des vignes.

3 — Qu'on la restreignît.

22 demandent des encouragements pour la culture des prairies artificielles.

1 — Qu'on la restreigne.

9 proposent d'encourager des cultures particulières.

6 s'occupent des engrais.

74 demandent le rétablissement des haras.

27 — Des étalons ou des primes pour ceux qui en tiennent.

12 — Des baudets.

LES MAIRIES DE DÉPARTEMENT (1802). 281

A aucune époque l'unité du gouvernement ne fut moins contestée, et pourtant les temps étaient difficiles, et l'administration devait trouver partout des résistances; il fallait délivrer plusieurs provinces du fléau de la guerre civile; les grandes routes étaient couvertes de voleurs, les diligences ne pouvaient circuler sans être aussitôt arrêtées; on était obligé de les faire escorter par des soldats placés sur l'impériale, comme sur les routes d'Espagne où l'on a toujours crainte de voir surgir une bande armée d'escopettes du milieu des touffes de lauriers-roses. La vigueur des préfets et des maires se déploya dans cette circonstance; l'administration montra habileté et dévouement, elle fut le bras qui seconda la pensée. Rien de comparable aux services alors rendus pour la paix du pays : il y eut des actes arbitraires exercés par les préfets; la justice n'eut pas son cours; on s'affranchit souvent des lois, mais la dictature morale était la condition nécessaire à ce grand exercice du pouvoir[1].

Il se forma bientôt un esprit public favorable à Bona-

---

18 — Des taureaux de belle race.
54 — Le perfectionnement des bêtes à laine.
26 se plaignent des dégâts des chèvres.
5 demandent le rétablissement des colombiers.
9 — Des artistes vétérinaires.
4 — Des écoles vétérinaires.
13 — Des places dans ces écoles.
74 se plaignent de la dégradation des forêts.
39 demandent des encouragements pour les pépinières, les plantations.

[1] Les départements n'étaient pas encore pacifiés, en voici la preuve :
« Les Consuls, en vertu de la nouvelle loi du 18 pluviôse (7 février), avaient arrêté qu'il serait établi des tribunaux spéciaux dans les départements du Morbihan, des Côtes-du-Nord, du Finistère, d'Ille-et-Vilaine, de l'Orne, de la Manche, du Calvados, de la Seine-Inférieure, de l'Eure, de Maine-et-Loire, d'Indre-et-Loire, de la Sarthe, de la Mayenne, des Bouches-du-Rhône, du Var, des Alpes-Maritimes, du Vaucluse, des Hautes et Basses-Alpes, de la Drôme, du Gard, de l'Hérault, du Tarn, de l'Aveyron, de la Lozère, de l'Ardèche et de la Haute-Garonne. Total vingt-sept départements. Les commissions militaires instituées pour agir à la suite des colonnes d'éclaireurs, dans les départements du Var et des Bouches-du-Rhône, continueront de suivre le mouvement de ces colonnes d'éclaireurs, mais ne jugeront que les individus pris les armes à la main. »

(Arrêté des Consuls).

parte pour toutes les entreprises qui pourraient développer son autorité; partout éclata pour lui un concert d'éloges; se ferait-il magistrat à vie ou héréditaire, président ou empereur? peu importe! l'opinion était à lui, et à ces époques de faveur, un génie hardi peut tout oser; la société assouplie se place sous sa main.

CHAPITRE XI.

ÉCONOMIE POLITIQUE, ADMINISTRATION,

COMMERCE, INDUSTRIE.

Fausses idées du premier Consul sur le crédit public. — Agiotage. — Banque. — Service du trésor. — Institution d'un ministre spécial, M. Barbé-Marbois. — Système de M. Gaudin. — Création des directions principales. — Enregistrement et domaines, M. Duchâtel — Forêts, M. Bergon. — Douanes, Colin de Sucy. — Contributions indirectes. — Situation du commerce. — Intérieur et extérieur. — Les manufactures. — Produits indigènes. — Les propriétaires. — Le sol. — La grande culture. — Commerce maritime. — La navigation. — Théorie d'économie politique du premier Consul.

1802.

Si les idées de Bonaparte sur la guerre et sur les forces de son gouvernement protecteur étaient éminentes, s'il avait une supériorité incontestable pour tout ce qui tenait à l'administration politique de l'État, il n'en était pas de même pour les théories de banque, de commerce et d'industrie; soldat dès l'adolescence, le premier Consul était toute sa vie resté étranger aux moyens actifs et variés qui servent de mobiles aux transactions industrielles, et forment la richesse des nations. Il savait la guerre et l'histoire; aucune notion exacte ne venait illuminer son génie sur les merveilles du commerce; despote par caractère, il n'aimait pas la liberté dans les transactions, pas plus que dans le gouvernement politique des États[1] ; il avait répugnance pour ces fortunes du négoce s'élevant sans lui, fières et libres, et tout à fait en dehors de son influence. Ainsi, tandis que l'Angleterre grandissait par les idées de crédit public, de banque et d'industrie, le premier Consul portait un profond mépris aux spéculations d'argent, qu'il confondait avec l'agiotage, la grande haine de sa vie. La protection que Bonaparte accordait au commerce était despotique : comme il n'aimait rien de ce qui vivait en dehors de lui, il ne souffrait pas que le commerce s'affranchît des prescriptions de sa volonté ; il aurait voulu l'assouplir comme sa garde ; il ne laissa jamais le mouvement industriel dans ses proportions naturelles ; il voulut opérer des phénomènes par les moyens qu'il avait en son pouvoir, et les résultats furent en complète opposition avec cette prospérité du commerçant, la première base de toute fortune générale dans l'État.

Le premier Consul ne comprenait rien aux revirements de fonds, aux miracles du change et de la banque qui grandissent les ressources d'un pays ; les banquiers lui parurent toujours à lui, homme de guerre, comme les juifs du moyen âge à l'homme féodal qui les dépouillait en les insultant. Il ne respectait pas la fortune acquise ; sans doute il y avait eu des traits inouïs d'usure durant le Directoire, et des traités scandaleux ; les fournisseurs avaient osé des rapines odieuses[2], des vols qui avaient retenti ; mais était-ce là un

---

[1] On a prêté depuis à Napoléon à Sainte-Hélène des paroles de liberté pour le commerce ; elles n'étaient ni dans son caractère ni dans ses études.

[2] « En l'absence de tout crédit et de perceptions régulières, le service du trésor dut ne marcher en partie, pendant les premiers mois de l'an VIII, que par ce qu'on appelle des affaires ; car les transactions qui se faisaient journellement avec les délégataires, et aussi avec des porteurs d'anciens décomptes arrêtés par les ministres, n'étaient pas autre chose. » (Travaux de M. Gaudin, ministre des finances.)

motif de proscrire les légitimes spéculations d'argent qui grandissent le crédit public? Était-ce un motif pour dépouiller les loyales acquisitions du commerce et de l'industrie [1]? Tout système financier doit reposer sur la liberté absolue des transactions; autrement, il n'y a que des ressources précaires et des moyens qui affaiblissent les ressorts mêmes du crédit public. Bonaparte n'eut jamais aucun respect pour les dépôts d'argent; comme les châtelains de la féodalité ou comme les pachas d'Égypte, il procédait par avanie; tantôt il dépouillait la banque de Hambourg, tantôt il imposait arbitrairement un fournisseur; il comprenait mal les opérations financières; s'exprimant sur les banquiers en termes de mépris, il ne les signalait jamais que comme des agioteurs; il aurait voulu que le crédit fût sous sa main comme le gouvernement tout entier; le commerce, hardi spéculateur, aurait dû rentrer dans des proportions administratives.

Cependant, les premières années du Consulat virent l'institution de la Banque de France [2], établie sur les statuts arrêtés par quelques grandes maisons; la Banque adopta un système d'escompte pour faciliter les opérations du commerce et du trésor. Il fallut un long temps pour faire comprendre au premier Consul les

---

[1] Toutes les fois que Bonaparte recevait des députations de commerçants, il leur jetait des épithètes peu en rapport avec les services que le commerçant rend à l'État. C'était l'homme de guerre qui méprisait l'esprit du négoce.

[2] Bonaparte raisonnait souvent bien sur l'action de la Banque; mais il agissait mal et l'opprimait dans ses opérations.

« Je veux que la Banque soit assez dans la main du gouvernement et n'y soit pas trop. Je ne demande pas qu'elle lui prête de l'argent, mais qu'elle lui procure des facilités pour réaliser, à bon marché, ses revenus aux époques et dans les lieux convenables. Je ne demande en cela rien d'onéreux à la Banque, puisque les obligations du trésor sont le meilleur papier qu'elle puisse avoir.

« Il n'y a pas en ce moment de Banque en France; il n'y en aura pas de quelques années, parce que la France manque d'hommes qui sachent ce que c'est qu'une Banque. C'est une race d'hommes à créer. Il faut mettre dans l'administration de cet établissement une classe d'hommes étrangère à la Banque. » (Bonaparte au conseil d'État.)

avantages d'un nouveau papier-monnaie qui circulerait, selon la méthode anglaise, signe représentatif de l'argent; on dut lui prouver que la Banque serait une succursale excellente pour beaucoup d'opérations difficiles du trésor, et surtout pour l'escompte des traites souscrites par les receveurs généraux et les divers agents financiers, en avance de leurs recettes, moyen de crédit inventé par M. Gaudin [1]. Sur le dépôt de ces obligations garanties par l'État, ou de rentes inscrites au grand-livre, la Banque prêta de fortes sommes d'argent qui servirent à régulariser les services et à acquitter en numéraire les semestres de la rente échue. Le ministre des finances fut obligé de combattre plus d'une fois les préjugés du premier Consul sur les escomptes; Bonaparte eût préféré peut-être s'emparer de l'argent des caisses; c'était plus simple, plus oriental [2].

Ces mesures de prévoyance et d'organisation des banques, firent hausser le taux de la rente pendant les deux premières années du Consulat : elle se tint à 40 et 50 pour cent, bien qu'il régnât encore une grande méfiance

---

[1] Michel-Charles Gaudin, était né à Saint-Denis en 1756. A 17 ans il fut admis dans les bureaux des contributions publiques par M. d'Ormesson, intendant des finances. Sous le premier ministère de M. Necker, en 1777, il fut mis à la tête d'une des divisions de la direction générale des contributions. En 1791, il fut nommé l'un des six commissaires de la trésorerie nationale, qui venait d'être créée; ainsi que ses collègues, il donna sa démission le lendemain du 10 août 1792; elle leur fut refusée; Il réitéra sa demande en 1793, mais ce ne fut qu'en 1794 qu'elle fut acceptée. Au mois d'octobre 1795, le Directoire le nomma ministre des finances; il refusa, et le ministère fut confié à Faypoult. Désigné, au commencement de 1797, commissaire de la trésorerie nationale par le conseil des Cinq-Cents, M. Gaudin refusa encore. Retiré dans les environs de Soissons, le président du Directoire l'invita à se rendre à Paris pour conférer avec lui sur les finances; il quitta enfin sa retraite et accepta la place de commissaire général des postes. Nommé ministre des finances après le 18 brumaire, il accepta ce ministère.

[2] Voici au reste quelles furent les opérations du trésor :

« Les revenus ordinaires de l'an IX produisirent à peu près 451 millions.

« La dépense, y compris 38,731,800 fr. pour la dette perpétuelle, s'éleva à 100 millions au-delà des revenus ordinaires. Il y fut pourvu, en partie, par des ressources tirées du prix des domaines vendus, du

dans les opérations financières ; ces craintes provenaient de ce que le budget offrait un énorme déficit; en 1801, il s'éleva à 100 millions. Le compte des recettes et des dépenses ne put s'équilibrer que par des moyens extraordinaires, et le Corps législatif, spécialement occupé d'impôt, s'en plaignit. Au simple aspect d'une telle situation, le crédit ne pouvait venir à un état normal. Que fallait-il faire pour mettre en rapport les voies et moyens, les recettes et les dépenses ? comment arriver à cette juste égalité entre les diverses branches de service ? Il restait deux ressources : 1° L'emprunt, 2° l'augmentation de l'impôt; le premier mode était largement pratiqué en Angleterre, qui dans les crises les plus difficiles trouvait la négociation de ses rentes cinq pour cent au pair, merveille aussi grande que les miracles des victoires et de l'administration du Consulat. Mais en France, le trésor n'eût pas couvert un dixième de son déficit par le moyen du crédit [1]; il y avait eu tant de banqueroutes déguisées ! Les seuls emprunts possibles s'étaient faits sur obligations de rece-

---

produit des rachats de rentes foncières, etc., et en partie par une opération de crédit qui fut arrêtée plus tard.

« Ainsi un déficit de 56 millions avait été la cause ou le prétexte de la Révolution.

« Et ce déficit se trouvait porté à 100 millions en l'an IX !

« Il est vrai que, dès l'an x, les revenus favorisés par le rétablissement de la paix maritime et par une administration plus soignée dans les détails, s'accrurent de près de 40 millions et que les dépenses diminuèrent d'environ 50 millions ; ce qui rétablissait à peu près l'équilibre.

« Les recettes ordinaires, qui s'étaient arrêtées à environ 451 millions en l'an IX, s'élevèrent en l'an X à 488,500,000 fr.

« La dépense se réduisit à peu près à 500 millions.

« Ainsi une faible amélioration dans le produit des contributions ordinaires, ou bien une légère diminution dans les dépenses générales aurait suffi seule, à cette époque, pour rétablir l'équilibre entre les dépenses et les revenus.

« La dette perpétuelle ne montait alors qu'à 42,600,000 fr. et elle s'était arrêtée depuis à 63,300,000 fr., après la clôture de la liquidation générale dont les opérations étaient confiées à un conseil particulier entièrement indépendant du ministère des finances. » (Travaux de M. Gaudin, ministre des finances.)

[1] « Dans cette année de l'an x, le ministère des finances n'éprouva aucune diffi-

veurs généraux à courte échéance. Comme tout gouvernement qui n'a pas crédit, le Consulat eut besoin de recourir à l'agrandissement de l'impôt sur les contribuables et à la vente des domaines nationaux, la fortune immobilière de l'État. Enfin, le rétablissement des contributions indirectes parut indispensable ; le sol ne pouvait pas être seul appelé à supporter le faix des charges publiques, alors très exagérées. Les contributions indirectes ne furent que le système de la gabelle, agrandi par mille vexations plus odieuses, mieux en rapport avec les moyens nouveaux du gouvernement.

Le service du trésor exigeant une attention plus spéciale dans la crise, le Consul institua un ministre particulier pour en diriger les opérations ; cette charge fut confiée à M. Barbé-Marbois [1], homme de maturité et de réflexion, ancien intendant de Saint-Domingue, administrateur intègre, mais qui n'avait ni assez de dextérité, ni assez de ressources dans l'esprit pour répondre à tous les besoins d'une crise financière ; un administrateur du trésor ne doit pas seulement avoir de la probité, il lui faut encore un esprit à

culté, aucun embarras. La tâche personnelle du ministre se trouvait sensiblement allégée par la création d'un ministère particulier pour la direction du service du trésor. L'intention que le premier Consul avait annoncée, l'année précédente, d'en suivre désormais de plus près et d'en diriger, autant qu'il le pourrait les opérations, avait rendu cette création indispensable. Un homme tout entier devenait nécessaire pour suffire à la multitude de rapports qu'il exigea journellement sur les plus petits détails.

« L'opération la plus importante de l'an IX fut le paiement qui avait été ordonné, pour le second semestre de l'an VIII, par une loi du 23 thermidor, des rentes et des pensions en numéraire effectif. Elles avaient été payées jusque-là d'abord en assignats dont la valeur successivement réduite avait fini par tomber à rien ; ensuite et depuis le retour du numéraire, avec des bons que les rentiers et pensionnaires pouvaient donner en paiement de leurs contributions ou négocier sur la place à une perte plus ou moins forte, suivant le cours que l'agiotage leur assignait. » (Travaux de M. Gaudin, ministre des finances.)

[1] François Barbé-Marbois, né à Metz le 31 janvier 1745, fut chargé par M. de Castries, ministre de la marine, d'élever ses enfants. Il devint consul général aux États-Unis de l'Amérique, et ensuite intendant de

mille ressources, une tête d'action, hardie souvent, aventureuse quelquefois, toujours prête à remplir les obligations du trésor, et tel n'était pas M. Barbé-Marbois ; il avait plus d'élévation dans les idées que M. Gaudin, une expérience plus étendue ; mais celui-ci avait une faculté précieuse pour un ministre des finances, c'était de chercher et d'inventer les impôts ; il en avait étudié l'histoire dans le vieux régime ; fiscal de sa nature, son habileté laborieuse organisait incessamment les ressources, pour tirer d'une branche de revenus tout ce qu'elle peut produire. M. Gaudin fut le grand organateur de l'impôt ; sur ses propositions furent instituées les trois directions générales : l'enregistrement, les douanes et les forêts, comme une hiérarchie dans les services publics. Enfin, une caisse d'amortissement fut créée avec des revenus invariables, chargée d'acquitter les traites des receveurs et les engagements du trésor [1].

L'administration de l'enregistrement et des domaines s'était toujours maintenue intacte pendant le règne de la Terreur ; sous le régime du Directoire, ses produits étaient considérables et formaient une des branches les plus essentielles des recettes publiques. La loi fondamentale de la régie avait recherché toutes les actions de la vie pour les imposer ; elle prenait l'homme au berceau et taxait le cercueil du père. Les Conseils comptaient à cette époque dans leur sein un grand

---

Saint-Domingue. Revenu à Metz, il fut nommé maire de cette ville dans les premières années de la Révolution. En décembre 1791, il fut envoyé par le roi à la diète de Ratisbonne, et l'année suivante il se rendit à Vienne en qualité d'adjoint à l'ambassadeur ; il revint en France au bout d'un mois et resta ignoré jusqu'en septembre 1795, époque à laquelle il fut nommé député de la Moselle au conseil des Anciens ; il en fut élu secrétaire, en septembre 1796. Le 18 fructidor, il fut condamné à la déportation et transporté à la Guyane. Rappelé en France après le 18 brumaire, il fut nommé conseiller d'État et remplaça, en 1801, M. Dufresne à la direction du trésor public.

[1] « Il fut ordonné par la loi du 6 fri-

nombre de vieux procureurs au Châtelet, de procéduriers qui connaissaient tous les replis des instances, et ils s'unirent pour saisir avec habileté tous les accidents des procédures, afin d'en tirer de l'argent. Il en résulta un système régulier sans doute, mais dur, implacable, qui fit de toutes les familles une sorte de matière à droits d'enregistrement en exploitant tous leurs accidents, tous leurs malheurs, toutes leurs ruines.

La perception fut rigoureuse, mais parfaitement établie. L'un des auteurs les plus habiles de la loi d'enregistrement avait été M. Duchâtel, député de la Gironde, esprit d'une lucidité remarquable, partisan actif du 18 brumaire, et M. Duchâtel fut désigné par le premier Consul comme directeur général, rapporteur de la loi au Conseil, appelé à en faire l'application comme chef d'administration. Il n'eut besoin que de donner l'impulsion à une machine déjà tout entière organisée, pour centraliser les branches éparses des directions et des vérifications départementales. Des améliorations furent ainsi accomplies, les recettes furent mieux ordonnées, et on mit le personnel de l'enregistrement en rapport avec les besoins de service et les devoirs invariables des localités M. Duchâtel établit la régularité dans la hiérarchie, caractère aujourd'hui reconnu de l'administration des domaines; le personnel ne varia jamais. Vaste travail surtout que la gestion alors du domaine national, avec l'application

---

maire an VIII, que le produit des cautionnements en numéraire à fournir par les receveurs généraux, serait versé à une caisse d'amortissement entièrement séparée du trésor public, pour être appliqué au remboursement des obligations qui pourraient être protestées à leur échéance.

« Cette disposition eut une grande influence sur la négociation de ces valeurs, qui finirent par jouir de la même faveur que les meilleurs effets de commerce. » (Travaux de M. Gaudin, ministre des finances.)

des décomptes où tant d'abus s'étaient glissés aux jours désordonnés du Directoire.

En même temps, Bonaparte créa une direction spéciale pour les forêts; les vastes bois dont la France est couverte se trouvaient déplorablement emménagés depuis les confiscations prononcées par les assemblées nationales : ici on ne coupait plus les futaies, là on défrichait sans ordre; partout les bestiaux paissaient librement et détruisaient les communaux, les usagers, suivant les vieilles coutumes de la monarchie, ravageaient les vastes propriétés nationales. Quelle n'était pas la nécessité de la surveillance des forêts, pleines de ressources pour les constructions maritimes? Il fallait empêcher le défrichement qui devenait régulier ; si l'on abattait les hautes futaies, qu'allaient devenir les usines et les établissements d'industrie? La plupart des forêts [1] confisquées sur l'émigration formaient un des revenus de l'État. Le gouvernement organisa un service de gardes qui durent empêcher dans chaque localité qu'on ne dépouillât ces beaux arbres, vieux patrimoine de la couronne de France. Le directeur général travaillait avec le ministre des finances, il fut pris comme M. Duchâtel au sein du conseil d'État : on désigna M. Bergon, ancien

---

[1] Voici une opinion remarquable de Bonaparte sur la conservation des forêts :

« On se plaint que les particuliers coupent leurs bois trop jeunes; ne pourrait-on pas, pour combattre cette disposition, s'abstenir de demander aux propriétaires de bois une contribution annuelle, et percevoir toute la contribution au moment de la coupe, ou ne percevoir la contribution annuelle sur les bois que jusqu'à ce qu'ils soient arrivés à un certain âge, à quinze ans, par exemple, et les exempter ensuite de l'impôt annuel jusqu'à la coupe?

« Deux circonstances ont pu faire couper les bois trop jeunes et en faire même détruire quelques-uns. Beaucoup de bois ne payaient pas d'impôt avant la Révolution, parce qu'ils étaient dans des mains privilégiées, et ceux même qui appartenaient à des particuliers payaient moins de contributions qu'aujourd'hui.

« Il faut ouvrir des routes pour le transport des bois dans la Nièvre et dans le Berry; j'en ai reconnu l'utilité dans mes voyages. Il sera facile de pourvoir à cette dépense par des centimes additionnels. On devra faire supporter surtout cette imposition aux propriétaires de bois. »

administrateur des domaines, esprit exact et d'application, le créateur du système des gardes généraux et des gardes particuliers, tous choisis parmi les vieux militaires, débris glorieux des armées.

Une troisième direction, celle des douanes, fut confiée à M. Collin de Sussy. A travers les crises publiques, les douanes avaient été le seul impôt indirect maintenu par l'Assemblée constituante, mais sans ordre, sans pensée, sans ensemble. L'administration avait deux buts : 1° procurer un revenu à l'État par une perception sur les marchandises étrangères; 2° protéger le commerce national en établissant des prohibitions favorables aux industries faibles et naissantes. La pensée du système prohibitif commence à se développer dans l'esprit de Bonaparte, elle lui plaît comme un héritage des idées de Colbert[1], qui voulut surtout protéger les intérêts nationaux à l'exclusion de l'étranger. La liberté du commerce paraît au Consul un mot vide de sens, mal en harmonie avec la situation respective des peuples, car il en est des na-

---

[1] Bonaparte expliquait un peu hardiment son système de douanes :

« La combinaison politique des divers États rendait les principes fautifs ; les localités particulières demandaient à chaque instant des déviations de leur grande uniformité. Les douanes que les économistes blâmaient, ne devaient point être un objet de fisc, il est vrai, mais elles devraient être la garantie et les soutiens d'un peuple ; elles devaient suivre la nature et l'objet du commerce. La Hollande, sans productions, sans manufactures, n'ayant qu'un commerce d'entrepôt et de commission, ne devait connaître ni entrave, ni barrière. La France, au contraire, riche en productions, en industrie de toute sorte, devait sans cesse être en garde contre les importations d'une rivale qui lui demeurait encore supérieure ; elle devait l'être contre l'avidité, l'égoïsme, l'indifférence des purs commissionnaires.

« Je n'ai garde de tomber dans la faute des hommes à système moderne, de me croire par moi seul et par mes idées la sagesse des nations. La vraie sagesse des nations, c'est l'expérience. Et voyez comme raisonnent les économistes. Ils nous vantent sans cesse la prospérité de l'Angleterre et nous la montrent constamment pour modèle. Mais c'est elle dont le système des douanes est le plus lourd, le plus absolu, et ils déclament sans cesse contre les douanes, ils voudraient nous les interdire. Ils proscrivent aussi les prohibitions, et elles sont en effet nécessaires pour certains objets, elles ne sauraient être suppléées par la force des droits ; la contrebande et la fantaisie feraient manquer le but du législateur. »

tions comme des individus, chacune a ses forces et ses facultés inégalement réparties. Dans l'état de nature il y a des faibles et des forts, et le système prohibitif est précisément la protection accordée aux faibles, aux industries naissantes, aux intérêts qui ne sont pas suffisamment développés dans leur propre énergie; situation admirable pour les États nouveaux, oppressive pour les peuples, qui, vieillis, ont besoin de largement échanger pour largement jouir de tous les produits du globe.

Le déficit si considérable au budget de 1801, avait exigé, ainsi qu'on l'a vu, le rétablissement d'un système de contributions indirectes, moyen d'alléger la propriété foncière; on recourut d'abord à un meilleur mode de perception; le paiement des contributions fut ordonné par douzièmes; les états en furent régulièrement dressés, et les percepteurs souscrivirent des traites à échéances fixes [1]. On résolut de mettre en régie le sel, le tabac, les boissons, les trois objets qui se consomment par la classe ouvrière, sur la surface de la France : innovation à la théorie de l'Assemblée constituante, qui avait affranchi les pauvres aux dépens de la propriété; on passait de la contribution sur le luxe

---

[1] « Après avoir pourvu à l'instrument de la perception, il fallait assurer la perception elle-même. Une loi ordonna que le paiement des contributions directes se ferait par douzièmes et par avance, chaque mois, et je préparai dès lors le remplacement, qui s'opéra plus tard, des collecteurs, à la moins dite, dont les exactions ruinaient les contribuables, par des percepteurs à vie, nommés sur une liste de trois candidats présentés par les préfets, et cautionnés en numéraire.

« Il fut aussi prescrit par une loi du 6 frimaire an VIII, aux receveurs généraux nouvellement établis, de souscrire, pour le montant des contributions directes, des obligations payables par mois, à jour fixe, en espèces métalliques.

« Les receveurs d'arrondissement furent tenus, de leur côté, de s'obliger envers les receveurs généraux par des traités dont les termes devaient correspondre à ceux des soumissions des premiers, à la seule différence de quinze jours d'avance.

« Ces receveurs se trouvaient ainsi intéressés à surveiller les percepteurs (dont ils devinrent ultérieurement garants) et les receveurs généraux avaient un titre contre les receveurs particuliers pour assurer l'exécution de leurs engagements. » (Travaux de M. Gaudin, ministre des finances.)

et la fortune, à l'impôt plus facile sur les masses; la Convention, cette assemblée si en avant dans les idées démocratiques, avait solennellement déclaré que le pauvre ne devait rien. Tout était changé par le Consul; l'impôt de consommation se trouvait rétabli : or, pour arriver à cette perception régulière, il fallait un gouvernement fort, car rien ne blesse plus le peuple que la perception de ces droits qui pénètrent dans sa vie intime, dans ses plaisirs, dans ses distractions bruyantes; les droits réunis devinrent une inquisition financière, jusqu'à ce point de surveiller la quantité d'objets de consommation nécessaire à chaque individu.

Cette théorie des contributions indirectes, longtemps discutée au conseil d'État, ne fut qu'un retour vers les idées de la gabelle, si odieuse sous l'ancien régime; on reconstituait ainsi peu à peu l'ancien système d'impôts tels qu'ils étaient perçus par les fermes; on changeait les noms, et le fisc, toujours le même depuis le moyen âge, ne renonçait à aucun de ses priviléges, à aucun de ses droits. La perception des droits réunis ne fut pas d'abord absolue et régulière, on marcha lentement; la régie ne se forma que successivement et avec des précautions; à chaque budget on se montra fort ingénieux pour faire rentrer toutes les marchandises de consommation sous l'empire des droits réunis, et des légions d'employés répandues sur la surface de la France, s'abattirent comme une nuée d'oiseaux de proie, sur les maisons du laboureur et du vigneron; ils pénétrèrent dans les caves, ils eurent les clefs des maisons des champs; ils furent les odieux visiteurs du pauvre dans la campagne[1].

---

[1] Les droits sur les boissons et sur le sel n'avaient point encore été établis et,

Le premier Consul, si peu avancé sur les questions d'industrie et de libres relations de peuple à peuple, avait néanmoins à cœur la protection du commerce ; son instinct lui disait que là étaient les richesses ; ses idées, bien qu'absolues, se maintenaient bienveillantes. A l'intérieur, il construisait des routes, des canaux : continuant ainsi les œuvres de l'ancien gouvernement, il jetait dans le commerce, dans le crédit, des idées de probité ; la confiance naissait dans les rapports de places à places. Le territoire s'étant agrandi par la conquête, il y eut par suite un accroissement naturel des transactions commerciales : les expéditions purent se faire de Hambourg à Rome et à Milan, avec une grande sécurité par la voie de terre seulement; tant que la guerre se continuait avec la Grande-Bretagne, la mer était fermée, la France n'ayant plus de colonies, ne pouvait prétendre à des retours lucratifs. Les Anglais, par le déploiement merveilleux des machines, par le bas prix des matières premières et la facilité des transports sur les grandes mers de l'Inde et de l'Amérique, pouvaient donner à trente pour cent au-dessous des produits français, et tel est l'esprit persévérant et hardi du commerce, que lorsqu'il y a des bénéfices à faire, le système prohibitif n'empêche rien. Les marchandises anglaises inondaient le continent; ici par la contrebande, là par la connivence des gouvernements eux-mêmes qui favorisaient ces produits par leur protection, le plus souvent par les neutres

---

dès la deuxième année de leur établissement, ils produisirent près de 100 millions. Si donc la paix s'était consolidée en l'an x, l'établissement de ces droits aurait donné les moyens de réduire les contributions directes d'une somme importante, en conservant encore pour des événements imprévus, une marge qui aurait pu être provisoirement employée à des améliorations intérieures, sans rien ôter aux moyens puissants déjà donnés à la marine, qu'il importait de rétablir sur un pied respectable. » (Travaux de M. Gaudin, ministre des finances.)

qui servaient de transports aux puissances en guerre.

La sollicitude du premier Consul se portait sur les manufactures nationales, la chimie avait fait des merveilles pour remplacer les matières premières que la mer nous refusait ; on avait tout créé : la soude, l'indigo, la garance; l'industrie française s'était repliée sur elle-même et avec cette puissance que le génie emprunte à la nécessité, elle avait enfanté des miracles ; la force morale avait agi sur la puissance matérielle. On produisait par des moyens extraordinaires ce que la nature refusait; comme tout ce travail était dans l'enfance, les résultats en étaient à des prix élevés, et, je le répète, on ne pouvait lutter sur aucun marché avec l'Angleterre : la Grande-Bretagne avait les laines à meilleur marché par ses propres produits, et ceux de l'Espagne et du Portugal ; elle avait la brillante cochenille de l'Inde, aux couleurs de feu, l'indigo au bleu céleste de ses colonies, et puis ses actives machines produisaient rapidement et à bon compte des draps, des tissus pour le monde entier. En France, la grande culture avait presque entièrement disparu ; les troupeaux de mérinos étaient comme un essai emprunté aux belles fermes modèles de Ségovie ; les tissus de coton ne pouvaient rivaliser avec les madras des côtes du Bengale, le nankin de la Chine, les toiles peintes et ces châles de l'Inde, alors l'admiration et le rêve de toutes les femmes du Consulat.

Bonaparte protégeait les manufactures, mais il les secondait sans leur donner la vie qu'elles empruntent aux grandes relations[1] ; il ne suffit pas de faire au commerce des prêts d'argent ou de lui donner des secours maté-

---

[1] Bonaparte a depuis justifié le mouvement agricole et commercial du Consulat et de l'Empire « Quel pas n'avions-nous pas fait, dit-il, quelle rectitude d'idées n'avait pas répandue la seule classification graduelle que j'avais

riels, il faut encore lui assurer des ressources en multipliant les débouchés, et presque tous étaient fermés à la France qui produisait trop cher; nulle part elle pouvait entrer en concurrence avec l'Angleterre, si ce n'est pour les objets de mode et de fantaisie; sur ce point Paris restait toujours le maître de la consommation en Europe. En matière de commerce, les gouvernements n'ont jamais la puissance de faire ce que la liberté fait plus sûrement et plus largement.

Dans ce but d'aider les manufactures, on devait surtout protéger les grandes exploitations de terre, les bois touffus, les forêts qui servent au chauffage des usines et les herbages qui nourrissent les bestiaux. Il n'y a pas de commerce sans agriculture; la manufacture y cherche ses éléments, la navigation les objets d'échange. Si les céréales se consommaient en France, les vins avaient besoin d'une exportation incessante, les crûs exquis de Champagne, de Bordeaux, de Bourgogne, ne trouvaient pas assez de débouchés sur le territoire même agrandi de la République; il fallait la mer ouverte, des colonies, les pays étrangers où l'aristocratie opulente sablât les vins de France dans de somptueux banquets. La trop grande répartition des richesses nuisait aux produits du luxe. Sous l'ancienne monarchie, la majorité des vins de Bordeaux se consommait

---

consacrée de l'agriculture, de l'industrie et du commerce ! objets si distincts et d'une graduation si réelle et si grande.

« 1° L'agriculture ; l'âme, la première base de la République ;

« 2° L'industrie ; l'aisance, le bonheur de la population ;

« 3° Le commerce extérieur, la surabondance, le bon emploi des deux autres.

« L'agriculture n'a cessé de gagner durant tout le cours de la Révolution. Les étrangers la croyaient perdue chez nous. Les Anglais ont été pourtant contraints de confesser qu'ils avaient peu ou point à nous montrer.

« L'industrie ou les manufactures et le commerce ont fait sous moi des progrès immenses. L'application de la chimie aux manufactures les a fait avancer à pas de géant. J'ai imprimé un élan qui sera partagé de toute l'Europe.

« Le commerce extérieur, infiniment au-

en Angleterre; les États-Unis d'Amérique en faisaient aussi une vaste exploitation; or, depuis la guerre, la Grande-Bretagne s'était jetée sur les vins de Madère et du Portugal; la majorité des vignobles étant mal cultivée, les revenus n'étaient pas en rapport avec les dépenses.

L'agriculture essayait comme compensation de cultiver partout des produits exotiques. Les départements du Nord s'étaient adonnés au tabac et des terres immenses en étaient couvertes. Au midi, quelques départements faisaient l'essai de la garance comme culture facile et productive: ici c'était le pastel et l'indigo, là le chanvre perfectionné; la chimie cherchait à cristalliser le jus de raisin pour remplacer le sucre, ou bien la betterave dont Chaptal avait indiqué les propriétés intimes. Tous ces moyens factices ne produisaient rien encore; grossiers et sans perfection, ils semblaient arrachés comme une création monstrueuse en dehors des saisons et du sol, fruits venus en serre chaude, pâles et maladifs. Le système de Bonaparte était de faire violence à tout, aux productions naturelles, aux habitudes essentielles de la vie; il voulait pour toutes choses des existences exceptionnelles comme la sienne; les obstacles n'étaient rien pour lui, il se disait assez fort pour les vaincre, assez puissant pour dompter la nature; il voulait avoir

---

dessous des deux autres dans ses résultats, leur a été aussi constamment subordonné dans ma pensée. Celui-ci est fait pour les deux autres; les deux autres ne sont pas faits pour lui. Les intérêts de ses trois bases essentielles sont divergents, souvent opposés. Je les ai constamment servis dans leur rang naturel, mais n'ai jamais pu ni dû les satisfaire à la fois. Le temps fera connaître ce qu'ils me doivent tous, les ressources nationales que je leur ai créées, l'affranchissement des Anglais que j'avais ménagé. Nous avons à présent le secret du traité de commerce de 1783. La France crie encore contre son auteur, mais les Anglais l'auraient exigé sous peine de recommencer la guerre. Ils voulurent m'en faire autant après le traité d'Amiens; mais j'étais puissant et haut de cent coudées. Je répondis qu'ils seraient maîtres des hau-

un commerce sans exportation, sans mer, sans échange, comme s'il était possible d'établir des transactions purement intérieures, et de renfermer une nation dans des barrières.

La France produisait trop pour ne pas exporter, et ses produits indigènes ne pouvaient tous servir d'éléments primitifs aux travaux de ses manufactures; la navigation était pour elle une nécessité impérative, les transports par terre étaient trop coûteux. A combien ne s'élevait pas le prix d'une marchandise charriée de Paris à Cadix, Lisbonne ou Venise? Un État aussi vaste que la France, avec des côtes si étendues, ne pouvait se passer de navigation; elle possédait dix ports marchands sur l'Océan, six sur la Méditerranée; à quoi servaient les vastes et belles rades? les Anglais bloquaient tous les ports; à peine de temps à autre quelques convois, sous l'escorte de bâtiments de guerre, allaient porter les produits d'un point rapproché à une cité voisine, sans s'éloigner jamais des côtes. Le cabotage même était restreint; les assurances s'élevaient de dix à soixante pour cent; le commerce était réellement aux mains des neutres par une fraude continue : les Américains, les Danois et les Suédois, intermédiaires pour le transport des marchandises, fournissaient la matière première de la consom-

---

teurs de Montmartre, que je m'y refuserais encore; et ces paroles remplirent l'Europe.»

Bonaparte oubliait ici les grandes souffrances de l'agriculture et du commerce pendant la Révolution française; la guerre seule fut la ressource de la nation; la conquête seule put remplir le vide que laissaient le désordre et la guerre; c'est donc une contre-vérité que soutient ici le Consul; cependant il continue :

« Quand je pris le gouvernement, les Américains qui venaient chez nous à l'aide de leur neutralité, nous apportaient les matières brutes, et avaient l'impertinence de repartir à vide pour aller se remplir à Londres des manufactures anglaises. Ils avaient la seconde impertinence de nous faire leurs paiements, s'ils en avaient à faire, sur Londres; de là les grands profits des manufacturiers et des commission-

mation et des échanges; ils apportaient à nos manufactures l'indigo, la cochenille que la chimie avait remplacés si imparfaitement; ils fournissaient le café et le sucre pour les besoins de la population.

Cette situation des neutres explique tout l'intérêt que mettaient les puissances en guerre à faire décider la question des pavillons. Bonaparte soutenait l'indépendance des neutres et la liberté des mers, parce qu'il voyait dans cette indépendance un moyen de favoriser le commerce des nationaux, et des débouchés pour le trop plein de ses manufactures et des produits agricoles. Le frêt des Américains, des Danois et des Suédois était toujours à bas prix, on simulait les connaissements; si le pavillon couvrait la marchandise, le commerce français pouvait se faire à très bon compte, et les transports s'opéreraient librement à la face des croisières anglaises. Le cabinet britannique, blessé par les avantages qu'obtenait la France au moyen de la liberté des neutres, proclamait le droit de visite en s'emparant des cargaisons quand le connaissement signalait un propriétaire ennemi. L'Angleterre espérait, par la perte du commerce français, réduire son gouvernement à une grande pénurie financière; elle faisait bonne guerre à sa navigation; elle surveillait ses flottes et ses ports par de grandes escadres; vains efforts s'il eût été permis au pavillon

naires anglais, entièrement à notre détriment. J'exigeai qu'aucun Américain ne pût importer aucune valeur sans exporter aussitôt son exact équivalent; on jeta les hauts cris parmi nous, j'avais tout perdu, disait-on. Qu'arriva-t-il, néanmoins? C'est que mes ports fermés, en dépit même des Anglais qui donnaient la loi sur les mers, les Américains revinrent se soumettre à mes ordonnances. Que n'eussé-je donc pas obtenu dans une meilleure situation? »

« C'est ainsi que j'avais naturalisé au milieu de nous les manufactures de coton, qui comportent:

« 1° *Du coton filé*. Nous ne le filions pas; les Anglais le fournissaient même comme une espèce de faveur.

« 2° *Le tissu*. Nous ne le faisions point encore; il nous venait de l'étranger.

« 3° Enfin *l'impression*. C'était notre seul travail. »

Ici Bonaparte a raison; il est dans le vrai.

neutre d'obtenir toute franchise dans le transport des marchandises françaises. Ce cabinet alla si loin contre le petit et le grand cabotage, qu'il prohiba même la pêche sur les côtes, sous prétexte qu'elle servait à transporter les marchandises et à espionner les évolutions de ses escadres. La guerre entre les deux puissances n'était pas seulement militaire, mais encore commerciale; les Anglais poursuivaient à outrance toutes nos petites barques pour arrêter la navigation de nos marins et les débouchés de nos produits.

Le système prohibitif que le Consul opposait aux rigueurs des principes posés par l'Angleterre contre les neutres, reposait sur des moyens extraordinaires susceptibles de préparer la ruine des intérêts parce qu'ils faisaient violence à la nature même des choses. Bonaparte acceptant une situation de guerre dans toutes ses conséquences, voulait concentrer le commerce dans l'intérieur des États soumis à l'influence de la France; de là cette nécessité triste et impérative de substituer des produits factices aux produits réels. Comme sa volonté ne trouvait aucun obstacle en matière de gouvernement, il voulait rester maître des transactions mercantiles, dans la croyance que le commerce s'assouplirait sous sa main, et qu'on pouvait conduire les intérêts ainsi que les soldats, les partis et les batailles; or, les bases de l'économie politique bien entendue, consistent dans la balance des produits, dans la libre circulation du numéraire; tout ce qui est naturel est préférable à ce qui est le résultat de la violence. Bonaparte ne comprenait pas cette maxime : laissez faire, laissez passer; l'effort extraordinaire que firent les manufactures en France, put sans doute briller dans de riches et magnifiques expositions; la chimie, comme une grande fée, transforma les éléments primitifs, et l'on obtint des combinaisons savantes et hardies : des eaux factices, des soudes, des alcalis, des couleurs, le vermillon et le bleu céleste, le filage mécanique des tissus ; mais il en est de ces produits que la science crée comme de ces fleurs artificielles brillantes et sans vie, comme de ces automates qui se remuent raides et monotones, comme de ces cristaux qui veulent imiter les diamants, comme de ces grains de Venise qu'on place vainement à côté des rubis d'Orient. Les créations hors de nature qui peuvent servir une époque de crise, ne sont jamais les éléments ordinaires d'une situation commerciale ; on ne gouverne pas les écus, ils échappent à toutes les combinaisons ; les juifs du moyen âge inventèrent la lettre de change, pour éviter les pillages féodaux. Ainsi est toujours le commerce, il va droit devant lui vers le seul mobile de l'intérêt ; nul ne peut lui imposer des limites ; l'industrie est comme ces fleuves qu'on ne peut détourner de leur cours ; elle suit la pente naturelle que les besoins lui ont faite ; on ne conduit pas les éléments des grandes transactions industrielles, comme les armées ; Bonaparte pouvait glorieusement conquérir les victoires sur le champ de bataille, mais il ne fut point en son pouvoir de dominer les transactions de peuple à peuple pour l'échange de leurs besoins et de leurs intérêts.

De là vinrent les erreurs du Consul sur la banque et sur le commerce en général, et sur la puissance d'un peuple qui en reste maître. La lutte de Rome et de Carthage l'avait encore trompé ; il n'avait pas vu que dans le vieux monde le système militaire dominait le mouvement commercial et qu'une civilisation nouvelle avait changé la face des intérêts et des idées. Dans ses fausses données sur l'économie politique,

Bonaparte annonçait sans cesse la ruine de l'Angleterre[1], son imminente banqueroute, parce qu'elle faisait des emprunts et accordait des subsides à tout le continent; mais les emprunts étaient basés sur les moyens de crédit, les subsides qu'elle accordait centralisaient dans ses manufactures le commerce du monde, et la balance du change en définitive restait toute en son pouvoir. Si elle envoyait des lettres de change ou de l'or à la banque de Hambourg, avec la destination de Berlin, de Vienne ou de Saint-Pétersbourg, afin de payer les subsides; par un seul revirement de banque, ces mêmes fonds lui arrivaient en achat de ses marchandises manufacturées. Elle faisait des bénéfices même sur ses avances.

Au contraire, la France avait besoin d'envoyer de l'argent monnayé sur tous les points du monde pour se procurer les ressources; son commerce étant éteint, elle n'avait aucun échange à fournir, et il arrivait que sans dette publique, pour ainsi dire, la France était plus pauvre que l'Angleterre obérée de 120 millions de livres sterlings; à Paris, le gouvernement consulaire n'eût pas trouvé à emprunter au double taux de l'argent à Londres. Le système continental fut une grande erreur; il s'agissait de faire violence à toutes les habitudes, à toutes les nécessités, et il n'y a pas de puissance, même despotique, qui résiste aux besoins d'un peuple; la Grande-Bretagne le savait bien, et c'est ce qui faisait sa force; le premier Consul cherchait à dominer la nature des choses, il accomplissait de glorieuses campagnes pour fermer les ports aux Anglais, et il stipulait cette obligation dans tous les traités. Pour cer-

[1] Tel était le sens de tous les articles que publiait Barrère dans le *Moniteur*, contre la *perfide Albion*.

tains États c'était les empêcher de vivre ; tous brisaient aussitôt cette chaîne, préférant la guerre à cette situation violente avec laquelle ils ne pouvaient plus respirer ; l'Angleterre était commercialement forte, parce qu'elle disait aux nations : « Voici une libre issue pour vos produits, et, en échange, je vous donne les objets qui vous manquent. » La France, au contraire, était commercialement faible, parce qu'elle disait partout : « Vos produits je ne puis les échanger, les mers me sont fermées ; vivez avec les résultats factices et coûteux de votre industrie. »

Le premier Consul bouleversait les transactions naturelles. Rien d'étonnant que le cabinet britannique soit demeuré maître du commerce à cette époque : sa force résultait précisément de la liberté des transactions ; la France ne pouvait être riche et heureuse que par la paix qui lui rendait ses colonies et sa navigation ; ce sentiment domina avec une grande puissance l'époque qui précède le traité d'Amiens et où vont se déployer les négociations diplomatiques d'une importance décisive. Bonaparte va tenter un système de paix et de commerce avec l'Angleterre ; la France étouffe ; il faut lui donner une issue ; la trêve ne sera pas longue, mais elle montrera dans toute leur énergie les tendances commerciales et industrielles de la France !

CHAPITRE XII.

RELATIONS DIPLOMATIQUES

AVANT LA PAIX EUROPÉENNE.

Premiers actes du ministère Addington. — Question des neutres au parlement. — Attitude du parti Pitt. — Résolution vigoureuse de l'Angleterre. — Rapprochement avec la Russie. — Premiers actes de l'avénement d'Alexandre. — Ambassade de Duroc. — Dépêche à son gouvernement. — Affaiblissement du système français à Saint-Pétersbourg. — Note de M. Kalitscheff à M. de Talleyrand. — Correspondance. — Attitude de l'Autriche. — Système du nouveau ministère. — M. Philippe de Cobentzl à Paris. — Négociations de la Prusse avec l'Angleterre. — Ambassade de M. de Beurnonville à Berlin. — Situation de la Suède et du Danemarck en face l'Angleterre. — Première tentative d'un rapprochement avec la Porte ottomane.

1801 - 1802.

Le ministère Addington avait été formé dans le but d'un rapprochement possible et désiré avec la France et son Consul ; Pitt s'était retiré des affaires pour laisser une plus forte, une plus grande liberté à toutes les transactions que son gouvernement pouvait essayer avec Bonaparte; désormais un obstacle aux intérêts de son pays, Pitt se sacrifiait momentanément à l'opinion publique ; il renonçait aux affaires, mais avec l'espérance de les ressaisir plus tard, car c'était sa noble passion. Le ministère Addington lui paraissait une œuvre provisoire dont il attendrait les actes ; le système de guerre avait besoin de se reposer ; le peuple d'Angleterre, avide de la paix, devait avoir le temps d'en éprouver le résultat et même, comme le disait Pitt, d'en passer *le caprice*. En homme d'état consommé, il avait su se retirer à temps, et c'est une grande habileté en politique; combattre dans une position perdue est une faute [1]; il faut en conquérir une nouvelle.

Dès que M. Addington et lord Hawkesbury eurent pris possession du gouvernement, ils aperçurent d'un coup d'œil les dangers auxquels l'Angleterre était exposée. C'eût été folie, au moment de l'alliance de Bonaparte et de Paul Ier, quand la ligue des neutres venait de se former, d'ouvrir avec la France des négociations sérieuses pour la paix; les conditions que le cabinet de Paris eût imposées alors, auraient été trop dures; Bonaparte, si habile à saisir les avantages de sa position, n'aurait pas hésité à exploiter les périls de la Grande-Bretagne. Il fallait donc, avant toute chose, frapper un coup vigoureux, immense, décisif, qui pût permettre à l'Angleterre de négocier avec de plus forts avantages, et dans ce but l'expédition de Nelson fut concertée contre Copenhague. Ce coup de main de la marine, avait dissous la ligue du Nord; la mort de Paul Ier bouleversait les plans gigantesques que l'empereur et le Consul avaient rêvés contre les établissements de l'Inde; on avait de bonnes nouvelles d'Abercombry en Égypte. Ainsi, la situation continentale de l'Angleterre était moins mauvaise, et l'on pouvait songer à une meilleure transaction avec la France. Dans ces circonstances, le ministère

---

[1] *Annual Regist*, 1801.

Addington eut à soutenir les premières discussions du parlement.

On était curieux en Angleterre de savoir quelle serait l'attitude du nouveau cabinet, et comment M. Pitt appuierait l'administration de son successeur. La position de M. Addington n'était pas mauvaise aux lords et aux communes : les wighs devaient le ménager et cela se conçoit ; ils espéraient avec son secours rester définitivement maîtres des affaires. M. Addington, pour soutenir un système de paix, devait marcher vers les wighs, et Fox obtiendrait tôt ou tard le département des affaires étrangères, son plus vif souhait. Si d'une part les wighs n'attaquaient pas trop vigoureusement le ministère Addington, M. Pitt se trouvait dans une position aussi bienveillante ; il avait poussé et favorisé le nouveau cabinet, considéré comme son ouvrage ; l'attaquer c'eût été perdre sa position ; Pitt aima mieux le protéger ; cette attitude de supériorité allait parfaitement à ses intérêts et ménageait son retour aux affaires. Tandis que Dundas et quelques troupes légères de Grenville blessaient, par le mépris et le sarcasme, les faiblesses du ministère Addington, Pitt leur maître se posait en véritable supérieur qui guide et conduit un élève ; Addington n'était que cela. Tout ce que voulait Pitt c'était d'empêcher le ministère nouveau de se jeter aux bras des wighs ; qu'il fît la paix ou la guerre, le cabinet avait besoin de son appui, et cette situation est toujours bonne dans les affaires publiques. M. Addington, placé entre deux partis, manœuvrait ainsi en face de l'un et de l'autre, en donnant des espérances à chacun [1].

A cette époque, en plein parlement, s'éleva la ques-

---

[1] *Annual Regist*, 1801.

tion du privilége des neutres. Le ministère, comme on l'a vu, venait d'accomplir de formidables armements contre Copenhague, et à l'occasion des subsides on souleva aux lords et aux communes, la question de savoir si la Grande-Bretagne agissait dans ses intérêts en suivant cette ligne de conduite. Pitt et les torys se placèrent sur un bon terrain de nationalité; ils soutinrent le ministère et les principes de l'expédition de Nelson; tous hardiment défendirent la supériorité du pavillon anglais; moyen de plaire à l'orgueil britannique que de proclamer la grandeur de sa marine. Les torys se montrèrent ainsi le parti national, tandis que Fox et Grey invoquaient les principes du droit des gens en faveur des neutres, et l'on sait que l'Angleterre ne les a jamais admis. La position de Fox et de Grey fut difficile, embarrassée, on le voit, dans tout le cours de ce débat. Leur argumentation est timide; ils parlent contre la prééminence de leur pays dans un vain amour des principes du genre humain. Voyez au contraire toute l'habileté de Pitt : il sort du ministère pour une question populaire, l'émancipation des catholiques; il se pose comme le protecteur du nouveau cabinet, et immédiatement une question nationale se présente et il s'en fait le défenseur le plus chaud, le plus ardent; M. Addington n'est plus que son protégé; lui seul le mènera dans les voies qu'il lui a ouvertes jusqu'à ce que le temps soit venu de son triomphe[1].

---

[1] J'ai résumé les séances du parlement sur les neutres :

« S'opposer au droit de visite, s'écria Pitt, c'est introduire en Angleterre les principes du jacobinisme; c'est livrer à la cupidité des spéculateurs, les intérêts des nations belligérantes; c'est assurer au commerce des neutres plus d'avantages dans la guerre que dans la paix; c'est renoncer à toutes les garanties qui nous ont si longtemps, et avec tant de succès, assuré cette haute prééminence qui élève l'Angleterre au-dessus des autres nations. »

MM. Fox et Grey soutenaient de leur

Le résultat de l'expédition de Copenhague, la mort de Paul Ier et l'expédition d'Égypte firent à la Grande-Bretagne une bonne position sur le continent. Sous le règne de Paul toutes relations étaient interrompues, un embargo général était mis sur les marchandises et les navires de la Grande-Bretagne; le Czar se montrait exigeant, impératif; en se proclamant le chef de la ligue des neutres il avait renvoyé lord Witworth avec mépris; toute tentative de négociation était hautement repoussée. Depuis la tragédie de Mikaëloff, les transactions se renouvellent; on ne négocie pas d'abord par des ambassadeurs avoués; des agents secrets parcourent la Russie, le parti anglais s'y fortifie, les besoins impérieux du commerce appellent une multitude d'intérêts qui tous font irruption. On a moins besoin d'un rapprochement avec la France, on peut désirer la paix, mais elle n'est pas une condition impérative; si cette idée de paix prévaut parmi le peuple et dans le parlement même, l'on se prépare à toutes les chances d'une guerre vigoureuse; on ne la craint plus. Un traité avec la France n'est en ce moment et ne peut être qu'une trêve; l'énergie du Consul est trop forte dans son œuvre de conquête, la constitution de son pouvoir militaire est trop vigoureuse pour que la paix puisse se maintenir longtemps sur des bases indépendantes. Si donc les hommes d'état du cabinet britannique, M. Addington ou lord Hawkesbury ne repoussent pas toutes les ouvertures qu'on peut leur faire au nom de Bonaparte pour une

---

côté, « que le fondement le plus glorieux et le plus durable de la prospérité des empires, était la justice. Est-ce la justice, demandaient-ils, qui nous a dicté la conduite que nous avons tenue avec les neutres? N'est-ce pas au contraire par une longue série de vexations et de violences, que nous avons provoqué le ressentiment des puissances du Nord? Naguère tous les cabinets de l'Europe recherchaient notre alliance contre la France : aujourd'hui ils se liguent pour elle contre nous, tant notre orgueil les a irrités. Encore quelques jours, et toutes les communications avec le conti-

négociation, c'est qu'ils sentent la nécessité d'un moment de répit pour préparer le continent à une nouvelle guerre. L'Angleterre veut étudier les premiers pas du règne d'Alexandre, le Czar de toutes les Russies, et attendre l'attitude diplomatique qu'il prendra en Europe; elle veut voir si on peut compter sur cet auxiliaire dans les hostilités contre la France; et l'Angleterre attend qu'à Saint-Pétersbourg et à Vienne tout soit prêt pour une prise d'armes.

C'était en effet un événement immense en Europe, que la mort de Paul Ier et l'élévation d'Alexandre sur le trône de toutes les Russies. Je reviens sur les temps : le Czaréwitch qui prenait le sceptre d'empereur avait alors vingt-quatre ans; fils de Marie Fédéroffna, la deuxième femme de Paul Ier, Alexandre était né à Saint-Pétersbourg, on aurait dit sous une triste étoile, car la nuit qu'il naquit, le 13 décembre, fut marquée par une inondation subite; la Néwa, soulevée par une tempête, envahit les cachots de la forteresse de Saint-Pétersbourg, et là périt la princesse Tarrakanoff, noble fille que l'impératrice Élisabeth avait eue, dit-on, de ses amours secrètes avec le comte Rasumowski. Alexandre enfant était d'une constitution faible, sa taille était élevée, sa figure belle, mais un peu rêveuse et maladive; de beaux cheveux blonds cendrés ornaient son front large et haut; ses yeux bleus, son nez bien fait, quoique révélant l'origine tartare, accomplissaient une physionomie douce et gracieuse, mais sans grande expression. Tout enfant,

---

nent vont nous être interdites. Si nous renonçons à notre droit, dit-on, nous n'avons plus qu'à brûler nos vaisseaux et licencier nos marins ; eh ! que nous importent des vaisseaux et des marins, si, désormais, ils ne peuvent aborder nulle part? Nous n'avons ni brûlé nos vaisseaux, ni congédié nos marins en 1786, et cependant nous avons abandonné ce droit en faveur des Français eux-mêmes : ce n'était

Alexandre fut l'objet d'une prédilection de Catherine II, l'impératrice qui remplit de son nom le xviiie siècle. Les annales secrètes de la Russie, disent même qu'il entrait dans les idées de la souveraine, d'exclure Paul Ier du trône, et d'y placer Alexandre dont l'esprit paraissait plus propre au gouvernement et à l'avenir de la civilisation russe, et c'était cette idée, ajoutait-on, que le complot de Mikaëloff avait réalisé. Le Czaréwitch fut donc tout entier sous la domination de sa grand'mère, femme intelligente, à l'éducation si mâle et si parfaite. Son gouverneur fut le comte Nicolas Soltykoff, et le colonel Laharpe son précepteur. Laharpe, Suisse d'origine, tout imbu des idées du xviiie siècle et de république fédérative, exerça une grande influence sur le règne d'Alexandre et prépara ce mystérieux mélange de liberté et de pouvoir qui semble dominer la vie entière du Czar et se combattre dans sa tête affaiblie. Alexandre aimait son précepteur ; il eut toujours ce respect filial d'un élève pour celui qui lui apprit la science; aucun art d'agrément ne lui fut enseigné; Alexandre n'avait jamais étudié ni la musique qui distrait l'imagination, ni la peinture qui parle aux yeux, il avait lu à peine quelques beaux vers dans son enfance ; par contre, il étudia fortement les mathématiques, les sciences physiques ; toute sa distraction fut la botanique, sous le professeur Krafft, un des hommes les plus illustres dans l'étude des sciences modernes, et le Czaréwitch passait sa vie dans les beaux jardins aux fleurs odorantes.

---

pas par faiblesse, sans doute, car alors la Grande-Bretagne était florissante et honorée.

« Ainsi, nous aimerons mieux entretenir la misère et les soulèvements dans notre intérieur, prolonger sans terme une guerre désastreuse, que de céder aux plus justes réclamations. Nous aimons mieux consulter l'orgueil que l'honneur, et quand la lutte n'est plus engagée qu'entre la France et l'Angleterre, nous envions à des nations paisibles le repos dont elles pourraient jouir. »

Les mœurs d'Alexandre adolescent furent pures et chastes ; la grande Catherine le sépara de toutes les émotions de plaisir qui pouvaient entraîner un jeune prince dans la mollesse et les excès. A seize ans, déjà il était marié avec une petite-fille du grand-duc de Bade, gracieuse enfant, si douce, si simple, comme toutes les nobles demoiselles d'Allemagne. Louise-Marie, entrant dans la famille russe, prit le nom grec d'Élisabeth Alexiewna, et bientôt la femme d'Alexandre exerça une grande influence sur l'âme candide de son fiancé. Puis à l'avénement de Paul, la méfiance du Czar écarta son fils de toutes les affaires : qui sait? peut-être le père se souvenait-il des desseins de Catherine sur Alexandre, qui le préférait pour la couronne, et cette pensée jetait une sombre méfiance dans l'âme de Paul Ier.

En lisant la triste conjuration qui en finit avec le Czar, on a pu voir quelle fut la fatale résignation d'Alexandre, initié aux secrets des conjurés. Ces fiers conspirateurs n'avaient peut-être que la volonté énergique de renouveler l'exécution du plan de Catherine, c'est-à-dire, d'amener l'abdication de Paul Ier, en élevant le Czarévitch sur le trône impérial, ainsi que le voulait son aïeule. On se rappelle que, lorsque Paul Ier poussait ses derniers gémissements de mort, son râle d'agonie, Alexandre seul dans une pièce reculée du palais de Mikaëloff, plein de douloureuses inquiétudes, fut salué du titre d'empereur d'une manière sinistre [1]; lorsqu'il vit entrer les conjurés, Pal-

---

[1] Ukase, ou proclamation rendue par le nouvel empereur de Russie, à son avénement au trône.

« Nous, par la grâce de Dieu, Alexandre Ier, empereur et autocrate de toutes les Russies, déclarons à nos fidèles sujets.

« Il a plu à la Providence dans ses décrets d'abréger la vie de notre bien-aimé père et souverain, l'empereur Paul Petrowitz, qui est mort subitement d'une attaque d'apoplexie dans la nuit du 11 au 12 de ce mois. En montant sur le trône impérial héréditaire de toutes les Russies, nous contractons l'obligation de gouverner les peuples qui nous sont confiés par le Tout-Puissant, selon les lois et le cœur de celle qui re-

hen à leur tête, il interrogea leur regard, puis il s'évanouit, quand, avec un signe significatif, Bennigsen lui annonça que son père avait cessé de vivre, et qu'il avait péri en se débattant comme un fou et en se jetant sur son épée.

Pour ceux qui connaissaient l'âme jeune et prédestinée d'Alexandre à vingt-quatre ans, quelle dut être cruelle et lugubre cette nouvelle jetée tout à coup à son cœur par les conjurés ! son éducation avait été si douce, sa vie si en dehors de toutes les agitations de palais ! Alexandre pouvait désirer le trône, accomplir le plan de Catherine pour éviter l'exil et la mort, mais il ne l'eût jamais fait sur le cadavre de son père. Il y a de ces fatalités qui viennent sur des têtes funestement désignées comme les familles de rois de la vieille Grèce ; elles les poursuivent, les écrasent sous les événements sans leur permettre de respirer ; que pouvait faire Alexandre ? Avait-il la force et le pouvoir de punir les meurtriers de son père ? Qui conduisait cette conspiration ? Les hommes qui avaient présidé à l'exécution terrible de cette nuit fatale étaient les chefs de la noblesse, fils des vieux boyards, disposant de toutes les forces militaires de l'empire : Palhen, Bennigsen, Zoubow pouvaient, d'un mot, soulever les gardes, et la guerre civile éclatait dans Saint-Pétersbourg et la vieille Russie.

Tandis qu'Alexandre pleurait douloureusement sur sa destinée, et que frappé de sa fatalité il tenait son

pose au sein de Dieu, notre très auguste grand-mère et souveraine, l'impératrice Catherine la Grande, dont la mémoire nous sera toujours chère et à tout le pays. Marchant sur ses pas et suivant ses sages intentions, nous espérons parvenir à porter la Russie au faîte de la gloire, et à procurer un bonheur sans interruption à tous nos fidèles sujets, que nous invitons par la présente, à sceller leur fidélité envers nous, par un serment juré à la face de celui qui voit tout, et dont nous implorons le secours pour nous donner la force de soutenir le fardeau qui nous est échu. »

Donné à Saint-Pétersbourg, le 12 mars, (V. S.), 1801.   Signé Alexandre.

front dans sa main, les acclamations des multitudes sous les fenêtres du palais annonçaient son avénement. Les conjurés, impatients de son approbation, étaient maîtres de sa vie, et chacun savait comment ils pouvaient en finir. Palhen réunit les gardes; tous firent reconnaître et saluer le nouvel empereur Alexandre, et les grandes cloches de Saint-Pétersbourg, de Moskow, de Smolensk, sonnèrent les glas de la mort de Paul Ier, et les actions de grâces pour l'avénement de son successeur Alexandre Ier sur le trône de toutes les Russies. On annonça que Paul Ier était mort d'apoplexie foudroyante; des proclamations furent faites pour appeler sur la tête du nouveau souverain toutes les bénédictions du ciel; Alexandre promit à son tour le maintien des priviléges du vieux et fidèle peuple russe.

Les premiers actes de son gouvernement furent marqués d'un caractère libéral [1] et généreux, comme pour faire oublier le fatal événement de la nuit; le Czar quittait à peine la forteresse de Mikaëloff pour habiter le palais d'hiver, que le sénat et le gouverneur vinrent le complimenter, et Alexandre, les larmes aux yeux, dit au comte Palhen : « Hélas! quelle page dans l'histoire! » Palhen, sans se déconcerter, répondit : « Sire, les autres la feront oublier. » Ce fut en effet toute la sollicitude du nouvel empereur; par un ukase, il ré-

---

[1] « Les changements, les améliorations et les amnisties se succèdent en Russie avec une grande rapidité, et l'on en forme les présages les plus heureux pour le règne futur d'Alexandre Ier. Selon les derniers avis de Saint-Pétersbourg, il paraît que la fameuse actrice française, madame Chevalier, ci-devant maîtresse du Turc, valet de chambre favori de Paul Ier, a dû quitter brusquement cette capitale pour revenir à Hambourg. On attribue à l'influence de cette jeune et jolie femme, les dispositions favorables que Paul Ier témoignait depuis un an à la France. Nous croyons qu'en ceci on lui fait beaucoup plus d'honneur qu'il ne lui en est dû. Koutaïzoff, ce valet de chambre favori, a eu lui aussi l'ordre de quitter la Russie.

« Par un des ukases rendus dernièrement, il a été ordonné que tous les mariniers et matelots arrêtés sur les vaisseaux anglais qui avaient été séquestrés, seraient remis

voqua tous les actes bizarres ou despotiques que l'empereur Paul avait imposés à la Russie; une véritable réaction s'opéra; Alexandre disgrâcia les favoris de Paul, son valet de chambre Koutaizoff; tous ceux enfin qui avaient exercé une influence dans le triste palais de Mikaëloff; il délivra les prisonniers qui gémissaient dans les forteresses; un ukase de rappel fut envoyé en Sibérie pour faire cesser ces peines implacables que le dernier Czar imposait aux plus grandes familles de la Russie; les déserteurs ne furent plus poursuivis par la peine de mort; comme le recrutement est une charge pesante pour la noblesse, elle en fut dispensée pendant un an; les amendes du fisc furent remises; les impôts réduits d'un tiers. Sous l'impression de ces idées libérales et philosophiques, Alexandre permit l'entrée des livres étrangers, et le commerce reçut une nouvelle impulsion de la générosité impériale.

Un changement complet de système s'opéra aussi sur toute la surface de la Russie; il n'y eut plus momentanément d'inquisition d'État et de police politique, et sous prétexte qu'il fallait tout oublier par une amnistie générale, les meurtriers de l'empereur Paul furent non seulement pardonnés, mais ils reçurent encore des missions extraordinaires et de confiance, impérative nécessité de la conspiration. Le comte Palhen resta gouver-

---

en liberté et reconduits dans les ports d'où ils avaient été enlevés. (Il n'est pas encore question de la levée du séquestre sur les propriétés anglaises, et de leur restitution aux propriétaires, non plus que de la levée de l'embargo sur les bâtiments britanniques.) Les terres confisquées au comte Worouzoff, ancien ministre de Russie auprès de S. M. B., en vertu d'un ukase du 19 février dernier, lui seront restituées. Plusieurs des impôts, récemment établis, ont été abolis, les fonctions rendues aux magistrats qui en avaient été dépouillés, et tout à cet égard sur l'ancien pied; toutes les défenses d'exportation qui avaient existé jusqu'à présent sur diverses espèces de grains et sur les eaux-de-vie, sont supprimées, et l'exportation permise conformément aux anciens règlements. La liberté, le rang et les privilèges de quelques officiers et fonctionnaires qui avaient été destitués sous l'ancien régime, leur ont été rendus. Un

neur de Saint-Pétersbourg, Bennigsen eut l'assurance d'un grand commandement dans les gardes, et le comte Zoubow fut envoyé en ambassade extraordinaire à Berlin pour amener la cour de Prusse dans l'alliance d'Alexandre Ier.

Les rapports diplomatiques du nouvel empereur Alexandre devaient naturellement s'éloigner des idées de Paul Ier; il fallait prendre une place dans le système général de l'Europe. Le Czar suivrait-il la politique anti-nationale de son prédécesseur, si favorable à la France, chose impossible, car la conspiration s'était spécialement basée sur les mauvais rapports diplomatiques de l'empereur? Une des grandes causes qui avaient contribué à la chute de Paul Ier, était précisément la rupture de toutes relations commerciales avec l'Angleterre; cette hostilité blessait au cœur les intérêts russes; la noblesse voyait ses propriétés profondément atteintes par le système prohibitif. De nouvelles et favorables relations avec la Grande-Bretagne durent naître comme la conséquence de l'avénement de l'empereur, et les ports de Riga et de Cronstadt recevaient habituellement 50,000,000 de roubles. Alexandre ne s'exprima plus avec le langage irrité de Paul Ier sur le gouvernement britannique; plus habile et moins che-

---

assesseur de collège, nommé Barnarchewski, avait été, pendant son séjour à Pise, dépouillé de son rang et de sa noblesse, et son nom affiché à une potence, sur une fausse accusation de trahison. A son retour en Russie, il s'était pleinement justifié du crime qu'on lui avait imputé, et malgré son innocence prouvée, le précédent empereur l'avait condamné à l'exil en Sibérie. Sa liberté lui a été rendue, il lui a été permis de s'établir où il voudrait, son rang et sa noblesse lui ont été restitués, son nom rayé de la liste ignominieuse des criminels, et pour l'indemniser des maux qu'il a soufferts, il lui a été accordé à titre de pension, les 400 roubles qu'on lui donnait pour sa subsistance. Le comte Zoubow, précédemment disgracié, a été fait grand-écuyer. Le prince de Radzivill, maître des cérémonies, est rentré dans cette place qu'il venait de perdre. »

(Dépêche de l'ambassadeur prussien au comte de Haugwitz.)

valeresque, le nouveau Czar renonça au protectorat du pavillon neutre, cause première de la rupture, et accéda, pour des motifs politiques, à la convention passée entre le Danemarck, l'Angleterre et la Suède[1], à la suite de l'expédition de Copenhague. En même temps qu'il réunissait la Geórgie à son empire, Alexandre renonçait au vain titre de grand-maître de l'ordre de Malte que son père avait pris à l'instigation de la noblesse exilée et des chevaliers de Saint-Jean de Jérusalem, laissés désormais sans appui. Des idées plus positives entraient dans le mouvement des États et le gouvernement de la société russe; l'embargo était levé sur les marchandises anglaises, et le libre commerce encore une fois ouvert au pavillon britannique, source de fortune pour la Russie.

Tels étaient les nouveaux rapports de l'empereur Alexandre avec le gouvernement anglais; sa diplomatie allait éprouver d'autres modifications vis-à-vis de la France et de son glorieux Consul. L'empereur Paul se trouvait, à l'égard de Bonaparte, dans une situation de bienveillance et d'intimité, sous l'empire des traités

---

[1] Voici la convention signée entre la Russie et l'Angleterre.

Article 1er. Il y aura paix et amitié entre les deux puissances et leurs sujets.

Art. 2. Les deux hautes parties contractantes s'engagent à faire observer leurs ordonnances, prohibant le commerce de marchandises qui sont contrebande de guerre, avec l'ennemi auquel l'une des deux puissances ferait la guerre.

Art. 3. Les vaisseaux des puissances neutres, pourront, sans être molestés, naviguer sur les côtes et toucher aux ports des puissances belligérantes. A l'exception des marchandises qui sont contrebande de guerre, et de ce qui pourra appartenir à l'ennemi, les effets trouvés à bord des vaisseaux neutres, seront libres. Les productions brutes ou manufacturées des pays belligérants que les sujets des puissances neutres auraient achetées et transporteraient pour leur propre compte, seront également libres. Les marchandises considérées comme contrebande de guerre, seront saisies sans qu'il soit porté atteinte aux stipulations particulières des traités conclus avec d'autres puissances. Les parties contractantes s'engagent à donner aux capitaines de leurs vaisseaux, les ordres les plus stricts de ne céler aucune marchandise de contrebande.

Art. 4. Le droit de visite n'appartiendra qu'aux vaisseaux de guerre et non aux armateurs.

positifs d'alliance dont les stipulations expresses étaient résumées dans un plan de campagne contre l'Inde; le premier Consul avait fondé de grandes espérances sur Paul Ier. Ces traités ne pouvaient être pris comme bases de la situation nouvelle de la Russie et de la France; le système du gouvernement d'Alexandre était né d'une pensée anti-française; le parti anglais des vieux Moscovites avait dominé les premiers actes de l'avénement; la Russie était anglaise d'intérêt et de commerce; Alexandre s'en faisait le représentant. La noblesse russe sans doute ne voulait pas soutenir une nouvelle guerre et renouveler la campagne de 1799; mais, sans se déclarer immédiatement hostile, l'empereur devait renoncer aux rapports trop intimes entre les deux gouvernements de Saint-Pétersbourg et de Paris, pour s'en tenir aux conventions sérieuses et impartiales. L'idée française n'était pas nationale en Russie.

Dès ce moment, le langage de M. de Kalitscheff change à Paris; d'abord doux, conciliant avec le Consul [1], il

---

[1] *Notes de l'ambassadeur de Russie à Paris.* Première note remise au ministre Talleyrand par M. le comte de Kalitscheff, ambassadeur de Russie.

« Le soussigné saisit la première occasion de communiquer au citoyen Talleyrand les ordres qu'il vient de recevoir de sa cour. S. M. l'empereur de toutes les Russies, dans la bonne opinion qu'il se forme des dispositions équitables, pour lesquelles le premier Consul a acquis une si grande et une si juste célébrité, espère qu'il remplira les engagements qu'il avait contractés avec S. M. le dernier empereur, nommément, de ne plus insister sur les dures conditions imposées au roi de Naples. Le citoyen Talleyrand doit se rappeler que les cinq articles proposés au gouvernement français, en réponse à ses vives représentations lorsque la négociation s'ouvrit, furent les seuls motifs qui déterminèrent l'envoi du soussigné à Paris. Les nouvelles instructions qu'il a reçues lui prescrivent d'insister sur le prompt accomplissement de ces cinq articles, qui étaient devenus la base des négociations. Par ces articles, les deux puissances étaient convenues que le roi des Deux-Siciles et le roi de Sardaigne seraient remis en possession des États dont ils jouissaient avant l'entrée des troupes françaises en Italie. Le citoyen Talleyrand était encore muni de pleins-pouvoirs à l'effet de déclarer que les cinq articles avaient été acceptés et mis à exécution.

« Mais comme il paraît aujourd'hui que certaines conditions ont été imposées au roi de Naples par la force des armes; et que, nonobstant la promesse formelle d'accorder au roi de Sardaigne, une paix au moyen de laquelle ce souverain aurait été

prend une fermeté qui ne laisse plus de doute sur les froideurs du nouveau gouvernement russe. Bonaparte avait fait des promesses à Paul Ier, engagements que le cabinet de Saint-Pétersbourg considérait comme sacrés : 1° le rétablissement de la royauté des Bourbons à Naples; 2° la reconnaissance de Rome indépendante sous les papes; 3° la reconstruction d'un royaume de Piémont en faveur des Carignan. Les deux premiers points, imparfaitement réalisés, étaient néanmoins accomplis diplomatiquement. Quant à la restauration de la maison de Carignan, Bonaparte avait méconnu les conditions souscrites par son traité secret avec Paul Ier; le Piémont formait une division militaire sous un gouvernement particulier, attendant la première circonstance pour se réunir à la République : les conditions avaient donc été ainsi violées; la France n'avait pas tenu ses promesses, et M. de Kalitscheff le rappela dans des notes successives à M. de Talleyrand.

rétabli dans ses États, il en a au contraire été exclu, il y a lieu de croire que des circonstances imprévues ont changé les sentiments du gouvernement français, et lui ont fait adopter des vues hostiles aux articles susdits, et aux règlements qui avaient été arrêtés avec S. M. I.

« Le soussigné a l'ordre de signifier au citoyen Talleyrand, que, s'il ne reçoit pas l'assurance positive de l'accomplissement des cinq articles que le gouvernement français avait acceptés comme préliminaires, le rétablissement de l'harmonie entre les deux pays ne pourra subsister plus longtemps; en conséquence, il déclare que ni l'armistice de Foligno, ni les conditions qui avaient été proposées au marquis de Gallo, pour conclure une paix avec le roi de Naples, et qui, d'après le refus du marquis, furent renvoyées au général Murat,

pour les faire signer par le chevalier de Micheroux, ne pourront jamais être reconnues par S. M. I., et qu'elles seront toujours considérées comme une violation directe de la promesse formelle que le premier Consul avait faite

« Voilà quels sont en substance les ordres que le soussigné a reçus, et dont il est obligé d'instruire le gouvernement français. Il doit ajouter de lui-même, que les vues du premier Consul, et les rapports qui circulaient sur sa modération, ainsi que sur son désir de faire renaître une paix générale n'étaient pas éloignés, et que le système de pillage suivi par le Directoire n'existait pas. C'était l'unique cause qui avait engagé S. M. I. à envoyer à Paris un ministre plénipotentiaire, par l'entremise de qui l'on croyait que les relations amicales pourraient se rétablir entre les deux nations.

A mesure que le premier Consul hésite sur le texte de ses engagements, M. de Kalitscheff prend un langage plus haut, plus impératif; il n'y a plus aucune intimité, ce sont les rapports d'un cabinet fier à un Consul plus fier encore; si ce n'est point une rupture ouverte et militaire, l'avénement du Czar la prépare; elle arrivera quand les armées seront suffisamment organisées, et qu'on pourra marcher l'un contre l'autre. Tout se lie et se rattache dans la diplomatie; va-t-on recourir une fois encore à la guerre? Afin de savoir bien précisément ce qui se passait à Saint-Pétersbourg, le premier Consul chargea le général Duroc de s'y rendre pour saluer le nouvel empereur. Duroc était depuis un mois à Berlin, où il avait conduit Louis Bonaparte; tous deux arrivaient à Postdam au moment même de la mort de Paul 1er, et ce sinistre événement avait retenu les deux jeunes officiers. Bonaparte sollicita de nouveaux passeports, et après quelques difficultés on les accorda au général Duroc seulement. L'envoyé du Consul put seul se rendre ainsi librement à Saint-Pétersbourg;

« Le soussigné se flatte que le premier Consul, dans sa sagesse, sentira combien il importe à sa propre réputation de tenir ses promesses, et de remplir les espérances qu'il avait fait naître, car il dépend de lui de rendre la tranquillité à toute l'Europe par le rétablissement d'une paix générale. Il prie donc le citoyen Talleyrand de remettre sous les yeux du premier Consul la présente note, et de communiquer le plus tôt possible au soussigné la résolution que le gouvernement français adoptera. »

Signé. Kalitscheff.

Seconde note du même au même.

« Le soussigné rappelle au citoyen Talleyrand qu'il n'a encore reçu aucune réponse relativement aux objets sur lesquels il avait eu l'honneur de s'adresser à lui, par ordre de l'empereur son maître; et en conséquence, il le prie de vouloir bien lui notifier, si, conformément à l'admission des cinq articles préliminaires, le gouvernement français compte remplir les promesses au sujet de l'intégrité du royaume des Deux-Siciles, et du rétablissement du roi de Sardaigne dans ses États, tels qu'ils étaient avant l'arrivée des troupes françaises en Italie. Le soussigné croit inutile de faire d'autres observations sur cette affaire, qui a déjà été suffisamment discutée; il espère que le citoyen Talleyrand remettra sous les yeux du premier Consul la présente note, et qu'il lui communiquera les résolutions qui pourront y être relatives. »

Signé. Kalitscheff.

Louis ne put l'y suivre. Duroc fut reçu avec convenance, mais sans intimité. La cour lui fit des politesses froides; on l'entoura, comme par curiosité, afin de chercher dans le jeune général quelques faits nouveaux, ou des anecdotes railleuses, qui circulaient ensuite dans les cercles choisis de Saint-Pétersbourg. Alexandre l'interrogea plusieurs fois avec bienveillance sur le premier Consul, mais il n'y eut ni enthousiasme, ni entraînement; l'Angleterre, qui inondait l'Europe de ses pamphlets, avait envoyé une notice sur Duroc, moqueuse et mensongère, et l'aristocratie russe souriait de mépris à l'aspect d'un aide-de-camp qui n'avait pas de plus grande illustration de race que ses services auprès de Bonaparte [1].

Duroc, lui-même, il faut le dire, s'exprimait avec une sorte de légèreté et de franchise ignorante sur tout ce qu'il voyait à Saint-Pétersbourg; non seulement il le faisait dans des causeries intimes immédiatement rap-

---

[1] Dans le récit officiel cette mauvaise réception de Duroc est déguisée :

[2] « Le citoyen Leclerc, officier de la garde des Consuls, est arrivé le 27 à midi de Saint-Pétersbourg, avec des dépêches en date du 10 prairial. L'aide-de-camp Duroc était arrivé à Pétersbourg dans la nuit du 4 au 5 prairial. Il fut présenté dans la matinée du 5 chez M. le comte de Pahlen, qui l'a présenté le 6 à S. M. I., qui l'a reçu seul dans son cabinet, et lui a fait l'accueil le plus favorable. Il s'est ensuite rendu chez M. de Panin, conseiller privé, et a eu plusieurs conférences avec lui.

« Le 7, à la parade, il présenta lui-même à S. M. I. les officiers qui l'avaient accompagné. Dans l'après-dîner du même jour, ayant été se promener dans le jardin du palais, il rencontra l'empereur; S. M. le fit appeler, le conduisit dans une allée écartée, et causa longtemps avec lui.

« Le citoyen Duroc parle de la garde de l'empereur avec les plus grands éloges; elle est de la plus belle tenue, et manœuvre avec une précision étonnante.

« Alexandre Ier est d'une figure qui imprime le respect et inspire la confiance. Les étrangers accourent à Saint-Pétersbourg pour voir le nouvel empereur : il est également cher aux soldats et au peuple.

« Dernièrement il était allé visiter la flotte à Cronstadt. Il en revint très avant dans la nuit; une inquiétude générale s'empara de tous les esprits. Les régiments, d'eux-mêmes, coururent aux armes, et redemandaient à grands cris leur empereur.

« La plus grande union régne dans la famille impériale. Lord Saint-Hélène n'était arrivé à Saint-Pétersbourg que le 9 prairial.

« M. de Marcoff, qui est nommé ministre à Paris, était parti pour sa destination. »

portées à l'empereur par sa police, mais encore il l'écrivait dans ses dépêches ; or, selon l'habitude des cabinets un peu habiles, on avait copie de ces lettres presque aussitôt qu'elles étaient écrites ; on les mettait sous les yeux du Czar, afin d'exciter sa haine et ses dédains contre le premier Consul et la France. Une des dépêches de Duroc fit une grande impression à Saint-Pétersbourg, car elle donnait une singulière idée des nouveaux ministres de l'empereur Alexandre ; elle les traitait tous avec un mépris hautain qui ne convenait pas à Duroc. Le général, confident de Bonaparte, diplomate sans expérience, avait écrit avec tout l'abandon d'un aide-de-camp de batailles, imprudent à l'excès dans les négociations, sur le caractère douteux et le peu de capacité de toutes les personnes politiques qui entouraient Alexandre [1] ; et ceci était de nature à jeter une grande froideur entre les deux cabinets ;

---

[1] Voici la dépêche textuelle de Duroc :

« Je vais maintenant, citoyen ministre, vous présenter mes observations et les portraits des individus avec lesquels je suis obligé de vivre et de traiter. Je vous les présente plutôt comme objet de récréation que de méditation et de travail.

« La cour, le cabinet et les ministres de Pétersbourg sont tous connus, tous prisés facilement, et malheur à qui ne les a pas mis à leur juste valeur, au bout de quinze jours d'existence parmi eux.

« Rien de plus singulier aux yeux d'un observateur actif par devoir, attaché au bien public par sa place, désirant avec passion jouer un honorable rôle, que de rencontrer partout et dans chaque personne marquante, des lenteurs sans fin et des phrases sans idées comme sans résultats. Je pris d'abord pour mesure de prudence ce qui n'était qu'imprudence et incapacité ! Je croyais que je n'hésitais que par bévue à pénétrer les plans les mieux conçus et les projets les plus sages. Cela n'était pourtant que stupide égoïsme d'une part, et pour le reste que profonde apathie ; les ministres se détestent, se mesurent et se méprisent ; trop insignifiants.. trop bornés, trop peu maîtres de l'esprit du souverain qui s'en méfie, ils ne peuvent se culbuter, mais ils se haïssent... Les voilà en masse, voyons-les en détail.

« Woronzoff est celui qu'on fait semblant de consulter et qu'on écoute le moins ; il répond parfaitement aux notions que vous m'avez données... Le cabinet de Pétersbourg sera au plus offrant tant qu'il en aura la direction. Kotchoubey a du mérite, précisément autant qu'il en faut pour figurer dans une cour de Madrid, de Lisbonne ou de Dresde... Il n'a aucune notion sur sa place et ses devoirs... se confie à des commis, et tout est livré au pillage. Derjawin, ministre de la justice, ne sera jamais un

l'aide de camp du premier Consul quitta donc Saint-Pétersbourg, après avoir complètement échoué dans sa mission ; il laissa des impressions fâcheuses, et en rapporta de plus tristes encore auprès de Bonaparte, qui pût voir que le continent n'était pas disposé pour lui.

Les paroles s'aigrirent à mesure qu'on avança dans les premiers actes du gouvernement d'Alexandre ; la police russe ouvrait toutes les dépêches ; on ne pouvait rien confier qui ne fût pénétré et connu par le cabinet de Saint-Pétersbourg. Le gouvernement directorial et consulaire avait pris l'habitude d'employer des artistes et des négociants pour pénétrer les secrets des cabinets ; c'est par le théâtre surtout qu'on avait su la vie intime de Paul Ier ; l'actrice, madame Chevalier, avait été un des

Sully ni un Chaptal. Svadowski, ministre des lumières, est lui-même plongé dans les ténèbres, aussi n'est-il chargé que de la partie qu'on croit la moins essentielle. Romanzoff, ministre du commerce, n'a jamais eu l'idée de ce que c'est que le commerce ; souvent en relation avec lui, je ne saurais nombrer les preuves de son inimaginable ineptie. Wassilieff, ministre des finances, fait bien mieux ses affaires que celles de l'empire. Wiasmitinoff, ministre de la guerre, est nul par la constitution même. Il n'y a pas un vieil officier qui ne craigne la guerre ; il n'y a pas un jeune favori qui ne la désire. Les premiers observent avec chagrin les changements survenus ; les seconds en sont enchantés. *L'on verra peut-être bientôt* s'ils sont à l'avantage du pays ou de l'ennemi.

« Le ministre de la marine, l'honnête Mordvinoff, a été renvoyé parce que sa place était nécessaire à un jeune contre-amiral nommé Tchitchakoff, anglais dans l'âme, anglais d'alliance et dévoué aux Anglais ; souple et intrigant, il a de l'esprit ; est méprisé, ou peut-être simplement haï de ses camarades, aujourd'hui ses subordonnés.

« Les ministres que S. M. désire voir remplacer les vieux… et qu'elle estime, parce qu'elle ne les connaît pas bien, sont : Strogonoff, qui dirige le département de l'intérieur. C'est peut-être ce qu'il y a de mieux. Il adore le premier Consul… et a dit cent fois qu'il aimerait mieux être son aide-de-camp que le premier ministre d'Alexandre ; Czartoryski, polonais : sa naissance aurait porté sa famille au trône de Pologne sans l'impératrice Catherine. Il ne l'a pas oublié, il a voué une haine éternelle aux Russes qu'il exècre, à l'empereur qu'il trompe, à ses ministres qu'il méprise ; mais, renfermé en lui-même, lui seul sait ce qu'il sera et ce qu'il fera. Le reste se compose d'intrigants, de valets, de fripons, gens sans idées, sans esprit, sans âme, sans talents, qui ne font que ramper pour conserver leurs places. » (Dépêche du général Duroc, adressée à M. de Talleyrand.) Quelle légèreté et quel langage d'aide-de-camp !

agents les plus habiles et les mieux informés des mystères du palais de Mikaëloff; elle fut renvoyée de Russie après la mort de Paul Ier. D'autres agents lui succédèrent, aussi légers, aussi gracieux que madame Chevalier; on distinguait parmi eux une femme spirituelle, toujours mêlée à la police diplomatique depuis le Directoire, madame de Bonneuil, l'amie d'abord de M. Perregaux, puis dépêchée à Saint-Pétersbourg pour captiver par ses charmes le cœur de Paul Ier. Madame de Bonneuil bien recommandée suivit Alexandre au couronnement de Moscou[1], cérémonie magnifique dans laquelle l'archevêque Platon, au milieu de l'encens et des prières, des chappes d'or et des triples croix de l'église grecque, proclama, comme autocrate et empereur de toutes les Russies, Alexandre Ier, le fils du défunt empereur Paul[2]. Madame de Bonneuil vit ces pompes, et, femme d'un esprit éminent, elle écrivit ces phrases cruelles, mais façonnées à la Tacite : « Devant lui marchaient les assassins de son grand-père, à côté de lui ceux de son père, et derrière lui les siens. » Madame de Bonneuil eut la légèreté de confier cette dépêche adressée à Fouché, sous le couvert de la banque de M. Perregaux; décachetée par la police, on en envoya copie à l'empereur, et un ordre fut dès lors donné à madame de Bonneuil pour qu'elle eût à quitter sur-le-champ

---

[1] La disgrâce de Duroc est imminente : voici comment on s'exprime à son sujet :

« On assure que le citoyen Duroc n'est point dans l'intention de suivre l'empereur à son couronnement à Moscou, comme le bruit s'en est répandu; il a même déjà sollicité son audience de congé de S. M. I., et compte ensuite partir pour Stockolm, Copenhague et Paris. On pense ici assez généralement que le général Macdonald viendra résider près notre cour, comme ambassadeur de la République française.

« M. le comte de Marcoff, qui remplacera M. le comte de Kalitscheff, comme ministre plénipotentiaire près la République française, a quitté cette ville le 23 de ce mois; il doit passer quelques semaines dans ses terres avant de se mettre en route pour sa destination. » (De Pétersbourg le 28 juillet 1801).

[2] Voici le discours que Platon archevêque métropolitain de Moscou, adressa

Saint-Pétersbourg. Combien d'aigreur et de ressentiments devaient rester au sein d'une noblesse fière et hautaine, contre un gouvernement qui la laissait juger avec des expressions si dures et si implacables! Dès lors, le premier Consul ne put compter l'alliance russe dans les combinaisons de sa politique générale; elle était un fait du passé, un événement fini; on entrait vis-à-vis de la Russie dans un état d'observation froide et d'examen réciproque. Le général Duroc quitta Saint-Pétersbourg sans obtenir d'autres résultats que la promesse formelle de s'en tenir à l'observation textuelle des traités.

A Berlin, la France conservait une position meilleure; le cabinet prussien donnait de nouveaux gages de son désir d'une paix générale et absolue. M. de Beurnonville y était accrédité depuis un an comme ambassadeur extraordinaire; esprit sans portée politique, il s'était néanmoins très répandu dans les salons de Berlin, pour y fortifier la tendance du cabinet vers la France. Il y était secondé par M. Bignon, depuis chargé d'affaires. M. de Beurnonville venait d'épouser mademoiselle de Durfort, et cette alliance avec une fille d'illustre maison favorisait la position de l'ambassadeur français pour étendre ses relations sociales et grandir son importance; on ne sait pas assez ce que produit de facilité en diplomatie,

---

à S. M. l'empereur Alexandre Ier, le jour de son couronnement :

« Le tout puissant a daigné permettre que nous vissions notre empereur couronné et élevé sur son trône.

« O enfants heureux de cet empire, que dirons-nous? Que ferons-nous dans nos transports? Rendrons-nous grâces au roi des rois de cette faveur accordée à notre souverain et à son peuple? L'invoquerons-nous pour qu'il daigne nous assurer la du-

rée de ce bienfait? Oserons-nous porter quelque offrande à l'Éternel, à celui qui n'en exige aucune de nous? Oui, sans doute. Déjà nous le remercions avec l'enthousiasme de la reconnaissance, nous le prions avec zèle et ferveur, nous mettons à ses pieds cette même couronne, ce sceptre, cet empire, nous lui confions, lui abandonnons, nos cœurs, nos âmes, nos destinées et nous-mêmes.

« Et toi, notre maître bien-aimé! faut-il te

une bonne naissance ou une illustration de génie ; M. de Beurnonville, mari de mademoiselle de Durfort, put mieux se poser. Le roi Frédéric-Guillaume III entrait alors dans sa trente-cinquième année ; prince d'une probité sévère et d'une politique avancée, il avait manifesté, dès son avènement, quelque préférence pour le système français, et une sorte de prédilection pour le 18 brumaire, époque où le pouvoir s'était reconstitué.

Si l'on étudie la situation de la Prusse à cette époque, on comprend très bien l'intérêt qui déterminait ce cabinet à préférer l'alliance française. Dans ses nouvelles démarcations de l'Europe, le premier Consul proposait à la Prusse la prise de possession du Hanovre, qui agrandissait considérablement le territoire de la monarchie. La Prusse manquait de commerce ; eh ! bien, elle pouvait s'emparer des villes anséatiques ; le Danemarck avait Hambourg à sa convenance ; la Prusse aurait Lubeck, Bremen ; on détruirait les républiques commerciales, on ferait contre les villes libres du Nord ce que le traité de Campo-Formio avait fait contre Venise[1]. Ces propositions étaient vraiment avantageuses, et l'on se rappele que le gouvernement de Berlin avait déjà commencé un

féliciter d'avoir atteint cette cime élevée de gloire et de puissance ? Faut-il t'assurer de notre fidélité ? Faut-il te souhaiter un règne long et heureux ? Eh ! que faisons-nous donc ? Oui : nous remplissons ce devoir avec le zèle inviolable de sujets fidèles ; nous le remplissons à la face du ciel et de la terre, en présence de cet autel sacré des anges et de Dieu même.

« Nous te jurons amour, fidélité. Puisse l'Éternel même devenir ton guide ; puisse-t-il éclairer ta raison, purifier ton cœur, animer ton âme de son souffle divin ! Tels sont nos vœux ; et puisse la langue qui en formera jamais de contraires, se glacer, se dessécher le bras qui s'élèvera jamais vers le ciel sans implorer ces précieuses faveurs ! »

[1] M. de Haugwitz continue à développer sa verve diplomatique contre l'Angleterre ; il adresse une nouvelle note pour justifier l'attitude de la Prusse dans son invasion du Hanovre.

« S. M. Prussienne est comptable, envers son peuple, de tous les moyens que la Providence a mis entre ses mains pour soutenir des stipulations qui ne contiennent rien d'hostile, et que lui prescrivent l'intérêt et la sûreté de ses sujets.

«Quelque fâcheuses que soient les extré-

mouvement sur le Hanovre; l'influence anglaise seule, et la crainte d'un embargo ou d'une guerre maritime, semblaient arrêter les déterminations une fois prises par Frédéric-Guillaume. Tout en occupant le Hanovre, le cabinet prussien s'était hâté de déclarer à l'Angleterre qu'il n'en prenait possession que temporairement, et comme un dépôt, pour le rendre à la paix générale. A cette époque, Berlin suivit une diplomatie réelle et effective avec l'Angleterre, et une diplomatie qui ménageait la France sans la servir. Le comte de Haugwitz publiait des manifestes contre l'Angleterre; les troupes prussiennes envahissaient publiquement le Hanovre, et, en même temps le cabinet de Berlin, je le répète, déclarait à l'Angleterre que la force des choses seule l'obligeant à cette détermination, nul acte, à l'avenir, ne pourrait altérer la bonne harmonie existant entre la maison de Brunswick et la famille régnante d'Angleterre. Une autre politique eut été trop dangereuse.

Les principes de l'alliance anglaise étaient particulièrement soutenus, à Berlin, par la reine de Prusse, Louise-Auguste-Wilhelmine-Amélie [1], alors dans toute

mités auxquelles l'Angleterre s'est portée, le roi ne désespère pas encore de la possibilité d'un prompt retour à des dispositions conciliatoires et pacifiques, et il doit, par cette raison, s'abandonner aux idées de justice qu'il a eu dans d'autres occasions l'avantage de faire agréer à S. M. B.

« Ce n'est que par la révocation et la levée pleine et entière de l'embargo, que les choses peuvent être remises en place, et c'est à l'Angleterre à juger le parti qu'elle doit prendre pour offrir aux puissances neutres les moyens de passer aux ouvertures qu'elles avaient dessein de lui faire. Mais aussi longtemps qu'on laissera subsister cette mesure, prise en haine d'un principe général et d'un traité désormais inébranlable, la conséquence hostile qui en résulte, amène nécessairement *le cas du traité*, et le soussigné a ordre de déclarer au ministre de S. M. B. que le roi, en lu témoignant tous ses regrets sur des événements dont il n'est aucunement la cause, remplira avec la plus religieuse exactitude les engagements que lui impose le traité.

« Le soussigné, en remplissant cet ordre, a l'honneur d'assurer mylord Carysfort, de sa haute considération. » Haugwitz.

[1] Elle était née le 10 mars 1776.

la force de la vie. Issue du duc de Mecklembourg-Strélitz, une des races les plus rapprochées des électeurs du Hanovre, la reine Amélie exerçait, sur l'âme de Frédéric-Guillaume, une puissance d'esprit, de jeunesse et de beauté; rien ne pouvait se comparer surtout aux grâces élégantes de sa personne; faible femme, elle montait avec intrépidité les chevaux fougueux, et caracolait, revêtue d'une belliqueuse amazone, dans les revues des gardes à Postdam; enthousiaste comme les jeunes filles allemandes de Schiller, elle parlait vivement à l'imagination ardente de cette noblesse militaire qui n'aspirait, en Prusse, qu'aux jours d'une guerre, où se montreraient encore une fois les drapeaux du grand Frédéric, pour assurer l'indépendance de la patrie allemande. Le système anglais et russe trouvait, dans la reine de Prusse, une protectrice ardente; elle avait eu d'abord quelque enthousiasme pour le premier Consul; mais bientôt, ce feu de gloire s'était éteint, et l'arrivée à Berlin du comte Zoubow, détermina un rapprochement secret entre la Russie et la Prusse, dans un intérêt commun de surveillance à l'égard de la Révolution de France.

Le comte Zoubow, de race slave, excitait peu d'intérêt de sa personne; chacun savait sa lamentable histoire, et la conduite qu'il avait tenue dans les mystères du palais de Mikaëloff. Zoubow s'était vengé sur la personne du Czar des vieux outrages faits à sa race et de ses exils en Sibérie; mais il apportait à Berlin les promesses de l'avénement d'Alexandre; des propositions larges et complètes d'une alliance qui donnerait à la Prusse une meilleure part dans le partage de la Pologne, et une position commerciale sur la Baltique. Zoubow fut accueilli avec distinction, et la secrète terreur qu'inspirait sa personne, n'empêcha pas le développement des relations intimes et naturelles entre la Prusse et la Russie. Ce n'étaient plus des ordres impératifs comme ceux que l'empereur Paul envoyait à Berlin par le prince Repnin, pendant l'ambassade de l'abbé Sieyès, mais des propositions réelles, effectives, caressantes, de nature enfin à donner une plus grande importance à la monarchie de Frédéric-Guillaume III.

L'alliance française n'était plus représentée à Berlin que par le comte de Haugwitz, tout à fait dévoué au premier Consul. Le cabinet de Paris mettait une certaine attention à se poser parfaitement en Allemagne ; les petites et grandes principautés de l'ancienne confédération germanique étaient couvertes d'agents secrets qui cherchaient à gagner des intérêts et des sympathies favorables au gouvernement consulaire. Il existe encore différentes instructions confiées à ces agents secrets, pour qu'ils eussent à voir et à pénétrer les hommes d'état de la Prusse et des électorats d'Allemagne : un de ces diplomates secrets devait se rendre d'abord à Berlin, afin de s'aboucher directement avec le comte de Haugwitz, et lui dire qu'il n'avait pas de meilleur ami que le premier Consul ; quelques propositions d'argent devaient lui être faites, afin de se le rendre favorable. Après M. de Haugwitz [1], il devait également visiter

---

[1] Je donne le texte de ces instructions, l'agent secret parcourut l'Allemagne en 1802 :

« Vous pourrez, en qualité d'homme de lettres, vous faire inviter aux assemblées particulières chez la reine. Cette femme a été admiratrice décidée du premier Consul ; mais depuis deux ans elle a changé de ton; elle s'exprime souvent sur son compte avec amertume; on ne sait à quoi attribuer ce changement.

.« Consultez le comte de Haugwitz surtout. Dites-lui qu'il n'a pas de meilleur ami que le premier Consul, qui a acquiescé à sa demande. Vous pouvez lui donner un mandat sur votre banquier pour 10,000 ducats ; ayez le soin de le faire au porteur et de l'envoyer sur une feuille de papier blanc. Comme la somme est un peu forte à tirer à la fois, vous direz au banquier que c'est pour payer des toiles de

les deux frères Lombard, d'origine française, secrétaires attachés au cabinet du roi de Prusse; on devait flatter leur vanité; offrir à l'aîné une place à l'Institut, car il avait des prétentions littéraires ; il fallait aussi voir M. Behmer, le républicain de l'Allemagne du Nord, l'un des illuminés les plus ardents; il fallait apaiser Kotzebuë, qui avait pris tout à coup haine pour la France, et se disposait à publier un ouvrage contre le Consul; Kotzebuë, le poëte dramatique de l'Allemagne, y exerçait une grande influence : on devait laisser la direction de tout ce qui tenait à l'observation secondaire à M. Bignon, alors chargé d'affaires à Berlin; l'agent devait examiner la capacité de M. Bignon, et savoir s'il était écouté à la cour, s'il pouvait remplir son poste de chargé d'affaires. A ce moment M. de Beurnonville quittait Berlin; on devait également s'enquérir auprès des hommes de cour, quel serait le nom de l'ambassadeur le plus agréable à la Prusse. Cette diplomatie secrète était pour la France un grand instrument : si elle ne préparait pas toujours les traités d'alliance, elle empêchait au moins l'effet de ces coalitions générales si menaçantes pour le territoire [1].

Silésie qu'une maison de commerce de France vous a chargé d'acheter. Si cependant le comte de Haugwitz préfère que vous lui remettiez vous-même l'argent, vous le lui remettrez. Le mieux serait d'avoir une lettre-de-change sur Hambourg ou sur Pétersbourg payable à l'ordre d'un homme de paille; cela écarterait tout soupçon. Ceci vous donne l'idée des précautions qu'il faut prendre, surtout quand cela regardera le comte de Haugwitz. Promettez-lui les 10,000 autres ducats dans six semaines, et dites-lui que le premier Consul est bien disposé en sa faveur. Il est nécessaire de vous observer que M. de Haugwitz passe pour fourbe et très faux. M. Lombard qui est dans ses bureaux est très attaché à la France ; il est d'extraction française. Il vous dira tout ce qui se passe dans le département de M. de Haugwitz et jusqu'à quel point on peut se fier à lui. Quand vous aurez été quelque temps en rapport avec ce Lombard, vous lui donnerez 1,000 ou 2,000 ducats. » (Instruction secrète donnée à un agent spécial de la France.)

[1] « Un frère de M. Lombard possède toute la confiance du roi; il aime passion-

L'Autriche, depuis le traité de Lunéville, s'était momentanément résignée à l'état de paix; elle avait subi les longues épreuves de la guerre, et le repos était indispensable au développement de ses finances et à la reconstitution de son état militaire; le système de paix ou de trêve instantanée prévalait à Vienne; l'Autriche avait envoyé à Paris M. Philippe de Cobentzl, cousin du comte de Cobentzl premier ministre, homme d'esprit mais d'une modération extrême et d'une prévoyance peu étendue. Le premier Consul offrit l'ambassade de Vienne à quelques-uns des généraux distingués qu'il voulait éloigner de sa personne et des intrigues militaires. Sur leur refus cette ambassade fut confiée à M. de Champagny, qui depuis fit une si rapide fortune diplomatique. L'Autriche était en repos, mais dans un de ces repos armés, précurseurs des graves événements militaires; elle faisait incessamment des levées, achetait des chevaux; ses régiments étaient exercés le plus secrètement possible, et de manière à se tenir prêts à toute éventualité; son système organisateur s'étendait déjà aux provinces nouvellement réunies à la

---

nément la France et la littérature française. Conseillez-lui d'écrire quelque chose pour l'Institut, et dites-lui qu'il aura le prix. A tout événement, il sera nommé correspondant, dès que la place vaquera, et par la suite, membre de la seconde classe (littérature). Dites-lui que s'il obtient un congé pour venir à Paris, il y recevra l'accueil dû à son mérite. Il n'est pas riche parce qu'il est dissipateur. Sachez dans la conversation, s'il a besoin d'argent, et dans ce cas faites-lui parvenir 5,000 ducats ; s'il n'a pas besoin d'argent, faites-lui des présents, pour une somme équivalente, ou même plus considérable.

« M. Behmer, son collègue, est un chaud républicain de 1793 ; il était protégé du ministre W.... et, comme lui, républicain fanatique, et tous deux *illuminés*. Vous pouvez causer librement avec lui. C'est un de ses proches parents qui est président à Varsovie; il est aussi attaché à notre cause. M. Behmer est besogneux, vous pouvez lui donner 5,000 ducats.

« Vous aurez soin de voir des gens de lettres ; M. Lombard et M. R..., le maître de langue française, peuvent vous en faire connaître beaucoup. Kotzebuë a été bien reçu à Paris, mais il écrit dans ce moment un ouvrage dans lequel il parle mal du gouvernement français ; nous nous en sommes déjà procuré quelques feuilles.

monarchie, telles que l'Istrie, la Dalmatie et Venise; une administration prévoyante tendait à les rendre désormais inséparables des États héréditaires; le gouvernement de l'Autriche mettrait du prix à se faire partout des partisans; et comptait déjà sur ces provinces comme sur les vieux États de sa maison, ou bien sur les fidèles et belliqueuses populations des montagnes du Tyrol, si dévouées à l'Autriche[1]. Le cabinet de Vienne s'occupait également à faire oublier l'abandon qu'elle avait consenti des intérêts allemands dans le traité de Lunéville; la diète avait ratifié les stipulations de ce traité; les questions d'indemnités étaient difficiles à résoudre, parce que les princes dépouillés étaient nombreux, et que, pour être juste, il fallait que l'indemnité s'appliquât à tous, et fût exactement répartie.

Dans le mouvement de la nation allemande, la position prise par le Danemarck et la Suède, deux États neutres et maritimes, n'avait plus d'importance; ces deux cours avaient armé pour faire proclamer l'indépendance de leurs pavillons; après l'expédition de Copenhague, il n'était plus possible au Danemarck et à la Suède de soutenir

Il faut tâcher qu'il ne publie pas son ouvrage; son opinion a beaucoup de poids dans le nord de l'Europe. Il y a plusieurs coteries littéraires; faites-vous-y présenter, cela est nécessaire. Il y a celle d'une juive, gouvernante des enfants du prince...; elle a une assemblée toutes les semaines; la première société de Berlin s'y trouve, on y traite des questions de politique.

« Vous verrez notre chargé d'affaires, M. Bignon : on lui a recommandé d'avoir dans les cabarets des hommes qui se mêlassent avec les soldats pour leur parler de la bravoure extraordinaire des Français, et de la lâcheté des Autrichiens. Tout ce que vous avez à faire en ceci est de savoir de M. Bignon ce qu'il a fait, s'il connaît la distribution des troupes prussiennes, le nombre des congés donnés. Voyez les familles françaises qui sont à Berlin ; un grand nombre de réfugiés sont allés s'établir en Prusse après la révocation de l'édit de Nantes ; il y en a beaucoup d'employés dans les douanes. » (Instruction secrète donnée à un agent spécial de la France.)

[1] Voici quels étaient les changements diplomatiques à Vienne :

« Depuis la démission de M. Thugut, le système d'administration ou de politique est entièrement changé. M. de Stadion, autrefois ministre à Stockholm et à Londres était inactif depuis longtemps, et c'est un des hommes les plus capables que l'Autriche puisse employer. M. de Ludolph

leurs principes; la victoire avait décidé la question; Nelson en finit avec la liberté des neutres; la Russie se séparait du protectorat par l'avénement d'Alexandre; la Prusse reculait elle-même devant une ligue qui l'exposait aux hostilités de la marine anglaise. Dès ce moment la Suède et le Danemarck reviennent à une politique plus timide, à une neutralité soumise au droit de visite; il n'est plus question de la ligue entre le Czar et Bonaparte. Les cabinets de Copenhague et de Stockolm se trouvent pressés entre deux nations hostiles, l'Angleterre et la France; ils cherchent en vain à se maintenir dans une impartiale neutralité, sans se prononcer pour aucune puissance; la rivalité est trop profonde pour que les neutres n'en éprouvent pas le contre-coup. Le Danemarck, depuis la folie de son roi, fatalement préoccupé de la cruelle exécution de Struensée, est gouverné par le prince royal, d'un caractère d'énergie et de résolution; ses tendances sont pour la France; le prince royal redoute que la puissance qui déjà s'étend en Hollande, ne vienne jusqu'à lui pour le dominer; et c'est ce qui explique ses condescendances pour la République française; il la craint et lui obéit.

La Suède a cessé d'être sous l'influence du duc de Sudermanie, régent du royaume. Ce prince dissimulé visant à la couronne ne se sépare pas même de la Convention et reçoit des subsides de Robespierre. Le sceptre est passé à Gustave-Adolphe IV, prince chevaleresque,

qui quitte Copenhague pour travailler au département des affaires étrangères a aussi des moyens. Les deux comtes de Metternich et de Kaunitz sont des jeunes gens à qui l'on ne donne que des missions insignifiantes; mais le soin qu'a eu M. de Trautsmandorff de remplir sans délai la mission de Berlin que M. de Thugut avait, on ne sait pourquoi, laissée depuis longtemps vacante, et la manière dont le premier s'entoure dans un département où l'autre voulait tout faire par lui-même, prouverait que l'on doit s'attendre à de grands changements dans la marche du cabinet. » (Dépêche de M. de Champagny, Vienne, décembre 1801.)

et dont la destinée semblait déjà se jouer avec les coups de fortune. Gustave IV, uni à la princesse de Bade, se trouvait rapproché de la Russie par une alliance de famille; toujours l'épée à la main il avait protégé, comme Paul Ier, la cause de la noblesse et de la chevalerie en Europe, et cela le jetait dans des sentiments hostiles que la Révolution française devait lui faire payer cher. Gustave IV était allemand de principes, et dans toutes les circonstances il se fût précipité à la défense des intérêts germaniques, en souvenir de Gustave-Adolphe dans les champs de Lutzen. Aux époques d'abaissement et d'égoïsme, les dévouements sont confondus avec les actes de folie; il fatiguent la société indifférente parce qu'ils troublent la sécurité générale et la monotonie d'une situation que nul n'ose agiter; quand on s'abreuve au banquet de la vie sensuelle, toute pensée morale vous importune; la protestation du droit contre le fait est punie comme une rébellion. Gustave IV devint ainsi l'objet de l'inquiétude des cabinets, car il pouvait se jeter sur un champ de bataille avant que l'Europe n'eût donné le signal du combat; il ferait feu avant le temps [1].

Depuis la coalition de 1799, la Turquie avait pris une grande part aux événements européens, car l'expédition d'Égypte l'avait profondément irritée. Dès ce moment elle

---

[1] On fit un grand bruit du discours de M. Bourgoing au roi de Suède; amère censure de la Révolution française. En voici un extrait :

« Et quelles causes auraient pu retarder encore un rapprochement réciproquement désiré? Elle est passée cette époque redoutable pour tous les gouvernements et pour la majorité des Français eux-mêmes, où la menace de tout détruire et de tout envahir, où tout ce qui n'était pas nouveau paraissait illégitime.

« Ces Français en sont venus à respecter ce qui est sanctionné par les siècles et consacré par le consentement formel ou tacite des peuples.

« Assez longtemps ils ont effrayé l'Europe par leurs maximes, assez longtemps ils ont alarmé la plupart des puissances par les succès de leurs armes; leur tâche

se place dans l'alliance anglaise, et on la voit lors de la campagne de Suwarow envoyer elle-même une armée sous le pavillon ottoman en Italie; les vieilles répugnances de la Porte pour la Russie s'étaient apaisées à ce point que Sélim III avait permis qu'une flotte au pavillon impérial se déployât dans le Bosphore en face des Sept-Tours. Les Anglais payaient des subsides à la Porte, et deux expéditions étaient parties pour la Syrie et l'Égypte sous Abercromby, la campagne de Bonaparte contre cette antique terre de la civilisation avait ainsi brisé les capitulations diplomatiques qui unissaient le commerce avec les échelles du Levant. Quand les formes de gouvernement furent un peu régularisées en France sous le Consulat, on songea de nouveau à rattacher la Porte par les liens politiques qui l'unissaient au gouvernement français. Bonaparte se disposant à céder l'Égypte prévoit la possibilité d'une capitulation de son armée, et, dans ses instructions à Kléber, il indique les clauses spéciales pour que cet acte profite aux bons rapports de la France et de la Turquie.

C'est auprès de Sélim III que Bonaparte fait négocier; ce que veut le premier Consul, c'est surtout d'empêcher que les Anglais ne restent maîtres en définitive de l'Égypte. Si donc, les événements obligent l'armée française à capituler, le gouvernement de Bonaparte ne s'en dépouillera qu'au profit de la Porte ottomane. Le

---

est à présent de conquérir la confiance et l'affection des souverains aussi bien que des peuples....»

Il y eut sur ce discours un désaveu au *Moniteur*.

« Nous lisons dans plusieurs journaux un discours qu'on prétend avoir été tenu par le citoyen Bourgoing, ministre de la République à Stockolm. Ce discours paraît altéré dans plusieurs de ses passages. Le citoyen Bourgoing, qui est depuis longtemps dans la carrière diplomatique sait trop bien qu'un ambassadeur français ne doit pas, de propos délibéré, dans un discours à une puissance étrangère, injurier une portion du peuple français. Mais les journalistes qui ont altéré ce discours, ne sont pas obligés de le savoir comme lui. »

but de cette négociation à Constantinople est de séparer les intérêts russes, turcs et anglais, de rendre à la Porte son indépendance dans ses relations d'État à État. La possession de l'Égypte n'est plus pour Bonaparte, qu'une question diplomatique; ses agents secrets ont ordre de caresser Sélim III : on lui propose déjà un traité séparé qui lui rend l'Égypte, et en échange, on ne stipule rien que le renouvellement des anciennes capitulations avec la Porte. Alexandrie, le Caire, les embouchures du Nil, tout lui sera restitué par les généraux français, avec les droits d'une souveraineté plus grande; car l'armée de France a détruit les Mamelucks, établi un système régulier d'impôts, une administration forte, et la Porte peut en hériter. Si elle hésite encore, on abandonnera l'Égypte à l'Angleterre, car les armées au pavillon britannique saluent déjà les Pyramides. Une fois maîtresse de ce pays, la Grande-Bretagne en gardera la possession parce qu'il peut devenir un entrepôt et un passage pour ses immenses domaines dans l'Inde. Quel intérêt n'avait donc pas la Porte d'accéder aux propositions de la France et comment pourrait-elle repousser un traité spécial et séparé qui lui rendrait une riche province?

Ainsi négociait le premier Consul avec le Divan; ses émissaires à Constantinople voulaient écarter toute action simultanée de l'Angleterre et de la Russie sur le sultan, et l'on parvint à ce résultat avant l'époque même où les grandes puissances se rapprochèrent dans le congrès d'Amiens.

CHAPITRE XIII.

DERNIÈRES HOSTILITÉS DE TERRE ET DE MER.

Retour des armées. — Le camp de Boulogne. — Idée romaine. — Projet de descente en Angleterre. — Étude sur César et Guillaume-le-Conquérant. — Recherches des familles normandes. — Le dernier des Stuarts. — Flottille de Boulogne. — Attaque de Nelson. — Campagne navale. —Succès de la marine française.— Les amiraux Linois et Gantheaume. — Retour de la garnison de Malte. — Situation de l'armée d'Égypte. — La mort de Kléber. — Menou. — Régnier. — Belliard.

1801.

Le retour des grandes armées est une époque de crise pour les gouvernements; que faire de cette énergie qui déborde dans ces hommes de fer? La guerre est une source d'honneurs et de fortune; au milieu des hasards, quand on joue sa vie, on n'a pas le loisir de préparer les révolutions; la gloire est la meilleure protection de l'ordre; on marche sans réfléchir; le drapeau c'est la hiérarchie, la dépouille de l'ennemi la récompense; la victoire avec ses ailes éployées vole sur vos têtes pour vous conduire et vous éblouir. Mais quand les hostilités cessent les dangers surgissent pour les pouvoirs. Il est si difficile de distraire ces âmes mâles et inquiètes, ces esprits entreprenants, prodigues, qui jettent leur or comme leur existence, leur fortune comme leur vie. Quel est le système militaire assez riche, assez fort pour soutenir la présence des grandes armées en temps de paix. A Rome ce fut l'imminent danger de la république; les légions se heurtèrent dans les guerres civiles quand elles eurent conquis le monde connu.

Telle était la position du Consulat après le traité de Lunéville : de toutes parts les armées rentraient sur les frontières; les soldats d'Allemagne, les vétérans de Sambre-et-Meuse conduits par Moreau, Dessolles, Lecourbe, Gouvion-Saint-Cyr, repassaient le Rhin se dispersant partout dans les garnisons que le Consul leur désignait. Moreau avait pris soin de ces légions avec une vive sollicitude; elles avaient reçu leurs prêts et leurs soldes; leur uniforme était simple, sévère, mais propre; la cavalerie était remontée, l'artillerie comptait deux cents bouches à feu attelées[1]. On n'avait rien à craindre de leur discipline, car les armées d'Allemagne avaient conservé ce caractère grave que Dessolles, le chef d'état-major, imprimait à l'organisation des camps; l'exaltation du culte républicain seule dominait : on n'y parlait que de l'égalité et de la liberté. Un grand nombre d'officiers n'avaient pas cessé de servir depuis quinze ans : la plupart sortaient des régiments de Champagne, Bourgogne, de Mestre-de-camp cavalerie, ou même des gardes-françaises, souvenir qu'ils portaient dans leur uniforme, dans leurs vieux tricornes, et dans leurs chevelures blanches et poudrées, comme on les voit encore dans les tableaux de l'école républicaine que saluent nos sympathies nationales.

L'armée d'Helvétie prenait ses cantonnements sur le territoire, repassant les Alpes en même temps que les soldats d'Italie, aussi braves mais plus riches et plus indisciplinés, avec un culte moins sévère pour les grandes idées; ceux-ci rapportaient les trésors et les châsses des

---

Voyez le rapport de Moreau, déjà cité chap. 4 de ce volume.

villes et des communautés catholiques de Rome, de Naples et des Abruzzes, dépouilles opimes de la victoire. Tous ces régiments magnifiques respiraient un air militaire, une énergie de volonté, une insouciance de la vie, un laisser aller pour le lendemain qui rendait leur repos difficile. 150,000 hommes allaient vivre dans les garnisons; on ne rencontrait dans les cités que les vieux soldats avec leurs habits à basques pendantes, leurs chapeaux à trois cornes sous le court plumet tricolore, leurs moustaches peignées, leurs cheveux longs et tressés avec autant de soin que ceux d'une jeune fille, leurs sacs arrondis et lourds, leurs guêtres noires, leurs buffleteries incultes; tous enfants du peuple, parlant sa langue avec cet esprit soldatesque toujours si fécond et si caustique.

Il fallait employer ces masses d'hommes sous les drapeaux. Les uns gardaient souvenir des représentants du peuple aux armées; la République était leur idole; les autres, réquisitionnaires pour la patrie, avaient fait de si grandes choses pour elle! tous étaient dévoués aux idées démocratiques, la force primitive de leur institution. Quelle destination donner à tant d'énergie et quelle issue préparer à tant de noble sang? Dans la prévoyance de cette inquiétude militaire, Bonaparte résolut, pour la première fois, le camp de Boulogne; il aurait pu licencier une partie de cette armée, mais elle faisait sa force vis-à-vis de l'étranger pour le maintien de la paix et surtout pour le cas d'une guerre d'avenir. Quelle troupe aurait pu remplacer jamais les demi-brigades si glorieuses sur tant de champs de bataille? Où trouver des généraux plus dignes et plus capables, et des officiers plus expérimentés? Il fallait donc maintenir de nombreuses armées en pleine paix, et ce fut le motif de la création d'un camp en face des côtes de l'Angleterre et destiné à menacer sa puissance[1]. Ainsi, à mesure que les régiments rentraient en France, salués d'abord par le premier Consul dans les revues du Carrousel, ils étaient dirigés à petites journées vers l'Océan, depuis Abbeville jusqu'à Anvers. On les campait sous la tente comme à la guerre; ils avaient tous les devoirs du champ de bataille et la haute paie de la campagne. Là, dans mille exercices sous le soleil, au froid et sous le vent de mer, ils n'avaient pas le temps de se laisser aller au repos; chaque jour de grandes manœuvres, des évolutions comme en présence de l'ennemi, tout en un mot ce qui constituait les éléments de la guerre sur le littoral de cette Angleterre dont ils pouvaient apercevoir les brouillards à travers le détroit et les flots soulevés.

Le motif qui déterminait la formation d'un camp de Boulogne, était puisé dans la situation encore hostile du gouvernement français envers l'Angleterre. La paix n'était jusqu'ici que continentale, sans s'étendre au-delà des conditions de Lunéville; à Londres on continuait d'armer; il y avait bien quelques symptômes de rapprochement pacifique; mais pour arriver au résultat d'une paix maritime, il fallait frapper de grands coups;

---

[1] Dans sa vie politique, Bonaparte est revenu à plusieurs reprises sur ses desseins du camp de Boulogne :

« Quel a été mon but dans la création de la flottille de Boulogne ? Je voulais réunir quarante ou cinquante vaisseaux de guerre dans le port de la Martinique, par des opérations combinées de Toulon, de Cadix, du Ferrol et de Brest; les faire revenir tout d'un coup sur Boulogne, me trouver pendant quinze jours maître de la mer, avoir 150,000 hommes et 10,000 chevaux campés sur cette côte, trois ou quatre mille bâtiments de flottille, et aussitôt le signal de l'arrivée de mon escadre, débarquer en Angleterre, m'emparer de Londres et de la Tamise. Ce projet a manqué de réussir. Si l'amiral Villeneuve, au lieu d'entrer au Ferrol, se fût contenté de rallier l'escadre espagnole, et eût fait voile sur Brest pour s'y réunir avec l'amiral Gantheaume, mon armée débarquait et c'en était fait de l'Angleterre.

« Pour faire réussir ce projet, il fallait réunir 150,000 hommes à Boulogne, y avoir quatre mille bâtiments de flottille, un immense matériel, embarquer tout cela, et pourtant empêcher l'ennemi de se douter

un traité devait être conquis par les préparatifs vigoureux ; on inspirerait une grande terreur à Londres par l'aspect de 150,000 soldats qui avaient vaincu les meilleures troupes de l'Europe ; la France n'arriverait à la signature d'un traité que par le déploiement de tous les moyens militaires en son pouvoir ; il fallait forcer la main au ministère Addington, et entraîner, par la peur, le parlement à un vote pacifique. Tel fut le but du camp de Boulogne et de la formation rapide de cette armée de la Manche et de l'Océan ; s'exerçant déjà sur la flottille d'invasion que la marine de France avait hâtivement préparée.

Cette idée d'un campement sur les rivages de l'Océan pour débarquer dans la Grande-Bretagne, était encore romaine, car le Consul était le grand imitateur de l'antiquité. Bonaparte avait profondément étudié l'histoire du peuple-roi ; il se souvenait de ces camps dont on retrouve encore les débris sur toute la surface de l'Europe et de l'Asie, de ces villes militaires entourées de murailles, où les légions inscrivaient les noms de leurs tribuns et de leurs Césars ; il se souvenait de ces magnifiques arcs de triomphe élevés aux em-

---

de mon projet : cela paraissait impossible. Si j'y ai réussi c'est en faisant l'inverse de ce qu'il semblait qu'il fallait faire ; si cinquante vaisseaux de ligne devaient venir protéger le passage de l'armée en Angleterre, il n'y avait besoin d'avoir à Boulogne que des bâtiments de transport, et ce luxe de prames, de chaloupes canonnières, de bateaux plats, de péniches, etc., tous bâtiments armés, était parfaitement inutile. Si j'eusse ainsi réuni quatre mille bâtiments de transport, nul doute que l'ennemi eût vu que j'attendais la présence de mon escadre pour tenter le passage. Mais, en construisant des prames et des bateaux canonniers, en armant tous ces bâtiments, c'étaient des canons opposés à des canons, des bâtiments de guerre opposés à des bâtiments de guerre, et l'ennemi a été dupe. Il a cru que je me proposais de passer de vive force, par la seule force militaire de la flottille. L'idée de mon véritable projet ne lui est point venue ; et lorsque les mouvements de mes escadres ayant manqué, il s'est aperçu du danger qu'il avait couru, l'effroi a été dans les conseils de Londres, et tous les gens sensés ont avoué que jamais l'Angleterre n'avait été si près de sa perte. »

pereurs par les armées reconnaissantes, de ces voies ouvertes sous leurs pas, ruines majestueuses qui restent debout avec le nom de la dixième ou de la onzième cohorte; il se rappelait ces cités, ces municipes que les vétérans construisaient çà et là comme un témoignage de leur colonisation sur la terre ennemie, et de ces autels érigés aux empereurs et aux dieux immortels. Plein de ces grands souvenirs, Bonaparte eut également l'idée de faire travailler ses régiments; ces nobles mains usées par la victoire creuseraient des ports, ouvriraient des canaux, préparant ainsi les chemins des cités placées sur cette longue côte. Rome! Rome! tu vivais encore bien grande dans la pensée du nouveau Consul.

Le plan de Bonaparte était d'essayer une invasion en Angleterre; croyait-il de bonne foi au succès, ou bien était-ce seulement une de ces idées hardies et menaçantes qu'il jeta plus d'une fois pour effrayer ses ennemis. S'il y avait de la sincérité dans la croyance de Bonaparte sur la possibilité d'une descente, elle venait encore de sa foi antique, de ses fortes études et de ses souvenirs de Rome et du moyen âge [1]. César, après la conquête des Gaules, avait bien passé l'Océan pour atteindre ces Bretons indomptables et ces Calédoniens qui menaçaient les possessions romaines. Sur les frontières d'Écosse, étaient les débris d'ouvrages mi-

---

[1] Voici ce que disait Bonaparte sur ses projets :

« La descente en Angleterre a toujours été regardée comme possible, et la prise de Londres immanquable. Maître de Londres, il se fût élevé un parti très puissant. Est-ce qu'Annibal en passant les Alpes, César en débarquant en Épire ou en Afrique, regardaient en arrière? Londres n'est située qu'à peu de marche de Calais; et l'armée anglaise, disséminée pour la défense des côtes, ne se fût pas réunie à temps, une fois la descente opérée. Sans doute cette expédition ne pouvait pas être faite avec un corps d'armée; mais elle était certaine avec 160,000 hommes, qui se fussent présentés devant Londres cinq jours après leur débarquement. Les flottilles n'étaient que le moyen de débarquer les 160,000 hommes en peu d'heures, et de s'emparer de tous les bas-fonds. C'est sous la protection d'une esca-

litaires, de ces murailles et de ces camps que les Romains jetèrent là comme dans les Gaules; ce que César avait accompli, pourquoi Bonaparte ne l'entreprendrait-il pas? Ce rapprochement ébranlait son âme; ses régiments étaient aussi braves, aussi disciplinés que les légions sous l'aigle romaine. Quatre heures de navigation séparaient à peine Calais de Douvres. Au moyen âge, Guillaume le Conquérant avait bien atteint aussi la rive opposée. Ce Guillaume, duc de Normandie n'avait pour lui que son bras fort, sa lourde épée et son cheval de bataille caparaçonné de fer. Bonaparte était plus grand ; les moyens que la civilisation moderne mettait dans ses mains n'étaient-ils pas plus efficaces? Les soldats des vieilles demi-brigades débarqués en Angleterre vaudraient mieux que les chevaliers normands, hommes de haute stature, mais qui ne pouvaient se mouvoir qu'à l'aide de leurs nobles coursiers, aux chants du trouvère Taillefer : « remuant sa lance comme un bastonnet, » ainsi que le dit la chanson de Geste[1].

Bonaparte fit faire de longs travaux sur les lignées normandes qui avaient assisté à la conquête; l'érudition se porta tout entière sur ce point de l'histoire; on chercha l'origine de la race de Normandie, dans les quelques familles qui vivaient encore sous les noms de Tarquenville, de Carnouville, de Catteville, de Barneville, dignes races de la conquête, quand Guillaume manda son ban et arrière-ban de barons, vassaux et vavasseurs. Le Consul se com-

---

dre réunie à la Martinique, et venant de là à toutes voiles sur Boulogne, que devait s'opérer le passage ; si la combinaison de cette réunion de l'escadre ne réussissait pas une année, elle réussirait une autre fois. Cinquante vaisseaux partant de Toulon, de Brest, de Rochefort, de Lorient, de Cadix, réunis à la Martinique, arriveraient par devant Boulogne, et assureraient ce débarquement en Angleterre, dans le temps que les escadres anglaises seraient à courir les mers pour couvrir les deux Indes. »

[1] Voyez mon travail sur Hugues Capet, tome 3, il traite de la conquête de l'Angleterre, par Guillaume le Normand.

plaisait dans l'idée d'imiter Guillaume le Normand, tel qu'on le voit sur la grande tapisserie de Bayeux; il voulut tout suivre, tout étudier sur ce tissu grossier, attribué à la reine Mathilde : et le rassemblement des féodaux aux rivages, et les préparatifs des navires, et l'embarquement des barons avec leurs chevaux et leurs levriers en laisse.

Dans cette étude profonde des vieux temps, la famille des Stuarts ne fut point oubliée; il fit demander quels en étaient les débris dispersés. Y avait-il encore sur un coin du monde, quelques descendants de ces princes, une de ces belles têtes, comme Charles-Édouard, réveillant les fidèles Écossais des montagnes, jusqu'à la bataille de Culloden? Il n'existait plus que deux souvenirs des Stuarts : le premier était la comtesse d'Albany, veuve du noble Édouard, endormant sa douleur au son de la harpe d'Alfieri, le poëte enthousiaste de l'Italie[1]. Le second était un pauvre prêtre qui portait le titre de cardinal d'Yorck, comme souvenir de sa race, vieillard octogénaire qui avait oubi à Rome l'aspect de toutes les révolutions. Ainsi, les Stuarts finissaient leur tige royale en conservant les deux empreintes de leur caractère : le catholicisme et l'amour. Le duc d'Yorck, ardent catholique, symbole de la foi dont la conservation avait perdu ses ancêtres; la comtesse d'Albany, dernière lueur de l'esprit chevaleresque et enthousiaste qui marqua la jeunesse de Charles II, le héros des ballades écossaises. Bonaparte exprima le vif regret qu'il n'y eût plus un Stuart à mettre à la tête de ses troupes, car il espérait, à l'aide de ce nom, remuer une fois encore l'Angleterre, comme il avait soulevé

---

[1] Alfieri a dit d'elle : « Un dolce focoso con candissima pelle et biondi capelli.

l'Irlande avec les grands et pieux souvenirs catholiques.

Bel aspect que celui du camp de Boulogne à cette époque ! les vieilles troupes étaient groupées, chacune autour de son général de division, comme s'il s'agissait d'entrer en campagne. Le Consul avait fait réunir une flottille de petits bâtiments d'une construction agile qui, de tous les ports de l'Océan, étaient venus se réunir à Boulogne, à Calais, à Étaples, à Saint-Valery (sur Somme), la ville de Guillaume quand il partit avec ses Normands pour la conquête. Cette flottille s'exerçait dans les évolutions, tandis que l'armée campée sur le rivage s'embarquait et débarquait alternativement, afin de s'habituer au roulis de la mer et aux manœuvres de l'Océan. La flotte était montée par les marins de la Manche, depuis Saint-Malo jusqu'à Calais ; loups de mer habiles aux manœuvres, habitués à braver les flots qui battent les immenses dunes de sable. L'organisation de la flottille fut admirable d'ordre et de régularité ; autant les marins étaient peu habitués aux grands combats par escadres rangées depuis la guerre de 1793, autant ils étaient capables pour ces petites évolutions d'escadrilles qui ne quittaient pas les côtes. Les journaux retentissaient de l'énumération des troupes au camp de Boulogne, et ils multipliaient les myriades de navires réunis sous le drapeau tricolore, tandis que, dans leur style moqueur, les feuilles d'Angleterre répétaient que, dans ces rapports des amiraux, on oubliait de compter parmi les flottes, les coches sur la Seine et sur le Rhône, car ils faisaient partie de l'escadre[1].

L'Angleterre pouvait-elle craindre une invasion ?

---

[1] « Les papiers anglais se livraient à la dérision en faisant l'énumération des forces navales de la France, et ne manquaient pas d'y comprendre les coches d'eau qui remontaient et descendaient la Seine. Mille caricatures bouffonnes couvraient les murs

avait-elle à redouter ces armements sur les côtes de France? La vérité est que l'opinion publique était alarmée, et peut-être les hommes d'État exagéraient-ils le péril pour appeler un mouvement de résistance plus vaste, plus national. Les esprits sérieux, les hommes accoutumés aux simples combinaisons de la guerre, ne devaient pas beaucoup redouter les tentatives d'une flottille française qu'en aucun cas le succès ne pouvait couronner. L'Angleterre comptait 180,000 hommes de troupes, régulières sous les armes, et une milice qui s'élevait à plus de 200,000 hommes exercés sous des officiers en demi-solde. L'escadre britannique dans la Manche déployait trente-sept vaisseaux de ligne et d'autres bâtiments de guerre de toutes forces dont le nombre s'élevait à plus de cent. Cette escadre surveillait la flottille, elle l'eût saisie à son passage, pour la disperser et la détruire jusqu'à son dernier bâtiment sous ses huit mille pièces de canon.

Supposez le débarquement effectué, la flottille au plus grand complet ne pouvait jeter plus de 80,000 hommes en Angleterre; or, avec l'esprit public et national de la Grande-Bretagne, avec ses milices, ses armées de terre, était-il probable que ces 80,000 hommes éloignés de leurs renforts, coupés par les escadres, auraient pu conquérir l'Angleterre? En d'autres temps le Directoire en avait fait l'épreuve en Irlande; on s'était fait des illusions sur les secours qu'on pourrait trouver dans les partis; le jour où les Français auraient paru à Douvres, toutes les opinions se seraient réunies pour combattre le drapeau tricolore : wighs et tories auraient fait cause commune; une armée régulière aurait

---

de Londres. On représentait les charpentiers français occupés à scier des noisettes pour en faire des chaloupes. » (Mémoires d'un contemporain.)

trouvé une autre armée régulière ; et quelque braves que fussent les vieilles demi-brigades, on avait peu d'espérance de dompter la race bretonne également courageuse, et de conquérir l'Angleterre. On n'était plus à l'époque de César. Il ne s'agissait plus de quelques troupes de Calédoniens cherchant refuge dans les montagnes, mais de régiments fiers et décidés résistant pour défendre la patrie; il n'y avait pas non plus d'heptarchie saxonne, de jalousie de peuple pour favoriser les conquêtes d'un nouveau Guillaume le Normand !

Cependant, on prit en Angleterre des précautions d'une nature sérieuse ; les armements s'agrandirent, et Nelson, dans sa haine contre la France, proposa hardiment au conseil de l'amirauté, d'aller brûler la flottille réunie à Boulogne, cette masse de coquilles de noix, ainsi qu'on la représentait en Angleterre, dans les caricatures. « Il fallait pour cela, disait-il, se servir de grands moyens, déployer une ligne de défense et d'attaque vaste et complète comme à Copenhague [1]. Puisqu'on avait brûlé la flotte danoise, au milieu des écueils et des batteries flottantes, pourquoi n'arriverait-on pas au même résultat, à l'égard d'une flottille moins bien défendue? Le drapeau tricolore n'avait-il pas été as-

---

[1] Voici les deux rapports originaux de Nelson :

A bord du bâtiment de Sa Majesté la *Médusa*, devant Boulogne, le 4 août 1801.

Monsieur,

« Les bâtiments de l'ennemi, brigantins et bateaux plats gréés en lougres, et une goëlette, au nombre de vingt-quatre, étaient mouillés ce matin, à la pointe du jour, en ligne devant la ville de Boulogne ; le vent étant favorable pour les bombardes, je leur ai fait le signal de lever l'ancre, et de jeter des bombes sur cette flottille, mais de manière à ce que la ville ne fût endommagée que le moins possible. Les capitaines ont placé à cet effet leurs bâtiments dans la meilleure position possible, et quelques heures après trois des bateaux plats et un brick ont été coulés bas ; et dans le courant de la matinée, il y en a eu six d'échoués, et évidemment fort endommagés ; à six heures du soir, la marée étant pleine, cinq des bâtiments qui avaient échoué, ont été halés avec difficulté dans le môle, les autres sont restés sous l'eau ; je pense que l'on aurait fait rentrer en dedans de la jetée

sez souvent humilié sur les mers ? » Nelson, comme le héros des romans de chevalerie, tira son épée et promit aux dames dans le banquet de la Cité qu'il viendrait à bout de la flottille de Boulogne, et bientôt son escadre parut devant la ligne, précédée de brûlots et de machines incendiaires qui devaient s'avancer comme de vastes dragons de feu, pour lézarder les navires de France. La manœuvre était belle sans doute, mais Nelson trouva une résistance formidable, à laquelle il ne s'attendait pas; une noble émulation s'était partout manifestée; les loups de mer de l'Océan, les braves marins de Saint-Malo, de Dunkerque, d'Abbeville rappelaient toute leur haine, toute leur énergie contre l'Anglais, avec leur vieille antipathie bretonne! La marine de France pressa ses rangs avec tant d'ordre, avec tant de méthode, qu'on eût dit que tous ces petits bateaux étaient tenus les uns aux autres, par des chaines de fer; tous étaient montés par des hommes intrépides et déterminés qui ne craignaient ni le canon, ni le feu des Anglais. Devant cette longue chaîne de navires, la grande escadre de Nelson se déploya; ces vaisseaux aux vastes flancs, cétacés immenses, vinrent se placer au milieu de ces voiles blan-

---

la totalité de ces bâtiments sans le défaut d'eau. Il est impossible de savoir sur la perte de l'ennemi plus que ce que nous découvrons à la vue. Cette affaire n'a d'autre importance que de faire voir que l'ennemi ne peut pas sortir de ses ports avec impunité.

« Les officiers d'artillerie ont jeté les bombes avec beaucoup d'adresse; mais je suis fâché d'avoir à vous apprendre que le capitaine Fyers, de l'artillerie royale, est blessé légèrement à la cuisse, et que deux matelots ont été également blessés.

« En ce moment un bateau plat vient d'être coulé bas. »

Nelson et Bronte.

A bord de la *Médusa* devant Boulogne, le 16 août 1801.

Monsieur,

« Ayant jugé à propos d'essayer d'enlever la flottille ennemie, mouillée devant Boulogne, j'ai ordonné que l'attaque se fît par quatre divisions de bateaux pour aller à l'abordage, sous les ordres des capitaines Somerville, Cotgrave, Jones et Parker; et par une division de bateaux à obus sous les

ches de la flottille comme des baleines qu'entourent des alcyons de mer, quand le flot de la tempête se soulève en écume. Le feu commença vif, Nelson fit des prodiges, mais il avait aussi devant lui des hommes prodigieux.

Attaquée à deux reprises, la flottille de France ne put être entamée, les navires se pressaient comme un seul vaisseau et c'était en vain que les brûlots venaient darder les flammes, ils furent presque tous coulés bas. Dans son rapport à l'amirauté, Nelson ne peut désavouer la résistance qu'il a trouvée devant Boulogne, il fait l'éloge des hommes qui l'ont combattu ; cet éloge est pénible dans la bouche de l'amiral, mais il est arraché par cette belle résistance. Il fut alors constaté que si la flottille de Boulogne ne pouvait être redoutable pour la Grande-Bretagne, elle était au moins gardée dans ses ports, par des batteries formidables et par l'intrépidité des marins de l'escadre ; on pouvait s'observer, mais les deux côtes étaient également préservées.

A ce moment où le canon grondait sur le rivage, les escadres françaises obtenaient quelques succès contre le pavillon britannique, aux acclamations enthousiastes de tous ; ils étaient peu considérables sans doute, mais de nature à relever le courage moral des marins ; les amiraux Gantheaume et Linois sur deux points

---

ordres du capitaine Conn. Hier au soir à onze heures et demie, les bateaux réunis autour de la *Médusa* se mirent en mouvement dans le meilleur ordre possible, et avant une heure du matin le feu commença. L'intelligence des officiers, le zèle et le courage des hommes me faisaient espérer un succès complet ; mais l'obscurité de la nuit, jointe à la marée et à la demi-marée, fut cause que les divisions se séparèrent et qu'elles ne purent malheureusement arriver en même temps que le capitaine Parker ; et c'est à cela que le manque de succès doit être attribué. Cependant je dois positivement déclarer qu'il n'y a pas eu le plus léger reproche à faire à qui que ce soit ; quoique les divisions n'aient pu arriver ensemble, chacune (excepté la quatrième qui ne fut en état de joindre qu'au jour) attaqua avec succès les vaisseaux ennemis avec lesquels il fut possible de s'engager, prit possession de divers bricks et bateaux plats. »

Nelson et Bronte,

différents faisaient baisser pavillon à des vaisseaux de haut bord [1]; succès exceptionnels, car la marine française n'était pas heureuse depuis dix ans, elle semblait avoir jeté son dernier éclat sous Louis XVI. L'amiral Linois, digne marin breton, avait commencé ses campagnes sous le bailli de Suffren dans l'Inde; déjà lieutenant de vaisseau sous la monarchie, l'amiral Villaret lui confia le commandement d'une petite division, lorsque la guerre éclata violente; le contre-amiral Linois fut pris par un vaisseau anglais de 74, après un combat sanglant de bord à bord au pistolet; brave officier, fidèle à sa parole, il resta dans les prisons d'Angleterre, quoiqu'en violant son serment il pût rentrer dans sa patrie. Cette loyauté lui porta bonheur, il fut depuis heureux en attaquant la marine britannique; contre-amiral en 1800, il était parti de Toulon avec une division de trois vaisseaux, et dans sa courte campagne il s'empara d'une corvette anglaise; puis cinglant à toutes voiles, il se trouva mouillé à Algésiras en face de six vaisseaux anglais et d'une frégate sous l'amiral Saumarez; l'engagement fut vif et sanglant, Linois s'empara de l'*Annibal*, vaisseau de 74, et sa campagne fut si belle

---

[1] Le rapport officiel est au dépôt de la marine :

« Le contre-amiral Linois, avec trois vaisseaux, le *Formidable* et l'*Indomptable*, de quatre-vingt canons, capitaines Lindet, Lalonde et Moncoussu; le *Desaix*, de soixante-quatorze, capitaine Christi-Pallière; et la frégate la *Meuron*, de dix-huit canons, capitaine Martineng, après avoir donné la chasse aux vaisseaux ennemis qui croisaient sur les côtes de Provence, s'est présenté devant Gibraltar, au moment où une escadre anglaise de six vaisseaux de guerre sous les ordres de sir James Saumarez y arrivait. Le 15 messidor (4 juillet), le contre-amiral Linois était mouillé dans la baie d'Algésiras, s'attendant à être attaqué, le lendemain matin. Dans la nuit, il a débarqué le général de brigade Deveaux, avec une partie de troupes pour armer les batteries de la rade. Le 16 à huit heures du matin, la canonnade a commencé, contre les six vaisseaux anglais, qui n'ont pas tardé à venir s'embosser à portée de fusil des vaisseaux français. Le combat s'est alors chaudement engagé; les deux escadres paraissaient également animées de la résolution de vaincre. Si l'escadre française avait quelque avantage, l'escadre anglaise était d'une force double et avait plusieurs vais-

que le premier Consul lui décerna un sabre d'honneur [1].

La dépêche qui annonça la prise de l'*Annibal* sur l'escadre britannique, donna plus de joie à Bonaparte qu'une bataille gagnée ; c'était comme la première victoire maritime de Rome sur Carthage. Une nouvelle dépêche apprit encore un beau succès de l'amiral Gantheaume dans la Méditerranée : si Linois était un brave Breton, Gantheaume appartenait à la race méridionale, à ces Provençaux babillards, hardis, haineux contre les Anglais. Né à la Ciotat, petit port de la Méditerranée, au pied des monts, il était officier bleu déjà sur l'escadre du comte d'Estaing ; lorsque le bailli de Suffren remplit l'Inde de sa gloire, Gantheaume reçut les épaulettes de lieutenant de vaisseau ; les deux meilleurs marins de l'escadre de France, Linois et Gantheaume, sortaient ainsi de l'école du bailli de Suffren, qui les avait entretenus de sa haine contre les Anglais. La Grande-Bretagne brisa la belle marine de Louis XVI, sous les discordes politiques : Gantheaume n'avait jamais quitté la mer, il accompagna

---

seaux de 90. Déjà le vaisseau anglais l'*Annibal*, de 74, était parvenu à se placer entre l'escadre française et la terre, il était onze heures et demie. C'était le moment décisif : depuis deux heures, le *Formidable*, que montait le contre-amiral Linois, tenait tête à trois vaisseaux anglais. Un des vaisseaux de l'escadre anglaise, qui était embossé vis-à-vis d'un des vaisseaux français, amena son pavillon à onze heures trois quarts. Un instant après l'*Annibal*, exposé au feu des batteries des trois vaisseaux français qui tiraient des deux bords, amena aussi le sien. A midi et demi, l'escadre anglaise coupa ses cables et gagna le large. Le vaisseau l'*Annibal* a été amariné par le *Formidable* ; sur 600 hommes d'équipage, 300 ont été tués. »

[1] Bonaparte était fort dur en s'exprimant sur la marine.

« La République n'aura jamais de marine tant que l'on ne refera pas toutes les lois maritimes. Un hamac mal placé, une gargousse négligée, perdent toute une escadre. Il faut proscrire les jurys, les conseils, les assemblées à bord d'un vaisseau ; il ne doit y avoir qu'une autorité, celle du capitaine, qui doit être plus absolue que celle des consuls dans les armées romaines. Si nous n'avons pas eu un succès sur mer, ce n'est ni faute d'hommes capables, ni de matériel, ni d'argent, mais faute de bonnes lois. Si l'on continue à laisser subsister la même organisation maritime, mieux vaut-il fermer nos ports ; c'est y jeter notre argent. »

Bonaparte en Égypte; chef d'état-major à Aboukir, il se défendit vaillamment, au milieu de ce désastre et en sortit sans baisser la tête, puis il eut la mission de ramener Bonaparte avant le 18 brumaire, à travers les croisières anglaises; commandant d'une petite escadre sortie de Brest, on apprit que Gantheaume s'était emparé comme Linois, d'un vaisseau anglais de 74 [1]. Ces deux succès si rapprochés étaient inouïs dans les annales de la marine de la République, vaillante, hardie, mais malheureuse. La capture de deux vaisseaux anglais releva le moral des escadres; célébrée avec pompe à Boulogne, elle devint l'occasion de grandes fêtes, et les marins parlèrent déjà des succès d'avenir sur les grandes flottes qui manœuvraient devant eux. Les Anglais opposèrent à ces fêtes des salves d'artillerie, pour annoncer la destruction d'une escadre espagnole et quelques échecs de l'amiral Linois dans le détroit de Gibraltar; lutte qui se continuait haineuse depuis des siècles! Toutefois il était constant pour les Bretons et les Provençaux, que les Anglais n'étaient pas invincibles; ils leur portaient une inimitié de si longue date que ce fut une bruyante joie parmi eux de leur voir baisser pavillon.

Toutes ces expéditions des escadres dans la Méditerranée avaient surtout pour but Malte et l'Égypte; quant à Malte, tout était dit; la garnison française s'était déjà

---

[1] Je donne aussi le rapport officiel adressé au ministre de la marine.

« Le 5 messidor (24 juin), l'amiral Gantheaume se trouvant dans le canal entre Candie et l'Égypte, découvrit à la pointe du jour un vaisseau de guerre, qui fut bientôt reconnu pour être anglais, et de soixante-quatorze canons; l'amiral Gantheaume fit aussitôt le signal de chasse générale; ce vaisseau ne put tenir à la supériorité de la marche de l'escadre française. A cinq heures du soir, il désespéra de se sauver, et il essaya de se porter sous le vent; il choisit le moment où, par les dispositions de la chasse, les vaisseaux de l'escadre française se trouvaient éloignés les uns des autres; il baissa toutes ses voiles et courut vent-arrière pour tenter de se frayer, en combattant, un passage à travers l'escadre française; mais les vaisseaux français *l'Indivisible* et le *Dix-Août* se portèrent sur ses devants, et engagèrent le combat à la

CAPITULATION DE MALTE (1801).

rendue; pressé de toutes parts, le général Vaubois avait dû capituler; ses valeureuses troupes étaient réduites à dévorer des animaux immondes; comme à Gênes, les généraux mangèrent de la chair de cheval pour prolonger la résistance. Le général Vaubois attendait des secours; de nombreux vaisseaux anglais l'environnaient de leurs batteries flottantes, et les efforts de Linois, de Gantheaume et de Villaret-Joyeuse, restèrent impuissants; nul navire ne put atteindre le rocher; la faim obligea donc à une capitulation prévue. On vit la garnison de Malte, composée de vieux soldats d'Italie, s'embarquer sur des navires de guerre et cingler vers les ports de France où elle arriva exténuée de besoins, et réduite à 1,800 hommes; les Anglais restèrent maîtres de l'île des antiques chevaliers. Ce point leur parut si formidable, qu'ils ne voulurent plus désormais le céder que pour la forme; maîtres de Malte et de Gibraltar, ils commandèrent sur la Méditerranée [1].

Les glorieux soldats d'Égypte, naguère délaissés par leur général en chef Bonaparte, étaient environnés d'une triple expédition d'ennemis : les Turcs, avec une grande masse d'Albanais, de Syriens et de janissaires s'avançaient sur le Caire; les Anglais restaient maîtres de l'embouchure du Nil; puis l'expédition fabuleuse des Cipayes, partie de l'Inde, arrivait à Suez. Quelles nobles

---

portée de 600 toises : on fut bientôt à la portée de fusil, et après une heure de combat assez vif, le vaisseau anglais fut obligé d'amener; c'est le vaisseau le *Swiftsure*, un des plus beaux de l'escadre de l'amiral Keith. L'*Indivisible* et le *Dix-Août* n'éprouvèrent que peu de dommages : l'*Indivisible* n'a eu que 4 hommes hors de combat; le *Dix-Août* a eu 6 hommes tués et 23 blessés. L'amiral Gantheaume a pris dans son escadre des détachements de matelots dont il a formé l'équipage du *Swiftsure*, qu'il est parvenu à mettre en état de naviguer. Le 15 du même mois (4 juillet), une corvette anglaise, partie de Bristol, et chargée de provisions pour l'armée anglaise en Égypte, a aussi été prise par l'amiral Gantheaume. »

[1] Il fut publié un journal des souffrances et des privations de la garnison de Malte.

annales que celles de la petite armée de France campée sous les Pyramides! Elle avait obtenu bien des gloires, elle avait subi bien des malheurs depuis le fatal abandon de Bonaparte [1]. Le déplorable état de l'armée d'Égypte au départ du général en chef est constaté par la dépêche secrète que Kléber avait adressée au Directoire. La situation était si périlleuse, que Bonaparte autorisa son successeur à proposer une capitulation, mais seulement à la Porte ottomane. Depuis, le gouvernement anglais ayant rejeté la capitulation signée par sir Sidney Smith, Kléber dut retrouver son énergie et déployer son active capacité.

Succès inouïs que Kléber remporta encore sur le sol de l'Égypte, au pied d'Héliopolis! Habile et fort administrateur, le rude Alsacien organisa toutes les ressources du pays, et il lui fallait alors d'autant plus d'énergie que la plupart des généraux quittaient l'armée; une sorte de découragement s'était emparée des esprits; le sable mouvant de l'Égypte brûlait sous le pied des soldats et des officiers; Kléber maintint la discipline par des lois sévères. L'histoire a dit comment il fut frappé au cœur dans une fête orientale, quand les esclaves lui présentaient des parfums; un fidèle de la mosquée voulut délivrer l'islamisme du plus

---

[1] Les Anglais s'occupaient aussi vivement de leur expédition d'Égypte.

Downing-Street, 28 avril 1801.

«Suivant des dépêches reçues ce matin de lord Elgin, datées de Constantinople, le 31 mars, il paraît que S. S. avait reçu des lettres de lord Keith, portant que l'armée aux ordres de sir Ralph Abercromby avait effectué un débarquement le 8 de ce mois sur la presqu'île d'Aboukir, malgré un feu très vif de canons, de mortiers et de mousqueterie, l'ennemi ayant posté sur ce point toute la garnison d'Alexandrie et plusieurs détachements des environs, pour s'y opposer; qu'après avoir fait les préparatifs nécessaires les 9, 10 et 11, l'armée s'était avancée le 12, jusqu'à cinq milles d'Alexandrie, où elle avait pris position, sa droite à la mer, et sa gauche au lac Madié, où sir Sidney Smith qui y était posté avec sa flotille de bateaux, entretenait la communication avec les habitants, et four-

fier de ses ennemis. Le commandement en chef fut alors déféré au général Menou, bizarre destinée de gentilhomme. Menou était d'une vieille et bonne famille qui comptait des chevaliers et des châtelaines au xie siècle déjà ; son père, le comte de Menou, servait comme capitaine dans le corps des grenadiers de France ; le fils était maréchal-de-camp en 1789. Ainsi que la plupart des nobles des provinces bretonnes et angevines, Menou se prononça pour le tiers-état, et à l'Assemblée constituante, il vota avec le comte de Mirabeau, car les gentilshommes n'étaient pas alors en arrière pour détruire le vieil édifice. Le comte de Menou conquit le grade de général de division dans les premiers temps de la République ; Barras, de vieille souche aussi, le chargea de comprimer l'insurrection des faubourgs, et il fut nommé général de l'armée d'intérieur.

Le comte de Menou, lié avec Bonaparte, le suivit en Égypte ; il y combattit avec bravoure, et par une bizarrerie que l'on s'explique très bien en étudiant l'esprit des cadets de race, si aventureux dans les régions du midi, Menou adopta l'islamisme pour épouser la fille du maître des bains de Rosette ; l'histoire de la noblesse de France avait plus d'un exemple de ces caprices, et depuis le comte de Bonneval, l'on comptait des pachas originaires des châteaux de Bretagne, de Normandie ou de Provence :

nissait l'armée d'eau et de provisions fraîches ; que le 13, à sept heures du matin, l'ennemi avait fait une attaque et avait été repoussé avec perte sur les onze heures ; qu'en même temps les soldats de marine avaient été débarqués, et avaient attaqué par terre le château d'Aboukir, le seul poste de la presqu'île qui fût occupé par l'ennemi ; que le 14, au coucher du soleil, lorsque le bâtiment qui avait apporté ces nouvelles levait l'ancre, les troupes débarquées et les chaloupes canonnières jetaient des bombes et des boulets dans Aboukir, et qu'au même moment on entendait un grand feu du côté d'Alexandrie, qui paraissait, à bord du *Foudroyant*, être une attaque générale. Le grand-visir s'était mis en marche de Jaffa, le 25 février, ayant selon les lettres du major Hellovay à lord Elgin, reçu des renforts considérables. »

« Cadet de race devait faire fortune avec sa cape et son épée, disait coutume de Gascogne. »

Après la mort de Kléber, le commandement fut donc déféré au comte de Menou; on a trop attaqué cette administration d'un général délaissé sur une terre lointaine; Bonaparte lui rendit plus de justice. Menou se défendit avec vigueur contre l'attaque simultanée des Anglais et des Turcs, et à la bataille d'Alexandrie, si malheureuse pour la France, où Abercromby néanmoins perdit la vie, la résistance fut belle, mais l'harmonie n'existait plus parmi les officiers; Menou avait trouvé un adversaire dans le général Régnier, qui partout dépréciait les actes de son administration; la plupart de ses généraux divisionnaires l'abandonnaient, sauf Belliard, le digne soldat se défendant au Caire avec la même valeur que dans la haute Égypte. Régnier était parti pour la France; Desaix, Junot, l'avaient précédé; puis vint le tour du général Dumuy, noble comme Menou, neveu et héritier du comte Dumuy, mort ministre de la guerre sous Louis XV. Une sorte de nostalgie semblait s'emparer de tous les officiers qui restaient en Égypte[1], triste infirmité de l'âme sur la terre étrangère! Il fallait une force d'esprit remar-

---

[1] Bonaparte conservait toujours des rapports avec les vieux soldats de l'armée d'Égypte. Voici deux documents curieux :

« Les sous-officiers composant la garnison du fort d'Aboukir, au nom de la garnison, au citoyen premier Consul.

« Citoyen Consul, des braves que vous avez déjà commandés, osent élever la voix jusqu'à vous. Leur honneur vient d'être attaqué; l'on dit qu'après une faible résistance de trois jours, le fort d'Aboukir s'est rendu aux Anglais avant l'arrivée des Turcs. Nous jurons qu'il ne peut dépendre de qui que ce soit de nous arracher les palmes d'honneur que nous avons cueillies sous vos ordres; mais nous ne devons pas souffrir qu'elles soient flétries. Nous nous sommes défendus faiblement, dit-on; vous, qui nous avez vus cent fois courir les dangers, les défier, nous perdrions en un seul jour le prix de dix ans de travaux! Des soldats, qui, depuis la guerre, ont affronté tous les périls pour mériter l'honneur d'être comptés parmi les défenseurs de leur patrie, se verraient en un moment confondus parmi les lâches et les traîtres! Non, citoyen Consul, vous n'avez pu ajouter foi à un tel rapport : nos officiers eux-

quable pour résister au triple fléau de la peste, de l'ennemi et d'un soleil qui embrase.

La pensée commune fut encore la capitulation; le courage moral abandonnait le soldat; il n'avait plus l'espoir d'un secours; on voyait à peine de temps à autre quelques avisos aborder aux rives du Nil, après avoir furtivement échappé aux croisières anglaises: comme la colombe de l'arche apportaient-ils un peu d'espoir et serait-on secouru? L'armée française en Égypte, sous Kléber et Menou, eut longtemps le courage du malheur. Des nouvelles de la patrie n'arrivaient qu'à de longs intervalles : on avait tout supporté, le soleil brûlant, la peste et le sable qui roulait du feu sous les pieds; l'armée avait en face d'elle une vaste mer, sans retour possible vers la patrie, et sur le rivage une armée ottomane [1]; prise en flanc par les Anglais, les Cipayes de l'Inde se déployaient depuis Suez pour la combattre. L'armée lutta longtemps contre mille difficultés; Menou se rapprocha de Mourad-Bey par un traité habile, et sa

mêmes, s'ils avaient agité la question de se rendre quand on eût pu tenir encore, nous eussent, pour la première fois, trouvés rebelles à leurs ordres, et nous en eussions ensuite appelé à votre jugement.

« Vous excuserez sans doute, citoyen Consul, la franchise avec laquelle nous déposons dans votre sein l'expression de notre douleur : vous êtes le père du soldat, vous connaissez son esprit, vous ne lui ferez pas un crime de porter jusqu'à vous ses réclamations. »

Voici la réponse de Bonaparte :

« Soldats, j'ai lu votre lettre ; je me suis fait rendre compte de votre conduite, je vous reconnais pour de dignes enfants de la 6ᵉ. J'ai donné ordre que l'on vous rendît vos armes : je saisirai la première occasion pour vous mettre à même de vous venger. Vous n'avez jamais été vaincus,

vous ne mourrez pas sans être encore vainqueurs.

« Je vous salue. » Bonaparte.

[1] Voici les articles principaux de la capitulation signée par le général Belliard :

Art. 1ᵉʳ. — « Les troupes françaises de toutes armes et les troupes auxiliaires sous le commandement du général de division Belliard, évacueront la ville du Caire, la citadelle, et les forts Boulac, Giza, et toute la partie de l'Égypte occupé par elles.

Art. 2. — « Les troupes françaises et auxiliaires se retireront par terre à Rosette, en longeant le côté gauche du Nil, avec armes, bagages, artillerie de campagne et munitions. Elles seront embarquées et transportées dans les ports de France de la Méditerranée, aux frais des puissances alliées, avec leurs armes, artillerie, bagages et effets. »

qualité de musulman inspira confiance aux populations égyptiennes. La défense d'Alexandrie fut belle, le brave Lanussy fut tué et Rose y reçut une balle au cœur; Menou seul resta dans Alexandrie, et sa défense vigoureuse, sa résistance prolongée, ainsi que celle de Belliard, permirent à la France de meilleures conditions lors des préliminaires de la paix d'Amiens!

CHAPITRE XIV.

PRÉLIMINAIRES DE LA PAIX AVEC L'ANGLETERRE.

PACIFICATION GÉNÉRALE.

M. Otto à Londres. — Échange de notes entre M. de Talleyrand et lord Hawkesbury. — Discussion des préliminaires. — 1° Bases de l'*uti possidetis ante bellum*. — 2° Bases des restitutions réciproques. — Europe. — Colonies. — Inde. — Égypte. — Malte. — État de l'opinion publique. — Signature des préliminaires. — Négociation avec la Russie. — Traité de paix. — Transaction avec la Porte ottomane. — Publication officielle du traité avec le Portugal. — Naples. — La Bavière. — Question des neutres. — États-Unis d'Amérique. — Traité.

Juillet à octobre 1801.

A l'époque de la plus vive irritation de la guerre, M. Otto était resté à Londres sous prétexte de continuer l'échange des prisonniers. Cette position de haut commissaire donnait à M. Otto une certaine facilité dans les négociations diplomatiques en lui permettant de voir les hommes d'état, whigs et tories; le commissaire devait régler les sommes allouées à chaque prisonnier, les moyens de subsistance, le mode d'envoi pour la solde de tous, et enfin l'échange d'officiers à officiers, comme cela se pratiquait à certains intervalles et pour beaucoup de prisonniers de rang et d'importance militaire [1]. M. Otto était

---

[1] Dans les jours les plus violents de la guerre (même en 1797), un commissaire pour l'échange des prisonniers, n'avait pas cessé de résider à Londres.

merveilleusement propre à de telles négociations; esprit doux et pacificateur il avait conçu l'espoir d'amener la paix entre les deux peuples, ou de réaliser au moins une de ces trêves momentanées dont chacun d'eux avait besoin [1].

Telles étaient également les dispositions de lord Hawkesbury, ministre des affaires étrangères depuis la retraite de lord Grenville. L'opinion à Londres était pour la paix; il y a des époques ainsi faites où certaines idées dominent irrésistiblement et la paix était alors le cri de toutes les âmes : les manufacturiers en exprimaient le vif désir, les ouvriers l'appelaient dans les émeutes, l'opposition la demandait avec instance; une sorte d'entraînement était partout pour la France et pour le premier Consul. On plaçait haut Bonaparte à Londres comme génie militaire et pacificateur, ses statues, ses bustes se vendaient publiquement. Les dernières expéditions de Nelson sur les côtes n'avaient point réussi, le ministère Addington s'était formé dans un but pacifique; M. Pitt n'avait donné sa démission que pour arriver à un traité de paix. Rien ne pouvait l'empêcher ou la retarder : tel était le sentiment général en Angleterre [2].

M. Otto et lord Hawkesbury, rapprochés à plusieurs reprises dans des conférences intimes, avaient parlé de la paix dans des termes positifs. Le vœu de la France et de l'Angleterre était pour une pacification générale. M. Otto en avait écrit à Paris et le premier

---

[1] Dépêche de M. Otto à M. de Talleyrand.
[2] *Annual-Reg.* 1801.
« After nine years effusion of blood; after an increase of debt to the amount or nearly 200 millions; after the uninterrupted exertions of the country, and, at the same time, the most splendid and signal successes, there was no man who could deny but that peace was a most desirable object. » (Explication de lord Hawkesbury).

Consul n'hésita pas à signer des pleins pouvoirs que le négociateur devait échanger contre ceux de lord Hawkesbury. Le cabinet anglais conçut les siens dans des termes absolus; le ministre eut mission d'arrêter les bases des préliminaires préalablement discutés, sous sa propre responsabilité. M. de Talleyrand avait limité les pleins pouvoirs de M. Otto, car le premier Consul ne voulait traiter que sur de certaines bases sans lesquelles il ne croyait pas possible un rapprochement avec l'Angleterre. Rien de plus vaste que les questions qui allaient s'agiter entre les plénipotentiaires; elles embrassaient tous les principes du droit des gens, et les points les plus difficiles de la politique générale.

Deux bases dans la forme des négociations se présentaient pour la signature des préliminaires : la première était l'*uti possidetis*, c'est-à-dire le maintien réciproque des possessions acquises par la conquête ou par les réunions successives. Avec ce système la France aurait gardé tout ce qu'elle avait acquis depuis 1789 sans rien abdiquer ou de ses possessions ou de son influence [1]. Or, son système fédératif, comme celui de Louis XIV, s'étendait en Espagne, en Italie, en Belgique et en Hollande; l'Angleterre admettait tout cela comme base du traité, mais en même temps elle devait garder pour elle-même les conquêtes acquises dans les colonies ou en terre ferme, soit que le pavillon britannique les eût accomplies contre la France, ou bien encore contre l'Espagne, la Hollande, la Suède ou le Danemarck, alliés plus ou moins indirects du gouvernement français [2].

Un tel traité n'eût été sous ce point de vue que la réalisation d'un fait matériel, de l'*uti possidetis*, comme on

---

[1] Instruction de M. de Talleyrand à M. Otto. Août 1801.
[2] Réponse de lord Hawkesbury. Août 1801.

l'a dit déjà. Une seconde base était celle des restitutions réciproques pour arriver à un équilibre général : le *statu ante bellum*, et celle-ci, plus équitable et plus juste, devait donner lieu à de plus grandes difficultés : quelles seraient les limites dans lesquelles se renfermeraient les restitutions, ou bien seraient-elles absolues? l'Angleterre et la France allaient-elles se placer dans la même position qu'en 1789, sans tenir aucun compte des acquisitions faites et des changements arrivés? La France insistait beaucoup sur la restitution de ses colonies et sur un vaste plan de compensation ayant pour théâtre l'Inde et l'Europe également. Après de longs débats, ce mode fut préféré; seulement on dut examiner l'étendue qu'il fallait lui donner.

Les conquêtes de l'Angleterre sur le continent européen étaient nulles; sa puissance avait échoué sur tous les points ; à Copenhague elle n'avait paru qu'un moment et ses troupes de mer avaient seules agi ; l'Angleterre n'avait rien acquis en Europe, depuis l'origine de la guerre. Au contraire, le gouvernement français avait largement étendu sa domination et son influence. La République avait conquis d'abord les limites du Rhin; la rive gauche formait des départements. La Belgique était réunie par les traités de Campo-Formio et de Lunéville ; Anvers saluait le drapeau français. Ces territoires avaient agrandi considérablement la puissance matérielle de la république[1]. Mais ce qu'il y avait de plus redoutable alors, c'était l'influence diplomatique de Bonaparte, s'étendant sur tous ses alliés. L'Espagne, placée sous sa main, avait augmenté son territoire par la conquête d'Olivenza enlevé au Portugal; un ordre

---

[1] Note de lord Hawkesbury. Août 1801.

du premier Consul était exécuté à Madrid, avec l'obéissance la plus absolue; des flottes sous les deux pavillons d'Espagne et de la République, paraissaient sur toutes les mers; l'alliance la plus intime existait; le pacte de famille était reconstitué sur de plus larges bases.

Au nord, la France, maîtresse d'Anvers, avec ses magnifiques arsenaux, exerçait également une influence absolue sur la république Batave; ce gouvernement n'était qu'un mode, qu'une forme d'administration sous la haute domination du premier Consul; il pouvait s'y former une ligne d'armements depuis Amsterdam jusqu'à Cadix. Une telle sujétion serait-elle maintenue à l'égard de l'Italie et du Piémont? Par un traité spécial, la France avait imposé comme condition à l'avénement des Bourbons de Naples, de ne pas recevoir les Anglais, le Piémont ne formait plus qu'une division militaire, sous le général Jourdan. Toutes ces républiques éphémères attendaient respectueusement les ordres du gouvernement français, et la Suisse même était sous son influence décisive. La République paraissait plus puissante que la monarchie de Louis XIV, dans les jours de gloire et la plus grande faveur de sa fortune [1]. En vain, M. de Talleyrand répétait-il, dans ses notes, que ces gouvernements restaient libres et indépendants en dehors de toute domination étrangère, lord Hawkesbury, habitué aux négociations, savait assez l'état du continent pour répondre à M. de Talleyrand « que tous ces vastes territoires obéissaient à l'idée et au système français [2]. »

La question continentale était ainsi tout avantageuse à

---

[1] Note de lord Hawkesbury. Août 1801.
[2] Rapport de M. Otto. Août 1801.

la France, car elle y avait la haute main. L'Angleterre avait une situation au moins aussi vaste, aussi bonne par rapport aux colonies; lorsque la France faisait des conquêtes successives sur le continent, l'Angleterre en accomplissait d'autres aussi étendues et prenait sur l'Espagne la Trinité et Minorque; sur la France, les îles sous le Vent, la Martinique, Miquelon, les établissements de l'Inde. Sur la Hollande, la Grande-Bretagne avait conquis le cap de Bonne-Espérance et l'île de Ceylan; or, Bonaparte sentait qu'une paix sans colonies serait un véritable traité sans issues, une pacification sans richesses, un commerce sans débouchés. Dans sa correspondance avec lord Hawkesbury, M. de Talleyrand insistait pour la restitution absolue de toutes les colonies conquises pendant les dernières quarante années [1].

Que déciderait-on pour l'Inde, ce point du monde sur lequel l'Angleterre avait si considérablement acquis? L'Inde était le plus bel empire connu; Bonaparte avait mille fois rêvé sa conquête [2]; le cabinet britannique obtenait dans la presqu'île du Gange plus de cinq cents lieues carrées de riches possessions, et dix millions de sujets, après avoir détruit la puissance

---

[1] Note de M. de Talleyrand 21 août.
[2] Bonaparte n'avait jamais renoncé à son projet sur l'Inde : c'était puérilité sans une marine victorieuse.

« Longtemps j'ai rêvé une expédition décisive sur l'Inde, mais j'ai été constamment déjoué. J'envoyais 16,000 soldats, tous sur des vaisseaux de ligne ; chaque soixante-quatorze en eût porté 500, ce qui eût demandé trente-deux vaisseaux. Je leur faisais prendre de l'eau pour quatre mois ; on l'eût renouvelée à l'île de France ou dans tout autre endroit habité du désert de l'Afrique, du Brésil ou de la mer des Indes ; on eût, au besoin, fait la conquête de cette eau partout où on eût voulu relâcher. Arrivés sur les lieux, les vaisseaux jetaient les soldats à terre, et repartaient aussitôt, complétant leurs équipages par le sacrifice de sept ou huit de ces vaisseaux, dont la vétusté avait déjà marqué la condamnation; si bien qu'une escadre anglaise, arrivant d'Europe à la suite de la nôtre, n'eût plus rien trouvé. Quant à l'armée abandonnée à elle-même, mise aux mains d'un chef sûr et capable, elle eût renouvelé les prodiges qui nous étaient familiers, et l'Europe eût appris la conquête de l'Inde comme elle avait appris celle de l'Égypte. »

de l'empire de Mysore et de son sultan Tippoo-Saëb. Les comptoirs de France n'étaient plus rien que des vieilles ruines de cités et quelques côtes sans populations; une ou deux bourgades telles que Pondichéry s'éclipsaient devant Madras, la cité du Bengale avec son beau sol, sa population immense, et Calcutta, la ville du gouvernement de l'Inde, aux rues larges, aux riches monuments, la capitale du gouvernement. Les acquisitions de l'Angleterre dans l'Inde étaient tellement immenses qu'elles pouvaient compenser les sacrifices faits par le cabinet britannique pendant tout le courant de la guerre; et c'est ce que ne manquaient pas de faire remarquer les notes successivement envoyées par M. de Talleyrand pour justifier les acquisitions faites par la France sur le continent [1]. « A nous l'Europe, semblait-il dire ; à vous l'Inde et l'Asie. Le lot est encore beau pour l'Angleterre. »

Mais les difficultés des préliminaires portaient spécialement sur la possession de l'Égypte et de Malte. Malte, comme on l'a vu, était définitivement perdue pour la France; une capitulation avait fait tomber l'île au pouvoir des Anglais, et leur pavillon y flottait depuis six mois. A l'égard de l'Égypte, toutes les nouvelles disaient la mauvaise situation des Français cernés dans Alexandrie et le Caire et demandant capitulation; les armées ottomanes, les troupes britanniques faisaient d'incessants progrès au milieu de ces terres, et l'on ne doutait pas que dans un délai très rapproché, les cités de la haute et basse Égypte ne fussent les possessions du gouvernement anglais [2]. La domination française arrivait à

---

[1] Notes de M. Otto. Août 1801.
[2] On n'avait plus aucune nouvelle d'É- gypte et des généraux qui commandaient l'expédition française. Les opinions de Bo-

sa fin. M. Otto insista pour une restitution absolue aux anciens possesseurs de l'Égypte et de Malte. L'ordre de Saint-Jean de Jérusalem devait être reconstitué. On pourrait rendre l'île aux chevaliers sous un grand-maître. En attendant ce résultat, on en remettrait la garde à une puissance neutre, secondaire et désintéressée. Pour l'Égypte, rien n'était plus simple ; la Porte ottomane avait aidé les Anglais dans leur expédition au pied des Pyramides ; à toutes les époques l'Égypte était demeurée sous sa domination ; on devait lui restituer les vastes terres du Nil confiée à un pacha ; le croissant se montrerait encore sur les minarets du Caire et d'Alexandrie avec le drapeau des Osmanlis ; aucune difficulté sur ce point : l'Angleterre se disait l'alliée de la Porte ottomane plus que la France elle-même ; tout s'arrangerait pour les détails à la suite d'un congrès solennel [1].

Ainsi se poursuivaient secrètement les négociations entre lord Hawkesbury et M. de Talleyrand, représenté par M. Otto, défendant avec habilité les instructions de son gouvernement. Les hostilités étaient vives encore ; les coups de guerre rapides, et, un échange de notes se continuait à Londres et à Paris,

---

naparte sur l'Égypte étaient invariables ; c'est toujours l'Inde qu'il entrevoit.

« Les Anglais ont frémi de nous voir occuper l'Égypte. Nous montrions à l'Europe les vrais moyens de les priver de l'Inde. Ils ne sont pas encore bien rassurés et ils ont raison. Si quarante ou cinquante mille familles européennes fixent leur industrie, leurs lois et leur administration en Égypte, l'Inde sera aussitôt perdue pour les Anglais, bien plus encore par la force des choses que par celle des armes.»

« Vous savez apprécier aussi bien que moi combien la possession de l'Égypte est importante à la France : cet empire turc, qui menace ruine de tous côtés, s'écroule aujourd'hui, et l'évacuation de l'Égypte serait un malheur d'autant plus grand, que nous verrions de nos jours cette belle province passer en des mains européennes. L'intérêt de ce qui se passe ici est vif, et les résultats en seront immenses pour le commerce, pour la civilisation ; ce sera l'époque d'où dateront les grandes révolutions.

(C. I. Lettre à Kléber, du 21 août 1799).
[1] Note de M. Otto. Août 1801.

dans le plus profond mystère entre les deux cabinets; on discutait les bases des préliminaires; l'*uti possidetis* étant rejeté de part et d'autre [1], on prit pour point de départ les restitutions réciproques dans des conditions arrêtées; il fut convenu comme bases premières : « Que la France traiterait conjointement avec l'Espagne et la république Batave, tandis que l'Angleterre stipulerait au nom du Portugal, pour bien constater l'esprit des alliances. »

La clause des restitutions une fois admise, on dut examiner la question des limites dans lesquelles on se renfermerait. Quelles colonies garderait la Grande-Bretagne et quels seraient les établissements dont elle ferait la restitution? L'Angleterre fit peu de difficulté pour rendre la Martinique, Tabago, Sainte-Lucie, Saint-Pierre de Miquelon, Pondichéry; la France obtint toutes ses stations maritimes, et lord Hawkesbury se montra fort large sur ce point, parce qu'il savait bien qu'en aucun cas, Pondichéry ne pourrait être un obstacle au développement de la puissance britannique dans l'Inde. Les colonies d'Amérique n'étaient, que des postes militaires, et la Martinique devenait plutôt une charge qu'un bénéfice pour la métropole; supposez d'ailleurs une guerre, ces cessions ne pouvaient être en tous les cas qu'éventuelles; une seule campagne maritime pouvait rendre

---

[1] J'ai trouvé la petite note suivante écrite de la main du Consul :

« Toutes les conquêtes faites sur la France lui seront restituées : la Martinique, Sainte-Lucie, Tabago, Saint-Pierre de Miquelon, Pondichéry, etc.

« Les conquêtes faites sur les Hollandais dans les Deux-Indes, leur seront restituées.

« Minorque sera rendue à l'Espagne.

« L'île de Malte sera rendue aux chevaliers de l'ordre de Saint-Jean-de-Jérusalem, sous la protection d'une puissance tierce. Porto Ferrajo sera évacué par les Français et les Anglais, et réintégré à la Toscane.

« Les territoires du roi de Naples, de la reine du Portugal et du grand-seigneur, seront garantis dans leur intégrité. Les troupes françaises et espagnoles devront évacuer ces pays sans délai.

« Les prisonniers seront rendus des deux côtés.

« Les hostilités cesseront dans trois mois

l'Angleterre maîtresse encore de toutes les îles cédées. Le gouvernement britannique obtenait la Trinitad à perpétuité ; de ce port, elle pouvait dominer par ses intrigues le continent d'Amérique, que déjà elle voulait enlever à la suzeraineté de l'Espagne, en favorisant les idées d'indépendance dans ces riches contrées. L'acquisition de l'île de Ceylan était précieuse pour la Grande-Bretagne ; station nécessaire devant la côte du Bengale, elle protégeait la navigation si difficile de ces parages ; riche territoire, terre magnifique, Ceylan produisait le poivre, les épices les plus variées, les parfums les plus doux, sous le plus beau ciel ; l'Angleterre convoitait cette admirable possession sur la Hollande, depuis cinquante ans [1].

La question de l'île de Malte résolue favorablement pour l'ordre, on dut la restituer aux chevaliers, sous la protection d'une puissance tierce, comme pour réaliser l'idée chevaleresque de Paul Ier ; les deux puissances flattaient ainsi la Russie : l'intégrité des territoires était assurée à Naples, au Portugal et au grand-seigneur ; les troupes des puissances belligérantes devaient immédiatement évacuer le pays de Toscane. Les préliminaires laissaient l'espérance d'un traité de commerce sur des bases équitables, lequel pourrait devenir commun à la république Batave ; promesse vague, car un traité de commerce était difficile entre deux peuples rivaux, également producteurs, se jetant dans des communes voies

en Europe, et dans six dans les autres parties du monde. »
Cet ultimatum fut ensuite modifié.

[1] C'était pour empêcher l'occupation de Ceylan et du cap de Bonne-Espérance par les Anglais sur les Hollandais que l'admirable campagne du bailli de Suffren s'était accomplie dans l'Inde. Je dirai un jour tout ce que fit le règne de Louis XVI pour la diplomatie, et la haine profonde du monarque pour l'Angleterre.

de l'industrie et des manufactures et pour réaliser déjà cette pensée d'un commerce commun, on déclarait le cap de Bonne-Espérance port franc ouvert à toutes les nations. Depuis longtemps l'Angleterre convoitait le cap de Bonne-Espérance, station nécessaire pour appuyer son empire dans l'Inde. La maison d'Orange avait promis le cap comme un gage de sa restauration; en déclarant la franchise de son port, l'Angleterre voulait s'en assurer plus tard la possession pour elle-même. Quant à la question des prisonniers, sur laquelle M. Otto avait des pleins pouvoirs, on devait les rendre immédiatement après la signature des préliminaires: les hostilités étaient également suspendues, et pour des cas éventuels de combats et de prises, on fixait trois mois pour l'Europe, et six mois pour les autres parties du monde.

Ces préliminaires longtemps discutés, furent envoyés par duplicata à M. de Talleyrand et au Consul Bonaparte [1]; dans une dépêche que M. Otto joignit à cet envoi, il explique avec netteté les motifs qui devaient en hâter la signature : « L'opinion publique en Angleterre était favorable à la cessation immédiate des hostilités; il paraissait incontestable à M. Otto, que toute ratification serait donnée par le ministère Addington. Comme chaque partie contractante avait besoin de

---

[1] Les préliminaires arrêtés portent comme disposition principale :

« Article 2. S. M. B. restituera à la République française et à ses alliés, et nommément à S. M. C. et à la république Batave, toutes les possessions et colonies occupées ou conquises par les forces anglaises dans le cours de la guerre actuelle, à l'exception de l'île de la Trinité et des possessions hollandaises dans l'île de Ceylan, desquelles îles et possessions, S. M. B. se réserve la pleine et entière souveraineté.

« Art 3. Le port de cap de Bonne-Espérance sera ouvert au commerce et à la navigation des deux parties contractantes, qui y jouiront des mêmes avantages.

« Art. 4. L'île de Malte avec ses dépendances sera évacuée par les troupes anglaises, et elle sera rendue à l'ordre de Saint-Jean-de-Jérusalem; pour assurer l'indépendance absolue de cette île de l'une ou de l'autre des deux parties contractantes, elle sera mise sous la garantie d'une puissance tierce, qui sera désignée par le traité définitif.

« Art. 5. L'Égypte sera restituée à la Su-

la paix, tout faisait croire qu'elle serait durable. Si le premier Consul étudiait la position respective, de grands motifs devaient hâter cette conclusion. Pouvait-on garder l'Égypte? Non. Était-il possible de reconquérir Malte? Pas davantage. La France, sans rien céder, revenait *au statu quo ante bellum;* toutes ses colonies lui étaient rendues, et par le fait, elle se trouvait placée dans une position aussi belle que dans les grands jours de Louis XIV; elle entraînait, sous une immédiate influence, l'Espagne et la Hollande; l'Italie et la Suisse étaient sous sa domination morale; sa marine pourrait conquérir Saint-Domingue, l'Espagne lui donnait la Louisiane; le Portugal, une meilleure frontière dans la Guyane; les deux seules conquêtes que se réservait l'Angleterre, l'île de Ceylan et la Trinitad, n'étaient point arrachées à la domination de la France. »

Tel était le sens de la dépêche de M. Otto, pressant la signature des préliminaires [1]. M. de Talleyrand répondit par courrier. « Qu'il avait pris en effet les ordres du premier Consul : que rien ne s'opposait à la signature d'un traité dont tout le monde avait besoin; dans les préliminaires on établirait les bases générales; les

---

blime-Porte, dont les territoires et possessions seront maintenues dans leur intégrité, tels qu'ils étaient avant la guerre actuelle.

« Art. 6. Les territoires et possessions de S. M. très fidèle seront aussi maintenus dans leur intégrité.

« Art. 7. Les troupes françaises évacueront le royaume de Naples et l'État romain. Les forces anglaises évacueront pareillement Porto-Ferrajo, et généralement tous les ports et îles qu'elles occuperaient dans la Méditerranée ou dans l'Adriatique.

« Art. 8. La république des Sept-Îles sera reconnue par la République française.

« Les évacuations, cessions et restitutions stipulées par les présents articles préliminaires, seront exécutées, pour l'Europe, dans le mois ; pour le continent et les mers d'Amérique et d'Afrique, dans les trois mois ; pour le continent et les mers d'Asie, dans les six mois qui suivront la ratification du traité définitif. »

(Ces préliminaires sont du 1er octobre 1801 et signées Otto et Hawkesbury.)

[1] Dépêches de M. Otto, Septembre 1801,

points de détails pouvaient s'examiner dans un congrès, sur lesquels plus tard les plénipotentiaires auraient à s'expliquer ; on verrait alors à vider les questions d'Égypte et de Malte, les plus essentielles selon M. de Talleyrand. » A cette dépêche, le ministre joignit le projet des préliminaires corrigé sur deux ou trois points avec ordre de le signer sur-le-champ et d'en finir au plus vite avec cette négociation, dont le résultat était attendu avec impatience à Paris [1].

Tout était tenu dans le plus profond secret, par plusieurs motifs ; on disait même que des spéculations de bourse étaient faites déjà, dans une pensée de hausse. Enfin, M. Otto et lord Hawkesbury se virent dans des conférences intimes et répétées ; comme le premier Consul avait reçu de mauvaises nouvelles d'Égypte, il écrivit en toute hâte à M. Otto, de signer le projet primitif des préliminaires, tels qu'ils étaient arrêtés. La signature fut donnée par les plénipotentiaires, le 30 septembre, à onze heures du soir, avec solennité, au *Foreing office*. Aussitôt un courrier fut dirigé vers Calais ; le 3 octobre, une dépêche télégraphique annonça l'heureux événement qui suspendait les hostilités entre deux peuples engagés, depuis dix ans, dans les batailles les plus acharnées. La joie fut grande de part et d'autre [2]; quand il y a fatigue de guerre dans

---

[1] Instructions de M. de Talleyrand, septembre 1801.

[2] « Hier, 3 octobre, à sept heures du soir, le canon retentissant à la fois sur le quai des Tuileries et sur l'esplanade de l'hôtel des Invalides, a donné subitement le signal à l'allégresse publique. Les citoyens s'arrêtant, s'interrogeant mutuellement au milieu des rues et des places publiques, sur l'événement que le gouvernement proclamait, se portaient en foule vers les spectacles pour y prendre connaissance de la nouvelle qu'on y notifierait sans doute officiellement. Sur tous les théâtres, en effet, une note du ministre de l'intérieur annonçant la signature des préliminaires avec l'Angleterre, a été lue et répétée au milieu des plus vives acclamations. L'enthousiasme était à son comble à la Comédie française, au théâtre de Picard, et au Vaudeville. A ce dernier théâtre, l'esprit est habitué à servir d'interprète au sentiment : des couplets improvisés

les esprits, le besoin de la paix est indicible ; c'est un entraînement que nul ne peut rendre. En Angleterre, la joie fut bruyante parmi le bas peuple ; les wighs croyaient au prochain avènement de Fox au ministère. En France, un enthousiasme universel entoura le premier Consul, magnifique intelligence qui avait fait ce noble repos ; la tranquillité dont on allait jouir était son ouvrage ; les mers allaient revoir nos beaux navires de commerce ! On avait la paix continentale par le traité de Lunéville, et la paix maritime, par les préliminaires ; les cabinets de Londres et de Paris échangèrent les notes les plus amicales, les plus intimes, comme si la paix allait se perpétuer dans l'harmonie universelle.

Ces voies de pacification grandirent encore ; les idées n'étaient plus à la guerre ; partout on appelait le repos. L'exemple de l'Angleterre avait été contagieux ; de Londres même partirent des conseils à la Russie, pour finir par un traité toutes les questions accessoires qui restaient indécises entre la République française et Alexandre. M. de Kalitscheff fut rappelé

ont été couverts d'applaudissements. En sortant des spectacles, les citoyens ont trouvé les façades des théâtres, des établissements publics, et d'un grand nombre de maisons de citoyens, illuminées comme aux jours de nos fêtes nationales. »

Les Consuls de la République aux Français.

« Français ! vous l'avez enfin tout entière cette paix que vous avez méritée par de si longs et de si généreux efforts.

« Le monde ne nous offre plus que des nations amies, et sur toutes les mers, s'ouvrent pour vos vaisseaux des ports hospitaliers.

« Fidèle à vos vœux et à ses promesses, le gouvernement n'a cédé ni à l'ambition des conquêtes, ni à l'attrait des entreprises hardies et extraordinaires. Son devoir était de rendre le repos à l'humanité et de rapprocher, par des liens solides et durables, cette grande famille européenne dont la destinée est de faire les destinées de l'univers.

« Sa première tâche est remplie, une autre commence pour vous et pour lui. A la gloire des combats, faisons succéder une gloire plus douce pour les citoyens, moins redoutable pour nos voisins.

« Perfectionnons, mais surtout apprenons aux générations naissantes à chérir nos institutions et nos lois. Qu'elles croissent pour l'égalité civile, pour la liberté publique, pour la prospérité nationale. Portons dans les ateliers de l'agriculture et des arts, cette ardeur, cette constance, cette patience qui

par les ordres exprès du Czar; sa position à Paris n'était pas bonne; expression de la politique de Paul Ier, il s'était lié trop intimement avec la cour du premier Consul, et la Russie avait besoin d'un observateur hostile, afin de connaître profondément la pensée du cabinet. Elle désigna le comte de Marcoff, un des esprits les plus fermes, les plus fins et les plus déliés de sa diplomatie. M. de Marcoff se hâta d'arriver à Paris, chargé de pleins pouvoirs pour négocier sur les points qui faisaient difficulté entre la Russie et la France. Nul n'était alors disposé à faire la guerre; le premier Consul avait seul une belle armée toute prête, et l'état de paix devait la dissoudre.

Dans cette situation il fut facile de s'entendre; le comte de Marcoff eut une longue suite de conférences avec M. de Talleyrand; on y régla en termes généraux les relations de la France et de la Russie: les deux États ne se touchaient par aucun point et c'est ce qui rendit presque insignifiant le traité intervenu entre ces deux puissances. Il ne contenait aucune cession de territoire, aucunes

ont étonné l'Europe dans toutes nos circonstances difficiles. Unissons aux efforts du gouvernement les efforts des citoyens pour enrichir, pour féconder toutes les parties de notre vaste territoire.

« Soyons le lien et l'exemple des peuples qui nous environnent. Que l'étranger, qu'un intérêt de curiosité attirera parmi nous, s'y arrête, attaché par le charme de nos mœurs, par le spectacle de notre union, de notre industrie, et par l'attrait de nos jouissances; qu'il s'en retourne dans sa patrie plus ami du nom Français, plus instruit et meilleur.

« S'il reste encore des hommes que tourmente le besoin de haïr leurs concitoyens, ou qu'aigrisse le souvenir de leurs pertes, d'immenses contrées les attendent; qu'ils osent aller y chercher des richesses, et l'oubli de leurs infortunes et de leurs pertes. Les regards de la patrie les y suivront; elle secondera leur courage; un jour, heureux de leurs travaux, ils reviendront dans son sein, dignes d'être citoyens d'un État libre, et corrigés du délire des persécutions.

« Français! il y a deux ans, ce même jour vit se terminer vos dissensions civiles, s'anéantir toutes les factions! dès lors vous pûtes concentrer toute votre énergie, embrasser tout ce qui est grand aux yeux de l'humanité, tout ce qui est utile aux intérêts de la patrie: partout le gouvernement fut votre guide et votre appui. Sa conduite sera constamment la même. Votre grandeur fait la sienne, et votre bonheur est la seule récompense à laquelle il aspire. »

stipulations matérielles ; seulement[1] on se promettait de bons offices respectifs pour empêcher toute conspiration contre les deux gouvernements établis, soit en fomentant des troubles, soit en fournissant des subsides aux mécontents. On jetait vaguement des espérances pour un traité de commerce qui pourrait lier les deux pays dans leurs rapports de produits et de manufactures. Le comte de Marcoff, après la signature de ce traité, dut résider à Paris comme ambassadeur; il y devint un des appréciateurs les plus fins, les plus habiles des faits politiques, et en même temps le diplomate le plus déterminé à résister au premier Consul au nom de la Russie.

Ce traité public, à bien l'examiner, ne signifiait rien, si ce n'est le rétablissement momentané des rapports diplomatiques. Comme les préliminaires signés à Londres, il n'était qu'une trêve préparée pour satisfaire l'opinion générale de la paix qui dominait toutes les âmes, sorte de point d'arrêt dans la guerre si pesante pour les peuples. La Russie et la France avaient d'autres griefs importants, qui devaient être plus tard l'objet ou au moins le prétexte de nouvelles hostilités. La France et la

---

[1] Traité avec la Russie :

Art. 1er. — Il y aura dorénavant paix, amitié et bonne intelligence entre la République française et S. M. l'empereur de toutes les Russies.

Art. 2. — En conséquence, il ne sera commis aucune hostilité entre les deux États, à compter du jour de l'échange des ratifications du présent traité ; et aucune des parties contractantes ne pourra fournir aux ennemis de l'autre, tant extérieurs qu'intérieurs, aucun secours, ou contingent, en hommes, ni en argent, sous quelque dénomination que ce soit.

Art. 3. — Les deux parties contractantes, voulant autant qu'il est en leur pouvoir contribuer à la tranquillité des gouvernements respectifs, se promettent mutuellement d'empêcher qu'aucun de leurs sujets puisse entretenir une correspondance quelconque, soit directe soit indirecte, avec les ennemis intérieurs du gouvernement actuel des deux États, d'y propager des principes contraires à leurs constitutions respectives, ou d'y fomenter des troubles ; et par une suite de ce concert, tout sujet de l'une des deux puissances qui, en séjournant dans les États de l'autre attenterait à sa sûreté, sera de suite éloigné dudit pays et transporté hors des frontières,

Russie s'étaient liées secrètement sur plusieurs points; Paul Ier et le Consul, à leur époque d'intimité, avaient signé plusieurs articles importants sur la circonscription de l'Europe. En Allemagne, on devait faire assurer des indemnités à tous les princes dépossédés sur la rive gauche du Rhin. En Italie, il fallait donner une existence indépendante à Naples et au Piémont. Un premier engagement avait été exécuté, le royaume de Naples était évacué par les Français. Mais ce qu'il faut bien remarquer pour l'explication des événements postérieurs, c'est que, par un traité secret renouvelé entre M. de Talleyrand et M. de Marcoff, il était spécialement convenu que la maison de Carignan recevrait une indemnité équivalente au Piémont, si le premier Consul ne lui restituait pas ce territoire, afin d'assurer l'équilibre général. Il fut également entendu avec l'Angleterre que la maison d'Orange serait indemnisée pour la Hollande qu'elle avait perdue.

Il semblait que toutes les parties intervenues dans la grande coalition de 1799 devaient successivement traiter avec le premier Consul, chef suprême de l'État. M. de Talleyrand avait toujours mis un grand prix à obtenir un traité séparé avec la Porte, et bien des dé—

sans pouvoir en aucun cas se réclamer de la protection de son gouvernement.

Art. 4.—Il est convenu de s'en tenir, quant au rétablissement des légations respectives et au cérémonial à suivre entre les deux gouvernements, à ce qui était d'usage avant la présente guerre.

Art. 5. — Les deux parties contractantes conviennent, en attendant la confection d'un nouveau traité de commerce, de rétablir les relations commerciales entre les deux pays, sur le pied où elles étaient avant la guerre, en tant que faire se pourra, avec les modifications que le temps et les circonstances peuvent avoir amenées, et qui ont donné lieu à de nouveaux règlements.

Art. 6.—Le présent traité est déclaré commun à la République Batave.

Art. 7. — Le présent traité sera ratifié, et les ratifications échangées dans l'espace de cinquante jours, ou plus tôt si faire se peut.

En foi de quoi, nous soussignés, en vertu de nos pleins pouvoirs, avons signé ledit traité et y avons apposé nos cachets.

Fait à Paris le 10 vendémiaire an x de la République française (8 octobre 1801.)

Signé. Ch. Mau. Talleyrand.
Le comte de Marcoff.

marches avaient été faites dans ce but. Les préliminaires signés à Londres portaient une clause qui assurait l'intégrité de l'Empire ottoman. Dès lors le gouvernement turc se rapprocha de celui de la République. La Porte avait envoyé à Paris un plénipotentiaire spécial, Esseyd-Aly-Effendi, très capable de comprendre et de préciser les rapports naturellement établis entre les deux nations si intimes depuis des siècles. Les clauses de ce nouveau traité ne s'appliquaient pas seulement à des principes vagues, à des stipulations générales comme dans les articles arrêtés avec la Russie; l'évacuation de l'Égypte promise par la France à la Porte, devait s'accomplir sur-le-champ, parce qu'elle était la conséquence naturelle de l'intégrité territoriale. De plus, la France reconnaissait la constitution des Sept-Iles sous la protection de la Turquie.

Enfin, comme couronnement du traité, on renouvelait les conventions commerciales conclues depuis François Ier; vieux souvenir historique qui avait donné une si grande existence aux comptoirs français dans les échelles du Levant. Tous ces traités étaient négociés directement par M. de Talleyrand; le ministre se donnait la mission d'un retour presqu'absolu aux principes de l'ancienne diplomatie à l'égard des États européens; les relations s'ouvraient sur le même pied que pendant le régime antérieur à la Révolution. On rappelait à la Porte ottomane les capitulations qui faisaient la force et la prospérité du commerce; les termes du traité étaient copiés sur les plus antiques traditions, avec leur formule, leur étiquette, leur règlement diplomatique [1].

Ces tendances vers l'ancien code diplomatique s'éten-

Art. 1er.—Il y aura paix et amitié entre la République française et la Sublime-

daient même aux puissances secondaires. Si M. de Talleyrand s'occupait des négociations avec les grands cabinets, les diplomates du second ordre accomplissaient l'œuvre des traités partiels. L'électeur de Bavière, Maximilien, ayant pris une part active à la guerre d'Allemagne, heureusement finie par le traité de Lunéville, désigna comme plénipotentiaire spécial pour finir les hostilités avec la France, M. de Cetto, qui depuis eut un rôle plus éminent dans la diplomatie européenne. Ce plénipotentiaire fut parfaitement accueilli par le premier Consul; car les traditions historiques disaient le rôle que l'électeur de Bavière avait toujours joué dans les guerres d'Allemagne, en prêtant aide et appui aux intérêts français; les Bourbons s'étaient souvent alliés avec eux par des mariages de famille. Bonaparte, comme la vieille monarchie, voulut attirer la Bavière à prendre parti contre la maison d'Autriche; il désigna pour s'entendre avec M. de Cetto le propre garde des archives aux affaires étrangères, M. Caillard, qui put invoquer auprès du ministre bavarois les traditions des deux gouvernements depuis le cardinal de Richelieu. Le traité de Lunéville cédait à la France les provinces ba-

---

Porte ottomane; en conséquence de quoi les hostilités cesseront entre les deux puissances, à dater de l'échange des ratifications des présents articles préliminaires. Immédiatement après lequel échange, la province entière de l'Égypte sera évacuée par l'armée française, et restituée à la Sublime-Porte ottomane, dont le territoire et les possessions seront maintenus dans leur intégrité, tels qu'ils étaient avant la guerre actuelle. Il est entendu qu'après l'évacuation, les concessions qui pourraient être faites en Égypte aux autres puissances de la part de la Sublime-Porte, seront communes aux Français.

Art. 2. — La République française reconnaît la constitution de la République des Sept-Îles unies et des pays ex-vénitiens, situés sur le continent. Elle garantit le maintien de cette constitution. La Sublime-Porte ottomane reconnaît et accepte à cet effet la garantie de la République française ainsi que celle de la Russie.

Art. 3. — Il sera pris des arrangements définitifs entre la République française et la Sublime-Porte ottomane, relativement aux biens et effets des citoyens et sujets respectifs, confisqués ou séquestrés pendant la guerre. Les agents politiques et commerciaux et les prisonniers de guerre

varoises de la rive gauche du Rhin; le premier Consul garantissait à l'électeur toutes ses possessions héréditaires de la rive droite; et une stipulation secrète, promettait même des indemnités à la Bavière, en échange des pertes qu'elle avait faites dans la dernière guerre, premier pas vers une alliance intime qui plus tard se développa par les actes de la confédération du Rhin, avec tous les princes de l'Allemagne. Cette question des indemnités paraissait interminable, parce qu'enfin il fallait trouver des territoires à répartir et qu'il n'y en avait pas [1].

Au même moment, arrivait à Paris le chevalier Micheroux, l'un des officiers de l'émigration qui s'étaient le plus distingués auprès de M. de Damas, dans la guerre de Naples; il était porteur de pleins pouvoirs pour arrêter définitivement les stipulations consenties entre les Bourbons de Naples et le premier Consul, sous l'influence de la Russie et de l'Autriche. On devait convertir les articles préliminaires conclus par le général Murat, en traité définitif. Le premier Consul désigna, pour s'entendre avec le plénipotentiaire napolitain, M. Alquier, conventionnel d'une certaine ténacité de caractère, qui avait pris part à toutes les négociations des guerres d'Allemagne et d'Italie; il y avait peu de convenances à placer un régicide en face d'un Bourbon et d'un émigré; M. Alquier, longtemps habitué à

---

de tout grade, seront mis en liberté, immédiatement après la ratification des présents articles préliminaires.

Art. 4. — Les traités qui existaient avant la présente guerre entre la France et la Sublime-Porte ottomane, sont renouvelés en entier. En conséquence de ce renouvellement, la République française jouira dans toute l'étendue des États de Sa Hautesse, des droits de commerce et de navigation dont elle jouissait autrefois, et de ceux dont pourront jouir à l'avenir les nations les plus favorisées.

Les ratifications seront échangées à Paris, dans l'espace de quatre-vingt jours.

Fait à Paris le 17 vendémiaire an x de la République française, ou le premier du mois germasy-ul-akir 1216 de l'hégire.

Signé. Ch. Maur. Talleyrand,
Esseyd-Aly-Effendi.

[1] Le traité avec la Bavière est du 24 août 1801.

suivre, sous M. de Talleyrand, les intérêts diplomatiques, n'avait dans cette nouvelle mission qu'un but à remplir, c'était de faire confirmer les dispositions de paix et de police que les préliminaires avaient déjà stipulées, et, par exemple, l'oubli du passé pour tous les délits politiques commis à Naples et dans les Abruzzes : on accordait 500,000 francs d'indemnités aux citoyens français qui avaient éprouvé des dommages ; l'intégrité du royaume de Naples était maintenue dans les limites stipulées par le général Murat, qui, du haut des Abruzzes, pouvait déjà considérer son royaume futur; on promettait, à ces conditions, d'évacuer la Pouille. Ces articles étaient le complément de la convention primitive faite à Naples, sous l'influence du général en chef Murat; et le chevalier Micheroux n'eut plus à Paris qu'à satisfaire quelques exigences d'argent, alors indispensables dans les négociations.

Une convention secrète avait aussi réglé, à Madrid, les rapports du Portugal et de la France, source de fortune pour Lucien Bonaparte. Dans les articles qui se discutaient à Londres, on stipulait l'intégrité de toutes les possessions du Portugal et des Algarves; sous ce rapport le traité signé à Madrid, par Lucien Bonaparte, avait besoin de développements et d'explications: quelles seraient les cessions coloniales faites par le Portugal à la République française, et les indemnités convenues? Toutes les clauses arrêtées furent relatives à la limitation de la Guyane; Bonaparte songeait à un vaste système d'organisation coloniale, pour avoir pied partout dans l'Amérique. Lucien Bonaparte continua de suivre à Paris les négociations commencées à Madrid avec le plénipotentiaire portugais, Cypriano Freyre, le seul ministre de la cour de Lisbonne favorable à la

France; ce traité tout provisoire rentra dans les clauses générales des préliminaires avec la Grande-Bretagne. Le prince régent dut se présenter comme partie stipulante dans le congrès d'Amiens [1]; les deux cours de Portugal et de Londres se montrèrent inséparables pour la paix comme pour la guerre.

On commence à remarquer dans tout le cours de ces négociations la tendance du premier Consul à se donner une grande position dans les Amériques. Il se manifeste dans son esprit quelques vagues idées du système colonial; il se propose des bases d'opérations militaires et coloniales, et suit avec beaucoup d'attention les rapports qui viennent de s'engager avec les Anglo-Américains. Des plénipotentiaires arrivaient à Paris pour solliciter un traité de commerce et des indemnités à l'occasion des faits accomplis pendant les dix dernières années. Un des phénomènes les plus curieux de la Révolution française fut que, presque à son début, elle se déclara hostile aux États-Unis d'Amérique, sous Washington. Les rois de France avaient favorisé le développement de cette jeune république; Louis XVI était mort sur l'échafaud, par suite de la terrible application des maximes de bouleversement, que les rois de France avaient fait triompher en Amérique. La rupture entre

---

[1] *Traité de paix entre la République française et le royaume de Portugal* (le 29 septembre 1801.)

Art. 1er — « Il y aura à l'avenir et pour toujours, paix, amitié et bonne intelligence entre la République française et le royaume de Portugal.

« Toutes les hostilités cesseront, tant sur terre que sur mer, à compter de l'échange des ratifications du présent traité; savoir, dans quinze jours pour l'Europe, et les mers qui baignent ses côtes et celles d'Afrique en deçà de l'équateur; quarante jours après ledit échange pour les pays et mers d'Amérique et d'Afrique au-delà de l'équateur, et trois mois après pour les pays et mers situés à l'ouest du cap Horn et à l'est du cap de Bonne-Espérance. Toutes les prises faites après chacune de ces époques dans les parages auxquels elle s'applique, seront respectivement restituées. Les prisonniers de guerre seront rendus de part et d'autre, et les rapports politiques entre les deux puissances seront

les États-Unis et la République française, datait précisément de l'époque de 1793; la cause en était dans les intérêts hostiles, puis dans la différence des principes qui dominaient les gouvernements. Les Américains du Nord étaient soumis sans doute à un régime démocratique, mais il y avait partout une régularité de formes, un ordre parfait dans le gouvernement [1], véritable république sans anarchie et sans violence; or, ce n'était pas ainsi que les démocrates de la Convention entendaient le gouvernement. Les États-Unis vivaient par un commerce grand, étendu, vivace; ils ne considéraient pas la nature du pouvoir avec lequel ils traitaient; dans leur égoïsme marchand, ils spéculaient sur tout et pour tout.

Les premiers troubles de la Révolution française avaient été favorables au développement du système maritime des Américains; comme ils étaient neutres, leur pavillon parcourait toutes les mers et transportait les marchandises dont la France avait alors besoin. L'Angleterre comprit combien cette situation était fatale pour elle dans la guerre maritime contre la France; elle ne pouvait admettre, pas plus pour les États-Unis que pour le Danemarck et la Suède, la maxime si longtemps disputée: « Que le pavillon couvre la mar-

---

rétablis sur le même pied qu'avant la guerre.

Art. 2. — « Les limites entre les deux Guyanes française et portugaise, seront déterminées à l'avenir par la rivière Carapanatuba, qui se jette dans l'Amazone à environ un tiers de degré de l'équateur, latitude septentrionale, au-dessus du fort Macapa. Des limites suivront le cours de la rivière jusqu'à sa source, d'où elles se porteront vers la grande chaîne de montagnes qui fait le partage des eaux, elles suivront les inflexions de cette chaîne jusqu'au point où elle se rapproche le plus du Rio-Branco vers le deuxième degré et un tiers nord de l'équateur.

« Les Indiens des deux Guyanes qui, dans le cours de la guerre, auraient été enlevés de leurs habitations, seront respectivement rendus. »

[1] L'histoire des différends de la France avec les États-Unis a été plusieurs fois écrite. J'en a publié une notice exacte dans la *Revue des Deux-Mondes*.

chandise»; l'Angleterre avait donc déclaré : «Qu'elle visiterait leurs navires, même sous pavillon de guerre, pour voir s'ils n'avaient aucune contrebande à bord, ni objets appartenant aux ennemis. » Les États de l'Amérique résistèrent un moment, puis ils avaient accédé à cette disposition, parce qu'avant tout ils voulaient continuer paisiblement leur commerce, accomplir leurs spéculations; sans se jeter dans les périls de la guerre, pour une vaine question d'honneur et de pavillon national.

Dès que cette résolution pacifique fut connue en France, le Directoire prit des mesures pour rappeler violemment les Américains au respect de leur pavillon; la Convention et le Directoire déclarèrent dénationalisé tout navire américain qui subirait l'humiliation d'une visite sans résistance, et le gouvernement déclara de bonne prise, tous les bâtiments neutres qui, sous le drapeau de l'Union, souffriraient qu'on les humiliât ainsi; il s'ensuivit une sorte de pillage organisé; on prit, on confisqua les cargaisons américaines. Comme il y a toujours un peu de fraude dans les connaissements des capitaines neutres, elle servit de prétexte aux actes les plus arbitraires, et plus de 10 millions de dolars furent confisqués sur le commerce de New-Yorck, de Boston et de Philadelphie. Quand le gouvernement s'organisa sur des bases plus solides, pendant le Consulat, de nouvelles négociations s'ouvrirent; le président des États-Unis envoya des plénipotentiaires à Paris pour régler les principes qui désormais seraient admis dans les rapports des neutres, et surtout les indemnités des sujets américains. Les plénipotentiaires ne voulurent point traiter directement avec M. de Talleyrand; ils avaient des souvenirs de corruption, restés dans la mémoire du président et du sénat; que n'avait pas exigé

M. de Talleyrand à une autre époque comme gratification secrète, afin d'appuyer certaines réclamations?

Le premier Consul désigna pour représenter la France dans la négociation américaine, son frère Joseph Bonaparte, M. de Fleurieu, qui tenait un rang distingué dans les sciences et dans les souvenirs de la marine, et enfin M. Rœderer, dont le nom plaisait aux États-Unis, parce qu'il en avait soutenu les principes, à l'origine des mouvements de 1789; tous trois étaient conseillers d'État. Le premier Consul accueillit parfaitement les envoyés américains, et c'est afin de préparer un traité, qu'il avait, par une flatterie délicate, rendu de nouveaux honneurs à Washington, le fondateur de la liberté américaine. Les négociations durèrent plus de six mois, parce qu'elles se rattachaient à des intérêts privés, et à des confiscations de guerre qui intéressaient tout le commerce.

Puis les bases suivantes furent arrêtées : 1° renouvellement du traité d'alliance de 1778, un des monuments de la sagesse de Louis XVI; 2° restitution des navires et des propriétés capturées, paiement respectif des dettes de l'une et de l'autre nation; 3° abolition du droit d'aubaine à l'égard des Américains; 4° stipulation d'un délai de six mois pour la reprise des hostilités au cas où elles éclateraient entre les deux nations. Toutes les autres clauses étaient relatives au droit des neutres, au règlement de contrebande; et les Américains admettaient les principes de la neutralité proclamée par la France, dans sa contestation armée contre l'Angleterre. Cette convention soumise à la ratification du président John Adams, et au vote du sénat, reçut une modification importante en ce qui touche les indemnités réclamées par les Américains. Le sénat supprimait l'article parce qu'il ne satisfaisait pas assez le droit de réclamation, et il voulut ajouter la clause essentielle : « Que le traité n'aurait pas une durée plus étendue que huit années, » et tout cela, afin d'obliger le gouvernement de la France à une indemnité complète, immédiate, pour les propriétés confisquées, but essentiel et fondamental de la négociation entre la France et l'Amérique. Le président John Adams insista pour faire insérer ses protestations dans le traité définitif. En Amérique, le gouvernement se compose d'un vaste groupe d'intérêts privés, qui sont aussi puissants que l'intérêt public [1].

Ainsi la paix était rétablie sur des bases générales dans les deux mondes; autant, il y avait dix ans, on s'était jeté dans les hasards de la guerre, avec toutes les violences d'un état d'hostilité universelle, autant, après cette période d'agitation, on arrivait à une situation pacifique : on aurait dit que tous les gouvernements avaient besoin de repos; assez de sang avait été versé, on voulait jouir des avantages conquis par l'ordre, et la paix était le vœu de tous; le commerce souriait à chaque état et semblait promettre des fleuves d'or. Ces périodes se produisent souvent dans l'histoire; il y a des époques d'effervescence et des temps de lassitude; quand

---

[1] Voici le texte même de la ratification :

« And where as the senate of the United states did, by their résolution, on the 3 d. day of this present month of february (two thirds of the senatore then present concurring) consent to and advise the ratification of the said convention, provided the second article be expunged, and that the following article be added or inserted : « It is agreed that the present convention « shall be in force for the term of eight « years from the exchange of the ratifica- « tions »; now that refore, I, John Adams, president of the United states of America, having seen and considered the convention and additional article above cited, do, in pursuance of the aforesaid advice and consent of the senate of the said United states, by these presents, accept, ratify and confirm the said convention and additional article, and every clause and article there of as the same are here in before set forth, saving and excepting the second article of the said convention, which I hereby declare to be expunged and of no force or validity. »

le repos a été trop long, les nations se précipitent les unes sur les autres sans motifs, sans causes. La lassitude vient plus tard, et tout retourne à la pacification; qui n'aime la fin de longues fatigues et ne soupire après le repos quand une vaste route est parcourue? la paix développe les moyens intelligents des peuples. Sous le Consulat, gouvernements et nations veulent cesser les hostilités, et telle est la cause des traités qui marquent cette époque du ministère de M. de Talleyrand. On négociait poussé par la tendance générale des esprits; les bureaux des affaires étrangères étaient remplis de ministres plénipotentiaires qui venaient terminer les débats du monde; on soldait les comptes de tous les temps, les discussions anciennes et les nouvelles[1].

Ce fut la belle période du Consulat : on avait pacifié les partis, on apaisait l'Europe, et la France sortait de la crise, plus puissante que ne l'était la monarchie de Louis XIV dans ses annales de gloire, car on gardait la frontière du Rhin, on obtenait toute influence sur la Hollande, la Suisse et l'Italie; l'Espagne restait tellement liée à la République, qu'elle intervenait comme puissance parallèle, dans les préliminaires signés avec l'Angleterre. En outre, on obtenait la restitution des colonies; à l'égard de la Porte, les anciennes capitulations étaient fermement renouées; la Russie renonçait à toute hostilité directe; l'Autriche avait subi le traité de Lunéville; le Portugal et Naples payaient tribut, et enfin comme complément à ce beau succès du Consulat, on faisait reconnaître et proclamer par les États-Unis le système de neutralité maritime, telle que la France l'avait toujours

---

[1] M. de Talleyrand aimait dans sa conversation privée à rappeler les événements de cette époque, la plus belle de la vie politique de Bonaparte.

soutenu dans ses longues querelles avec l'Angleterre.

Cependant, pour les esprits élevés, cette situation était-elle autre chose qu'une trêve? y avait-il dans les éléments de la paix universelle un principe de durée? Les intérêts n'étaient-ils pas disparates; le caractère violent et impératif de Bonaparte se ploierait-il aux ménagements et aux exigences de la diplomatie, et ne briserait-il pas le nœud Gordien avec son épée? L'Angleterre allait-elle s'exposer au développement d'un système colonial qui avait pour base Saint-Domingue, la Louisiane, et s'appuierait sur l'énergie du premier Consul? Il s'agissait pour elle de sa vie politique. Ne valait-il pas mieux combattre à outrance, que de subir une paix si désastreuse, par l'énergie qu'elle pouvait partout imprimer au commerce et à la marine de la France? Pour les hommes sérieux, de tels traités n'étaient qu'un provisoire; l'idée de pacification européenne ne portait pas en elle-même le principe d'une grande durée. La France et l'Angleterre à la face l'une de l'autre, étaient comme ces héros d'Homère, ruisselants de sueur, qui, reposés un moment sur leur armure, se précipitaient plus violemment encore l'un sur l'autre, lorsqu'ils avaient essuyé la poussière de leur front, et étanché le sang de leurs plaies!

CHAPITRE XV.

SYSTÈME COLONIAL DU CONSULAT.

Idées de Bonaparte sur les colonies. — La Louisiane. — La Guyane. — Les Antilles. — Possessions dans l'Inde. — Idée du Consul sur l'esclavage des nègres. — Situation de Saint-Domingue. — Consulat de Toussaint-Louverture. — Expédition projetée. — Chefs et armée. — Escadre. — Madame Leclerc. — Les colons et madame de Beauharnais. — Dernier plan de l'expédition de Saint-Domingue.

Décembre 1801 à mai 1802.

Le premier Consul, en signant les préliminaires de la paix d'Amiens, avait parfaitement compris que le commerce de France ne pourrait se relever de ses ruines, et lutter vigoureusement avec l'Angleterre, que par un vaste système de colonisation, tel que la vieille monarchie l'avait établi depuis les ordonnances de Louis XIV. Lorsqu'on fouillait un peu les archives des affaires étrangères et de la marine, on trouvait les plus utiles documents pour une riche et vaste colonisation; Louis XVI fut le prince de la maison de Bourbon qui s'occupa le plus activement, peut-être, de la marine [1] et des colonies. Ce roi portait loin la haine contre l'Angleterre; il voulait relever l'éclat du pavillon blanc au grand mât,

---

[1] Après Louis XIV, j'aurai plus tard à venger la remarquable diplomatie de Louis XVI.

et c'est à son impulsion royale que les escadres durent cet immense accroissement et ces éclatants succès sous le bailli de Suffren, le comte d'Estaing et Lamothe-Piquet. Dans ses investigations patientes et scientifiques, Louis XVI traça sur la sphère, la plupart des voyages de découvertes, et les instructions de M. de Lapeyrouse écrites de sa main demeurent encore comme un des documents de la spécialité du malheureux roi pour le progrès de la marine et des colonies [1].

Durant les troubles de la Révolution française, de grandes agitations tourmentèrent les colonies : on remua les masses avec les principes, on bouleversa les États avec quelques mots; l'Assemblée constituante servit admirablement les intérêts de la Grande-Bretagne par toutes ses idées philanthropiques sur la liberté des noirs et l'émancipation bruyante des esclaves. Les esprits marchaient alors rapidement; de toutes parts on prêchait l'affranchissement, comme si la liberté pouvait venir tout à coup dans ces intelligences d'Afrique, qui brûlent et ne raisonnent pas. Des malheurs inouïs éclatèrent à Saint-Domingue; quelques îles se préservèrent de l'incendie en se jetant dans les bras des Anglais, d'autres furent agitées comme les volcans que recèle cette terre de feu; le Directoire envoya partout des commissaires selon sa coutume, et ces hommes, au lieu de calmer les esprits, les agitèrent plus encore; ils ne pensaient qu'à leur fortune dans ces contrées pleines d'or, et l'on cite un agent du Directoire à la Guadeloupe, qui se faisait payer jusqu'à 50,000 francs chaque mois pour les frais de table [2].

Le premier Consul envisageait les colonies sous deux points de vue : 1° comme stations militaires; 2° comme

---

[1] La partie haute et grande du règne de Louis XVI n'a point encore été écrite.
[2] *Mémoires sur Saint-Domingue*, (Ministère de la marine.)

sources de prospérités commerciales pour la France. En les jugeant comme stations militaires, le plan de Bonaparte était vaste, et il embrassait un système menaçant pour la Grande-Bretagne; quand il se fit céder la Louisiane, belle terre qu'arrosent de grands fleuves, Bonaparte avait en vue de s'emparer du Canada, où tout est français, depuis le fort Saint-Louis jusqu'à ce nom de Vincennes, doux souvenir de la patrie, et la Nouvelle-Orléans, ainsi nommée en mémoire du régent de France. La Louisiane, bonne position dans le golfe du Mexique, commandait aux possessions espagnoles du continent américain et aux États-Unis, poste admirable pour surveiller le nord de l'Amérique. Au midi, le Consul se faisait agrandir les limites de la Guyane jusqu'au fleuve des Amazones; jetant de là son influence sur le Brésil, la Colombie; et par la rivière des Amazones il pouvait pénétrer jusque dans le Pérou [1]. Saint-Domingue, depuis la cession de la partie espagnole, était sa position du centre, entouré de toutes les Antilles, qui formaient comme l'avant-garde de la grande île; la Guadeloupe, la Martinique, offraient d'admirables stations nautiques.

Dans l'Inde, aucun plan n'était formé encore; Bonaparte gardait des projets de conquête sur la presqu'île de l'Indoustan, Bombay, Madras et Calcutta; il en avait jeté les plans dans la gigantesque conception de cette campagne qu'il devait accomplir en Asie, avec le concours de l'empereur Paul, renversement absolu de la puissance anglaise; il n'avait pas besoin de s'occuper de quelques îles dans le vaste Océan indien, si l'on pouvait toucher par la voie de terre à ces pays fabuleux

[1] Voyez le traité avec la cour de Lisbonne dans ce vol. chap. XIV.

qu'Alexandre de Macédoine avait visités avant lui, avec ses phalanges au large bouclier. Bonaparte se réservait donc l'accomplissement de ce projet; rien de vaste ne l'arrêtait; ce que Gengiskan le Tartare avait fait, lui, héros de trente-cinq ans, grand par le génie, pouvait l'accomplir à l'aide de la civilisation; il y avait dans le Mysore tant de souvenirs de la France! Le bailly de Suffren avait visité tous les ports du Bengale, les enfants de Tippoo-Saëb, les Indiens, les Birmans, la population belliqueuse des montagnes : tous pouvaient servir les desseins du Consul pour l'affranchissement de l'Inde britannique.

Le but commercial n'était ni moins grandiose ni moins bien combiné; il y avait dans les colonies marquées du doigt par le premier Consul sur la mappemonde, un luxe de produits, une abondance de richesses indicibles; la Louisiane [1], activement cultivée, offrait mille ressources par ses mines, par ses bois de teinture, par sa flore si variée; le Canada comptait plus de soixante villes ou bourgades françaises qui cultivaient les champs; on y faisait le commerce des belles pelleteries, et le castor y bâtissait sa modeste habitation sur le bord des grands fleuves. La Guyane était plus stérile, mais elle ouvrait le commerce du Brésil et du Pérou; sorte de poste intermédiaire pour préparer un débouché aux produits de ces terres vierges et fécondes.

Mais les plus riches de ces colonies, sous le point de vue commercial, étaient les îles à sucre; Saint-Domingue surtout, la reine des Antilles, l'Haïti de Christophe Colomb, où l'or coulait avec tant d'abondance que les premiers Espagnols croyaient avoir trouvé l'Ophir du grand Salomon. Cet or s'était ensuite transformé en bonnes et

---

[1] M. de Barbé-Marbois a écrit un livre fort remarquable sur l'histoire de la Guyane.

vastes cultures; la valeur de Saint-Domingue, de ses riches habitations, de ses champs si vastes, de ses nègres innombrables, était portée à plus d'un milliard : qu'on s'imagine donc toutes ces riches contrées subitement ouvertes à l'industrie de la France ! Les manufactures allaient trouver de vastes débouchés, des sources de fortune allaient s'ouvrir pour elles comme par miracle; l'ouvrier retrouverait un salaire plus élevé; l'artisan, cette aisance des jours de la paix, malheureusement exilée depuis dix ans. La société entrait dans une ère nouvelle de prospérité s'accroissant par tant de causes différentes. Rien ne pouvait être égalé à ce beau système colonial préparé pour la France, et sa double marine militaire et marchande.

Bonaparte n'avait aucune des idées philanthropiques que l'Assemblée constituante avait jetées au monde; tête positive, il avait compris que l'esclavage et la colonisation étaient deux idées corrélatives et peut-être inséparables; la métropole ne pouvait avoir d'établissements lointains sans une administration forte et pour ainsi dire despotique. L'esclavage était une idée antique et romaine qui ne heurtait point l'esprit et les études du premier Consul; il l'admettait comme une nécessité; on pouvait en améliorer les conditions lentement et progressivement. Affranchir les noirs c'était une folie. Exempt de préjugés [1], Bonaparte avait bientôt vu que dans une foule de

---

[1] En plein conseil d'État, Bonaparte s'exprime très vivement sur les colonies et l'esclavage des noirs.

« Voilà comme on rend les choses! on ne veut voir que des partisans des Anglais dans nos colonies, pour avoir le prétexte de les opprimer. Eh bien! M. Truguet, si vous étiez venu en Égypte nous prêcher la liberté des noirs et des Arabes, nous vous eussions pendu au haut d'un mât. On a livré tous les blancs à la férocité des noirs, et on ne veut pas même que les victimes soient mécontentes! Eh bien! si j'eusse été à la Martinique, j'aurais été pour les Anglais, parce qu'avant tout il faut sauver sa vie. Je suis pour les blancs, parce que je suis blanc; je n'en ai pas d'autre raison, et celle-là est la bonne. Comment a-t-on pu

provinces de France le paysan était plus serf, plus malheureux que l'esclave des colonies, et qu'en définitive la différence ne consistait que dans les mots. L'ouvrier de la manufacture était-il autre chose qu'un serf rongé de malaise et de souffrance? Le paysan qui traînait sa charrue dans les champs aux ardeurs du soleil, à la pluie battante d'automne, sans asile pour la vieillesse, sans secours pour l'enfance, n'était-il pas plus délaissé que le nègre qui retrouvait son soleil du tropique pour travailler douze heures par jour: enfant, il était soigné par son maître; la jeune fille entourait sa tête du madras de couleur; vieillard, il était nourri dans le petit jardin de légumes assigné à ses mains débiles. Le Consul avait donc posé comme principe de toute colonisation l'esclavage, la base de toute culture dans les Antilles; et d'ailleurs conquérant par la force militaire, Bonaparte n'avait une immense foi que dans ce qui était obéissance et commandement. Les soldats étaient-ils autre chose que de glorieux serfs de la renommée, de la victoire et du général qui les conduisait? Dans la pensée du premier Consul, les hommes comme les masses n'étaient que des moyens pour arriver à des résultats, des instruments pour réaliser une idée; chacun traînait sa chaîne dans le passage de la vie pour arriver au grand but marqué par la Providence.

Dès lors on ne doit plus s'étonner des idées que s'était faites Bonaparte sur le régime et l'organisation des colonies; les Tuileries et la Malmaison étaient remplies de

accorder la liberté à des Africains, à des hommes qui n'avaient aucune civilisation, qui ne savaient seulement pas ce que c'était que colonie, ce que c'était que la France? Il est tout simple que ceux qui ont voulu la liberté des noirs veuillent l'esclavage des blancs; mais encore croyez-vous que si la majorité de la Convention avait su ce qu'elle faisait, et connu les colonies, elle eût donné la liberté aux noirs? non, sans doute; mais peu de personnes étaient en état d'en prévoir les résultats, et un sentiment d'humanité est toujours puissant sur l'imagination. Mais à présent, tenir encore à ces principes! il n'y a pas de bonne foi! il n'y a que de l'amour-propre et de l'hy

créoles. Madame Bonaparte était issue des La Pagerie et des Tascher qui possédaient de riches habitations aux Antilles. Enfant, elle avait été bercée sous les grands bananiers, et les lianes s'étaient croisées sur sa petite tête de créole, tête admirable de blancheur au milieu de ces négresses qui semblent être jetées tout exprès dans ces tableaux du nouveau monde pour faire ressortir le privilége des castes. Madame Bonaparte, avec toutes les idées et les vanités des colons les plus fiers, les plus hautains, partageait le désir de retrouver ces terres que la tourmente des révolutions lui avait arrachées; les colonies étaient pour elle un souvenir d'enfance, un de ces rêves chauds et colorés qui bercent l'imagination dans ces longues nuits sous le tropique. Les colons, comme tous les émigrés désireux de revoir la patrie, se faisaient des illusions, en parlant de la facilité de s'emparer de Saint-Domingue, de soumettre les nègres rebelles, et d'abaisser ces mulâtres flétris par les lois éternelles et les statuts de toutes les époques, caste méchante, selon les créoles, parce qu'elle porte au cœur la jalousie des blancs et la domination sauvage des noirs.

Que fallait-il, disait-on, pour soumettre la colonie? une faible escadre, quelques mille hommes de troupe déterminés; le nègre timide fuirait à la moindre démonstration, comme l'esclave marron qui court les pieds déchirés dans la savane; le noir était sans énergie, mollement étendu sur son hamac; le mulâtre était cruel,

---

pocrisie. Sans aller si loin, auriez-vous voulu, aurions-nous souffert qu'on mît les Français dans la dépendance des Italiens, des Piémontais? Nous aurions été bien traités; ils auraient fait de nous ce que les noirs ont fait des blancs. Il nous a fallu, au contraire, prendre de grandes précautions et les tenir dans la dépendance; et s'il eût fallu faire périr toute l'Italie ou sacrifier deux soldats de mon armée, j'aurais fait périr toute l'Italie; parce qu'avant tout je suis de mon armée, et pour mon armée. Aujourd'hui même, il faut encore avoir l'œil alerte sur ce pays-là; cependant ce sont des blancs comme nous, des peuples civilisés, nos voisins! » (Bonaparte au conseil d'État.)

mais peu courageux. Avec quelques efforts on rendrait aux colons leurs possessions anciennes, et la France retrouverait cette magnifique colonie qui faisait l'orgueil de la métropole et le désespoir de l'Angleterre. Saint-Domingue formait presque en longueur les deux tiers de la France, elle pouvait lui fournir ses produits en sucre ou café, et acheter chaque année à ses manufactures pour plus de deux cents millions.

Ces résultats parlaient vivement à la pensée prévoyante du premier Consul ; il voyait déjà se renouer depuis le traité d'Amiens toutes les forces de l'ancienne monarchie, il voulait conquérir Saint-Domingue par les armes ; homme positif et de gouvernement avant tout, Bonaparte ne se déterminait pas dans les affaires publiques par les déclamations de *Paul et Virginie*, ou de l'abbé Raynal, ou de la *Chaumière Indienne* ; il allait droit à son but. L'expédition de Saint-Domingue d'ailleurs permettait la réalisation d'un plan politique conçu depuis une année. Le voici : Que fallait-il faire de tant de soldats revenus dans la patrie en temps de paix ? A quoi les occuperait-il après avoir levé le camp de Boulogne ? L'esprit de l'armée était en général ardent et républicain ; dans son travail avec Berthier, Bonaparte en avait fait le triage[1], et au retour de l'armée d'Égypte il s'était aperçu que des soldats, des officiers et des généraux pourraient bien ébranler son pouvoir en invoquant les idées de liberté. Il fallait imprimer une direction à ces têtes brûlantes et à ces bras oisifs ; quelle grande œuvre restait à accomplir ? quelle conquête leur donner ? Le continent était pacifié ; les préliminaires d'Amiens avaient pour le moment fait

---

[1] Ce travail de triage existe encore au ministère de la guerre.

cesser la grande querelle de l'Angleterre et de la France.

C'était donc une pensée politique que de jeter généraux et soldats mécontents dans une expédition lointaine. Saint-Domingue était un pays riche dont les dépouilles d'or viendraient rappeler les beaux jours de conquête et de domination en Italie. Il y avait de la gloire à acquérir, des périls à éprouver pour les âmes fortement trempées. On verrait des contrées magnifiques; aux républicains il pourrait opposer l'exemple de la ville éternelle; les Romains avaient passé les mers pour dompter des populations africaines. Saint-Domingue offrait au soldat des moyens de colonisation, et plus d'un vétéran trouverait là de riches terres à cultiver pour son temps de repos et sa noble vieillesse. On faisait de belles descriptions de cette île. Chacun allait trouver la récompense de ses travaux : les vieux soldats qui revenaient d'Égypte n'avaient rien à craindre pour le climat; un même soleil reluirait sur leur tête, moins le sable brûlant, le mirage, la soif ardente et le vent du désert; d'autres avaient vu l'Italie et baigné leurs pieds dans la baie si chaude de Naples ou subi les feux ardents de Malte ou des Sept-Iles. L'esprit aventureux des Français devait être pleinement satisfait : généraux et soldats trouvaient des moyens de fortune et de conquête au-delà des mers, quand ils n'auraient plus rien en Europe qu'un repos oisif, indigne de leur fortune et de leur gloire. Le Consul oubliait d'ajouter qu'il y avait là un terrible fléau, messager de la mort, et que le cavalier de feu traverserait les airs, comme dans l'Écriture, pour atteindre de ses flèches empoisonnées plus d'une belliqueuse poitrine.

Cette expédition de Saint-Domingue fut donc, pour la police militaire du Consul, l'occasion d'un grand triage dont les éléments existent encore; on choisit de préférence les demi-brigades dont on était le moins sûr, les plus ardentes, les plus républicaines; on y jeta les amis de Moreau, de Saint-Cyr, les bras qui auraient pu aider un jour la conspiration contre le despotisme de Bonaparte, décidé dès lors à marcher au pouvoir absolu. Toutes les demi-brigades furent ainsi classées : soldats d'Allemagne, d'Égypte et d'Italie, et pour répondre que cette masse de soldats, partant pour les pays lointains, ne se déclarerait pas indépendante, Bonaparte en donna le commandement au général Leclerc[1], son propre beau-frère, officier plus brave qu'expérimenté, homme de cœur plutôt que de tête, qui avait sa fortune à faire. Lucien avait des jaloux à la Malmaison; les cinq millions qu'il avait rapportés d'Espagne, excitaient l'envie de tous les membres de la famille. Pauline, cette sœur tant aimée de Bonaparte, n'avait rien encore à elle, aucun de ces patrimoines de la conquête et de la diplomatie; on lui donnait Saint-Domingue à gouverner; les descriptions magiques qu'on lui avait faites de cette belle terre avaient vaincu les répugnances et les craintes de la femme jeune et exaltée. Pauline avait beaucoup pleuré d'abord; elle quittait difficilement la France, le Consul menaça de la faire embarquer de force; puis elle se consola en pensant qu'elle y retrouverait le climat si chaud de la Corse, ce pays du soleil qu'elle aimait tant, et femme pleine de mollesse, elle souriait comme une jeune fille en pensant qu'elle serait portée en palanquin par des esclaves sous des fleurs d'ananas, d'orangers et

---

[1] « Bonaparte rappelle son beau-frère Leclerc de l'armée de Portugal, pour lui donner le commandement de l'armée expéditionnaire (c'est ainsi qu'il appelle celle de Saint-Domingue). Le général Rochambeau, déjà éprouvé dans la guerre contre les nègres, quitte Milan pour commander une division. Le général Desfourneaux, de retour de la Guadeloupe, reçoit l'ordre de s'embarquer pour Saint-Domingue. »

(Mémoires contemporains.)

de citronniers, de la cassie et du jasmin odorant; qu'elle entendrait le perroquet babillard, quand des myriades de colibris aux ailes d'azur et d'or, sautilleraient de branche en branche pour égayer ses yeux fatigués. Qui ne sait la puissance des souvenirs des tièdes climats sur les femmes méridionales que la destinée a transportées comme des fleurs étiolées sous les brouillards et l'horizon de neige et de glace. Quoique peu liée avec madame Bonaparte, Pauline, la sœur du Consul, avait écouté les récits gracieux que mademoiselle de La Pageire faisait des colonies; elle pouvait rêver une sorte de royauté à Saint-Domingue, à côté du général Leclerc, capitaine général de l'île; elle voyait déjà des richesses immenses, de grosses pierreries, des diamants du Brésil; elle pourrait déployer ses grâces sous des robes de mousseline dans les belles nuits du tropique.

Pour donner plus de grandeur à cette expédition, le premier Consul avait préparé un vaste développement de la marine; des escadres étaient parties de tous les ports[1]. Les états secrets de la marine donnent le dénombrement

---

[1] L'escadre de Brest que l'on préparait depuis la signature des préliminaires de paix, a appareillé de cette rade, le 14 décembre, au nombre de dix vaisseaux de ligne français, sept vaisseaux espagnols, quatre frégates, deux corvettes et une flûte. En voici la liste:

FRANÇAIS.

L'*Océan*.	100 can.
Le *Jemmapes*.	80
Le *Cisalpin*.	80
Le *Patriote*.	74
Le *Mont-Blanc*.	74
Le *Vattigny*.	74
Le *J.-J. Rousseau*.	74
Le *Gaulois*.	74
La *Révolution*.	74
Le *Duquesne*,	74

ESPAGNOLS.

Le *Neptune*.	80 can.
Le *Saint-François de Paul*.	74
Le *Saint-François d'Assise*.	74
Le *San-Pablo*.	70
Le *Soledad*.	70
Le *Guerrero*.	70
Le *Vigilante*.	40

Frégates.

La *Furieuse*.	
La *Syrène*.	
La *Fraternité*.	
La *Précieuse*.	

Corvettes et flûte.

La *Cigogne*.	
La *Découverte*.	
La *Nécessité*.	

L'amiral espagnol Gravina est de l'ex-

exact des forces qui furent alors destinées pour l'expédition de Saint-Domingue. Une première escadre devait se réunir à Brest, vaste et principal port d'embarquement, sous le commandement du vice-amiral Villaret-Joyeuse ; composée de dix vaisseaux de haut bord, elle devait former le corps d'armée, ralliant dans la rade sept vaisseaux espagnols sous les ordres de l'amiral Gravina ; 7,000 hommes de bonnes troupes étaient destinés au débarquement. A Lorient, une autre escadrille se réunissait sous l'escorte d'un vaisseau et de deux frégates destinés à porter 1,200 hommes. A Rochefort, le contre-amiral Latouche-Tréville, vieil et brave marin, devait conduire six vaisseaux et douze frégates avec 3,000 hommes. Une autre expédition partait de Toulon, sous l'amiral Gantheaume, avec 2,300 hommes. Linois devait également partir de Brest, à la tête d'une seconde division de trois vaisseaux et trois frégates, sans compter la division hollandaise appuyant le grand convoi maritime.

Ainsi, la paix à peine signée, la marine française déployait déjà son pavillon ; de nombreuses escadres auxiliaires lui prêtaient appui. D'après les états secrets de la guerre, les troupes de débarquement s'élevaient au-delà de 21,000 hommes, sous les ordres du général Leclerc, réparties en quatre divisions conduites par les généraux

pédition ; on assure qu'il est nommé gouverneur général de la Havane.

« L'escadre de Rochefort était sous les ordres du contre-amiral Latouche-Tréville ; elle était forte d'un vaisseau de quatre-vingt, de cinq de soixante-quatorze, de huit frégates de quarante-quatre, de trente-six et de vingt-six ; elle portait 3,000 hommes. Mais ces forces n'étaient en quelque sorte que l'avant-garde de celles que le premier Consul destinait à l'expédition de Saint-Domingue. L'amiral Gantheaume sortit de Toulon avec quatre vaisseaux de soixante-quatorze, une frégate, une corvette et une flûte, conduisant à sa suite 2,300 hommes ; l'amiral Linois, 1,500 sur trois bâtiments de ligne de soixante-quatorze et trois frégates. La seconde escadre de Brest et celle du Havre, fortes de trois vaisseaux de soixante-quatorze et de quatre frégates de quarante-quatre, devaient débarquer 3,000 hommes. La division hollandaise avec trois bâtiments

de Rochambeau, Boudet, Desfourneaux et Quentin. L'ancien ministre Benezet était placé à la tête de l'administration sous le titre de préfet colonial; enfin, une position était faite au conventionnel Fréron, nommé préfet du sud dans la colonie. Bonaparte l'éloignait ainsi du théâtre des intrigues, il craignait qu'il ne vît Barras; en même temps il acquittait quelques souvenirs de reconnaissance du chef de bataillon Bonaparte, si vivement protégé par les représentants du peuple. Jamais, depuis l'expédition d'Égypte, aucune flotte ne s'était montrée dans les mers avec un aussi vaste déploiement de forces. L'armée de terre, parfaitement composée, avait traversé les plus dures campagnes; la marine comptait ses meilleurs amiraux : Villaret-Joyeuse plus brave qu'heureux, Linois et Gantheaume dont j'ai parlé, Latouche-Tréville qui inspirait une indicible confiance aux marins. L'amiral Gravina, alors le seul homme de mer que l'Espagne pût compter, devait joindre l'escadre en mer, et la flotte du Texel appareillait sous les ordres du contre-amiral Werruel, qui, depuis, devint un des fermes officiers de la marine hollandaise sous l'Empire.

Les vaisseaux étaient parfaitement tenus, les matelots d'une instruction complète; les Anglais durent voir avec une crainte secrète plus de trente vaisseaux de haut bord se dirigeant vers les Antilles et réunis pour une

de soixante-quatorze et de plusieurs autres voiles, portait 2,250 hommes; en sorte que la totalité des forces employées à l'occupation de Saint-Domingue, était non de 40,000 hommes, comme on le croit communément, mais d'environ 21,200 hommes; car quelques-uns des bâtiments n'arrivèrent point à leur destination. Ces troupes étaient sous les ordres du général de division Leclerc, capitaine général, de quatre autres généraux de division, MM. de Rochambeau, Boudet, Desfourneaux et Quentin. Les généraux de brigade étaient : MM. Kerverseau, Lamarque, Salm, Seriziat, Brunet et Humbert. On comptait parmi les adjudants-commandants : MM. Achille de Dampierre, Boyer, Pamphile-Lacroix, Claparède, Hullin, Rapatel, etc. »

commune expédition. La paix était signée, les mers libres, et ces escadres, en s'instruisant par la pratique, pouvaient devenir formidables dans le cas de guerre; leur union sous un pavillon commun, français, espagnol ou hollandais, ce déploiement de trois escadres, souvenir de la politique de Louis XIV, devait faire comprendre à l'Angleterre que toutes ces forces marcheraient dans une guerre[1] contre la Grande-Bretagne, désormais enlacée par cette vaste étendue de côtes de Cadix au Texel.

Le but de l'expédition était, comme on l'a dit, Saint-Domingue, île magnifique qui, depuis dix ans, avait subi tant d'agitations. Ainsi que dans toutes les colonies, la population de l'île se divisait en trois classes : 1° les blancs, possesseurs des habitations, maîtres privilégiés des terres, du sol; sorte d'aristocratie et de noblesse au milieu des autres castes; 2° les mulâtres, qui formaient comme le milieu, sorte de bourgeoisie naturellement jalouse de l'aristocratie; les mulâtres portaient aussi une haine non moins vive aux noirs, et les maîtres les plus durs sortaient de cette classe d'hommes. Les esclaves étaient soumis à une discipline forte et sévère; cela devait être dans des établissements éloignés de la mère-patrie; lorsque la main d'un seul homme en conduit des milliers, le pouvoir absolu est une nécessité, la servitude est un élément indispensable. Ainsi, dans Rome même la longue famille des es-

---

[1] « Une flotte de S. M. B. réunie à la baie de Bantry, sous les ordres de l'ami Mitchel, a reçu ordre de se rendre dans les mers des Antilles, et d'y surveiller les mouvements des Français; sept vaisseaux de ligne sont sortis de Torbay pour établir une croisière; trente voiles se réunissent à Portsmouth, et toutes les administrations dépendant du ministère de la marine sont dans une extrême activité. Ces précautions ne laissaient rien à la fortune; car si les négociations étaient rompues, les forces de l'Angleterre pourraient porter un coup funeste à la marine française et espagnole. »

claves remplissait les palais des sénateurs, des patriciens et des tribuns. Cet état de servage, inhérent aux colonies, avait soulevé les plaintes des écrivains du xviii° siècle qui voulaient affranchir subitement les peuples et les races, sans remarquer que la loi éternelle du progrès suit lentement ses voies aidée de l'action chrétienne qui affranchit l'intelligence avant de libérer le corps.

Ces idées de liberté avaient envahi même les colons, et, à l'exemple des classes nobles de la mère-patrie, l'assemblée de Saint-Domingue commit, en 1789, de grandes imprudences. Dès que les premières idées de la Révolution française eurent germé dans les têtes du tropique, il y eut des colons qui songèrent à séparer Saint-Domingue de la France; l'indépendance des États-Unis avait agité les esprits ardents : pourquoi dépendre exclusivement d'un pays [1] et reconnaître une souveraineté quand on pouvait ouvrir ses ports à tous les pavillons? On trouverait un immense avantage à obtenir des assemblées, des chambres de représentants; on n'aurait plus ni gouverneur, ni intendant; on ne serait plus colonie, mais souveraineté, république avec un pacte général et commun.

Ces premières tendances des colons ne pouvaient s'arrêter aux blancs. Les idées de liberté n'étaient pas seulement pour eux; ils ne pouvaient pas en disposer comme

---

[1] Le premier Consul fait allusion à ces longues discordes civiles, dans la proclamation qu'il adresse aux habitants de Saint-Domingue; Bonaparte n'aimait pas les idées d'indépendance et de révolte.

Habitants de Saint-Domingue !

« Quelles que soient votre origine et votre couleur, vous êtes tous Français, vous êtes tous libres et tous égaux devant Dieu et la République.

« La France a été comme Saint-Domingue, en proie aux factions et déchirée par la guerre civile et par la guerre étrangère. Mais tout a changé; tous les peuples ont embrassé les Français, et leur ont juré la paix et l'amitié. Tous les Français se sont embrassés aussi et ont juré d'être tous des amis et des frères. Venez aussi embrasser les Français et vous réjouir de revoir vos amis et vos frères d'Europe.

« Le gouvernement vous envoie le capitaine général Leclerc; il amène avec lui

d'un patrimoine. Quand une pensée d'émancipation est jetée au monde, chacun en profite. La classe mulâtre, jalouse de l'aristocratie des blancs, voulut s'affranchir elle-même de toutes lois de subordination; riche et conservant un mélange de sang africain, elle avait plus d'énergie que les colons, et dès que l'Assemblée constituante l'eut appelée au libre exercice des droits, il se fit une véritable révolution dans les colonies. La Convention, la seule assemblée inflexible dans le principe d'une rigoureuse émancipation démocratique, appela les noirs au bienfait de la liberté; tous les hommes furent égaux : il y eut à Paris des sociétés négrophiles sous la présidence de l'abbé Grégoire; des commissaires partirent pour faire exécuter ce terrible décret qui devait coûter tant de sang : fatale égalité qui jetait 50,000 blancs, faibles femmes, enfants au berceau, à la peau douce et satinée, dans les mains calleuses de ces 500,000 Africains. L'effet de la parole sous le ciel brûlant du tropique fut affreux; une phrase de tribune s'y traduisait en massacres et en incendies, et les noirs promenèrent les torches sur ces riches habitations qui avaient fait la prospérité du commerce en France. Chaque phase de ce drame fut marquée par une catastrophe; il y eut prodigalité de sang humain; les blancs disparurent presque entièrement de l'île. Comme il faut

---

de grandes forces pour vous protéger contre vos ennemis et contre les ennemis de la République. Si on vous dit : *Ces forces sont destinées à vous ravir votre liberté*, répondez : *La République ne souffrira pas qu'elle nous soit enlevée.*

« Ralliez-vous autour du capitaine général. Il vous rapporte l'abondance et la paix; ralliez-vous tous autour de lui. Qui osera se séparer du capitaine général sera un traître à la patrie, et la colère de la République le dévorera comme le feu dévore vos cannes desséchées. »

Donné à Paris, au palais du gouvernement, le 17 brumaire an x de la République française.

Le premier Consul, Bonaparte.

Par le premier Consul, le secrétaire d'état.

H. B. Maret,

que toutes choses deviennent régulières, la lutte se continua entre les mulâtres et les noirs. Ainsi se formule l'éternel combat entre les classes diverses de la société; quand l'aristocratie a disparu, la classe moyenne se trouve en présence des multitudes; qu'elle s'appelle bourgeoise ou que son nom tienne à la couleur de sa peau, peu importe! le combat est toujours le même; il faut que la lutte fatale s'accomplisse, car la lice est ouverte par la jalousie et la faim. Dans l'île de Saint-Domingue, le mulâtre Rigaud se trouva en présence de Toussaint-Louverture, qu'une fortune inouïe élevait alors au gouvernement de Saint-Domingue.

Toute intelligence n'est point éteinte dans l'esclave d'Afrique; le nègre est imitateur; quand il se livre à un art, à une étude, il le fait avec une aptitude remarquable; or, dans cette fermentation des esprits que la Révolution avait jetée aux colonies, il était né parmi les noirs quelques chefs d'une grande capacité et d'un courage remarquable; les uns cruels par caractère, les autres terribles par leurs ressentiments, fatalement préoccupés de venger des outrages qu'ils avaient reçus, et suivant en cela leur naturelle impulsion : il y eut d'affreuses exécutions; l'incendie parcourut Saint-Domingue; la Révolution de France tout entière se produisit en sanglantes images dans les colonies. Il avait paru, au sein de cette race d'Afrique, une tête ardente et sérieuse, un homme de pouvoir et d'organisation, j'entends parler de Toussaint-Louverture, qui va jouer un si grand rôle dans les événements de Saint-Domingue. Toussaint était un simple esclave, d'origine africaine; on le disait de la rivière du Sénégal; son père et sa mère, également esclaves, vivaient sur l'habitation du comte de Noë, un des riches planteurs de Saint-Domingue, à quelques lieues de la ville du Cap. Toussaint prit le nom de l'habitation où il travaillait aux devoirs les plus durs, gardant les bestiaux sur les pointes élevées de la montagne et sur les mornes; il apprit à lire et à signer son nom; sa physionomie était marquée des traits indélébiles de l'Afrique et sa taille était élevée. Dès qu'il fut un peu instruit, il devint cocher de l'habitation, puis surveillant des autres noirs; ardent catholique, probe dans sa gestion, Toussaint méritait toute la confiance de son maître; dans les premiers troubles, il resta fidèle aux blancs, et ne se jeta dans l'insurrection que lorsqu'elle revêtit un caractère politique[1]. A ce moment les esclaves étaient en armes, cette révolte terrible prenait un aspect singulier; les nègres révoltés s'étaient séparés des colons, parce que, disaient-ils, ce n'était pas à la nation qu'ils devaient obéir, mais à un roi, et ce roi Louis XVI, les blancs l'avaient fait périr sur l'échafaud, expression touchante d'une fidélité sauvage.

---

[1] Toussaint-Louverture était né en 1743. On lui a fait du temps de sa toute-puissance, une généalogie comme à Bonaparte; on le faisait descendre de Gaou-Guinon roi de la tribu des Arrudos. Au reste voici ce que le premier Consul dans sa dissimulation lui écrivait. On sait comment il tint ses paroles :

Citoyen général,

« La paix avec l'Angleterre et toutes les puissances de l'Europe, qui vient d'asseoir la République au premier degré de puissance et de grandeur, met à même le gouvernement de s'occuper de la colonie de Saint-Domingue. Nous y envoyons le citoyen Leclerc, notre beau-frère, en qualité de capitaine général, comme premier magistrat de la colonie. Il est accompagné de forces convenables pour faire respecter la souveraineté du peuple français. C'est dans ces circonstances que nous nous plaisons à espérer que vous allez nous prouver, et à la France entière, la sincérité des sentiments que vous avez constamment exprimés dans les différentes lettres que vous nous avez écrites. Nous avons conçu pour vous de l'estime, et nous nous plaisons à reconnaître, à proclamer les grands services que vous avez rendus au peuple français. Si son pavillon flotte sur Saint-Domingue, c'est à vous et aux braves noirs qu'il le doit. Appelé par vos talents et la force des circonstances au premier commandement, vous avez détruit la guerre civile, mis un frein à la persécution de quelques hommes féroces, remis en honneur la religion et le culte de Dieu de qui tout émane. La constitution que vous avez faite, en renfermant beaucoup de bonnes choses, en contient qui sont contraires à la dignité et à la souveraineté du peuple français, dont Saint-Domingue ne forme qu'une portion.

« Les circonstances où vous vous êtes

TOUSSAINT-LOUVERTURE (1801-1802).

Au milieu de tant de désordres, Toussaint s'était élevé au rang de colonel ; les noirs le suivaient avec confiance; ils aimaient les riches ornements, les épaulettes, les chapeaux galonnés, et Toussaint ne paraissait jamais qu'avec tous ces insignes : des portraits nous restent encore de cette étrange physionomie qui ne tient de l'homme que par le vêtement ; le type africain s'y révèle tout entier. Toussaint conduisait les esclaves à la victoire, et au retour d'une de ses expéditions, le commissaire Polverel, dit en parlant de lui, et pour exprimer sa hardiesse : « Cet homme fait *ouverture* partout ; » de là vint ce surnom de *Louverture*, qui lui resta invariablement. Toussaint protégea les blancs, les Français surtout; et dans le conseil des Cinq-Cents, on entendit des orateurs, séduits par les maximes de Raynal, dire de lui : « Que c'était le Spartacus, destiné à venger sa race. » Ses services furent d'abord immenses ; la République le reconnut comme général

trouvé, environné de tous côtés d'ennemis, sans que la métropole pût ni vous secourir, ni vous alimenter, ont rendus légitimes les articles de cette constitution qui pourraient ne pas l'être. Mais aujourd'hui que les circonstances sont si heureusement changées, vous serez le premier à rendre hommage à la souveraineté de la nation qui vous compte au nombre de ses plus illustres citoyens, par les services que vous lui avez rendus et par les talents et la force de caractère dont la nature vous a doué. Une conduite contraire serait inconciliable avec l'idée que nous avons conçue de vous. Elle vous ferait perdre vos droits nombreux à la reconnaissance et aux bienfaits de la République, et creuserait sous vos pas un principe qui, en vous engloutissant, pourrait contribuer aux malheurs de ces braves noirs dont nous aimons le courage, et dont nous nous verrions avec peine obligés de punir la rébellion.

« Nous avons fait connaître à vos enfants et à leur précepteur les sentiments qui nous animaient. Nous vous les renvoyons.

« Assistez de vos conseils, de votre influence et de vos talents le capitaine général. Que pouvez-vous désirer? la liberté des noirs ? Vous savez que dans tous les pays où nous avons été, nous l'avons donnée aux peuples qui ne l'avaient pas. De la considération, des honneurs, de la fortune? Ce n'est pas après les services que vous avez rendus, que vous pouvez rendre encore dans cette circonstance, avec les sentiments particuliers que nous avons pour vous, que vous devez être incertain sur votre considération, votre fortune et les honneurs qui vous attendent.

« Faites connaître aux peuples de Saint-Domingue que la sollicitude que la France a toujours portée à leur bonheur a été

de division et le proclama le sauveur de la colonie, bientôt il fut maître de Saint-Domingue; on l'honora comme le dictateur de ce nouvel État; les Anglais le poussaient déjà à proclamer l'île indépendante, sous le nom d'Haïti; en échange, ils ne lui demandaient que le commerce exclusif de l'île; ces propositions furent repoussées. Toussaint ne voulut point briser avec la France; il aimait ses anciens maîtres, et pour consolider son pouvoir, il fit proclamer une constitution qui produisit un effet étrange sur l'âme fière et hautaine du premier Consul.

Le caractère de la race nègre, je le répète, est l'imitation, il n'y a rien chez eux de spontané, tout est calque et copie; la révolution du 18 brumaire avait mis le pouvoir aux mains de Bonaparte, et institué le Consulat; Toussaint-Louverture qui avait suivi avec attention toutes les phases de ce mouvement politique, voulut aussi l'imiter, et trois mois étaient à peine écoulés depuis l'élévation

souvent impuissante par les circonstances impérieuses de la guerre; que les hommes venus du continent pour l'agiter et alimenter les factions, étaient le produit des factions qui elles-mêmes déchiraient la patrie; que désormais, la paix et la force du gouvernement assurent leur prospérité et leur liberté. Dites-leur que si la liberté est pour eux le dernier des biens, ils ne peuvent en jouir qu'avec le titre de citoyen français, et que tout acte contraire aux intérêts de la patrie, à l'obéissance qu'ils doivent au gouvernement, et au capitaine général qui en est le délégué, serait un crime contre la souveraineté nationale, qui éclipserait les services et rendrait Saint-Domingue le théâtre d'une guerre malheureuse, où des pères et des enfants s'entrégorgeraient.

« Et vous, général, songez que si vous êtes le premier de votre couleur qui soit arrivé à une si grande puissance, et qui se soit distingué par sa bravoure et ses talents militaires, vous êtes aussi devant Dieu et nous, le principal responsable de leur conduite.

« S'il était des malveillants qui dissent aux individus qui ont joué le principal rôle dans les troubles de Saint-Domingue, que nous venons pour rechercher ce qu'ils ont fait pendant les temps d'anarchie; assurez-les que nous ne nous informerons que de leur conduite dans cette dernière circonstance, et que nous ne chercherons le passé, que pour connaître les traits qui les auraient distingués dans la guerre qu'ils ont soutenue contre les Espagnols et les Anglais qui ont été nos ennemis.

« Comptez sans réserve sur notre estime, et conduisez-vous comme doit le faire un des principaux citoyens de la plus grande nation du monde. »

Le premier Consul, Bonaparte.
Paris, le 17 brumaire an x.

de Bonaparte, qu'une constitution semblable parut à Saint-Domingue [1]; Toussaint-Louverture se fit proclamer président à vie de la république d'Haïti, avec tous les pouvoirs, copiés, pour ainsi dire, sur ceux que Bonaparte avait obtenus par l'acte constitutionnel de l'an VIII : le commandement des troupes de terre et de mer, la proposition des lois, et un simulacre dans la pondération des pouvoirs. Enfin, le nègre Louverture, poussant l'imitation jusqu'au bout, déclara : « qu'il était le Bonaparte de Saint-Domingue. » Pour ceux qui connaissent le caractère du premier Consul, on doit comprendre s'il fut profondément blessé de cette prétention de Toussaint-Louverture ; quoi ! un africain s'élevait jusqu'à lui ! un esclave cherchait à rivaliser avec le Consul de la République ! un Toussaint-Louverture s'égaler à Bonaparte ! C'était pourtant une intelligence remarquable que celle de ce noir ; mais la fierté de Bonaparte dut s'offenser de la comparaison [2]; ce qu'il craignait avant tout, c'étaient le ridicule, les sarcasmes, les plaisanteries que ce parallèle pouvait inspirer, et les partisans des Bourbons avaient ici beau jeu en comparant les deux fortunes également inouïes. Joséphine avait de tristes idées sur la classe esclave; elle ne la considérait pas comme une des familles de l'humanité; n'avait-

---

[1] Voici quelle était la formule qui finissait cette constitution :
Fait au Fort-Républicain, le 19 floréal an IX de la République française une et indivisible (8 juin).
Signé. Borgella, président; Naimono, Collet, Gaston, Nogerai, Lacour, Noxas, Mugnox, Mancebo.
Viart, secrétaire.
« Après avoir examiné la constitution, je lui donne mon approbation; l'invitation de l'assemblée centrale est à mes yeux un ordre en conséquence duquel je la transmettrai au gouvernement français pour obtenir sa sanction; quant à son exécution dans toute la colonie, le vœu exprimé par l'assemblée centrale sera rempli et exécuté. »
Donné au Cap-Français, le 13 messidor, an IX de la République française une et indivisible (4 juillet).
Le général en chef. *Signé.* Toussaint-Louverture.

[2] « Le citoyen Vincent est arrivé à Paris dans les premiers jours du mois d'octobre, apportant au premier Consul, de la part du gouverneur Toussaint, la nouvelle constitution de Saint-Domingue. » (Journaux.)

elle pas vu sur les terres de la Pagerie et de Tascher, les nègres des sucreries, les planteurs et les esclaves, qui s'agenouillaient devant *bonne maîtresse*, et aujourd'hui un esclave des savanes osait s'élever jusqu'au premier Consul !

Si Bonaparte avait vu de plus haut la question de Saint-Domingue, s'il n'avait pas suivi ses passions irascibles, il aurait ménagé Toussaint-Louverture, pour amener une réconciliation entre la mère-patrie et sa riche dépendance. Toussaint pouvait être un merveilleux instrument dans la main du Consul; chef des noirs, il les avait soumis à une discipline sévère, seul il pouvait restaurer les colons, et les rendre à leurs anciennes propriétés, par une transaction commerciale et politique; Toussaint devait être ménagé, mais comment faire comprendre de telles pensées à Bonaparte? Ces conseils n'allaient pas à sa volonté, toujours violente, toujours impérative; il crut qu'au lieu de ménager les noirs, il valait mieux les dompter. La souveraineté de Toussaint-Louverture était un outrage à la mère-patrie; on devait le vaincre, ou bien lui tendre des piéges, après que l'armée se serait déployée sur les rivages de Saint-Domingue.

Toutes les places étaient prises dans les dispositions de Bonaparte, il était inutile d'en réserver à Toussaint-Louverture; le général Leclerc, capitaine général de la colonie, recevait les pleins pouvoirs pour gouverner, de concert avec Pauline, la sœur bien-aimée, qui s'embarquait (nouvelle Cléopâtre) sur la grande flotte. Les deux préfets coloniaux étaient Bénézet et Fréron; les nègres feraient-ils résistance? on avait là 24,000 hommes de troupes qui avaient fait des guerres plus glorieuses, plus formidables depuis dix ans. Ceux qui avaient vaincu les Mamelucks d'Égypte, devaient être habitués aux guerres du désert, aux campagnes arides et au soleil brûlant. Les généraux qui avaient battu les Autrichiens et les Russes, souriraient de pitié à l'aspect de ces nègres marrons se dissipant dans les savanes aux premières manœuvres des Français; l'escadre était pourvue d'une formidable artillerie, plus de 50 vaisseaux de haut bord cinglaient vers Saint-Domingue; les braves marins seconderaient la plus belle armée du monde; il suffisait de paraître pour qu'aussitôt la colonie fît sa soumission; on promettrait aux généraux noirs ou de couleur, la conservation de leur rang dans l'armée régulière en Europe; on diviserait les uns et les autres au moyen de petites jalousies pour profiter de la défection de tous; dans une campagne de trois mois, toute l'île serait soumise[1].

N'avait-on pas là des officiers d'expérience, qui avaient plus d'une fois bravé les feux du tropique; le général Rochambeau promettait une soumission complète; les nègres seraient dispersés comme le sable par l'ouragan des Antilles. Aussi le premier Consul n'usait-il d'aucun ménagement; il marchait droit vers l'ancien gouvernement de l'île. Comme il voulait la colonisation réelle, un arrêté maintenait l'esclavage dans toutes ses conséquences; l'esclave rentrait dans le pouvoir de son maître, on rendait aux colons leurs anciennes terres sans

---

[1] Voici comment s'exprime le journal à la main :

« Les expéditions pour Saint-Domingue et l'île de France doivent avoir appareillé du 20 au 25 novembre si les vents ont été favorables. Le général Leclerc, embarqué à bord du vaisseau amiral, commandé par Villaret-Joyeuse, est nommé capitaine général de la partie française de Saint-Domingue, 200,000 fr. d'appointements. Il emmène avec lui son épouse, la sœur de Bonaparte, celle que l'on appelait en Italie *la princesse follette*. Jérôme Bonaparte l'accompagne aussi. Il s'est embarqué à Rochefort avec le général Rochambeau sur le vaisseau de l'amiral Latouche-Tréville.

« Cette manie du premier Consul de ne confier les grandes opérations politiques qu'à ses frères ou beaux-frères, a fait dire que la République était vraiment aujourd'hui *une république de frères*. »

restriction; toutes les ventes faites postérieurement à la révolte étaient nulles; on ne tenait compte d'aucun des faits accomplis; les ordonnances de Louis XIV étaient appliquées comme discipline. Tous les actes de la Constituante et du Directoire étaient abolis, ou rétablissait le système colonial sur l'ancien pied.

Les instructions secrètes données par le premier Consul au général Leclerc, sont rédigées avec une finesse et une astuce qui révèlent la volonté de marcher droit à son dessein, d'une soumission absolue; Bonaparte veut qu'on dissimule avec les hommes redoutables, qu'on promette tout à Toussaint-Louverture, et qu'on cherche à s'emparer de sa personne [1]. Publiquement, on fera le semblant de reconnaître son pouvoir, et, en secret, on l'attaquera par tous les moyens de police et de violence; le but est d'enlever de vive force les chefs de la race nègre, afin de la dompter plus facilement. Là est toute la pensée du premier Consul; désorganiser la résistance

---

[1] Bonaparte justifie sa conduite à l'égard de Toussaint-Louverture :

« Le général Vincent était porteur de la constitution qu'avait adoptée de sa pleine autorité Toussaint-Louverture qui l'avait fait imprimer et mise à exécution, et qu'il notifiait à la France. Non seulement l'autorité, mais même l'honneur et la dignité de la République étaient outragés : de toutes les manières de proclamer son indépendance et d'arborer le drapeau de la rébellion, Toussaint-Louverture avait choisi la plus outrageante, celle que la métropole pouvait le moins tolérer. De ce moment, il n'y eut plus à délibérer; les chefs des noirs furent des Africains ingrats et rebelles, avec lesquels il était impossible d'établir aucun système. L'honneur, comme l'intérêt de la France, voulut qu'on les fît rentrer dans le néant. Ainsi la ruine de Toussaint-Louverture, les malheurs qui pesaient sur les noirs, furent l'effet de cette démarche insensée inspirée sans doute par les agents de l'Angleterre, qui déjà avait pressenti tout le mal qu'éprouverait sa puissance, si les noirs se contenaient dans la ligne de la modération et de la soumission, et s'attachaient à la mère patrie; il suffit pour se faire une idée de l'indignation que dut éprouver le premier Consul, de dire que Toussaint non seulement s'attribuait l'autorité sur la colonie pendant sa vie, mais qu'il s'investissait du droit de nommer son successeur, et voulait tenir son autorité, non de la métropole, mais de lui-même, et d'une soi-disant assemblée coloniale qu'il avait créée. Comme Toussaint-Louverture était le plus modéré des généraux noirs; que Dessalines, Christophe, Clervaul, etc., étaient plus exagérés, plus désaffectionnés et plus opposés encore à l'autorité de la métropole, il n'y eut plus à délibérer. » (Mémoire attribué à Bonaparte.)

des esclaves par la capture de leurs chefs, les diviser les uns les autres, afin d'arriver à la conquête entière de l'île et à sa soumission définitive devant la métropole [1]. Toutes les constitutions improvisées devaient être frappées d'une égale nullité; les esclaves, au lieu d'être citoyens, devaient travailler aux sucreries et se rattacher aux grandes cultures; plus de discussions politique dans les colonies; il fallait faire cesser la comédie gouvernementale de Toussaint-Louverture, car elle blessait l'orgueil de la France; il ne fallait pas, disait Bonaparte, que des insignes militaires fussent placés sur des têtes de singes. Le ridicule tuait le pouvoir que le Consul avait mission de grandir.

[1] Plus tard on verra comment ce plan se développa avec impudence jusqu'à la malheureuse captivité de Toussaint-Louverture au fort de Joux.

CHAPITRE XVI.

SITUATION DU POUVOIR ET DES PARTIS

A LA PAIX GÉNÉRALE.

Nature du pouvoir consulaire. — Marche à la dictature. — Opposition. — Sénat. — Tribunat. — Armée. — État des partis. — Les Jacobins. — Les ennemis de Bonaparte. — Barras. — Sieyès. — Les nouveaux amis. — Les royalistes. — Les espérances. — Les déceptions. — Agence à Paris. — Situation du pouvoir.

1801-1802.

La tendance naturelle du pouvoir, c'est la perpétuité; les vieux temps offrent peu d'exemples de soldats, de chefs de peuples qui n'aient marché vers la dictature [1]. Et une fois qu'on a le suprême pouvoir dans la main, on cherche à l'affermir pour toujours. L'abdication suppose un découragement de l'âme en face des événements humains, ou bien un retour sur soi-même qui révèle que le temps est fini pour vous; il y a moins de

---

[1] Bonaparte a depuis avoué son dessein de dictature.

« Le système du gouvernement, disait Bonaparte, doit être adapté à l'esprit de la nation et aux circonstances. Lorsque je me mis à la tête des affaires, la France se trouvait dans le même état que Rome, lorsqu'on déclarait qu'un dictateur était nécessaire pour sauver la République. Tous les peuples les plus puissants de l'Europe s'étaient coalisés contre elle : pour résister avec succès il fallait que le chef de l'État pût disposer de toute la force et de toutes les ressources de la nation. »

grandeur et de générosité qu'on ne croit dans ceux qui abdiquent; et si on fouillait Washington au cœur, on trouverait les causes secrètes de son renoncement au pouvoir moins dans son respect pour la loi, que dans des oppositions mystérieuses et dans un sentiment intime de sa faiblesse. On sent souvent que la société vous échappe, que le pouvoir s'en va, que d'autres temps viennent, que d'autres générations vous poussent; et alors on jette son manteau comme Sylla; vieux dictateur, on se retire avec les vieux prétoriens. Les âmes tenaces et fortes ne renoncent pas à l'autorité dans la jeunesse de la vie; leur but, comme je l'ai dit, c'est de la rendre perpétuelle, et ce sentiment explique la seconde période du Consulat de Bonaparte.

Lorsque l'on suivait avec la moindre attention les actes du premier Consul, on devait facilement s'apercevoir que toute sa pensée se portait vers une grande dictature : conservant encore les formes républicaines, de temps à autre il jetait quelques paroles de liberté; il aimait à se dire le représentant du peuple, le magistrat qui ne vivait et n'agissait, que par lui et pour lui. Dans la vérité, l'ambition de Bonaparte n'avait pour but que le maintien de son pouvoir; la constitution de l'an VIII donnait dix ans à sa magistrature, longue période à remplir pour les actes d'un gouvernement; mais son activité impatiente traversait déjà cet espace étroit pour se faire accorder le Consulat à vie, idée à laquelle il marchait hautement; il avait étudié César et Auguste [1] à

---

[1] Bonaparte fut toute sa vie préoccupé de la justification de César. Il y trouvait identité entre les deux existences :

« Si César eût trouvé quelque avantage pour son autorité à s'asseoir sur le trône, il y fût arrivé par les acclamations de son armée et du sénat, avant d'y avoir introduit la faction de Pompée. Ce n'était pas en se faisant saluer dans une promenade par un homme ivre du nom de roi, en faisant

la face du sénat et des derniers débris de la République. Le caractère de César surtout avait fait l'objet des études sérieuses de Bonaparte ; il fouillait les pages de la grande histoire pour réaliser les grandes choses.

Depuis longtemps, ainsi que je l'ai dit, les deux Consuls Cambacérès et Lebrun n'étaient plus que les simples commis de Bonaparte ; ils exécutaient ses ordres, et devinant sa pensée, ils accomplissaient ses desseins ; mais ni l'un ni l'autre ne pouvait entrer en communauté de gouvernement avec le premier Consul, la seule tête puissante et résolue. Bonaparte ne reconnaissait à personne le droit de contrôler ses actes et d'arrêter ses volontés ; Cambacérès était absolu dans la confection du Code civil et sa présidence du Sénat. Lebrun s'occupait d'élections, de finances et de quelques négociations de parti ; au-dessus de tous il n'y avait qu'un seul et magnifique couronnement de l'édifice.

Et comment après la paix avec l'Angleterre, dans cet enivrement de tout le peuple, un homme ou un

dire aux sibylles qu'un roi pouvait seul vaincre les Parthes, en se faisant présenter un diadème dans les lupercales, qu'il pouvait espérer d'arriver à son but. Il eût persuadé à ses légions que leur gloire, leur richesse dépendaient d'une nouvelle forme de gouvernement qui mit sa famille à l'abri des factions de la toge ; c'eût été en faisant dire au sénat qu'il fallait mettre les lois à l'abri de la victoire et de la soldatesque, et les propriétés à l'abri des vétérans, en élevant un monarque sur le trône : mais il prit une voie contraire ; il ne gouverna que comme consul, dictateur ou tribun ; il confirme donc, au lieu de les décréditer, les formes anciennes de la République. Après les succès qui ont suivi le passage du Rubicon, César n'a rien fait pour changer les formes de la République. Auguste même longtemps après, et lorsque les générations républicaines tout entières étaient détruites par les proscriptions et la guerre des triumvirs, n'eut jamais l'idée d'élever un trône ; Tibère, Néron, après lui, n'en ont jamais eu la pensée, parce qu'il ne pouvait pas entrer dans la tête d'un maître d'un grand État de se revêtir d'une dignité odieuse et méprisée. Si la couronne royale eût été utile à Auguste et à ses successeurs, ils l'eussent placée sur leurs têtes ; mais César, qui était essentiellement Romain, populaire, et qui dans ses harangues et ses écrits, employait toujours la magie du peuple romain avec tant d'ostentation, ne l'eût fait qu'à regret. »

pouvoir dans l'État aurait-il résisté au Consul Bonaparte, celui que l'enthousiasme public saluait du double titre de vainqueur et de pacificateur. Que de travaux accomplis depuis le 18 brumaire! A Marengo, on avait vu le jeune héros en face des régiments autrichiens, délivrant l'Italie; puis il avait préparé la paix continentale; l'Autriche, la Russie, la Prusse étaient accourues à lui pour solliciter des conventions qui pacifiaient l'Europe. Bonaparte avait partout rétabli l'ordre et la paix publique; et les Français, toujours si ardents, si chauds, si mobiles, s'étaient épris d'enthousiasme pour le héros qui avait tant fait pour la patrie.

L'éloge fut alors prodigué à Bonaparte; on vit dans les solennités publiques, comme sous les anciens rois, le conseil de ville solliciter l'honneur de déposer aux pieds du premier Consul les témoignages d'une reconnaissance sans bornes; le Sénat, le Tribunat, le Corps législatif [1], les chambres de commerce, tous accoururent pour offrir, dans une expression adulatrice, les témoignages de la reconnaissance publique pour la grande œuvre accomplie de la victoire et de la paix. Il fut dit là de ces paroles abaissées que Tacite a flétries lorsqu'il a peint le Sénat, les patriciens accourant autour de Tibère. Le conseil municipal vota pour Bonaparte un

---

[1] Les vers ne manquaient pas à la louange du Consul, les poëtes sont toujours là.

Bonaparte et la Paix, pour embellir la France,
  Semblent s'être donné la main.
Quel présage flatteur! par leur double
    influence,
L'avenir n'est plus incertain.
Quand l'une rend la vie au monde
Et vient fertiliser nos champs,
L'autre est un père qui féconde

L'État, les beaux-arts, les talents.
O mon pays! vois la victoire,
Qui t'offre d'immortels bienfaits!
Peuple avec des brevets de gloire,
Reçois le présent de la paix!

Voici le discours du président du Corps législatif.

« Nous vous adressons, au nom du Corps législatif, les félicitations qu'il a votées sur la communication que vous lui avez faite

de ces monuments de pierre qui devait perpétuer, jusqu'à la postérité la plus reculée, la gratitude de la nation pour celui qui avait accompli tant de merveilles. Le Consul, toujours antique, mais profondément dissimulé quand il voyait que ses desseins pouvaient être devinés par le peuple, répondit avec modestie et dignité : « Il déclara que les monuments publics, pour être durables, devaient surtout avoir la sanction des siècles, et qu'il fallait laisser s'accomplir sa vie pour voir s'il avait fait assez pour la postérité, seule digne et compétente pour ratifier les jugements des contemporains. »

Cette réponse cachait de graves desseins; Bonaparte visait à quelque chose de plus positif que ces témoignages de la reconnaissance publique, car le caprice les élève et le caprice les détruit; sa pensée fixe était le pouvoir réel, il essayait les opinions et les partis, pour deviner si son ambition incessamment réveillée, trouverait une opposition trop vive, trop profonde dans les divers pouvoirs de la société. Préparant le passage d'une magistrature décennale à un Consulat à vie, transition difficile, il craignait de se laisser deviner. Ce plan n'était connu que de quelques amis et de la société de Lucien surtout, et on était convenu de n'avancer que lentement et progressivement; il fallait étudier les divers pouvoirs de l'État, balancer les partis, les hommes, et ne se décider qu'après un long examen. C'eût été tout

---

du traité qui assure la paix à la République.

« Nos ennemis l'ont enfin reconnue, cette République dont ils avaient osé douter, et vaincus par la puissance de ses armes, ils vont recevoir le bienfait de la paix que leur donne un peuple libre, comme un témoignage de sa magnanimité, le premier objet et le premier fruit des conquêtes.

« Si les victoires qui l'ont préparée ont retenti avec éclat dans l'univers, le traité qui la consolide doit être aussi une grande époque dans les annales des peuples, par l'influence qu'il doit avoir sur leurs intérêts et sur les nôtres; il va faire renaître toutes les idées de prospérité générale, et déjà le sentiment de la félicité publique pénètre à l'avance dans toutes les âmes. »

compromettre que de hasarder une fausse démarche à la face de tant de jalousies éveillées et de sollicitudes profondes ; les partis étaient vaincus un moment, mais ils faisaient entendre encore de temps à autre les mâles accents de la vieille liberté.

Il appartenait au Sénat conservateur, la première autorité d'après la constitution de l'an VIII, de modifier les institutions et de régler l'action des pouvoirs entre eux. La majorité des sénateurs, débris de tous les régimes, était pour l'autorité consulaire forte et dessinée ; la plupart admirateurs du 18 brumaire, ils avaient élevé l'édifice, et nul ne voulait le détruire. S'il existait quelques hommes mécontents, tels que Lambrecht, Cabanis, Garat, douloureusement affectés de voir le premier Consul dans les voies du pouvoir absolu ; cette opposition ne pouvait être à craindre pour les temps ordinaires. Tant que Bonaparte serait heureux, on se bornerait à quelques murmures, on n'oserait jamais tenter une résistance sérieuse ; ces hommes étaient vieux, usés, et il est rare d'attendre quelque résolution généreuse des âmes qui ont déjà tant vécu et subi tant de déceptions. Toutefois, le cas échéant d'une crise contraire à Bonaparte, ces sénateurs mécontents n'auraient pas manqué de faire une vive opposition et de préparer même le renversement de son œuvre ambitieuse. C'est ce que savaient très bien Fouché, Bernadotte, Moreau, qui tous pouvaient compter sur un parti dans le Sénat, si jamais ils attaquaient de face, à l'aide de l'armée, l'autorité despotique de Bonaparte. Il n'y a pas de corps plus dangereux que ceux qui ont trop longtemps subi le joug ; ils se vengent dans un seul jour et cherchent à se populariser en renversant l'idole.

Au Tribunat, l'opposition était plus vive, plus violente, quoique moins redoutable. Bonaparte ne pouvait briser le Sénat sans bouleverser la constitution, car les sénatus-consultes en étayaient le fondement; son but était de l'assouplir, sans jamais l'attaquer en face, comme un ennemi. Avec le Tribunat, c'était différent; ce corps n'avait pas une grande consistance dans le pays, fatigué d'opposition et de parlage; le Tribunat aux yeux de tous n'était qu'une sorte de superfétation facilement détruite sans blesser le moins du monde les opinions et les intérêts. Que faisaient à la France, quelques discours de Benjamin-Constant, Chénier, Ginguené ou Daunou? A quelle sympathie pouvaient-ils répondre? La société avait un besoin impérieux d'ordre et de repos après tant d'épreuves dangereuses et d'irritations terribles, et si l'on avait des ménagements encore pour le Tribunat, c'est qu'il fallait laisser debout quelques souvenirs de la République. On le faisait attaquer dans les journaux; sur le théâtre on le livrait à la risée publique; les lazzis des mimes poursuivaient ce débris des institutions et des garanties : nul ne défendait la liberté de la presse, ni la liberté de la tribune; la dictature était saluée par l'enthousiasme du pays. Le conseil d'État, le Corps Législatif n'offraient pas une puissance plus grande pour se mettre en opposition avec le Consul; il est des temps où nulle force ne peut lutter contre l'autorité qui s'élève; il faut alors se résigner à subir le joug; l'opposition importune, l'affaissement général s'étend à tous les esprits : Tacite nous a peint quelque chose de semblable, lorsque Auguste prit le pouvoir pour commencer l'ère nouvelle [1].

---

[1] Une correspondance privée, écrite en Angleterre, donne de curieux détails sur l'opposition dans les salons de Paris et dans l'armée. En voici quelques fragments :

Ainsi la seule résistance que pouvait trouver Bonaparte à ses projets ambitieux, se concentrait dans l'armée et dans les partis; j'ai dit déjà quel était l'enthousiasme du soldat lorsque les drapeaux de Sambre-et-Meuse, d'Italie et d'Allemagne se déployaient à ses yeux; les souvenirs de la République étaient partout dans leur histoire militaire, dans les services rendus. On s'était accoutumé à cette idée de vivre et de mourir pour la patrie; l'éducation était mâle; on y suçait la haine de la tyrannie : quel travail pour assouplir de telles âmes! La plupart des chefs des demi-brigades avaient commencé leur vie au berceau de la Révolution, leur mère à tous; pouvaient-ils la trahir pour un homme quelque grand qu'il fût, quelque merveilleuses que pussent être ses destinées? Bonaparte vainqueur et pacificateur, Consul même, n'était pour eux que l'expression de la patrie; voulait-il se proclamer tyran insatiable de pouvoir? En vain on invoquait l'obéissance militaire, avec elle on pouvait marcher à l'ennemi, jamais on n'aurait servi un roi; on lui aurait arraché la pourpre et le sceptre. Ainsi parlaient les républicains de l'armée!

« Voulez-vous un trait qui prouve combien la plupart des membres de l'opposition sont lâches et méprisables. Bonaparte se plaignait au général Kellermann de ce qu'on avait écarté le candidat qu'il avait nommé, le général La Martellière. Kellermann s'en excusa sur François de Neufchâteau, qui, dit-il, l'avait induit en erreur. Bonaparte se mit à fixer François de Neufchâteau qui se trouvait alors à l'audience. Celui-ci fut consterné et pâlit. Bonaparte sonne de toutes ses forces; le sénateur de trembler davantage. Des laquais arrivent précipitamment : Bonaparte d'un grand sang-froid : « Donnez un verre d'eau au sénateur François de Neufchâteau; il va tomber en défaillance. » Le trait fait voir de quels misérables éléments est composée cette opposition. On ne regarde dans Paris les tribuns et les législateurs que comme des laquais insolents : en effet, ils sont aux gages de Bonaparte et depuis longtemps revêtus de sa livrée. Cette opposition ne pourrait faire quelqu'effet que lorsqu'elle serait unie à un grand nombre de militaires mécontents dirigés par un chef énergique; car toute l'éloquence de Chénier et celle même de Démosthènes, ne pèsent pas une once de poudre à canon, et l'on ne peut opposer que des baïonnettes à des baïonnettes.

« Mais où trouveront-ils ce chef? Moreau veut rester pacifique et isolé. Aussi les Ja-

Bonaparte chercha dès lors à rompre l'esprit d'égalité des camps en y jetant la distinction d'un ordre militaire ; il devait agir avec prudence pour ne point heurter les vieilles habitudes ; quand il parlait aux soldats, il le faisait avec la parole grave, imposante du chef qui les avait conduits à la victoire; le Consulat à vie n'était pas encore compris par les armées attentives devant l'ambition de la puissance absolue. Bonaparte répandait de l'or et des dignités partout, afin de préparer cette transition du pouvoir temporaire à l'autorité définitive : la plupart des généraux opposants recevaient des missions, des ambassades, et le Consul cherchait toujours à disperser la vieille armée pour s'entourer de jeunes aides-de-camp, plus dévoués, auxquels il pourrait donner des commandements de confiance ; il agrandissait la garde consulaire, la plaçant partout pour veiller à sa personne, sous le commandement d'officiers de distinction, tous attachés à sa fortune, tels que Bessyères, Duroc, Beauharnais, Murat; sa police militaire était aux mains de Savary; Paris était sous le gouvernement de Junot, et la division sous

---

cobins lui ont-ils donné la dénomination dont Ninon de Lenclos avait affublé le marquis de Sévigné : ils l'appellent *une citrouille fricassée*. Quant au général Lannes, il s'est décidément raccommodé avec la cour des Tuileries Cette réconciliation était appelée à Paris la paix de Montmartre. Madame Bonaparte a fait, à ce sujet, un cadeau de 60,000 fr. Lannes est parti pour Lisbonne. Afin de remplir le déficit de la caisse de la garde, Augereau a avancé une somme considérable, et pour faciliter à Lannes les moyens de rembourser Augereau, on lui a accordé permission d'user d'une manière illimitée de sa franchise d'ambassadeur pour importer et exporter toutes sortes de marchandises. Il était en traité, à ce sujet, avec plusieurs maisons de banque de Paris, de Bordeaux et du Hâvre au commencement de janvier. Il avait déjà palpé pour 400,000 francs de pots de vin, sur ces cessions de privilége. Lannes repousse insolemment les reproches sanglants que lui font ses camarades, en disant qu'il suffit à son ressentiment d'avoir fait capituler le despote. Cet insatiable dissipateur ajoutait, que n'ayant pas, comme Masséna, huit millions d'amassés, il avait besoin de faire une campagne en Portugal pour pouvoir marcher de front avec l'enfant gâté de la victoire.

Lefebvre, véritable soldat des gardes françaises, sergent sous Bonaparte, comme il l'était sous l'ancien régime. Si vous avez vu quelquefois les portraits contemporains de tous ces généraux, vous avez dû reconnaître à leurs traits, les différents caractères de leur origine et de leurs opinions : l'armée jacobine de 1794, au ton mâle et inculte, se peint en Masséna, Brune, Jourdan et Augereau; la république aux formes antiques, aux idées nobles, se révèle sur le beau et large front de Lecourbe, Dessole, Gouvion Saint-Cyr, Sainte-Suzanne; l'esprit avocat, dissertateur, simple et tacticien est dans la physionomie impassible et froide de Moreau; la finesse du regard, l'œil d'aigle, le nez long et crochu, dit assez l'origine de Bernadotte. Les officiers dévoués à Bonaparte, âmes jeunes et nobles, ont presque tous l'air candide et généreux du dévouement : Duroc et Junot portent les cheveux longs et flottants comme de jeunes filles; la face mélancolique de Marmont est empreinte d'une vie fatale et prédestinée, et Bessyères [1], qui commande la garde des Consuls, a l'aspect d'un gentilhomme qui caracolle devant les carrosses du roi.

« Quant à Masséna, il persiste toujours à refuser l'ambassade de Constantinople. On est en négociation avec lui pour l'engager à aller passer quelques mois en Angleterre. La faiblesse avec laquelle le Consul assoupit toutes ces querelles de ménage, donne la plus mince idée de son caractère, en même temps qu'elle enhardit singulièrement l'insolence et l'audace de tous ses ennemis. Ses partisans même disent déjà de lui que, depuis qu'il s'est avisé de substituer l'administrateur et le politique au général d'armée, l'âme audacieuse du héros s'est pleinement fondue dans le cœur lâche, fourbe et dissimulé d'un Mazarin. Ses amis attribuent sa mollesse, son irrésolution au mauvais état de sa santé. Les gens de l'art prétendent qu'il est poitrinaire. Corvisart n'a pu le guérir de la maladie qu'il avait prise à Toulon que par des remèdes qui ont affecté sa poitrine. Voilà cependant l'homme qui règle les destinées de l'Europe. Madame Bonaparte qui connaît mieux que personne la valeur de cette petite carcasse, doit parfois bien rire dans sa vieille peau, de tant puissance, hors de sa chambre à coucher. »

[1] Voici comment Bonaparte s'exprime sur Bessyères et Duroc dans les mémoires qu'on lui attribue :

« Bessyères, né en Languedoc, commença à servir dans le 22e de chasseurs, à l'ar-

Le premier Consul marchant avec quelque timidité à la destruction de la République, mettait plus de précautions encore dans ses attaques répétées contre l'esprit de la Révolution française. Beaucoup de Jacobins avaient pris part au mouvement du 18 brumaire et secondé de leurs efforts le triomphe du Consul sur le Directoire; le conseil d'État et les préfectures étaient remplis de patriotes. Si ces hommes aimaient à donner une grande force à l'autorité de Bonaparte, s'ils voulaient en finir avec l'anarchie et les oppositions trop violentes pour consacrer la dictature; si, en un mot, ils étaient les hommes d'un gouvernement énergique, c'était à condition que ce pouvoir servirait les principes et les intérêts de la Révolution française; ce n'était pas la dictature qui leur répugnait, mais l'esprit de l'ancien régime. Que Bonaparte fît fusiller ou emprisonner les émigrés par un coup d'état, ils ne s'en inquiétaient guère, pourvu que ce fût dans l'intérêt de la Révolution. Ce qui les blessait plus vivement, c'était que le premier Consul proclamât un principe de l'ancien régime, ou appelât auprès de lui un homme du vieux temps, un noble, un gentilhomme, un prêtre surtout : alors les Jacobins, tels que Merlin (de Douai),

---

mée des Pyrénées-Orientales. Il était d'une bravoure froide, calme au milieu du feu, il avait de très beaux yeux ; il était fort habitué aux manœuvres de cavalerie, et propre surtout à commander une réserve. On le verra, dans toutes les plus grandes batailles, rendre les plus grands services. Lui et Murat étaient les premiers officiers de cavalerie de l'armée, mais de qualités bien opposées : Murat était un officier d'avant-garde, aventureux et bouillant ; Bessyères était un officier de réserve, plein de vigueur, mais prudent et circonspect.

Il fut dès le moment de la création des guides chargé exclusivement de la garde du général en chef et de celle du quartier-général.

« Bonaparte, au siège de Toulon, distingua et s'attacha un jeune officier du train, qu'il eut d'abord beaucoup de peine à former, mais dont il a tiré depuis les plus grands services : c'était Duroc, qui sous un extérieur peu brillant, possédait les qualités les plus solides et les plus utiles. »

Berlier, Boulay (de la Meurthe), Réal, s'irritaient profondément; ils faisaient des remontrances, attaquaient vivement les actes qui avaient cette pensée et cette destination; ils ne faisaient pas de l'opposition à Bonaparte, parce qu'il marchait à la tyrannie, mais parce qu'ils craignaient qu'il ne courût à l'antique monarchie; ils aimaient le pouvoir pourvu qu'il fût à eux et en eux.

En dehors de ces Jacobins ralliés, il s'en trouvait d'autres proscrits, et depuis la sanglante affaire d'Aréna et de la machine infernale, ces débris du jacobinisme étaient tellement dispersés par la force du gouvernement qu'il était difficile de croire à un mouvement armé; il y avait encore quelque levain dans les faubourgs Saint-Antoine et Saint-Marceau, mais la police et la conscription, deux puissants auxiliaires, ne permettaient pas à la génération de se jeter une fois encore dans les révoltes; Fouché ménageait les Jacobins, les conseillait et les surveillait surtout; quelques-uns étaient dans ses bureaux, d'autres vivaient au milieu des faubourgs. A leur énergie habituelle, on opposait une autre énergie menaçante; Bonaparte, par exemple, faisait dire au brasseur Santerre que s'il osait le moindre mouvement il le ferait fusiller, et, en même temps, Fouché l'inscrivait pour une pension de retraite et une gratification mensuelle qui équivalait au traitement d'un général de division [1]; Bonaparte n'usait jamais d'autres moyens envers les Jacobins, il les considérait comme très forts, très dévoués, quand ils se consacraient à une œuvre et il se fût difficilement passé de leur concours; s'en servir et les contenir, telle était sa maxime.

[1] Junot recevait même Santerre à déjeuner comme gouverneur de Paris. C'était un souvenir de la République qui déplut plus d'une fois à sa femme spirituelle.

D'ailleurs autour de quel chef les patriotes se seraient-ils ralliés? leurs généraux avaient fait presque tous leur soumission; Jourdan était ambassadeur, Augereau offrait ses services à Bonaparte; les Jacobins n'avaient pas grande confiance en Moreau, républicain modéré, aussi haineux contre eux que contre le conseil; Moreau parlait plus qu'il n'agissait; Bernadotte, trop fin pour agir ouvertement quand le vent soufflait si favorablement pour Bonaparte, attendait de meilleures circonstances. Il n'y avait plus qu'un homme autour duquel un grand parti pouvait se former, c'était Barras; et ici j'ai besoin de revenir sur ce vieux protecteur de Bonaparte. Qu'était-il devenu depuis la journée décisive où le pouvoir fut arraché au Directoire? Après le 18 brumaire, Barras s'était retiré à Grosbois[1] pour y mener la vie de gentilhomme avec sa meute, ses maîtresses et ses plaisirs de grande maison; délaissé pendant quelques jours, comme tous les pouvoirs qui tombent, l'opposition se réunit plus tard autour de lui, comme l'homme qui savait le mieux la vie première de Bonaparte[2], celui qui portait en son cœur le plus de ressentiment. A Grosbois, on ne se gênait pas; Barras avait de l'esprit, une manière de causer sans

---

[1] Il vendit cette terre à Moreau.

[2] Obligé de juger historiquement Barras, Bonaparte l'a fait avec un certain caractère d'impartialité :

« Au moment de la crise, la Convention nomma Barras pour marcher contre la commune qui s'était insurgée pour Robespierre; il réussit, cet événement lui donna une grande célébrité. Les thermidoriens après la chute de Robespierre, devinrent les hommes de la France. Le 12 vendémiaire, lors de l'arrestation de Menou, les comités imaginèrent pour se défaire des trois commissaires près l'armée de l'intérieur, de réunir dans sa personne les pouvoirs des commissaires et ceux de commandant de cette armée. Mais les circonstances étaient trop graves pour lui; il n'avait point fait la guerre. Les événements de thermidor et de vendémiaire le portèrent au Directoire. Il avait peu l'habitude du travail, cependant il fit mieux que l'on ne s'y était attendu. On lui reprocha sa dépense, ses liaisons avec des hommes d'affaires, la fortune qu'il fit pendant les quatre ans qu'il fut en place, fortune qu'il

contrainte, un laisser aller plaisant et cynique; il s'exprimait comme les marquis de bonnes maisons, comme les nobles blasés du xviiie siècle, disant de gros mots, appelant les choses par leur nom, donnant aux femmes devenues bien grandes des épithètes grossières, naturelles peut-être quand elles étaient bien petites; il avait connu Bonaparte si pauvre, si délaissé, venant tendre la main dans son antichambre; pouvait-il l'oublier? Il fallait entendre Barras dans ses colères et ses dépits de la disgrâce; il ne ménageait rien, il aimait à conter comment Buonaparté ou bien le *petit Corse* (c'est ainsi qu'il le nommait), venait dîner chez lui tous les jours dans son appartement au-dessus du théâtre de la *Montansier;* comment là il l'avait secouru de quelques écus de six livres; alors Buonaparté avait voulu épouser la Montansier, de trente ans plus âgée que lui, parce qu'elle était riche de quelques cent mille francs, et tous deux devaient aller planter des oliviers et défricher la terre en Corse. Barras, plus cynique encore sur madame Bonaparte, la femme que l'Europe saluait déjà comme une souveraine, tenait de tristes propos, se plaisait à raconter, avec une grande licence d'expressions, la manière dont sollicitait Joséphine auprès de lui, et

---

ne prenait pas la peine de dissimuler, ce qui contribua à la corruption de l'administration de cette époque. Barras était d'une haute stature; il parla quelquefois dans des moments d'orage, et sa voix couvrait alors toute la salle; ses facultés morales ne lui permettaient pas d'aller au-delà de quelques phrases; la passion avec laquelle il parlait l'aurait fait prendre pour un homme de résolution. En fructidor, il forma avec Rewbell et la Réveillère la majorité contre Carnot et Barthélemy. Après cette journée, il fut en apparence l'homme le plus considérable du Directoire; mais en réalité c'était Rewbell qui faisait les affaires. Il soutint toujours depuis le 13 vendémiaire, en public, le rôle d'un ami chaud de Bonaparte, quoiqu'ils fussent brouillés, Bonaparte ayant amèrement critiqué les mesures qui suivirent le 18 fructidor, et spécialement la loi du 19. Il montra de la dextérité au 30 prairial an VII, et ne partagea pas la disgrâce de ses collègues. » (Mémoire attribué à Bonaparte.)

la patience de Bonaparte à attendre dans l'antichambre que madame de Beauharnais lui apportât le brevet de commandant de l'armée d'Italie : mesquine vengeance contre une si merveilleuse destinée ! [1].

Sans prendre une part directe à aucune conspiration, Barras s'était mêlé à toutes, il avait des ramifications avec les mécontents de toutes les bannières ; il voyait secrètement Moreau, Bernadotte et quelques sénateurs de ses anciens amis, et ne se gênait pas avec eux. Bonaparte, à qui tous ces propos étaient rapportés, plein de colère, se vengea de son ancien protecteur par une mesure de sûreté ; d'abord il voulut l'enfermer au Temple, l'exiler de France ; mais Fouché, protecteur des patriotes, n'aimait pas à se compromettre avec eux ; il fit observer au Consul : « Qu'une telle rigueur produirait un mauvais effet parmi les débris de la Révolution ; il n'y avait aucunes preuves contre Barras ; quelques mauvais propos sur madame Bonaparte ne devaient pas servir de texte à une accusation politique. » On se contenta d'exiler Barras à Bruxelles ; le directeur s'y rendit, mais seulement sur l'ordre des gendarmes ; une fois à Bruxelles il ne se gêna pas plus qu'à Paris ; il s'exprima avec la même énergie sur toute la cour du premier Consul ; vieux marin têtu du bailli de Suffren, il aurait fallu le briser, le piler en morceaux, plutôt que le faire renoncer à ses mépris sur Bonaparte et les siens ; il ne voulut jamais rien de lui, et demeura en conspiration permanente pendant toute l'époque impériale, et cela sans aucun ménagement.

Barras était en exil, et l'abbé Sieyès, qui avait si

---

[1] Dans les Mémoires de Barras aux mains de M. Saint-Albin, les plus vives imputations paraissent adressées à Bonaparte ; la haine le porte à d'étranges révélations sur Joséphine et les causes de la fortune du premier Consul.

puissamment aidé le résultat du 18 brumaire [1], s'absorbait dans le Sénat ; Bonaparte lui fit même alors une part fort large, car Sieyès composa la première liste des sénateurs et se fit beaucoup d'amis dans cette assemblée ; le Consul lui avait fait entendre que son meilleur rôle politique était de conduire, par ses idées et sous son influence, les sénateurs vétérans de la science, de l'armée et de l'administration. L'abbé Sieyès, après avoir conçu le 18 brumaire à son profit, éprouva un sentiment de dépit profond quand il vit Bonaparte prendre pour lui la dictature qu'il voulait au moins partager. Sieyès n'avait pas assez de courage pour jouer un rôle dessiné dans le Sénat ; mais sans faire de l'opposition publique, il était aise de préparer dans l'avenir un mouvement qui partirait du Sénat pour renverser Bonaparte au milieu d'une crise, et pour cela il s'entendrait parfaitement avec Fouché, Bernadotte et Moreau ; Sieyès était au repentir sur le 18 brumaire sans avoir néanmoins l'énergie suffisante pour tenter une autre révolution. L'opinion publique était tout entière pour Bonaparte, et nul n'était assez hardi pour tenter alors une résistance directe. L'abbé Sieyès se réduisit à son fameux silence.

Le pouvoir Consulaire voyait ainsi s'attiédir pour lui dans le parti jacobin presque tous les amis qui l'avaient

---

[1] Le jugement que porte Bonaparte sur Sieyès a le même caractère de modération que celui déjà écrit sur Barras :

« Sieyès était depuis longtemps connu de Bonaparte. Né à Fréjus, en Provence, il avait commencé sa réputation avant la Révolution ; il avait été nommé à l'Assemblée constituante par les électeurs du tiers-état de Paris, après avoir été repoussé par l'assemblée du clergé, qui se tint à Chartres. C'est lui qui fit la brochure : *Qu'est-ce que le tiers-état ?* qui eut une si grande vogue ! Il n'est pas homme d'exécution ; connaissant peu les hommes, il ne sait pas les faire agir. Ses études ayant toutes été dirigées vers la métaphysique, il a les défauts des métaphysiciens, et dédaigne trop souvent les notions positives : mais il est capable de donner des avis utiles et lumineux dans les circonstances et dans les

secondé en vertu des principes de la Révolution. Mais Bonaparte acquérait de nouveaux appuis parmi les hommes monarchiques, la plupart proscrit au 18 fructidor : tels étaient MM. Portalis, Siméon, Barthélemy, Mounier, Malouet, Tronchet qui tous portaient sur la Révolution des jugements sévères. Franchement ralliés à Bonaparte, ils en secondaient le gouvernement avec sincérité, ils le poussaient aux idées de l'ancien régime, et surtout à s'éloigner des noms trop compromis dans les jours néfastes de la Révolution française. Bonaparte avait du penchant pour eux; esprits souples et modérés, ils correspondaient plus à ses desseins monarchiques et à ses idées d'avenir; il voyait en eux les appuis de sa dynastie naissante. A mesure qu'il se séparait de la Révolution, le Consul allait plus directement vers les esprits de la vieille société ; tandis qu'il employait tous les Jacobins d'application, au succès et à la force de son gouvernement, il cherchait à donner à son pouvoir les impressions de la royauté antique.

Les monarchistes ralliés au Consul dont je viens de parler, avaient eu des rapports plus ou moins intimes avec Louis XVIII et le parti royaliste; ce fut même au 18 fructidor une des causes de leur proscription. Le roi avait fermement compté sur les Clichiens, et il est aujourd'hui incontesté que le Directoire eut des preuves en mains, des relations intimes des deux Conseils avec le prétendant.

crises les plus sérieuses. C'est à lui que l'on doit la division de la France en départements, qui a détruit l'esprit de province. Quoiqu'il n'ait jamais occupé la tribune avec éclat, il a été utile au succès de la Révolution par ses conseils dans le comité. Sieyès eût pu, s'il eût voulu, obtenir la place de deuxième Consul ; mais il désira se retirer. Sieyès était l'homme du monde le moins propre au gouvernement, mais essentiel à consulter ; car quelquefois il avait des aperçus lumineux et d'une grande importance. Il aimait l'argent; mais il était d'une probité sévère ; ce qui plaisait fort à Bonaparte : c'était la qualité première qu'il estimait dans un homme public. »

(Mémoire attribué à Bonaparte.)

La journée du 18 fructidor frappa ceux qui menaçaient la République. Barthélemy, Portalis, comme un grand nombre de membres du conseil des Anciens ou des Cinq-Cents, s'étaient jetés avec un dévouement plus ou moins absolu dans les voies d'une restauration constitutionnelle. Dès qu'ils eurent pris du service sous le Consulat, prêté serment ou siégé au conseil d'État d'une manière directe, ils se détachèrent presque tous du parti royaliste pour servir loyalement le pouvoir à qui ils devaient le retour dans la patrie. Quelques-uns même des anciens fonctionnaires s'adressèrent officiellement à Louis XVIII [1] pour prendre ses ordres, et le prince, avec son indulgence habituelle et ses prévoyances d'avenir, leur permit de seconder le nouveau pouvoir, et de donner la main à ses tendances pour l'ordre; ils y furent même invités, parce que dans cette position nouvelle on croyait qu'ils pourraient rendre des services encore à la monarchie, en déterminant le premier Consul à rappeler les Bourbons.

C'était là une des grandes illusions du parti royaliste, et plusieurs croyaient que le premier Consul, après avoir tant fait pour sa gloire, accomplirait son œuvre en jouant le rôle de Monck. *Les Adieux à Bonaparte*, une des spirituelles productions de M. Michaud, n'avait convaincu personne encore, et bien des royalistes étaient sous le prestige d'une brochure de l'abbé Sabathier qui annonçait, avec un ton d'oracle, les desseins de Bona-

---

[1] M. Bertrand-Dufresne, conseiller d'état avant la Révolution, avait occupé les premières places de la haute administration des finances; il fut vivement sollicité d'y rentrer par le troisième Consul Lebrun. Il s'en défendit, alléguant des motifs spécieux, mais, en réalité, à cause de son attachement à son monarque légitime. Ses amis lui firent observer qu'on n'était pas absolument sans espoir que Bonaparte ne rendît un jour le trône aux Bourbons. L'un d'eux, M. Boscheron-Desportes alla même jusqu'à l'assurer que Louis XVIII approuverait sa condescendance. Entraîné, il accepta la

parte pour restaurer la maison de Bourbon. Le parti royaliste conservant son caractère habituel de légèreté crédule, prenait ses illusions pour des réalités, et il ne croyait même qu'à ses illusions ; toute pensée raisonnable, il la repoussait. La vérité pour les partis n'est pas ce qui est, mais ce qui leur plaît ; ils ne caressent pas l'idée positive, mais le songe qui berce leurs opinions et leurs sentiments ; les royalistes furent toujours plus honorables qu'habiles ; comme tous les partis aristocratiques, cette opinion est pleine de ressources et d'esprit sans qu'elle sache jamais en profiter ; elle convertit ses pièces d'or en petite monnaie.

Le parti royaliste avait une agence à Paris ; mais trop sage, trop circonspecte pour être redoutable au premier Consul, elle était tout à la fois un moyen de police et une issue donnée aux principes de la vieille monarchie ; on pouvait la surveiller et la tromper, car elle était crédule. Cette agence avait pour chef MM. Royer-Collard, Becquey, sous le titre de correspondants de Louis XVIII ; le gouvernement la tolérait, parce qu'il pouvait par la plus simple surveillance, connaître ainsi les desseins du prétendant et les tenir tous sous sa main. Les opinions de M. Becquey et de M. Royer-Collard, pleines de circonspection et de sagesse, appelaient la restauration de Louis XVIII[1], mais avec une charte ; et il faut dire que telle fut toujours la pensée du roi qui, à l'époque du

---

place de conseiller d'état et de directeur du trésor public, mais il refusa le titre de ministre. Il aspirait à recevoir au moins un témoignage glorieux de la pureté de ses intentions ; il le méritait et il l'obtint. M. Boscheron-Desportes lui remit la lettre suivante du roi. « Je vous sais gré, Monsieur, d'avoir accepté une place dans le Conseil. Celui de vos amis qui vous y a décidé, n'a sûrement pas entendu séparer les intérêts de la France, de son légitime souverain. Votre résistance en cette occasion commandait mon estime ; votre dévouement vous assure toute ma reconnaissance. »   Louis.

[1] Un rapport très étendu sur le comité royaliste de Paris fut présenté au conseil d'État, en 1801.

Consulat, résumait déjà ses idées politiques à peu près dans les termes de la charte de 1814.

Dans cette tendance générale des esprits, Bonaparte profitait de tout pour arriver à ses fins; ce qu'il voulait, il faut le répéter, c'était la perpétuité de son pouvoir, le Consulat à vie, but inflexible de sa volonté : il se servait de tous les instruments, empruntant aux Jacobins cette énergie qui ne s'arrêtait devant aucune considération, en matière de gouvernement, et aux hommes modérés le caractère digne et convenable, la considération qu'ils inspiraient et le principe conservateur des monarchies; Bonaparte avait quelque tendance pour les royalistes, afin de s'éterniser par la stabilité de leurs principes et la force du sol. Tous ces moyens, le Consul les employait indistinctement : les hommes et les choses n'étaient pour lui, comme en mathématiques, que des unités qu'il faisait converger vers un même but, la grandeur et la consolidation de son pouvoir.

FIN DU TROISIÈME VOLUME.

TABLE

DES CHAPITRES

DU TROISIÈME VOLUME.

Pages

CHAPITRE I. — Diplomatie des grands cabinets après la paix de Lunéville. — 1° Angleterre. — Affaiblissement du système de Pitt. — Sa démission. — Ministère Addington. — Armements de la Grande-Bretagne. — Expédition d'Abercromby. — Nelson dans la Baltique. — 2° Russie. — L'empereur Paul et Bonaparte. — Plan d'une campagne dans l'Inde. — Le Czar et les neutres. — Histoire secrète de la conspiration du palais. — Mort de Paul Ier. — Traité de l'Angleterre avec le Danemarck et la Suède. — 3° L'Autriche après Lunéville. — L'Empereur et le corps germanique. — 4° La Prusse. — Menaces sur le Hanovre et les villes anséatiques. — Tendance générale à la paix. — (Février à juin 1801.)   1

CHAPITRE II. — Puissances méridionales dans leurs rapports avec le Consulat. — Espagne. — Le Prince de la Paix. — Urquijo. — Ambassade de Lucien à Madrid. — Traité spécial. — Cession du royaume d'Étrurie. — La Louisiane. — Guerre contre le Portugal. — Traité de paix de Badajoz. — Négociations spéciales entre la France et le Portugal. — Naples. — Restauration de la royauté. — Occupation militaire. — Traité de cession. — L'île d'Elbe. — L'île Sainte-Hélène. — Formation du

TABLE DES CHAPITRES. 435
Pages

royaume d'Étrurie. — Organisation des républiques italiennes. — Le Piémont et la Sardaigne — La Suisse. — (Février à juin 1801.) 55

CHAPITRE III.— SITUATION DES IDÉES RELIGIEUSES, LE CONCORDAT. — Les trois églises de France. — 1° Les évêques constitutionnels. — Leur concile. — 2° Les orthodoxes assermentés. — 3° Les réfractaires. — Vaste projet de Bonaparte pour la reconstitution religieuse de la France. — Ses premiers rapports avec les papes. — Esprit de sa campagne de Marengo. — Ses correspondances avec Pie VII. — Mission du ministre Cacault. — Voyage du cardinal Gonzalvi à Paris. — Instructions du prélat. — Les conférences avec Bonaparte. — Nomination des plénipotentiaires. — Influence de l'abbé Bernier. — Question des démissions. — Église exilée. — Bref aux évêques démissionnaires. — Réponse des évêques en Angleterre. — Concordat. — Les évêchés. — Les cures. — Les biens du clergé. — Promesse d'une dotation fixe. — Les légats. — Le cardinal Caprara. — Rétablissement du culte. — Force de volonté du premier Consul. — Opposition du conseil d'État et de l'armée. — Dernier cri du XVIIIe siècle. — (Avril à septembre 1801.) 82

CHAPITRE IV. — L'ARMÉE SOUS LA PREMIÈRE PÉRIODE. — Armée opposante. — Moreau. — Brune. — Masséna. — Lannes. — Bernadotte. — Jourdan. — Augereau. — Gouvion Saint-Cyr. — Dessolles. — Lecourbe. — Donnadieu. — Fournier. — Armée dévouée. — Aides-de-camp. — Davoust. — Junot. — Influence du premier Consul. — Police militaire. — (1801-1802.) 110

CHAPITRE V. — LES DEUX ÉCOLES DE RELIGION ET DE PHILOSOPHIE. — Publication du *Génie du Christianisme.* — Vives critiques sur l'auteur et sur l'œuvre. — L'abbé Morellet. — La langue et l'art. — Delille. — Les *Jardins.* — La *Pitié.* — La Harpe. — Guerre littéraire. — Geoffroy. — Fontanes. — Rœderer. — Publications philosophiques. — Les *nouveaux Saints* de Chénier. — *De la Vérité*, par Grétry. — Tendance monarchique des théâtres. — *Édouard en Écosse.* — Domination de la censure. — Action du vaudeville sur les salons. — Les journaux. — Le *Mercure.* — Les *Débats.* — (1801-1802.) 132

CHAPITRE VI. — PRÉPARATION DU CODE CIVIL. — Idée d'un Code civil. — Uniformité des lois. — Les deux écoles du droit romain et du droit coutumier. — Portalis. — Cambacérès. — Treilhard. — Tronchet. — Bonaparte. — 1° État des personnes. — Naissances. — Familles. — Mariage. — Divorce. — Adoption. — Enfants naturels. — 2° État des propriétés. — Le propriétaire. — L'héritage. — La succession. — 3° Le louage. — La corporation. — La société. — 4° Législation sur le prêt et l'hypothèque. — L'expropriation. — Esprit général du Code civil. — Exposé des motifs de M. Portalis. — (1801-1802.) . . . 161

CHAPITRE VII. — LA FAMILLE ET LA COUR DU PREMIER CONSUL. — La double résidence. —La Malmaison.—Les Tuileries.—Prédilection pour Saint-Cloud. — Le premier Consul à trente-trois ans. — Joséphine. — Joseph. — Lucien. — Louis. — Jérôme. — Les sœurs du Consul. — Madame Bonaparte mère. — Les aides-de-camp. — Duroc. — Rapp. — Savary. — Les fêtes. — Arrivée du roi d'Étrurie à Paris. — Sa réception. — Les ministres. — M. de Talleyrand. — Fouché. — Chaptal. — Berthier. — Caractère de cette cour. — (1801-1802.) . . . 187

CHAPITRE VIII. — INSTRUCTION PUBLIQUE, PROGRÈS DE LA SCIENCE ET DES ARTS. — Système de Chaptal. — Rapport de Fourcroy.— Idées de Bonaparte sur l'éducation publique. — Les écoles primaires. — Les écoles centrales ou lycées. — Les bourses. — Discours de Chénier sur l'instruction publique. — Esprit tout militaire de l'éducation. — Retour vers l'antiquité. — Organisation de l'Institut. — Les classes. — Tentatives pour les académies. — Suppression des sciences morales et politiques. — Statistique de la science. — Première classe, mathématiques. — Chimie. — Astronomie. — Physique. —Deuxième classe, langue et littérature. — Troisième classe, histoire et érudition. — Quatrième classe, beaux-arts. — (1801-1803.) . . . 210

CHAPITRE IX. — DIRECTION POLITIQUE DU CONSULAT. —Le Sénat. — Ses assemblées. — Préparatifs du *sénatus-consulte* sur les émigrés. — Le conseil d'État. —Discussion sur la Légion d'honneur. — Sur la conscription. —Sur les émigrés. — Contributions et cadastre. — Le Tribunat. — Parti de l'opposition. —Du gouvernement. — Débats. — Majorité et minorité. — Irritation du premier Consul contre le Tribunat. — Le Corps législatif. — Son esprit. — Sa tendance. —Quelques votes de projets de loi. — (1801-1802.) . . . 232

CHAPITRE X. — ADMINISTRATION PUBLIQUE DE PARIS ET DES DÉPARTEMENTS SOUS LE CONSULAT. — Organisation de Paris muni

cipal. — La préfecture de police. — M. Dubois. — Subsistances.
— Halles et marchés. — Travaux publics. — Surveillance. —
Voitures. — Jeux. — Mœurs. — Préfecture de la Seine. —
M. Frochot. — Administration générale. — Revenu de la ville.
— Octroi. — Budget de Paris. — Mairies. — État civil. — Départements. — Nouvelle action des préfets. — Vœux des conseils
généraux. — Esprit public. — (1801-1802.)   259

CHAPITRE XI. — ÉCONOMIE POLITIQUE, ADMINISTRATION, COMMERCE, INDUSTRIE. — Fausses idées du premier Consul sur le
crédit public. — Agiotage. — Banque. — Service du trésor. —
Institution d'un ministre spécial, M. Barbé-Marbois. — Système
de M. Gaudin. — Création des directions principales. — Enregistrement et domaines, M. Duchâtel. — Forêts, M. Bergon. —
Douanes, Colin de Sucy. — Contributions indirectes. — Situation
du commerce. — Intérieur et extérieur. — Les manufactures.
— Produits indigènes. — Les propriétaires. — Le sol. — La
grande culture. — Commerce maritime. — La navigation. —
Théorie d'économie politique du premier Consul. (1802.)   283

CHAPITRE XII. — RELATIONS DIPLOMATIQUES AVANT LA PAIX EUROPÉENNE. — Premiers actes du ministère Addington. — Question
des neutres au parlement. — Attitude du parti Pitt. — Résolution
vigoureuse de l'Angleterre. — Rapprochement avec la Russie. —
Premiers actes de l'avénement d'Alexandre. — Ambassade de
Duroc. — Dépêche à son gouvernement. — Affaiblissement du
système français à Saint-Pétersbourg. — Note de M. Kalitscheff
à M. de Talleyrand. — Correspondance. — Attitude de l'Autriche. — Système du nouveau ministère. — M. Philippe de Cobentzel à Paris. — Négociations de la Prusse avec l'Angleterre.
— Ambassade de M. de Beurnonville à Berlin. — Situation de
la Suède et du Danemarck en face de l'Angleterre. — Première
tentative d'un rapprochement avec la Porte ottomane. — (1801-1802.)   305

CHAPITRE XIII. — DERNIÈRES HOSTILITÉS DE TERRE ET DE MER.
— Retour des armées. — Le camp de Boulogne. — Idée romaine.
— Projet de descente en Angleterre. — Étude sur César et
Guillaume-le-Conquérant. — Recherches des familles normandes.
— Le dernier des Stuarts. — Flottille de Boulogne. — Attaque
de Nelson. — Campagne navale. — Succès de la marine française.
— Les amiraux Linois et Gantheaume. — Retour de la garnison
de Malte. — Situation de l'armée d'Égypte. — La mort de Kléber.
— Menou. — Réguier. — Belliard. — (1801.)   337

CHAPITRE XIV. — Préliminaires de la paix avec l'Angleterre, pacification générale. — M. Otto à Londres. — Échange de notes entre M. de Talleyrand et lord Hawkesbury. — Discussion des préliminaires. — 1° Bases de l'*uti possidetis ante bellum.* — 2° Bases des restitutions réciproques. — Europe. — Colonies. — Inde. — Égypte. — Malte. — État de l'opinion publique. — Signature des préliminaires. — Négociation avec la Russie. — Traité de paix. — Transaction avec la Porte ottomane. — Publication officielle du traité avec le Portugal. — Naples. — La Bavière. — Question des neutres. — États-Unis d'Amérique. — Traité. — (Juillet à octobre 1801.) 359

CHAPITRE XV. — Système colonial du Consulat. — Idées de Bonaparte sur les colonies. — La Louisiane. — La Guyane. — Les Antilles. — Possessions dans l'Inde. — Idée du Consul sur l'esclavage des nègres. — Situation de Saint-Domingue. — Consulat de Toussaint-Louverture. — Expédition projetée. — Chefs et armée. — Escadre. — Madame Leclerc. — Les colons et madame de Beauharnais. — Dernier plan de l'expédition de Saint-Domingue. — (Décembre 1801 à mai 1802.) 387

CHAPITRE XVI. — Situation du pouvoir et des partis a la paix générale. — Nature du pouvoir consulaire. — Marche à la dictature. — Opposition. — Sénat. — Tribunat. — Armée. — État des partis. — Les Jacobins. — Les ennemis de Bonaparte. — Barras. — Sieyès. — Les nouveaux amis. — Les royalistes. — Les espérances. — Les déceptions. — Agence à Paris. — Situation du pouvoir. — (1801-1802.) 412

FIN DE LA TABLE DES CHAPITRES.

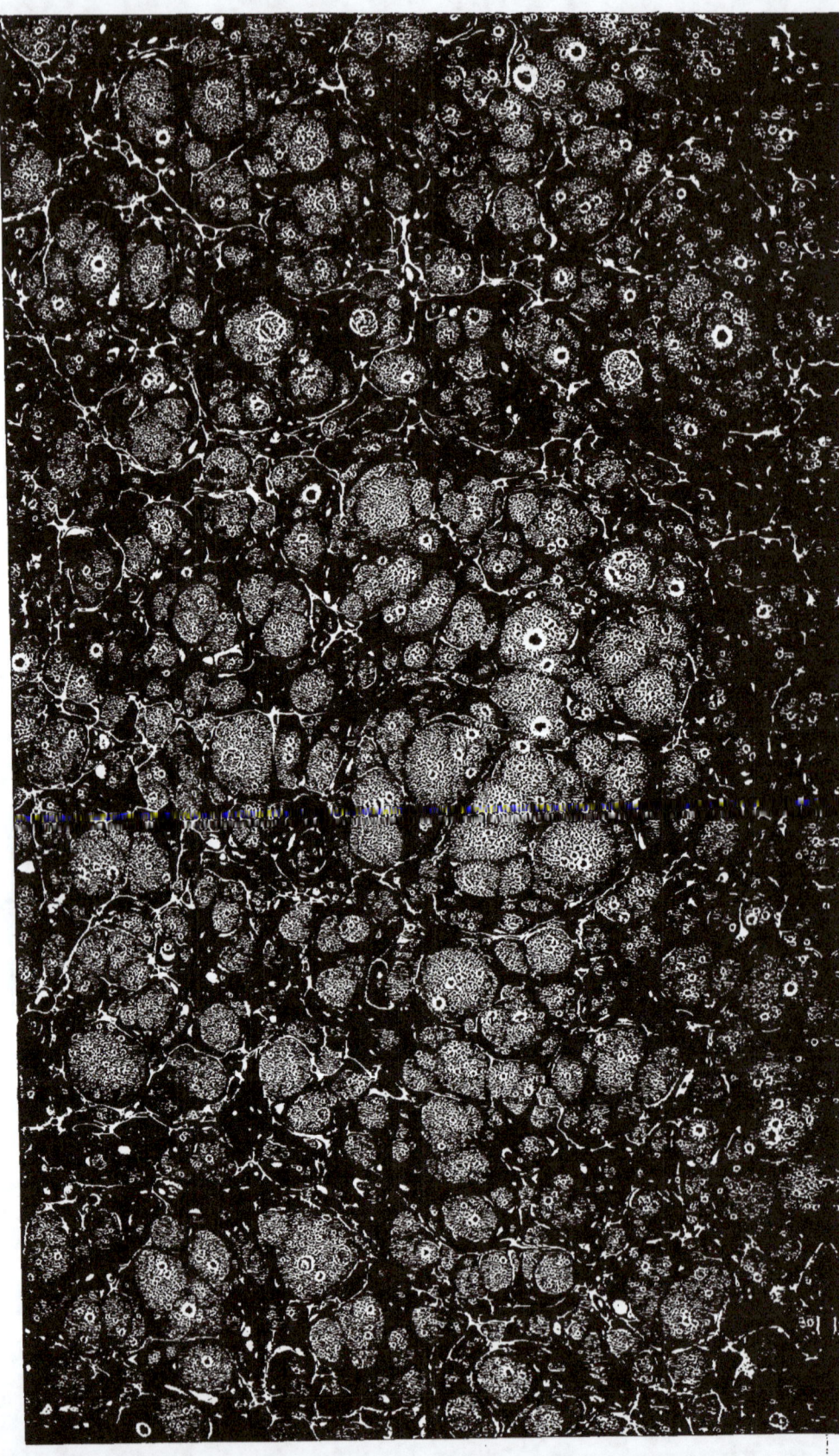

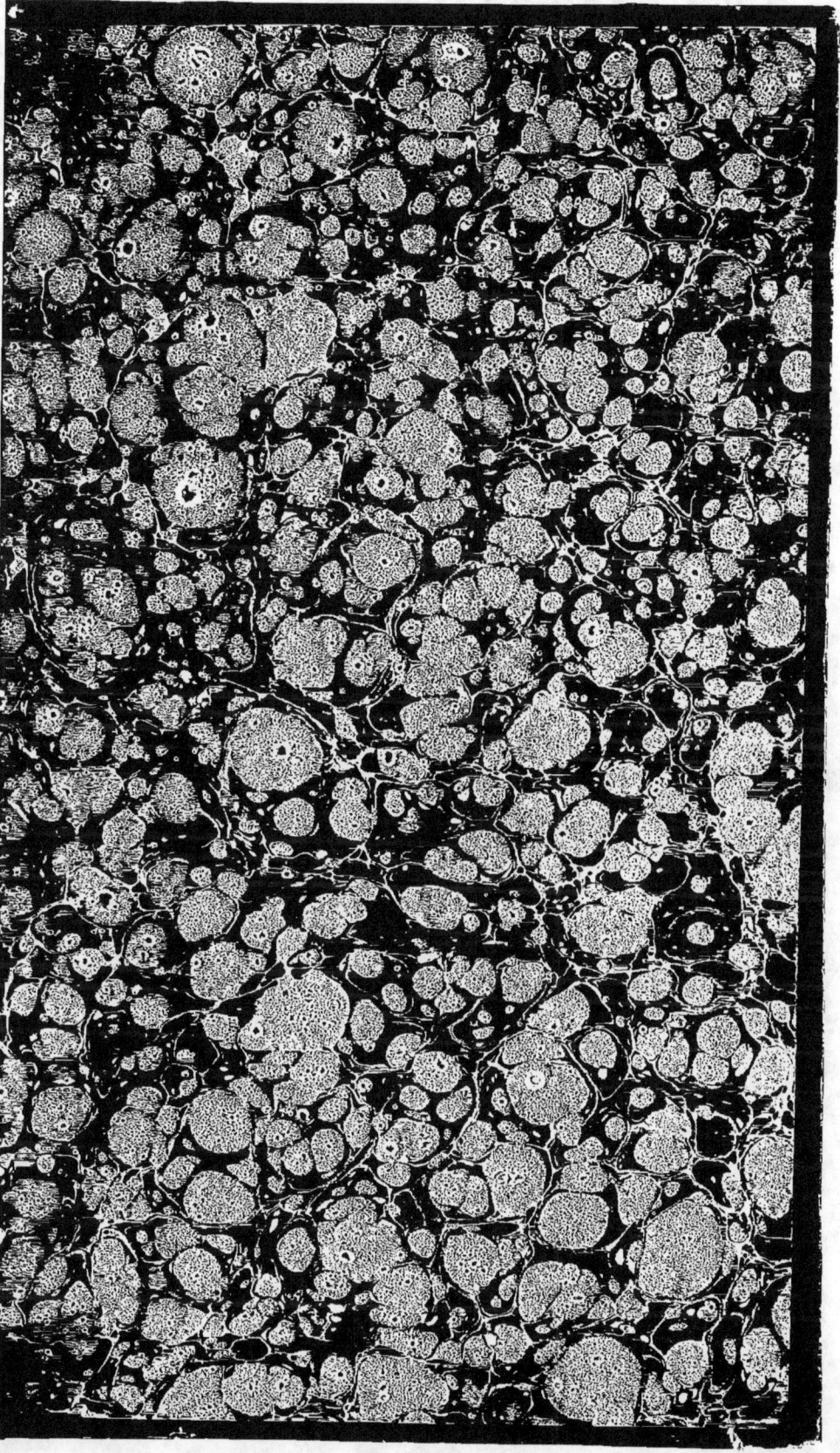

www.ingramcontent.com/pod-product-compliance
Lightning Source LLC
Chambersburg PA
CBHW060519230426
43665CB00013B/1576